経済哲学原理
解釈学的接近

塩野谷祐一[著]

東京大学出版会

Principles of Economic Philosophy: the Hermeneutical Approach
Yuichi SHIONOYA
University of Tokyo Press, 2009
ISBN 978-4-13-040248-4

まえがき

　経済は，人間の生存に対して財貨・サービスという素材的基礎を与える活動である．生存にとって，素材的基礎は絶対に不可欠であるから，経済学は重要な学問である．しかし，経済は，人間が財貨・サービスの生産と処分を通じて，達成したいと考える人間および社会のあり方を実現するための活動であると考えられないであろうか．そのあり方と比べて現実の経済が異なっているとすれば，それは何によってもたらされているのか，何を変革すればよいか．そのような洞察を与えることができれば，経済学はもっと重要な，もっと面白い学問となるはずである．残念ながら，今日の経済学はこのような考え方をとっていないために，もっと重要な，もっと面白い学問となる可能性を潰してしまっているように思われる．

　他の学問と同じように，経済学は一定の「問題と方法」によって定義される支配的なパラダイムを持っているが，主流派経済学は，特定の形での「問題」の設定と「方法」の選択によって，可能な経済世界の認識を今日見られるようなものに限定してきた．特定の形とは，一般的に言えば，近代科学の主流を形成した論理実証主義ないし論理経験主義の科学哲学の教義に従うものである．端的に言えば，主流派経済学は，自然科学に類似した「問題と方法」の立て方をとってきた．

　しかし，経済学の歴史において，劣勢であるとはいえ，主流派に対して批判を提起する異端の経済学がたえず存在した．異端の経済学者たちは，異口同音に，現実の社会問題を解決するためには，自然科学とは異なる接近が必要であると主張した．その主張の根拠は，結局のところ，経済社会は無機質の不変の現象ではなく，歴史的状況下の人間の精神活動そのものであるということに帰着する．経済哲学は，そもそも経済学が経済という対象をどのよ

うにして設定するかを問うメタ理論であって，本書は，主流派経済学によって切り捨てられてきた「問題と方法」を基礎づける包括的な場として経済哲学の構想を提起する．本書における経済哲学は主流派思想を秩序づける後追い作業ではなく，異端と革新の挑戦を前方から掩護する橋頭堡の構築を目的とする．

それでは，主流派経済学によって何が切り捨てられ，何が残されてきたのであろうか．単純化のために，3組の対句によって説明しよう．

第1に，経済学の「問題」をめぐって，「事実と価値」の対立がある．主流派経済学は「事実と価値」とを峻別し，価値とのかかわりを避け，科学的中立性の立場から事実の記述と説明を主題とする．人間と社会の中にどのような「価値」が働いているか，人間と社会にとって何が重要であるかという「価値」の問題は無視されることになった．

第2に，経済学の「方法」をめぐって，「理論と歴史」の対立がある．主流派経済学は原子論・合理論の仮定に基づく普遍妥当的な法則性を重視し，知の歴史的多元性・相対性と結びつく諸要因を無視する．もちろん，実証主義が要求する限りでの数量的データは考慮に入れられるが，「歴史」そのものを変数とみなすものではない．

こうして，「価値」と「歴史」が経済学の舞台から消える．このようになるのは何故かを根底に遡って問う必要がある．

そこで，第3に，「世界観」のレベルにおいて，「精神と社会」(mind and society) という18世紀のモラル・サイエンスの用語を用いることにしよう．これは，一方で，「社会」が人間「精神」の産物であり，他方で，「精神」が人間「社会」の産物であるという相互関係をいう．ここでの「精神」とは，近代科学が依拠する抽象的・孤立的な理性ではなく，「理性・感情・意志」からなる全幅的な人間本性である．またここでの「社会」とは，抽象的・普遍的な空間ではなく，全幅的な人間本性が刻印された歴史的世界である．「精神」の結晶化が「理念」であり，「社会」の結晶化が「制度」であるとすれば，「理念と制度」は社会科学が対象とする個別的・偶発的事象を類型化したものである．

主流派経済学によって「価値」と「歴史」が切り捨てられたのは，「精神」

が放逐され，精神的関与のない「社会」についての機械的・普遍的事実を理論化することが主題とみなされたからである．全幅的「精神」が「社会」の研究から放逐されることは，「精神」の脊柱である「価値」を忘却し，「精神」の棲み処である「歴史」を軽視することにつながる．「理性・感情・意志」から生まれる「存在了解」という主観性の積極的作用を前提として，「精神と社会」ないし「理念と制度」の関連の中に「価値」と「歴史」を取り戻すのが，私の考える解釈学である．本書は解釈学による経済哲学への接近の試みである．

　解釈学が社会科学の主題化に役立つためには，単に形而上学的な「存在了解」を内容とするのではなく，「理念と制度」を扱うように拡充されなければならない．このために「制度・理念・存在了解」という枠組みが用意される．「理念と制度」が社会的知の歴史主義的類型化であり，「存在了解」が過去と将来とを結ぶ人間のロマン主義的想像力の定型化であるという意味で，本書が考える解釈学は歴史主義とロマン主義を車の両輪としている．

　主流派経済学はみずからの科学的立場を確保するために，自然科学のための論理実証主義的科学哲学に依拠してきたが，その立場では，経済の「意味・意義・価値」を幅広く論じたり，理論に先行する構想を開示したりすることは禁じられている．「分析哲学」と呼ばれる実証主義哲学は，それらのものを先入観として学問から排除してきたからである．排除されてきた伝統は，今日包括的に「大陸哲学」と呼ばれている．本書は「大陸哲学」の視点を解釈学的接近を通じて受け継いでいる．そこでは，「先入観」として蔑視されてきたものが，知を主導する「先行構造」として回復する．

　解釈学的接近においては，社会科学は「精神と社会」ないし「理念と制度」との相互関係を「解釈学的循環」としてとらえる．経済は，一方で，人間本性の中で最も強力な利己心に依存し，他方で，社会生活に不可欠の質料を提供するという意味で，「精神と社会」を媒介する枢要な地位にある．しかし，利己心に基づく市場制度という経済観は，人間の「精神」を単なる欲望の塊として見るにすぎず，「社会」に現れる経済財を欲望充足の手段として見るにすぎない．そのような見方は，「理性・感情・意志」の複合体からなる全幅的な人間「精神」が社会を形成しているという事態をとらえていな

い．人間は多層的な人間本性に基づいて，何が正しく，何が美しく，何が貴いものであるかを思考し，体験し，行動しているはずである．そして何よりも，人間の「精神」は活力に満ち，想像力と創造力に溢れ，その結果，社会は未知の将来をダイナミックに切り開いていくことができる．経済はそのような人間と社会を可能にする重要な手段である．

　経済哲学は「精神と社会」との間のこの動態的な関係に着目しなければならない．そのためには，主流派経済学を導いてきた理性優位の啓蒙主義ではなく，反啓蒙主義の系譜に属する「大陸哲学」の思想に依拠しなければならない．反啓蒙とは，迷妄を意味するのではなく，人間本性と歴史の全体を視野に入れた社会のとらえ方をいう．本書は「大陸哲学」の過去の思想を検討することに向けられているが，その理由は2つ．第1に，今日の経済学の研究教育はその種の思想系譜を「知識の場」から排除しており，経済哲学の展開に当っては，それらの知識を出発点とすることが不可欠である．第2に，理論の潮流は時代の流行によって左右されがちであって，最良の知識と考えられるものが最新の理論の中に凝縮しているということはありえないから，現在に対処する思想の体系は，常に思想史の体系化を通じて構築されなければならない．ただし，本書は社会思想や経済思想の歴史をもれなく通史的に扱うことを目的とはしていない．本書の論述は，現在に対処する経済哲学を考えるに当って不可欠の思想的系譜に光を当てようとしたものである．（さまざまな著作の引用に当っては，既存の邦訳書を掲げているが，訳文は必ずしもそれに従っていない．）

2009年9月

塩野谷　祐一

目　次

まえがき　i

序章 ── 経済哲学の構想 ──────────────────────── 1

1　序章のための寓話　1

　　3つの林檎／ケインズの「考える林檎」

2　本書の問題意識　5

　　哲学の3領域 ── 認識・存在・価値／哲学と科学 ── 経済哲学の意義／哲学なき経済学を超えて／ポスト実証主義と異端の伝統

3　経済哲学の概念的枠組み　12

　　経済理論とメタ理論／経済哲学における3つの「転回」／哲学とプレ理論 ── 解釈学の位置／プレ理論と経済思想／哲学的知の地政学 ── 分析哲学と大陸哲学

4　知の解釈学への展望　24

　　認識論から解釈学へ／解釈学的接近とは何か

第1章　理論・ヴィジョン・存在論 ──────────────── 33

1　シュンペーターのヴィジョン論　33

　　存在論への序説／ヴィジョンとイデオロギー ── 2つの前理論知／先入観の二元的構造 ── 歴史主義的観点と現象学的観点／発見の文脈と正当化の文脈／精神と社会の相互作用／ヴィジョンの二層的構造／要約 ── 伝統と創造への道

2　ドイツ知識社会学とその展開　49

　　マンハイムの歴史主義的知識社会学／歴史主義における相対主義と機能性／社会の中の主体的要因／シェーラーの現象学的知識社会学／要約 ── 社会から生活世界への回帰

3 解釈学——歴史主義と現象学との連関に向けて　60

　　問題の設定／シュライエルマッハーの解釈学の原理／ディルタイの生の哲学としての解釈学／世界観の構造／ディルタイ，ハイデガー，ガダマー／結語——存在論の世界観と方法論

第2章　啓蒙と反啓蒙の哲学 ———————————— 79

1　啓蒙主義　79

　　啓蒙・反啓蒙の俯瞰図／啓蒙主義の諸命題／啓蒙における歴史観と自然観／啓蒙思想の動揺

2　ロマン主義　89

　　伝統的解釈／生命・感情・創造の多元性／芸術を通ずる社会認識と社会形成／ロマン主義の哲学的基礎／ロマン主義とドイツ観念論——2つの反啓蒙

3　ドイツ観念論　102

　　カントの「コペルニクス的転回」／物自体と構想力／フィヒテ／シェリング／ヘーゲル／要約——ヘーゲルの意義

4　歴史主義　113

　　マイネッケの定義——個性と発展／歴史主義の先駆者——ヴィーコとヘルダー／哲学の歴史化と歴史の哲学化——ヘーゲル／理念と制度／歴史的理性批判——ディルタイ／歴史・文化科学の方法論——新カント派／総括——歴史主義の知の観点

第3章　歴史主義の危機と啓蒙の弁証法 ———————————— 141

1　歴史主義の危機とその克服　141

　　啓蒙と反啓蒙の負の遺産／経済学における「方法論争」／いっそうの教訓／歴史主義の再構築(1)——類型学／個性・類型・発展／歴史主義の再構築(2)——解釈学／総括——歴史主義の4つのベクトル

2　歴史主義から社会学へ　157

　　ウェーバーの理解社会学／理解と類型／シュンペーターの経済社会学／革新と人間解放

3　包括的合理性の観念　170

　　啓蒙と神話——批判理論／神話的世界観からの脱却——コミュニケーション的合理性／生活世界とシステムの分離と統合／総括——ハバーマスの意義

第4章 基礎存在論から経済存在論へ ─────────── 187

1. 基礎存在論の概念的枠組み　187

　　『存在と時間』／存在論的区別／ハイデガーの存在論の特徴

2. 現存在の分析と世界像の形成　192

　　現存在の実存論的分析／現存在と世界の存在論／「転回」における2つの命題／伝統的存在論への批判

3. 時間性と歴史性　202

　　歴史と歴史性／学問における投企と被投／総括──歴史科学と解釈学

4. 経済存在論への問題提起　209

　　存在論的自我と存在的自我／関心・時間性・不安／世界内存在と存在の真理／技術論における「枠組みの構築」／「先行構造」としての意味・価値・意義／要約と評価

第5章 経済学・主観主義・解釈学 ─────────── 223

1. 経済学における主観主義　223

　　主観主義の意味と諸相／本章の展望

2. メンガーの存在論　226

　　経済の本質としての欲望／メンガーの代替的3次元構造──欲望・経済・経済学／ポランニーによる展開

3. オーストリア学派主観主義と解釈学　232

　　オーストリア学派の基本教義──個人主義・主観主義・自生的秩序／主観主義と行動主義／ラックマンの主観主義における解釈学的契機／ラヴォアのガダマー的主張／ウェーバーの解釈学とオーストリア学派経済学

4. オーストリア学派の哲学的基礎　244

　　オーストリア経済学とオーストリア哲学との接点──ブレンターノ／アリストテレスにおける解釈学的契機／ハイデガーの『アリストテレスの現象学的解釈』／総括──オーストリア経済学派の哲学的レレバンス

5. 時間・期待・不確実性　255

　　シャックルの時間論／時間をめぐる経済学者の通俗的見解／オドリスコル＝リッツォの動態的主観主義

6. 経済世界における投企と被投　262

　　解釈学的問い／ハイデガー＝シュンペーター・テーゼ

第6章　心理学と解釈学 ———————————————— 277

1　心理主義をめぐる「回転木馬」　277
　　心理主義の概念／ブレンターノの独自性
2　行動経済学とは何か　280
　　行動経済学と認知科学／2つの研究計画
3　限定合理性と反新古典派的契機　283
　　サイモンの限定合理性／満足化原理・手続き的合理性・注意
4　経済学と心理学 —— 歴史的背景　287
　　「精神と社会」の観念／限界革命以後／ロビンズの経済学の定義／行動経済学への視点
5　心理学から解釈学へ　294
　　心理学の歴史／ディルタイ再論／結語

第7章　解釈学の拡充 ———————————————— 303

1　社会科学方法論と現代解釈学　303
　　本章の課題／テイラーの解釈学の意義／社会科学と自然科学／認識論的利点／解釈学と批判理論
2　道具主義とレトリック　313
　　循環・折衷・弁証／道具主義の中心的および副次的主張／経済学における道具主義 —— シュンペーターとフリードマン／もう1つの道具主義／制度・類型・解釈／レトリックの機能／レトリックの型
3　価値の体系化と経済倫理学　328
　　倫理的価値の整合化／経済世界と倫理世界との接合／存在の経済倫理学 —— 必要と卓越

第8章　思想史のパノラマ＝シナリオ・モデル ———————— 341

1　経済学と経済学史　341
　　問題の設定／経済と経済学を規定する歴史性／経済学と経済学史との分裂
2　ヘーゲルの歴史主義的命題　345
　　知の全体化・体系化としての歴史／パノラマ＝シナリオ・モデル／歴史的再

構成・合理的再構成・全体的再構成／経済学史は経済学であるのか
3 ニーチェの反歴史主義的命題 355
生にとっての歴史の利害／ハイデガーによる総合
4 経済学史へのアプローチ 360
4つの研究態度／ニーチェの3類型との比較
5 シュンペーターのパノラマ＝シナリオ・モデル 365
科学哲学と科学社会学との相互作用／パノラマ＝シナリオ・モデルの内容／結語——経済学史の解釈学

第9章　経済の概念——経済世界像の存在論史 —— 373

1 経済的知の「先行構造」 373
基礎存在論と領域存在論／「先行構造」としての経済世界像——対象・視点・概念

2 経済世界像のアリストテレス的原型 375
存在論——質料と形相／倫理学——機能と卓越／経済論——家政術と貨殖術／共同体的経済概念／存在論的枠組み——制度・理念・存在了解

3 ヨーロッパ中世のスコラ的経済世界像 388
キリスト教哲学——信仰と理性／アクィナスの存在論／神学的経済概念／普遍論争——実在論と唯名論／総括と展望——モラル・フィロソフィーとしての統合

4 問題——「富裕と卓越」から「生産と分配」へ 401
「古典的状況」と「対象」の次元／アダム・スミスにおける経済と倫理／「アダム・スミス問題」への存在論的視点／生産と分配——古典派・マルクス・新古典派／マクロ・革新・情報・制度——新古典派以後／経済における質料と形相

5 方法——「理性と精神」から「理論と歴史」へ 416
自然法パラダイムと経験科学／シヴィック・ヒューマニスト・パラダイムと歴史主義の方法／シュモラーにおける個別と普遍——個性・類型・発展／精神における想像力——科学・芸術・実践

終章——議論の総括 —— 431

事項索引　437

人名索引　441

序章 —— 経済哲学の構想

1 序章のための寓話

3つの林檎

どういうわけか，人間の知的活動を説明する際に，「林檎」を隠喩の象徴として用いることがしばしば行われてきた．非ユークリッド幾何学の研究者であった19世紀のハンガリーの数学者，ファルカシュ・ボルヤイ (1775-1856年) は，3つの林檎について語ったという[1]．

第1は，アダムとイヴの林檎である．『旧約聖書』の「創世記」によれば，人間の始祖とされる2人は，知恵の樹の実を食べたばかりに，神の怒りを買って楽園を追放され，以後，人類は額に汗して働き，苦悩と罪悪の日々を送らなければならなくなった．この知恵の実がやがて林檎とみなされるようになった．この林檎は，神と人との関係についての宗教思想を表すものと考えられているが，同時に，それは人間に課せられた経済という重い課題を象徴するものであった．

第2は，ギリシャ神話に出てくるパリスの林檎である．神々が集う宴会の席に，たまたま争いの女神エリスが招かれなかった．怒った彼女は一座の中に黄金の林檎を投じ入れ，「一番美しい女神に与える」と宣言した．美貌を誇るヘラ，アテナ，アフロディテの三女神は，われこそはと激しく競い合った．最高神のゼウスもお手上げとなり，審判をトロイの王子で牧人の若者パリスに任せた．三女神はそれぞれ異なった賄賂を約束してパリスに取り入った．パリスは権力や名誉よりも女色に惹かれ，アフロディテが約束したスパルタの王妃ヘレネを拉致し，ここに有名なトロイ戦争が始まった．金の林檎

は価値判断をめぐる争いの象徴となった.

　第3は, あまりにも有名なニュートン (1642-1727年) の林檎である. 彼は林檎が樹から落ちるのを見て, 万有引力の法則を思いついたと言われている. これも伝説にすぎないであろうが, ニュートンは近代科学革命の先駆者であって, 彼の林檎は自然科学的世界の法則性を象徴するものである.

　数学者のボルヤイは, アダムとイヴの林檎とパリスの林檎は, 世界を苦悩と闘争の支配する地獄にしてしまったが, ニュートンの林檎は, 世界を再び天上に引き上げ, 人間の理性を通じて宇宙における神の叡智を読み解くことを可能にしたと論じた. たしかに, 3つの林檎の寓話は, 人類の文化を構成する諸要素を象徴するものであろう. ここで私は経済学者ケインズ (1883-1946年) の林檎の寓話を導入しようと思う. その狙いは, 経済学を自然科学のように見るのではなく, 人間の科学として理解する方向を示唆するためである.

　ケインズはニュートンが残した膨大な未刊の原稿やノートや書簡を競売を通じて購入し, ケンブリッジ大学に寄贈したり, ニュートン生誕300年記念に画期的な論文を書いたりして, ニュートン研究に貢献したことでも知られている. そのケインズが林檎の話をしたとすれば, ニュートンの林檎を念頭に置いていたことは明らかであろう. ケインズは, 自然科学とは異なる世界観を林檎のレトリックによって主張したのである.

ケインズの「考える林檎」

　ケインズは同僚の経済学者ハロッドに宛てて, 次のような手紙を書いた. 「経済学は本質的にモラル・サイエンスであって, 自然科学ではありません. すなわち, 経済学は内省や価値判断を用いるのです.」(1938年7月4日)[2]「物理学との見せかけの類推に頼ることは, 本来の経済学者の資質として最も重要である精神の習性にまともに反することになります. 私は経済学がモラル・サイエンスであることを大いに強調したい. ……経済学は動機, 期待, 心理的不確実性といったものを取り扱っているのです. われわれは, 素材を不変かつ同質的なものとして扱うことのないように, たえず注意しなければなりません. 言ってみれば, 林檎が地面に落ちることが, あたかも林檎の動

機に依存したり，地面に落ちることは価値あることかどうかとか，地面が林檎の落ちることを望んでいるかどうかとかに依存したり，地球の中心からの距離についての林檎の誤算に依存しているようなものなのです．」(1938年7月16日)[3)]

　ケインズは経済学を自然科学に類似したものとは考えず，それをモラル・サイエンスという古風な，しかし根源的な言葉で呼んだ．モラルとは，人間本性や精神や心理といった意味であり，狭い意味の道徳を指すものではない．人文科学や社会科学は人間を単なる理性的存在と見るのでなく，同時に感情や意志を持った全幅的な存在を扱うという意味で，かつてはモラル・サイエンスと呼ばれた．人文科学や社会科学の対象である社会的・歴史的事象は，すべてこのような人間の活動の所産であって，人間や社会に関する学問は，生活世界において実感される生きた人間像から出発しなければならない．

　ところが，主流派経済学は，効用極大化を求める消費者と利潤極大化を求める企業者を想定し，彼らの合理的行動を通じて市場均衡が達成されると論ずることに終始した．このような経済学は人間を取り扱ってはいるものの，人間を確実性の支配する無時間的環境の中に置かれた合理性の追求者としてとらえ，経済をあたかも機械のように動く仕組みとして見るものに他ならない．これは不確実性に直面した人間がどのような対応をするかという現実問題を捨象してしまっている．このような経済学の見方は，経済世界をニュートンの林檎のような機械的な法則性の世界とみなすのである．

　ケインズは，経済の世界では，樹から落ちる林檎は一定不変の物理法則に従って落ちるのではなく，あたかも自由な意思を持ち，状況に応じてさまざまなことを意識し思考し判断しながら，時には誤算をも含みながら落下するようなものだと述べた．このような着想を具体化した『一般理論』の体系は，消費性向，資本の限界効率，流動性選好という3つの関数からなるが，これらはいずれも人々の心理的性向である．このモデルの方法的な特徴は，3つの関数と不確実性および期待との関係である．消費関数は現在の嗜好や財の種類を前提とする限り，大きな期待の変化が起こる余地はない．むしろ安定性がその特質である．それに対して，資本の限界効率と流動性選好はそうではない．投資と貨幣の領域は不確実性によって覆われているからである．

ケインズによれば，不確実性の下で，人々の行動を規定する根拠には2つのものがある．第1は，変化が予想される特別の理由がない限り，現在の事態が将来も持続すると想定することである．これは慣行や制度に依拠する方法である．第2は，依拠すべき情報が乏しい場合には，血気や衝動や気分に頼って行動することである．これによって，経済活動における確信の高揚や崩壊といった非連続性が説明される．

　ケインズの林檎がニュートンの林檎と決定的に異なる点は，意識を持ち，考えるということである．考える林檎の比喩は，経済学における主観主義の考え方に定着している．主観主義は，経済学の主流派的考え方とは違って，個々人の行為が主観的・心理的意味を担い，多様な行為相互間の関連・調整・変化によって意図されざる帰結がもたらされる過程を問題にする．この過程では不確実性が支配し，期待や憶測が作動し，新しい知識が獲得され，計画が改訂されていく．主観主義はオーストリア学派が唱導する経済学のあり方である．1930年代の当時，オーストリア学派のハイエクやミーゼスはケインズと意見を異にしたが，三者は主観主義の立場に立って，新古典派の均衡理論とは異なる経済変動論を展開した．主観主義の経済学は，数学的形式主義にとらわれず，生活世界の要素に注目することによって，新しい視野を開く可能性の源である．今日のいわゆる行動経済学は，主観主義やオーストリア学派との思想的関連を持たないが，新古典派の定型的な仮定とは異なる人間心理に注目するという意味において，考える林檎の実例を提供している．

　今日，主観主義の立場は，たまたまオーストリア学派経済学の系譜や行動経済学の中に見出されるが，先に述べたように，それはもともとモラル・サイエンスとしての総合的社会科学に起源を持つものである．その後，啓蒙主義の台頭と支配の中で，それに対抗して精神科学・人文科学・社会科学の独自性を唱える思想的努力は，ロマン主義・歴史主義・ドイツ観念論・解釈学・現象学などの形を通じて多彩な変貌を遂げ，人類の知的遺産に貢献してきた．このような立場は，大局的には，「分析哲学」に対比される「大陸哲学」として定型化されている．本書は，今日の「大陸哲学」の主流をなす解釈学の立場から経済哲学を論ずるものである．その観点はケインズの林檎観

である．

2　本書の問題意識

哲学の3領域——認識・存在・価値

　西洋哲学の源泉である古代ギリシャに遡って言えば，哲学（philosophy）の語源は知（sophia）への愛（philos）である．知への愛は，言いかえれば，知への熱い関心を意味する．この関心に導かれて，哲学者は知の根底的な探求を行う．知の根底にあるものとは，さまざまな知の対象や分野の個別性を超えて，知そのものの根源を指す．人間の知への関心は多面的であって，そのことが哲学の異なる領域を区別する．
　第1に，知とは何か，知はどのようにして認識され，獲得されるか，その認識や獲得の方法・手続きはどのようなものか，知はどのようにして正当化されるか，知の真偽はどのようにして証明されるか．そして科学的知と非科学的知とはどのように区別されるか．このような知の方法を扱うものが認識論ないし方法論と呼ばれる哲学の領域である．
　第2に，知の対象となるものは何か．それらのさまざまなものを存在者と呼ぶならば，存在者が存在するということは何か．存在の意味と本質は何か．存在をめぐるこれらの問題は，目に見えるものであれ，心に浮かぶものであれ，知の対象としての存在者について，現象を超越して本質を問うものである．これらを論ずる領域が，知によってとらえられる世界の一般的性質を問い，統一的な世界像を描こうとする形而上学ないし存在論の領域である．
　第3に，知は何のために求められるのか．知のために知を問うものが哲学そのものであるとすれば，知の目的を問うことは，知に対する人間の関心そのものの究極目的を問うことに帰着する．そして関心から価値が発生する．ギリシャの哲人たちは，人間がいかに生きるべきかを示すこと以上に探求に値する知はないと考えた．学問の知識と人生の知恵とは1つのものであった．人間および社会のあり方に関する知の規範的研究は，倫理学ないし価値論と呼ばれる．

このように，知に関する「認識・存在・価値」の探求が哲学の領域を形成する．哲学がこれらの3つの主要な領域からなるという定義は，伝統的に妥当なものであろう[4]．もちろん，これらの3つは明確に分離されるものではなく，相互に関連し重複するという複雑さを持つ．たとえば，知の対象を問うことは知への接近方法から独立には考えられないし，知の追求は知ることの意味や価値と無関係ではありえない．したがって知についての「認識・存在・価値」の区別や，それに基づく哲学の3領域の区別は，知に対する漠然とした根源的な人間関心を分析し整理した一応の結果に他ならない．言ってみれば，それらの区別は，哲学に先行する知への根源的な関心を特定の仕方で分析し分類した結果である．巨匠と呼ばれる哲学者は，これらの3領域を覆う大きな独特の体系を作り上げている．その結果，巨大な哲学体系は3つの領域のどれに重点を置き，それらをどのように関連づけているかという解釈の問題がしばしば生まれている．

　とりわけ知の形而上学（存在論）と知の認識論（方法論）とは，ともに哲学としてみる限り，必ずしも明確に区別されるものではない．たしかに何らかの知がすでに構築されているとすれば，それによって記述された世界の存在に関する性質と，その知の正当化の方法とを別々に論ずることは可能であろう．しかし，そもそも知がいかにして形成されるかを問う原初的・根源的段階では，対象的世界がどのようなものとして表象されるかは，方法の問題である以上に，存在の問題である．対象としての存在が与えられなければ，認識は始まらないし，認識を通じてしか，対象は把握できないからである．一般に，知の対象の特定化は用いられる方法に依存するし，方法の特定化は対象とされる存在に依存するという「循環」が見出される．知の正当化と呼ばれる仕事は，しばしば認識論とみなされているが，存在論とみなされるべき場合も多い．哲学の歴史は，存在論と認識論との間を揺れ動いてきた．そして両者の根底には価値を含んだ世界観が横たわっている．

哲学と科学——経済哲学の意義

　哲学から区別されたものとして，一定のルールや基準によって体系化された知としての科学がある．科学の手続き的ルールや基準は，一般に経験的観

察と論理的分析に基づくものと考えられており，これによって科学的知と非科学的知とが区別されている．哲学の一領域としての認識論が，科学哲学の名の下に，この区別を掌っている．今日，科学は自然科学と人文・社会科学とに大別され，さらにそれらは専門的な分野別に個別科学に細分されている．したがって知を対象とする哲学は，知の対象の特殊性に応じて個別哲学に分かれることになる．

かつては，このような哲学と科学とが未分化のまま，自然現象を対象とする「自然哲学」と，人間精神を対象とする「道徳哲学」とが区別されていた．両者は形而上学的思考と科学的認識との混淆から成り立っていた．近代の科学革命以後，現在では，論理実証主義（あるいはその変種）の認識論の下で，哲学と科学とは峻別される．人文・社会科学についていえば，宗教学，経済学，法学，政治学，歴史学，社会学などがあり，これらの個別科学のそれぞれについて，それぞれの科学的知のパラダイムを研究対象とする個別哲学が対応している．宗教哲学，経済哲学，法哲学，政治哲学，歴史哲学，社会哲学などがそれである．

個別科学の基礎的な性質を叙述する際，通常，その科学の「範囲と方法」（scope and method）を問うというテーマが掲げられる．これはその科学の存在論と認識論を問うものといえよう．しかし，このテーマに価値論が含まれていないという不備は別としても，個別の知の体系の基礎を問うとき，いきなりその領域の存在論と認識論を問うという慣行は適当であろうか．さまざまな科学の基礎は，確立された各対象についての存在論であるが，その試みを可能にし有効にするためには，あらかじめ存在一般の意味が明らかにされていなければならない．これをハイデガー（1889–1976年）に従って「基礎存在論」と呼ぶならば，経済という特定の存在者について「領域存在論」を表す経済存在論ないし経済形而上学に先立って，「基礎存在論」が検討されなければならない．

われわれは経済哲学の体系を展開したいと考える．それは経済的知としての経済学を哲学的考察に耐えうるものとし，根底的な知としての哲学との整合化を図るためである．一般的な哲学における3領域に対応して，経済哲学は「経済認識論・経済形而上学・経済倫理学」の3領域を持つということが

できる[5]．経済哲学は，知の対象を経済に特定化した上で，経済的知に関する「認識・存在・価値」の3つを論ずる．しかし，経済哲学の意義は，一般的な哲学の3領域の成果を経済学に単純に適用することに尽きるものではない．経済哲学は，むしろ経済という固有の人間活動の存在的特性に基づいて，経済的知の性質について独特の発言をすることができる．経済という対象の特徴は，自然現象とは異なって，経済が社会的枠組みの中での人間の欲求と意志と行動に基づき，歴史的・倫理的・文化的性格を持つことにある．その意味で，自然科学との対比において，人文・社会科学の哲学的基礎として論じられてきた諸問題は，経済哲学の展開に当って考慮に入れられるべきであろう．同時に，経済世界は手段的合理性と数量化可能性を広く展開している点で，他の人文・社会科学の対象とは区別される特徴を持つ．

哲学なき経済学を超えて

われわれが哲学の伝統的な領域構成から出発したのは，経済的知の状況に体系的な光を当て，その上で，経済学についてのわれわれの問題意識を述べるためである．本書の問題意識は，「哲学なき経済学を超える」という批判的課題を遂行することである．

経済に関する知としての経済学は，今日の主流派をなす新古典派経済学，およびそれに基礎を置く数学的モデルと実証分析に関する限り，明確な哲学的基礎を自覚的に持っているとはいえない．今日，上述の3領域（経済認識論・経済形而上学・経済倫理学）を含む全幅的な形の経済哲学が確立されているとはいえないからである．これは，20世紀の大部分の間，科学の世界における論理実証主義の圧倒的な支配の下で，みずからを実証的な科学として自覚した経済学が，形而上学的な思弁や実践的な価値判断から脱却しようとしたことの結果である．経済学は経験科学であると考えられたから，経済形而上学は追放されなければならなかった．経済学は実証科学であると考えられたから，経済倫理学は駆逐されなければならなかった．経済学では，経済哲学の3領域のうち，辛うじて経済認識論ないし経済学方法論のみが存続することができた[6]．

経済学方法論が生き延びたのは，経済学が論理実証主義の科学哲学に従っ

て，自然科学の手続きや基準を模倣したためである．20世紀の主流派経済学は，経済形而上学と経済倫理学に対しては断固とした拒否反応を示してきた．それらを持たないことが経験的・実証的な経済学の証しであると考えられたのである．人文・社会科学の中にあって，ひとり経済学が自然科学の方法を模倣したことは注目に値することがらであった．

かつてシュンペーター（1883-1950年）は経済学の歴史を書くに当って，18世紀末に成立した知としての経済学は2つの源泉から生まれたと論じた．1つは「哲学的世界観の思弁」であり，今1つは「実践的問題の評論」であった[7]．そして経済学が次第に科学的性格を強めるようになったのは，一方で，形而上学的な世界観への耽溺から離れ，他方で，実践問題への場当り的な対応から離れ，経験的事実にそくして経済世界の包括的秩序を論理的に解明する方法を獲得したからであるという．かくして，経済学はみずからを生み育てたものからの脱皮によって，自然科学に類似した科学としての地位に就いた．「脱哲学化」（Entphilosophierung）と「脱規範化」（Entnormalisierung）は，啓蒙主義と実証主義の思想の下での経済科学の成立にとって不可欠の要件であった．一時，経済学が社会科学の女王と称せられたのは，この脱皮の程度が自然科学と等しいまでに進んだと考えられたからであろう．

しかし，経済学が科学としていったん成立した後，その成果を人間の生活世界の中でとらえ直し，改めてその知の現状とその根底にあるものについて自己反省を行うことは，経済学者としての義務ではないだろうか．かつて17-18世紀において，経済に関する知はモラル・サイエンスと呼ばれ，その知の内容は素朴なものであったが，「良き生」（well-being）としての人生の意味と規範を明らかにする全幅的な人間と社会の総合知を与えるものであった．経済学の「脱哲学化」と「脱規範化」の過程は，モラル・サイエンスからの離脱の過程であって，経済学は広大な生活世界の中から人為的に切り取られた小さな孤立的経済についての知を与えるにすぎないものとなった．そのギャップの意味を改めて考えることが求められる．またわれわれは，「脱哲学化」と「脱規範化」の結果として成立した経済学が，その外面的な形式性はともかくとして，その実質的成果において，自然科学と同じ程度の現実適合性と有効性を持っていないことに気づくべきであろう．自然科学化とい

うライフ・スタイルを持った経済学の発展は，一定の時代環境によって特徴づけられる社会現象の1つであった．経済を含む社会状況，および経済学を含む学問全体の状況の歴史的変化は，経済学そのものに対して新しい課題を提起している．

その課題は，何よりも，一方で，経済世界を知の対象として成立させている究極的観念は何か（経済形而上学），他方で，規範的評価の対象として見た経済世界に関して，人間の「良き生」をもたらす条件は何か（経済倫理学）を改めて問うことである．経済形而上学と経済倫理学の2つは，経済学を自然科学とのアナロジーによって構築する過程の中で，「脱哲学化」と「脱規範化」を通じて廃棄されてしまった知の領域である．経済的知の根底的探求である経済哲学は，辛うじて生き延びている経済学方法論に加えて，改めて経済形而上学と経済倫理学を必要とする．

新たに経済形而上学と経済倫理学を構築する場合，従来の支配的な経済学方法論も変容を迫られるであろう．むしろ，20世紀後半に始まった科学哲学の大きな変容そのものが，知の「認識」方法についての見方に破壊的な衝撃をもたらし，そのことが知における「存在」と「価値」の復権を促しているのである．経済学方法論に関しては，経済学に導入された実証主義的科学哲学は，自然科学の慣行を範例としていた．もちろん，このことは，哲学そのものが自然科学的認識を支える条件の研究に傾き，形而上学や倫理学を哲学の領域から放逐したことの結果である．「存在」と「価値」を問わぬ哲学は，科学的知の基礎を批判的に検討する代わりに，実証的科学に従属する地位に甘んじた．20世紀の主流派経済学の方法論は，自然科学に偏向した科学哲学をそのまま経済学に当てはめることでよしとしていた．しかし，経済学が纏ったこの「新しい衣服」は，経済学を「裸の王様」に見せるものではなかっただろうか．

19世紀を通じて，人文・社会科学の広範な領域において，理念主義や歴史主義が自然主義や実証主義に対して批判的な立場を構築したが，その背景の下で，19世紀末，経済学におけるドイツ歴史学派は，いわゆる「方法論争」において理論経済学の方法に対して異議を唱えた．経済学方法論は，現代科学哲学の流動化の中で，実証主義の仮面を脱いで独特の発言をなしうる

のではないだろうか．哲学なき経済学は，定められた主流派パラダイムの中で技術的・抽象的知識の拡大を生むにすぎず，批判的な自己反省と将来への発展活力に欠けるのではないだろうか．

ポスト実証主義と異端の伝統

しかし，事態は一変した．知の世界における論理実証主義の一元的・普遍的支配の崩壊によって，科学哲学や道徳哲学において大規模な地殻変動が始まっている．今や新しい多元的な発想が可能になり，それが経済哲学の展開を側面から支持しているように思われる．ここでは，自然科学および社会科学の双方から，ポスト実証主義を代表する哲学思想を指摘することで十分であろう．それはトマス・クーンの『科学革命の構造』(1962年)[8]とピーター・ウィンチの『社会科学の理念』(1958年)[9]である．

それらはいずれも衝撃と論争を巻き起こした書物である．ともに英米圏からの発言であることによって，影響力は大きかった．クーンは自然科学を念頭に置き，科学発展のパターンを共約不可能な競合的パラダイム間の交替によって説明した．パラダイムの交替・転換・革命のプロセスは合理的基準や手続きに基づくのではなく，歴史的・社会的文脈に依存すると考えられた．クーンの意図は，科学史研究を通じて，伝統的な科学哲学を「歴史的科学哲学」によって置き換えることであった[10]．ウィンチは社会科学と自然科学との間の科学像の違いを強調し，社会科学を実証主義モデルによってとらえる支配的な見方を批判した．彼は後期ウィトゲンシュタインの言語ゲーム論を基にして，理解社会学を主張し，社会科学の理論的問題はアプリオリな概念の分析により，理解可能な世界像を示すことによって解決されるべきであると論じた．いずれも普遍主義・客観主義に対する批判を通じて，相対主義・歴史主義の契機を導入するものであった．

哲学なき経済学を超えて，経済哲学を構築しようとする本書の最大の目的は，かつて自然主義に対抗して人文・社会科学を鼓舞した歴史主義的思想の系譜を顧みると同時に，哲学の次元において現在進行しつつある世紀的地殻変動を，認識論・存在論・倫理学の3つの経路を通じて経済学に伝達し，その衝撃を新たな経済の知の開発に結びつけることである．このような哲学的

考察に当って，われわれの念頭にあることは，経済学の分野における経済社会学，制度経済学，進化経済学などの発展に哲学的基礎を与えることである．

われわれは無からポスト実証主義を始めるわけではない．客観主義に対する抵抗の思想こそは，18世紀以来ドイツ語圏を中心とするヨーロッパ大陸において，飽くことなく追求されてきたものであった．われわれの目的の1つは，自然科学的パラダイムの支配の下で，跼天蹐地の地下世界に置かれてきた異端の思想に復権の光を投ずることである．実証主義のパラダイムの中で経済哲学を論ずることは，さして意味のあることではない．そこには経済の存在論および価値論の占める位置はないからである．以下で述べるように，われわれは「分析哲学」と対比される「大陸哲学」のパラダイムにそくして経済哲学の展開を考える．「大陸哲学」のパラダイムは，観念論，ロマン主義，歴史主義，現象学，解釈学といった一連の独特の思想を擁し，自然主義思想に対抗する人文・社会科学の伝統を育む源泉であったからである．

3 経済哲学の概念的枠組み

経済理論とメタ理論

「序章」の前半をなす以上の議論は，経済哲学の必要性についての問題意識を述べたものである．「序章」の後半をなす以下の議論は，経済哲学への接近を構成する枠組みについて説明する．

経済哲学を広範な思想分野の中で位置づけるために，まず「理論」と「メタ理論」とを区別する．理論は一定の社会的または自然的対象を解明するものであって，経済理論は現実の経済現象についての体系的知識をいう．現実の姿は複雑を極めているから，当然のことながら，何らかの仮説的前提を置き，演繹的手続きに従って理論を構成し，さまざまな仕方においてではあるが，それを検証することが必要である．理論は現実そのものではなく，本質的と考えられる要素や関係を思惟的に構成したものであって，モデル（模型）と呼ばれる．それは複雑な現実を分析し理解するための道具である．

経済理論を「経済静学・経済動学・経済社会学」の3層からなると見るこ

とに異論はないであろう．経済静学は，経済を取り巻く一定の制度的条件の下で，嗜好・技術・資源量を所与とみなし，市場における財や生産要素の数量および価格の決定を課題とする．経済動学は，経済静学において所与とされていた嗜好・技術・資源量が変化することを通じて，全体としての経済が変化する過程を解明する．そして経済社会学は，経済静学および経済動学において所与とされている経済・政治・社会に関する制度的枠組みと経済との相互関連を研究対象とし，その相互関連を通じて制度的条件が変化する過程を扱う．経済理論における経済静学と経済動学との関係は，経済の領域における静態現象と動態現象との関係を特定化することを意味するが，これらの経済現象を全体として社会的・歴史的視野からとらえるものが経済社会学である．

　以上の区分は形式的なものであって，3層の理論体系の内容をどのように構築するかの相違に応じて，異なった経済学の立場や学派があるといえよう．その意味で，3層における各理論領域の内容はオープンであるが，「経済静学」に関しては，新古典派経済学と呼ばれる主流派経済学のパラダイムが強固に確立されている．あらゆる経済学の変種は，この標準的なパラダイムからの乖離として表現できよう．

　次に，メタ理論は理論そのものを研究対象とする．それは理論の理論である．「メタ」とは，「後に」または「超えて」を意味するギリシャ語であって，メタ理論は，構築された理論そのものの次元を超えて，別の次元において理論の性質を解明する理論をいう．理論をどのような観点から解明するかに応じて，メタ理論について3つのサブカテゴリーが考えられる．すなわち，科学を対象とするメタ理論は「科学哲学・科学史・科学社会学」の3層からなる．3層のそれぞれは，科学を哲学の観点から見るか，歴史学の観点から見るか，社会学の観点から見るかの違いである．もちろん，これ以外にも科学を対象とする別個の観点があってもよいが，さし当りこの3つが代表的なメタ理論である．しかし，科学主義の科学観の下では，メタ理論としては科学哲学のみが許され，科学史や科学社会学は科学のあり方を問う学問としては認められず，ディレッタントの慰みや趣味に属するものとされた．

　メタ理論の中で，科学を対象とする哲学の領域は，上述したように，本来

的に知の「認識・存在・価値」の3領域を含んだ規模を持つはずである．しかし，認識論ないし方法論中心の現代哲学の下では，存在の哲学および価値の哲学は影を薄くしてきた．こうして科学主義におけるメタ理論は，メタ理論の構成に関して二重の制約が課せられていた．1つは，科学史および科学社会学の無視であり，今1つは，存在論および価値論の排除である．これが哲学の科学への従属と呼ばれる事態である．われわれはこの二重の制約を解除すべきであると考える．

経済学のメタ理論についてこの解除の課題を考えてみると，第1の科学哲学の領域では，上で述べた経済学の「脱哲学化」と「脱規範化」によって，経済哲学は，「経済認識論・経済形而上学・経済倫理学」の3領域のうち，慣習的に経済認識論ないし経済学方法論のみを意味するものとされてきた．経済形而上学および経済倫理学の復権を図るべきである．第2の科学史はメタ理論の1つとして，通常，経済学史ないし経済学説史と呼ばれているものである．最後に，第3の科学社会学は経済学の社会的背景や文脈を論ずる．経済学史は経済理論の歴史的発展を扱うが，同時に理論の方法的基礎や社会的背景を参照基準として，理論がいかにして形成されたかを論じており，その意味で科学哲学および科学社会学との連携を視野に入れる必要性が高い．そうでなければ，経済学史は単に学説を時代別に陳列したものにすぎず，メタ理論とは言えない．経済哲学の他に，経済学史および経済学の社会学を含む3つのメタ理論を一体として回復しなければならない．

さて「経済静学・経済動学・経済社会学」の3層からなる経済理論の体系と，「科学哲学・科学史・科学社会学」の3層からなるメタ理論の体系との間には，興味深い対応関係ないし類比関係が存在する．メタ理論の側について述べると，まず科学哲学は，その認識論に関しては，科学的方法の規範的なルールや手続きを規定し，根拠づけるものであり，科学の理想的な姿を描いているために，科学の静態的な秩序ないし構造を明らかにする規範的理論であるということができる．それに対して，科学史は科学が現実に発展する歴史を叙述するものであって，対立を含む科学の動態的な変化を示す記述的理論である．そして科学社会学ないし知識社会学は，科学者が行う学問活動を社会現象としてとらえ，科学の研究が社会的環境や社会的関係から影響を

受けつつ行われる姿が社会学的に解明され，とくに科学の社会的制度化が問題にされる．「経済静学・経済動学・経済社会学」の3層と，「科学哲学・科学史・科学社会学」の3層とは，前者が経済を対象にし，後者が科学を対象にしているという違いはあるが，第1のペア（経済静学と科学哲学）が経済と科学の静態的・規範的構造を扱い，第2のペア（経済動学と科学史）がそれらの動態的・現実的発展を扱い，第3のペア（経済社会学と科学社会学）がそれらを広い社会的文脈において扱うという共通性を持つ．したがって，それぞれ3層からなるこの2組の体系を「精神と社会への二構造アプローチ」と呼ぶことができる[11]．

経済理論の体系は，対象としての「社会」のうち経済活動の部分を扱い，メタ理論の体系は，対象としての「精神」のうち科学的所産の部分を扱う．2組の体系が単に類比・並行関係にあるというだけではない．「精神と社会への二構造アプローチ」は，社会と精神とが相互に影響を授受しながら同時に進化していく過程をとらえようとするのである．これが実は18世紀のモラル・サイエンスの原型的な構造であったと考えられる．

経済哲学における3つの「転回」

ここで経済哲学への接近を支えるものとして，次の3つの思潮的「転回」を強調しておきたい．ここで「転回」とは，経済学の基礎を考えるに当って，従来の科学主義的通念からの脱却の方向を指す．

1. 科学史・科学社会学的転回
2. 存在論・価値論的転回
3. 解釈学的転回

第1に，経済哲学は，経済学を研究対象とする限り，一種のメタ理論であるが，哲学的研究に限られている．それに対して，われわれが3層のメタ理論と呼ぶものは「科学哲学・科学史・科学社会学」からなり，科学哲学以外に科学史と科学社会学を含んでいる．経済哲学を論ずる際にも，メタ理論全体を視野に入れ，経済に関する科学史と科学社会学を考慮に入れることが必要である．論理実証主義の崩壊以後，科学哲学の関心が，科学の静態的・規範的ルールの研究から，現実の科学の活動に関する科学史および科学社会学

の領域にシフトするという注目すべき変化が生じたからである．そればかりではない．知にとっての歴史および社会的環境の重要性は，そもそも人文・社会科学が自然科学化に対抗して生き残るための根本的な主張であった．これをメタ理論における「科学史・科学社会学的転回」と呼ぼう．

第2に，上で触れたように，メタ理論の一部門としての経済哲学は，慣習的に経済学認識論ないし方法論を意味するものとして狭くとらえられることが多いが，われわれは哲学の3分野に対応して，「経済認識論・経済形而上学・経済倫理学」の3領域を経済哲学の範囲として理解する．事実，今日の経済学のメタ研究において，僅かではあるが，存在論および価値論への志向の高まりを認めることができる．これを経済学の基礎構造に関する「存在論・価値論的転回」と呼ぼう．

認識の「方法」だけでなく，「存在」および「価値」を問題とする経済哲学は，メタ理論としての科学史および科学社会学との共同作業を必要とする．なぜなら，抽象的・理念的な「方法」の議論だけでなく，「存在」や「価値」を論ずるためには，それらが位置する場としての生活世界の歴史と社会を対象とすることが不可欠だからである．この意味で，「存在論・価値論的転回」と「科学史・科学社会学的転回」との2種類の「転回」は結びついている．

第3に，以上の2つの「転回」を具体的に媒介するものとして，新しい概念の体系を導入することが便利である．それは「メタ理論」と対比して「プレ理論」と名づけられるものである．以下で述べるように，理論から「プレ理論」への関心のシフトを「解釈学的転回」と呼ぶことにしたい．これについて次に述べよう．

哲学とプレ理論――解釈学の位置

第0-1図を使って以上の議論を要約しよう[12]．①の経済に関する理論の体系は「経済静学・経済動学・経済社会学」からなり，それと構造的に同型をなす②のメタ理論の体系は「科学哲学・科学史・科学社会学」からなる．②を経済学に適用した場合，その特殊ケースとして，経済理論のメタ理論――すなわち，「経済哲学・経済学史・経済学の社会学」――が成立し，科学哲学の領域が経済哲学と命名される．一方，③の哲学の体系は一般に

第0-1図　4つの知の体系

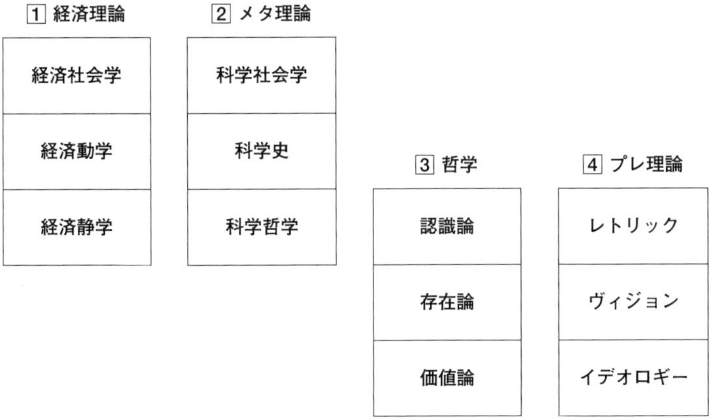

① 経済理論	② メタ理論
経済社会学	科学社会学
経済動学	科学史
経済静学	科学哲学

③ 哲学	④ プレ理論
認識論	レトリック
存在論	ヴィジョン
価値論	イデオロギー

「認識論（方法論）・存在論（形而上学）・価値論（倫理学）」からなるが、それに対応して、経済に関する知のメタ理論としての経済哲学は「経済認識論・経済形而上学・経済倫理学」からなる．今日の偏った慣行的観念の下では、②のメタ理論と③の哲学とは、科学哲学＝認識論の領域においてのみ重複するが、哲学体系自身は本来3層からなるから、②における科学哲学したがって経済哲学は、③の3層の領域をすべて包摂しなければならない．したがって、経済理論を対象とするメタ理論は②と③の全体である．われわれは経済哲学を主題とするが、上で述べた理由から、メタ理論の担い手である科学史および科学社会学をも視野に入れる．つまり全体として経済学に関する哲学的・歴史的・社会学的視座を持たなければならない．

さて、③の哲学はメタ理論の一翼を担うものとして、すでに構築された頑丈な知としての理論を「認識論・存在論・価値論」という視点から検討するだけではない．哲学的思考は理論の形成に向けて、科学とは異なる漠然とした「先行的」な表現や方法によって知の3層の領域を作り上げている．これをわれわれは明示的に「プレ理論」と呼び、第0-1図の④として示す．この図が示すように、プレ理論においては、認識論がレトリックとなり、存在論がヴィジョンとなり、価値論がイデオロギーとなる．哲学の体系③に含まれる3つの概念と、プレ理論の体系④に含まれる3つの概念は、いず

れも個々の言葉としては広く知られているものであるが，このように総合的に理解することはこれまで行われたことはない．プレ理論 4 に対する関心のシフトを，われわれは「解釈学的転回」と呼ぶ．

「プレ理論」における知とは，いわば理論の胎盤となるべき前理論的前提であり，やがて理論に結実するかもしれぬ予感であり，あるいは理論には結実することのない憶見である．それはエピステーメではなく，ドクサである．出来上がった理論に事後的な考察を加える「メタ理論」と対比して，出来上がるかもしれない理論を予想し，理論的に未完成の知を先行的に提起する一種の物語が「プレ理論」である．しかも 3 の「認識論・存在論・価値論」のそれぞれに対して，4 の「レトリック・ヴィジョン・イデオロギー」のそれぞれを対応させることによって，「非理論」として軽蔑的に扱われてきた後者の一群を哲学的思考の次元に持ち込むことができる．第1章第3節で述べるハイデガーの「先行構造」（Vor-struktur）の観念によって明らかにされるように，解釈学が本領を発揮するのは「プレ理論」においてである．

プレ理論と経済思想

経済世界は，経済理論にそくして専門家によって研究されるだけではなく，「経済思想」という言葉によって包括される経済知を通じて，日常的に広く人々の間で理解されている．経済世界は，人々が日常的に参加し体験しつつある世界である．「プレ理論」は，このような「生活世界」（Lebenswelt）における「経済思想」を体系化してとらえるための道具として提起される．「生活世界」はフッサール（1859-1938年）の現象学（Phänomenologie）におけるキーワードであって，近代科学によって作られた「科学世界」に先立って，歴史的に与えられた日常経験の世界である．現象学は，生活世界の普遍的な構造を哲学の考察の対象とすべきであると主張する．

以下で述べるように，科学的世界把握を基礎づける「分析哲学」に対して，いわゆる「大陸哲学」は生活世界の把握に努めてきた．われわれはこの思想系譜を取り上げるための橋頭堡として，生活世界に根ざした「プレ理論」という概念を用いたい．注目すべきことに，ハイデガーもまた「前科学」（Vor-wissenschaft）という言葉を使い，存在論としての現象学による考察

は，科学的探究の可能性の条件を解釈的に究明する「前科学」に属すると論じている．この点についてのクリッチリーの説明によれば，「前科学」は，諸科学の理論的態度が生活世界の実践の中で社会的に発生することを記述するものであって，メルロ＝ポンティは適切にも，現象学の課題は，科学的世界把握の理論的態度がそこに基盤を持つような人間経験の前理論的な層を露呈することであると述べている[13]．われわれはこのような考え方を支持する．しかし，現象学は主として存在論に向けられており，その前理論的対応物は「ヴィジョン」である．われわれは存在論だけではなく，認識論が「レトリック」という前理論的対応物を持ち，価値論が「イデオロギー」という前理論的対応物を持つと考え，これらの3層の前理論を「プレ理論」の体系と呼ぶ．「プレ理論」の全体が現象学的ないし解釈学的接近の範囲を示すのである．この意味で，③の哲学の体系から④のプレ理論の体系への関心の拡大を哲学における「解釈学的転回」と呼ぶことができる．

　①経済理論，②メタ理論，および③哲学とは別に，「経済思想」と呼ばれる漠然とした広い領域がある．経済学における④「プレ理論」がこれに相当する．経済思想は，一方で，現実の経済社会の問題に関するさまざまな社会的・政治的主張を含み，他方で，経済学の構築の基礎をなすさまざまな観念・構想・物語を含む．前者を「イデオロギー」，後者を「ヴィジョン」と呼ぶならば，両者は不可分に関連し合い，経済理論の若干部分を含みながら，どちらも方法的には「論証」ではなく，主として「説得」の方法としての「レトリック」の言語に依拠することによって，経済思想と呼ばれるものを構成している．

　かくして，経済哲学の3分野である「認識・存在・価値」の区別に対応して，「プレ理論」としての経済思想は「レトリック・ヴィジョン・イデオロギー」の3層からなる．経済思想に含まれる要素は，個人主義・自由主義・平等主義・歴史主義というように，主義と名づけられるものが多い．生活世界を支配する経済思想は必ずしも厳密な論理と体系を持たず，経済を超えた社会や文化の理想を含み，経済社会に対する人々の包括的な見方ないし世界観を表している．科学世界を叙述する理論は，生活世界に対して理念化の操作を加えることによって成立する．この理念化を根底から基礎づけるものが

哲学である．したがって ③ 哲学と ④ プレ理論とはパラレルな構造を持つのである．

　経済理論やメタ理論や経済哲学とは別に，このような「経済思想」が「プレ理論」として，すなわち経済に関する知の1つの部類として解釈され，位置づけられなければならない理由はこうである．一方で，経済思想は，経済理論および経済哲学に対して問題や素材を提供する．プレ理論としての経済思想は理論形成の前段階にある物語であり，いわば「理論の温床」と考えることができる．他方で，経済思想は，経済理論やメタ理論や経済哲学の知識が通俗的ないし実践的な形で社会に広く適用・普及された姿であって，いわば「コミュニケーションの媒体」である．マルクス主義やケインズ主義は，マルクスやケインズの理論構造を知らない人々の間ですら，階級闘争を通ずる社会革命や総需要拡張政策としての不況対策の主張として広く理解されている．また過去に形成された理論はすべて博物館に送り込まれるのではなく，新しい発想の温床としての可能性を含み，経済思想として存続する．

　上で述べたように，経済哲学という学問は現在，完全な形では確立されていないが，それが扱うべき経済的知の素材は経済思想の中に豊富に埋没している．とりわけ，経済哲学の領域から放逐された経済に関する存在論および価値論の問題設定は，経済思想の諸要素を整理し分析し体系化することによって可能になるであろう．またメタ理論としての科学社会学および科学史は，現実の科学者活動を対象とするものであるから，科学者たちの思索過程において大きな比重を占めるものは，出来上がった経済理論よりもむしろ理論として未完成の経済思想であろう．

　このようにして，プレ理論への「解釈学的転回」は，前述の「存在論・価値論的転回」と「科学史・科学社会学的転回」とを媒介するものとして現れる．われわれの関心が科学的知の方法という狭い範囲を出て，存在と価値，歴史と社会というパースペクティヴに向かうとき，知の媒体となるのはプレ理論の「レトリック・ヴィジョン・イデオロギー」を措いて他にはないであろう．

　理論とプレ理論との関係は，プレ理論から理論へという単線的なものではない．理論の理解にとってプレ理論の理解が不可欠であると同時に，プレ理

論の理解にとって理論の理解が不可欠である．これは前科学的知としての解釈学において，「解釈学的循環」（hermeneutical circle）と呼ばれている命題に相当する．

経済哲学が「認識論・存在論・価値論」の3領域からなるというわれわれの定義とは異なって，経済思想の3要素である「レトリック・ヴィジョン・イデオロギー」の混合物の一部ないし全体を漠然と経済哲学と呼ぶ場合もある[14]．この場合の経済哲学は経済学におけるものの見方ないし考え方という程度の意味であって，これは経済思想と呼ぶのが適切であろう．

哲学的知の地政学——分析哲学と大陸哲学

第0-1図にまとめられた議論は，経済哲学を目指すわれわれの問題意識の下で，経済学と哲学の各領域の形式的な地勢図を示したものであるが，進んでこれらの領域を事実上支配している実体的な力関係を考えなければならない．国際政治と地理的条件との関係を論ずるものは地政学（Geopolitik）と呼ばれているが，哲学の領域的配置には地政学的とも呼びうる要因が存在する．

実は，哲学には2つの大きな伝統・系譜があって，両者の間の分裂・断絶は，われわれが構築しようとしている経済哲学のあり方と重要な関係を持っている．それはいわゆる「分析哲学」と「大陸哲学」との対立である．もちろん，この表現は地理的用語と方法論的用語との混同を含んでいる．対立関係を理解するためには，むしろ英米系対独仏系，分析的対現象学的，実証主義的対理念主義的といった用語をいくつも並べることが必要であるかもしれない．いずれにせよ，哲学にはこのように対立する思考が存在する．上述の議論の中で，経済学がもっぱら論理実証主義の支配に服してきたことが，経済哲学やメタ理論の姿を矮小化したことが示された．自然科学的世界把握の下では，知とは科学的知であり，科学的知とは自然科学の方法論（認識論）によって基礎づけられるものと考えられた．その結果，存在論や価値論は追放され，科学史や科学社会学は駆逐された．そのような追放の担い手が「分析哲学」であり，追放されるべきと断罪されたものが「大陸哲学」であった．

「大陸哲学」は，カント（1724-1804年）の超越論的観念論に始まり，ド

イツ観念論,ロマン主義,現象学,実存主義,解釈学,マルクス主義,構造主義,ポスト構造主義,ポストモダニズムなどの多様な思潮を含む.もちろん,カントを語るためには,近代思想を特徴づけるイギリス経験論と大陸合理論との対立にまで遡ることが必要であろう[15].

ヒューム(1711-76年)の経験論は,合理論的形而上学を否定しつつも,自然科学的認識についてみずから懐疑主義に陥った.カントは『純粋理性批判』(1781年)において,人間の認識能力である理性の批判的考察を通じて,認識の見方についていわゆる「コペルニクス的転回」を遂行した.彼は,素朴な経験論が想定するように,対象はわれわれの主観から独立に存在するものではなく,主観の先天的な認識形式によって構成されると考えた.つまり認識が対象に従うのではなく,対象が認識に従うのである.これによってカントは数学や自然科学の認識に基礎を与えると同時に,形而上学に「現象世界」とは異なる「物自体世界」の探求という課題を課することになった.その1つの方向は,道徳的・実践的な視点から物自体の世界を基礎づける形而上学であって,カントは『実践理性批判』(1788年)において道徳律を基礎づける実践的形而上学を展開した.ここからさまざまな側面を持つ二元論,すなわち知識と知恵との関係,自然と自由との関係,純粋理性と実践理性との関係,あるいは哲学的真理と実存的意味との関係を問う問題が登場する.彼自身『判断力批判』(1790年)においてこの問題と取り組んだ.たしかにわれわれは現象界しか認識できないが,それにもかかわらず,われわれの生きている世界を理解するためには,自然科学的把握とは異なる形で接近しなければならない領域が大いに残されている.このような考えに立って,カントの二元論を統一する試みがドイツ観念論であり,これが200年に及ぶ「大陸哲学」の潮流を形成することとなった.

クリッチリーによれば,「大陸哲学」は批判・実践・解放をキーワードとする哲学モデルである.そして,その系譜において理論と実践とを統合する原理は,具体的には,フィヒテでは自我の行為であり,シェリングでは意欲であり,ヘーゲルでは精神であり,ショーペンハウアーでは意志であり,ニーチェでは力であり,マルクスでは実践であり,フロイトでは無意識であり,ハイデガーでは存在であった[16].これらに共通するものは「自我」ないし

「主観性」である.

　ここで，戯画化の嫌いを免れないが，「分析哲学」と「大陸哲学」の基本的な相違点をまとめておこう.「分析哲学」は次のような命題を主張する.
　　(1) 知識における理性の優位性.
　　(2) 対象の構成要素への分析・還元.
　　(3) 人間および世界の機械論的隠喩.
　　(4) 歴史の捨象による知識の一般性と普遍性.
それに対して,「大陸哲学」は次のような反対命題を主張する.
　　(1) 知識における感情・直観・意志の重要性.
　　(2) 対象の全体論的把握.
　　(3) 人間および世界の有機体論的隠喩.
　　(4) 知識の歴史性と多元性.
　なぜこのような相違が生まれるのであろうか．2つの哲学は同一の問題に対して異なる答えを出しているのではなく，異なった問題関心から異なった問題を設定していると言うべきであろう.「分析哲学」は，科学的知の妥当する「科学世界」から出発するのに対して,「大陸哲学」はそれに先行する「生活世界」そのものを出発点とする.「分析哲学」が関わる知を「科学」と呼ぶならば,「大陸哲学」が関わる知は「前科学」である．もちろん，大陸哲学も科学を再構築しようとしているに違いない．いずれにせよ，2つの哲学は対象の視座と目標を異にしている．したがって共存は可能である．

　以上では「分析哲学」と「大陸哲学」とを対立的に描いたが，もちろん両者の間に交流があることは否定できない．われわれの議論の筋道においては，オーストリア哲学の伝統が経済学と関係を持ち，経済学への解釈学的接近に対して示唆的な位置を占めている．カント以後の哲学は，ドイツ的系譜とオーストリア的系譜とに分かれた．われわれが以下で最初に取り上げるのは前者であるが，後者の一部はウィーン学団を中心とする論理実証主義を生み，今日の「分析哲学」に結実した.「分析哲学」は英米系哲学と呼ばれることが多いが，正しくは英墺系哲学と呼ぶべきであろう[17]．オーストリア哲学のうち，他の一部すなわちブレンターノ派の心理学は，フッサールの現象学の構想を導き，ドイツ哲学と交叉して「大陸哲学」を特徴づける解釈学の水源

となった．われわれは，この独墺二大哲学の事実上の交叉点に生まれたのが，経済学におけるオーストリア学派であり，これが今日反主流の経済学の一翼を担うことに注目する．

4 知の解釈学への展望

認識論から解釈学へ

　本書が目指す経済哲学の構築は，論理実証主義に基礎を置く科学哲学の漸次的解体という大きな事象を前提にしている．科学主義のイデオロギーから解放された知は，より広い視野の下で，新しい光に照らして再構築されなければならない．これまで公には認知されていなかった「擬似的知」とも言うべきものが，集められなければならない．その方向を表すために，本書は「解釈学的接近」という副題を付した．近代哲学の脱構築を図るリチャード・ローティは，その方向を「認識論から解釈学へ」という命題によって表現した[18]．また，野家啓一はつとに科学哲学の再構築の方向を「科学の論理学」から「科学の解釈学」へという言葉で表した[19]．これらの命名は炯眼であって，私はこれに代わるより良い言葉を見つけることができない．

　ローティの命題の内容はユニークであって，彼によれば，認識論はさまざまな知を共約化し正当化するための一連の規則を与えるものであるが，彼のいう解釈学とは，一定の学問を指すものではなく，認識論の前提をなすこのような考え方への挑戦を意味する．ローティは哲学者の2つの役割を挙げる．第1は，さまざまな学問や言説を統一する共通の地盤を踏まえた文化の「監督者」の役割であり，第2は，さまざまな学問や言説の間の会話を取り持つ「媒介者」の役割である．前者が認識論の仕事であり，後者が解釈学の仕事であるという．認識論における「分析哲学」の降格によって生じた空白を埋める作業は，漠然とした後継者としての解釈学に委ねられたのである．彼はこのような背景の下で，ウィトゲンシュタイン，ハイデガー，デューイの3人の仕事を理解すべきだと言う．

　また野家は，1960年代に始まった科学哲学の構造転換から出発して，ハ

ンソン,クーンらによって代表される「新科学哲学」,クワインの「知識の全体論」,およびウィトゲンシュタインの後期哲学を議論の三本柱としている.そして論理実証主義の科学哲学の下で「人文・社会科学の自然科学化」が行われたのに対して,科学の解釈学は,逆に「自然科学の人文・社会科学化」をもたらすことを目標にすると言う.

以上の先人の試みと対比していえば,本書は,19世紀に人文・社会科学の方法論として構想された解釈学そのものの起源に遡り,ドイツ圏の思想系譜を議論の支柱とする.これらは啓蒙主義に源を発しながら,科学主義の哲学に叛旗を翻した先駆的思想であった.本書の目標は経済哲学の構築であって,自然科学に関わるのでなく,「人文・社会科学の自然科学化」を実践してきた経済学を対象として,「人文・社会科学の人文・社会科学化」とは何であるかを追求すべきであると考える.本書の支柱としてあえて3人を選ぶとすれば,ディルタイ,ハイデガー,シュンペーターである.

解釈学的接近とは何か

立ち入った議論に入る前に,われわれの議論の行方を展望するために,解釈学(Hermeneutik)について一応の説明をしておきたい.リチャード・パルマーは解釈学の歴史的展開にそくして,次の6つの定義を与えている.(1)聖書注解の理論,(2)文献学の方法論,(3)一般的解釈学(シュライエルマッハー),(4)精神科学の方法的基礎(ディルタイ),(5)現存在の現象学(ハイデガー,ガダマー),(6)解釈の体系(リクール)[20].

解釈学は,西欧の伝統において,文学や哲学の古典,聖書,法律などのテクスト解釈の個別的技術論として,分野別に発展した.宗教や法典などの権威的文書は,その規範性のゆえに解釈のルールを持たなければならず,また曖昧な文章や言語についてはレトリックの規則を用意しなければならなかった.しかし,19世紀初頭,シュライエルマッハー(1768‒1834年)によって,あらゆる分野の解釈を主題とした「一般的解釈学」が確立された.その後,解釈学を精神科学の方法論として展開しようとしたのはディルタイ(1833‒1911年)である.彼は理性による認識主体に代わって,全幅的人間本性を備えた広範な生を前提とした「生の哲学」を目指し,精神的世界の秩

序を人間精神の活動性に還元しようとした．そして人間行動およびその所産の研究は，自然現象の研究とは違って，人間精神とその歴史的展開に照らして追体験することができると同時に，自者および他者を含む広範な世界観に照らして理解し解釈されるべきであると論じた．このような「体験と理解」の二重の側面において，いわゆる知の「解釈学的循環」が成立する．部分と全体は互いに他の理解を前提とし，自者と他者は互いに他の理解を前提とし，理論とプレ理論は互いに他の理解を前提とする．これらの循環は，歴史主義の社会的全体性への志向の一形式である．

　ハイデガーは『存在と時間』(1927年) における存在論の展開に当って，彼の恩師であるフッサールの現象学の方法を採用し，人間 (現存在) の日常性の現象学的研究を企てた．ハイデガーにおいて，解釈学は文献や言語の解釈のルールや精神科学のための方法論・認識論という学問から，世界における人間存在そのものの定位の学問へと転換することとなった．理解や解釈は文章や表現の意味をとらえることではなく，人間存在の可能性を「投企」(entwerfen, project) することであると考えられた．日常世界の人間本性に基づく「投企」なしには理解はありえない．知が人間存在の可能性を問うものである限り，ハイデガーの解釈学は，根底において知の体系の実践化である．

　ガダマー (1900-2002年) の『真理と方法』(1960年) は，ハイデガーの『存在と時間』と並んで，20世紀における解釈学への最も重要な貢献とみなされている．彼もハイデガーと同じように，解釈学を単なる精神科学の基礎づけの方法とみなすことを拒否し，芸術体験や歴史経験を起点として，人間のあり方を問う哲学とみなしたのであって，精神世界の解釈学的経験の中に真理があることを論じようとした．主著のタイトルにある「方法」とは，認識論的正当化の対象となるような方法概念への反対を意味する．彼の立場は「哲学的解釈学」と呼ばれるが，それはあらゆる学問の方法に先行する「プレ理論」としての根源的な問いであり，解釈学的理解を，主体における行為様式ではなく，存在様式そのものであるとみなした．かくしてハイデガーおよびガダマーの解釈学は，人間とは何かという，存在論的意義と普遍性とを持った問いに関わるのである[21]．

最後に，リクール（1913-2005年）の解釈学は，解釈学と現象学との結合を目指し，解釈学をテクスト解釈に復帰させ，神話・聖書・精神分析・隠喩・物語などの広範な領域において解釈の多彩な実践例を提供した．また彼は解釈学を批判的解釈学の方向に展開し，ハバーマスの「批判理論」との連携を可能にした[22]．

解釈学は現象学と密接に関連している．現代的意味での現象学はフッサールによって代表されるが，彼のモットーである「事象そのものへ」という研究態度が示すように，現象学は既存の諸理論の前提を飛び越して，生活世界における現象の直覚的な経験を出発点として，生きた経験の本質を引き出そうとする．そこでの主要な命題は，すべての意識の形態は何ものかへの方向性ないし志向性によって特徴づけられるというものである．しかし，ハイデガーにとっては，哲学は意識の哲学ではなく，存在の哲学であった．彼の「存在論」の方法は「現象学」であるが，現存在（人間）の存在了解を梃子として存在の意味を解釈するという意味で「解釈学」である．彼はこう書いている．「哲学は普遍的な現象学的存在論であって，現存在の解釈学から出発している．」[23]

解釈学はディルタイ，ハイデガー，ガダマー，リクールといった人々によって，それぞれ独特の思想を含みつつ，今日の「大陸哲学」の中心的分野を形成してきた．本書では，これらの哲学者の思想を広い意味での解釈学と理解する．本書の序章的段階では，解釈学の現代的な意義については，次のように理解しておけば十分であろう．「解釈学は，すべての人文科学――人間の所産の解釈に携わるすべての学問――にとって基本的なものである．それは単に学際的であるということ以上のものである．なぜなら，その原理は人文科学の理論的基礎を含むからである．その原理は，あらゆる人文的学問にとって必要とされる基礎的研究でなければならない．」[24]

テクストの注解の技法から始まった解釈学は，およそ意味を持つすべての対象の理解にまで拡張された．経済学にとっては，解釈学の次元は (i) 経済学文献のレベル，(ii) 経済行為者のレベル，(iii) 社会的・制度的枠組みのレベルを含むことになろうが，いずれの場合にも，人間のあり方を問うという現象学的な問いと結びついていなければならない．

本書が「解釈学的接近」と呼ぶ際，次の３つの観点を重視している．第１に，生活世界における全幅的自我の「生の哲学」と，自己理解としての人間存在の「投企および被投」に基礎を置くこと，第２に，「プレ理論」としての知の先行理解において多様な「解釈学的循環」を承認すること，第３に，３種の知的関心の「転回」（「存在論・価値論的転回」，「科学史・科学社会学的転回」，「解釈学的転回」）を視野に入れて，「経済理論・メタ理論・哲学・プレ理論」という４つの知の体系のそれぞれが３層の知からなることを意識することである．思想史的にいえば，これらの観点は，「分析哲学」によって許容されないロマン主義，歴史主義，および現象学の思想を「解釈学」という緩い形式によって包摂する．

以上の議論において，本書は哲学なき経済学を超えて，経済哲学を「認識論・存在論・価値論」の３つの領域にわたって考察するというプランが述べられたが，そのことは，「分析哲学」ではなく，「大陸哲学」の視点に立って経済哲学の可能性を考えることを意味する．それは，先に述べたように，「自我」の存在論的観念から出発することである．その最も形式的な表現として，ハイデガーの「現存在」の概念をとり，その方法として彼の「解釈学的現象学」を考える．われわれは「認識論・存在論・価値論」の３領域によって経済哲学を構想するが，本書は主として「解釈学的現象学」に基づく「存在論」に重点を置く．

私は前著において経済倫理学すなわち「価値論」の体系を展開した際，人間「存在」の概念を基礎にして徳（卓越）の経済倫理学の構想を述べた[25]．それによれば，経済倫理学は，「行為に関する善の理論」および「制度に関する正の理論」に加えて，「存在に関する徳の理論」を必要とする．しかし，前著では哲学的存在論にまで立ち入らなかった．本書において，「存在論」を通じて卓越性の価値理論の基礎づけを図りたい．「存在論・認識論・価値論」という哲学的知のヒエラルキーにおいて，私は「価値論」を最上位に置く．すなわち，存在の志向性は価値に向けられていると考えるからである．「認識論」は知識の正当化を論ずるものであって，重要ではあるが，「価値論」によって導かれた「存在論」に適合的なものでなければならないという意味で，哲学体系の後衛に位置する．

「分析哲学」と「大陸哲学」とを統合するといった大それた課題は，容易に達成されるものではないし，もともと対立図式を描くことが不毛であるのかもしれない．現に2つの哲学圏の間の協働や相互浸透を論ずることが可能である[26]．この点に関しては，本書は，3種類の「転回」——すなわち「存在論・価値論的転回」，「科学史・科学社会学的転回」，および「解釈学的転回」——によって拡大された視野を「解釈学的接近」の範囲とみなすことによって，経済的知の視野を拡大し，主流派経済学を相対化することを主たる課題と考えているにすぎない．しかし，そのことを通じて，主流派によって問われることのなかった経済世界の「意味・価値・意義」を論じ，経済的知の「先行構造」をとらえることができるのである．

注

1) 山内得立『生成・創造・形成』弘文堂，1950年．
2) J. M. Keynes, *The Collected Writings of John Maynard Keynes*, vol. XIV, London: Macmillan, 1973, p. 297.
3) Ibid., p. 300.
4) Ted Honderich (ed.), *The Oxford Companion to Philosophy*, Oxford: Oxford University Press, 1995, pp. 666-70.
5) 第2次世界大戦前，日本において経済哲学の体系を構想した杉村広蔵が，この3つの領域によって経済哲学を概念していたことは注目に値する．杉村広蔵『改訂経済哲学通論』理想社，1944年．日本における経済哲学の源流については，次を参照．塩野谷祐一『経済と倫理——福祉国家の哲学』東京大学出版会，2002年，補論．第2次大戦後，数十年を経て，現在ようやく経済哲学への関心が高まりつつあるが，経済哲学の包括的な体系を「経済認識論・経済形而上学・経済倫理学」の3領域によって構想している次の書物の刊行は興味深い．J. B. Davis, A. Marciano, and J. Runde (eds.), *The Elgar Companion to Economics and Philosophy*, Cheltenham: Edward Elgar, 2004.
6) 1980年代に次のような代表的な著作が刊行された．いずれも経済学方法論に関するものである．Mark Blaug, *The Methodology of Economics: Or How Economists Explain*, Cambridge: Cambridge University Press, 1980. Bruce J. Caldwell, *Beyond Positivism: Economic Methodology in the Twentieth Century*, London: George Allen & Unwin, 1982.（堀田一善他監訳『実証主義を超えて——20世紀経済学方法論』中央経済社，1989年．）Daniel M. Hausman (ed.), *The*

Philosophy of Economics: An Anthology, Cambridge: Cambridge University Press, 1984. Bruce J. Caldwell (ed.), *Appraisal and Criticism in Economics: A Book of Readings*, Boston: Allen & Unwin, 1984.

7) J. A. Schumpeter, *Epochen der Dogmen- und Methodengeschichte*, Tübingen: J. C. B. Mohr, 1914, Kapitel 1.（中山伊知郎他訳『経済学史――学説ならびに方法の諸段階』岩波書店，1980年，第1章.）

8) Thomas S. Kuhn, *The Structure of Scientific Revolutions*, Chicago: University of Chicago Press, 1962, 2nd ed., 1970.（中山茂訳『科学革命の構造』みすず書房，1971年.）

9) Peter Winch, *The Idea of a Social Science and Its Relation to Philosophy*, London: Routledge, 1958.（森川真規雄訳『社会科学の理念』新曜社，1977年.）

10) Thomas S. Kuhn, *The Road since Structure: Philosophical Essays, 1970-1993, with an Autobiographical Interview*, Chicago: Chicago University Press, 2000, pp. 309-10.（佐々木力訳『構造以来の道』みすず書房，2007年，416-17ページ.）また，訳書末尾の訳者解説「トーマス・S・クーンと科学観の転回」の456-63ページを参照．

11) 塩野谷祐一『シュンペーター的思考――総合的社会科学の構想』東洋経済新報社，1995年，314-17ページ．

12) Yuichi Shionoya, "Scope and Method of Schumpeter's Universal Social Science: Economic Sociology, Instrumentalism, and Rhetoric," *Journal of the History of Economic Thought*, September 2004.

13) Simon Critchley, *Continental Philosophy: A Very Short Introduction*, Oxford: Oxford University Press, 2001.（佐藤透訳『ヨーロッパ大陸の哲学』岩波書店，2004年，152-54ページ.）

14) その典型例は次の書物である．Joan Robinson, *Economic Philosophy*, London: C. A. Watts, 1962.（宮崎義一訳『経済学の考え方』岩波書店，1966年.）

15) 分析哲学との対比における大陸哲学の概観については，次を参照．Simon Critchley and William R. Schroeder (eds.), *A Companion to Continental Philosophy*, Oxford: Blackwell, 1998.

16) Critchley, *Continental Philosophy*.（訳，39-40ページ.）

17) Michael Dummett, *Origins of Analytical Philosophy*, London: Duckworth, 1993.（野本和幸他訳『分析哲学の起源』勁草書房，1998年，2ページ.）

18) Richard Rorty, *Philosophy and the Mirror of Nature*, Princeton: Princeton University Press, 1979.（野家啓一監訳『哲学と自然の鏡』産業図書，1993年.）

19) 野家啓一『増補　科学の解釈学』筑摩書房，2007年．

20) Richard E. Palmer, *Hermeneutics: Interpretation Theory in Schleiermacher, Dilthey, Heidegger, and Gadamer*, Evanston: Northwestern University Press, 1969, pp. 33-45.

21) Richard J. Bernstein, *Beyond Objectivism and Relativism: Science, Herme-*

neutics, and Praxis, Philadelphia: University of Pennsylvania Press, 1983, p. 113. (丸山高司他訳『科学・解釈学・実践』第2巻,岩波書店,1990年,251ページ.)
22) John B. Thompson, *Critical Hermeneutics: A Study in the Thought of Paul Ricoeur and Jürgen Habermas*, Cambridge: Cambridge University Press, 1981. (山本啓他訳『批判的解釈学』法政大学出版局,1992年.)
23) Martin Heidegger, *Sein und Zeit*, 1927, 19. Aufl., Tübingen: Max Niemeyer, 2006, S. 38. (細谷貞雄訳『存在と時間』上巻,筑摩書房,1994年,99ページ.)
24) Palmer, *Hermeneutics*, p. 10.
25) 塩野谷祐一『経済と倫理――福祉国家の哲学』東京大学出版会,2002年.
26) Simon Glendinning (ed.), *The Edinburgh Encyclopedia of Continental Philosophy*, Edinburgh: Edinburgh University Press, 1999.

第1章　理論・ヴィジョン・存在論

1　シュンペーターのヴィジョン論

存在論への序説

　経済形而上学ないし経済存在論という言葉は，今日の経済学では馴染みのないものである．存在論への理解しやすい導入の手法として，序章において提起された「プレ理論」という概念を使いたい．

　「プレ理論」は，哲学の3領域（認識論・存在論・価値論）に対応して，「レトリック・ヴィジョン・イデオロギー」の3つからなる．「プレ理論」は「メタ理論」と対比される．「プレ理論」は，あるべき姿に出来上がった理論を検討する「メタ理論」（とりわけ科学哲学）とは違って，理論以前の状態にある知を内容とする．「プレ理論」は，理論が備えていなければならない厳密な知の基準を必ずしも充たしていない．もちろん，このことは理論の基準は何かという問題と関係している．広範囲の科学の諸分野において伝統的に受容されてきた論理実証主義の基準は，さまざまな批判に曝されており，それはとりわけ社会科学にとっては実際的ではなく，むしろ現実の研究者が実際にとっている理論観は「プレ理論」と変わらないという議論もある．

　近年，メタ理論内部において，科学哲学から科学史および科学社会学への関心の「転回」が行われていることについては上述したとおりであるが，そのような「転回」の中でとらえられる対象は，出来上がった理論であるよりも，むしろそれ以前の活動である．科学史や科学社会学は，社会の中での理論形成の動態的な過程を対象にする限り，「プレ理論」を扱わなければならないはずである．「プレ理論」の3領域は，哲学の3領域に対応して，哲学

的知にとっての根源的素材を提供する役割を果たすだけではなく，日常的世界において哲学的知の代替物として，その骨格を形成する役割を果たしている．このような役割から想像されるように，「プレ理論」はプラクティカルな機能を持つ．

この章では，経済学と存在論との中間に「ヴィジョン」というプレ理論の一要素を挿入し，「理論・ヴィジョン・存在論」という関連を明らかにする．理論によって構築される科学的世界像の存在的基礎を与えるものが哲学としての存在論であるが，ヴィジョンは，一定の歴史的な生活世界の中にあって，対象についての意味形成の根源的素材を提供し，かつそれを科学的手続きに引き渡す媒介者である．以下で見るように，存在論は，個別理論（自然科学であれ社会科学であれ）に関する事情を一切捨象して，存在一般とは何かを問題としているために，個別理論と存在論との間には大きなギャップがある．とりわけわれわれが経済学という具体的な理論領域の存在論を論ずる場合には，経済理論と存在論との間に経済世界像を与える媒介者が必要である．両者を橋渡しするものが，「プレ理論」としての「ヴィジョン」である．かくして，ヴィジョンは，第1に，歴史的現実としての生活世界に発する知であり，第2に，個別理論と存在論との間の媒介者である．第3に，以下で述べるように，その媒介に当って，ヴィジョンは，個別理論に結びつく側面と存在論に結びつく側面とに応じて，二層的構造を持つ．

ヴィジョンとイデオロギー——2つの前理論知

経済学では，シュンペーターが科学とヴィジョンとの関係を論じたことから，ヴィジョンの概念は比較的よく知られている．彼は「科学とイデオロギー」という有名な論文において，科学におけるイデオロギーの役割について論じた[1]．このテーマは，一見したところ，科学から排除されるべき価値判断を論ずるかのように見えるが，彼の狙いはそこにはない．いうまでもなく，科学においては，政治的価値判断や党派的利益の擁護を科学の中に潜入させ，事実や論理を歪曲するような主張を行うことは避けなければならない．彼が論じようとすることは，このようなステレオタイプの問題ではない．彼は，虚偽を含むあからさまな価値要素を排除した上でもなお，経済学の科学的活

動には経済や社会についての先入観がつきものであって，これは科学によって統御不可能なものであり，しかも科学にとって不可欠なものであると主張するのである．シュンペーターはこの先入観を「イデオロギー」と呼んだ．これは通常のイデオロギー概念とは異なるので注意を要する．

　イデオロギーという言葉は，フランス革命後の思想家デステュット・ド・トラシー（1754-1836年）が提唱した人間科学としての「観念の科学」に始まるとされている[2]．それは啓蒙主義を背景として，普遍的な合理性の学問を意図した認識論風の学問であって，すべての学問の基礎となるべきものとされた．今日，イデオロギーの語にこの意味は残されていない．当時ナポレオン・ボナパルトがこの思想グループをイデオローグ（空理空論の徒）と呼んだところから，19世紀を通じて，イデオロギーの語は，政治における民主的・革命的主張を軽蔑し攻撃する意味で用いられるようになった．一方，同じように否定的・軽蔑的な意味ではあるが，マルクス（1818-83年）は社会の上部構造と下部構造に関する史的唯物論に立って，支配階層の観念形態をイデオロギーと呼び，それを経済的生産関係の反映としての倒錯した観念とみなした．しかし，その後，イデオロギーの語は，あらゆる党派にわたってそれぞれの政治的・道徳的な主義主張を意味するように一般化された．そして科学とイデオロギーとは峻別されるべきであるという考え方が慣行となった．シュンペーターはこのことを踏まえた上で，別の意味のイデオロギー概念を展開する．

　シュンペーターは，科学的行為を「ヴィジョンの形成」と「科学的モデルの構成」との2つの段階に分け，両者の関係について問題を提起した．ヴィジョンの形成は，われわれが分析しようとする一連の現象を研究対象として設定することであって，そのためには，森羅万象のうち何が重要であるかについての問題意識と，どうすればその対象をとらえることができるかについての方法意識が必要である．このような行為によって先行的に描かれる世界像が「ヴィジョン」である．ヴィジョンは理論にとっての始源的な構想であり，十分な論理化のなされていない漠然とした世界像のイメージである．この問題設定の段階では，まだ理論的な体系は明らかではないが，ヴィジョンは「問題と方法」の概略を提起することによって，何がどのように問われる

べきかを明らかにする．このヴィジョンの形成に当って，伝統的通念に基づく何らかの先入観が不可避的に介入せざるをえないというのが，シュンペーターの論点であり，その先入観を「イデオロギー」と呼ぶのである．これは理論における「伝統的通念」と読みかえた方がよい．

こうしてシュンペーターは，単なる直観や非合理性が支配するとみなされている前科学段階のブラック・ボックスの中から，科学の理解にとって重要な契機となるものを「イデオロギー」と「ヴィジョン」という2つの「プレ理論」——すなわち，前理論知——の概念によって取り出そうとする．「科学とイデオロギー」という彼の論文の題名は，科学と価値判断との関係を問う陳腐な問題を想像させがちであって，シュンペーターの問題提起が一般に理解されているとは思われない．

先入観の二元的構造——歴史主義的観点と現象学的観点

シュンペーターは，イデオロギーを次のように定義する．

「われわれの心の中には，経済過程についての先入観が存在する．これは，われわれの知識の累積的発展とわれわれの分析的努力の科学的性格とにとって［価値判断よりも］いっそう危険なものである．なぜなら，これらの先入観は価値判断や特殊な要求と違って，われわれの統御できないものであるからである．多くの場合，先入観はこれらのもの［価値判断］と結びついていることがあるが，これらから切り離して別個に論ずべきものである．われわれはこれをイデオロギーと呼ぼう．」[3]

彼は，価値判断とイデオロギーとを区別した上で，ヴィジョンの中に入り込む「先入観」としてのイデオロギーを問題にしようとする．それは具体的にどのような性格のものか．

「われわれは先行者や同時代の人々の研究や，世間一般に通用している観念から出発する．この場合，われわれのヴィジョンは少なくとも以前の科学的分析結果のいくらかを含んでいる．しかし，この複合物は，われわれが科学的研究を開始する以前に，すでにわれわれに与えられており，存在しているものである．」[4]

ヴィジョンはまったくの無から生まれるものではなく，過去から現在まで

に蓄積されてきた考え方から出発するのであって，研究者の置かれている「歴史的世界」がその出発点となる．シュンペーターは，歴史的所与を通じてヴィジョン形成に参入する先入観を「イデオロギー」と呼ぶのである．ヴィジョンとイデオロギーとは異なるものであるが，両者はこのような形で結合する．

　研究者を規定する「歴史的世界」は，一定の研究方法によってすでに形成されている「理論世界」と，研究対象として流動する「現実世界」との２つを含む．「現実世界」に関するヴィジョンとしての世界像は，何をどのように描くかによって特徴づけられるが，理論にとっての「問題と方法」の大枠は歴史的に与えられている．かくしてヴィジョンの形成過程において，歴史的所与としてのイデオロギー（伝統的通念）の介入が生まれる．ここでは，イデオロギーは排除されるべき党派的価値判断を意味するのではなく，歴史的世界によって拘束された既成観念を意味する．しかもそれは人々が無意識に採用している根本的な前提としての「世界観」をも含む．シュンペーターの特殊なイデオロギー概念をはっきりと「歴史的世界」に関連づけることによって，以下で展開される経済学の存在論への１つの支柱が形成される．それは知への「歴史主義的観点」である．

　次に，ヴィジョンが過去の歴史的世界の伝統によって影響されるという側面とは別に，ヴィジョンが理論形成に先行するという前向きの側面を取り上げよう．理論の前段階がヴィジョンであるといっても，あらゆる研究者が自分自身のヴィジョンの形成を自覚的に行うわけではない．彼らは社会的実践としての研究活動に従事するとき，常に既成の学問体系の中で仕事を始めるのであって，その体系の基礎にあるヴィジョンやイデオロギーを自明のものとして受け取る．あるいは，それらをはっきりと意識すらしないことが多い．そのため研究が既成の観念と慣行にとらわれて，変化する現実世界を適切にとらえることができないという問題が生じがちである．新しいヴィジョンと結びつかないイデオロギーは科学にとっては保守的要因である．

　ところが，現実と理論との間のギャップを意識し，既成の理論体系の批判や拡充の可能性を見出して，科学に新機軸をもたらそうと考える科学者は，新しいヴィジョンを抱くことから出発し，その理論的定式化を試みる．この

ような場合，理論の成立にとってヴィジョンは不可欠であるが，イデオロギーは必ずしも必要ではない．革新的な理論が成功を収め，支配的なパラダイムとして学界を席巻し，多くの研究者によって受け入れられるならば，既存の体系に対抗する新しい学派が形成される．ヴィジョンや理論が人々によってどれだけ広く受け入れられるかは，科学哲学の基準に照らしての成功に依存するよりも，多分に時代の流行によって左右される社会学的現象である．異なるパラダイム相互間の共約可能性が存在しないからである．したがって経済学におけるヴィジョンやイデオロギーの問題は，それ自体として科学社会学のテーマを形成するが，同時に共同体としての科学者集団や学派の行動というもう1つの科学社会学の問題と結びつく．実際問題として，経済学におけるヴィジョンの範疇や類型は，学派を形成するほどの大きな学問体系について見出されるのである．シュンペーターは上掲の論文においても，またいくつかの学史研究においても，スミス，マルクス，ケインズといった学派のリーダーについて，理論の背景に隠れてしまった特有のヴィジョンを解明しようとした．

　学問の世界におけるリーダーの創造性は，過去の先入観による桎梏から脱却しようとする個性の意志と能力の表れであって，心理学的次元に属するものであろう．科学史の研究者にとっては，その解明は伝記研究の次元の問題にすぎないかもしれない．しかし，哲学の次元では，われわれは知の創造に関して全幅的人間像の「理性・感情・意志」から出発する．これが現象学のアプローチである．ヴィジョンは過去からの拘束としての先入観とは異なって，将来に対する構想としての先入観を提示する．われわれはシュンペーターのヴィジョン概念が意味する創造的知の究明を通じて，経済学の存在論へのもう1つの支柱を見出すのである．それは「現象学的観点」である．

　後に見るように，先入観ないし知の先行構造は，ハイデガーやガダマーの解釈学の中心概念である．彼らによれば，あらゆる理解や認識にとって先入観は不可欠の条件であって，先入観はわれわれが世界に向かう方向をあらかじめ指し示すものに他ならない．先入観を知にとって悪しきものとみなしたのは啓蒙主義の先入観であった．シュンペーターは先入観を構成するイデオロギー概念とヴィジョン概念との知識社会学的関連を通じて，学史研究への

ユニークな道を明らかにした．われわれはこの2つの概念の並存の事実から哲学的研究を始め，存在論への道を開きたいと考える．それは，先入観の二元的構造としての「歴史主義的観点」と「現象学的観点」との関連を問うことを意味する．これが本章の目的である．

発見の文脈と正当化の文脈

　科学的モデル構成は，先行的ヴィジョンによって与えられた世界像を科学的な手続きに従って理論化することであって，ここでは事実の観察，概念の形成，モデルの構築といった一連の作業が行われ，具体的な仮説の下で命題が演繹される．この命題はさらに現象のデータによってテストされ，確証されるか否かが問われる．これらの手続きを指図するものが科学哲学である．もちろん，近年の科学哲学にはさまざまな立場があり，その基準は単一ではない．シュンペーターのヴィジョン論における関心は科学哲学にあるのではなく，科学モデルの蓄積がイデオロギー（歴史的所与）となって科学を拘束するという累積過程と，新しいヴィジョンによって理論の革新が始まるという飛躍過程とにある．この関心は，先にメタ理論における「科学史・科学社会学的転回」と呼んだものに相当する．以上のような「ヴィジョンの形成」と「科学的モデルの構成」の2段階の議論の意義を，科学哲学における伝統的な論理実証主義の考え方に照らして述べよう．

　標準的な論理実証主義は，観察言語と理論言語との区別，発見の文脈と正当化の文脈との区別，および事実と価値との区別という三重の区別に立脚している[5]．ここで関係があるのは発見の文脈と正当化の文脈との区別である．科学の「発見の文脈」(context of discovery) は，科学における問題の設定や理論の着想や生成の段階を表し，「正当化の文脈」(context of justification) は構築された理論の確証および評価の段階を示す．この対句はハンス・ライヘンバッハによって導入されたものであるが，この区別によって，「正当化の文脈」を科学の領域として定義することが意図されたのである[6]．

　シュンペーターのいうヴィジョンと科学との区別は，発見の文脈と正当化の文脈との区別に対応する．もちろん，彼は論理実証主義者のように，発見の文脈ないしヴィジョンの段階を科学にとって論ずるに値しないものとして

否定的に位置づけるのではない．シュンペーターが科学と同時にヴィジョンを取り上げ，しかもこの前科学的行為が科学研究の必要条件であるとみなし，この関連が科学哲学に影響を及ぼす道を開いたことは，論理実証主義の規範から逸脱するものであって，彼の後に来るポスト論理実証主義の幅広い思想を先取りするものであった．

論理実証主義の標準的な説明によれば，2つの文脈の相違は次のように述べられる[7]．一方，「発見」は理論や仮説の着想，発生，起源に関わり，他方，「正当化」は理論構築の手続き，仮説の検定，確証，評価に関わる．発見の文脈は心理学，社会学，科学史，伝記研究などが取り上げる問題であり，「正当化の文脈」のみが科学の内面的な論理に関わる科学哲学の主題である．「発見」は主観的なプロセスであり，もっぱら記述的に扱われるが，「正当化」は客観的なプロセスであり，理論の評価や選択の基準を指示するという意味で規範的性格を持つ．「発見」は研究のための問題を設定し，対象となる事実の選択を行うが，「正当化」はこの枠組みの中で，事実が仮説のための客観的な証拠となるか否かを評価する．

この考え方によれば，理論の基礎となる問題意識，理論の発見，生成に関する要因は科学にとって外在的なものであり，科学にとって関係のないものとして無視してよく，科学哲学にとっては，完成された理論の論理的性質を解明することだけが課題である．むしろ先入観の克服が科学の目標とみなされる．理論を着想する段階においては，それを導くいかなる論理的方法も基準も存在しないから，科学哲学は，完成した理論の身分・構造・機能を分析し評価する段階のみを扱うと考えられたのである．「発見の行為は論理的分析にはなじまない．天才の創造的な働きに取って代わる『発見の機械』を構築するのに役立つような論理的ルールは存在しない．」[8] しかし，解釈学が取り組んできた問題こそ，生活世界におけるこのような人間の全幅的意識の分析であった．認識論的科学哲学が扱いえないものとして放逐した課題は，存在論的解釈学に委ねられたのである．

たしかに，科学哲学は言語の文法と同じように，科学の遵守すべき規範的なルールを明らかにしなければならないが，同時にそのルールは科学者が実際に行っているプラクティスを説明するものでなければならない．論理実証

主義に対する批判者たちは，批判的論点の1つとして，「発見の文脈」における理論の始原・発見・発展・受容・廃棄といった動態的過程を支配する認識論的要素もまた，科学哲学の正当な対象となるべきだと主張した[9]．シュンペーターが指摘した科学的モデルの構成に先立つイデオロギー（先入観）とヴィジョンの役割は，第2次世界大戦後顕著となった科学哲学の「科学史・科学社会学的転回」によって，科学にとってまともに考慮されるべきものとして復権を果たした．

この「転回」の担い手として著名なトマス・クーン（1922-96年）のパラダイム論に言及しておこう[10]．クーンのいうパラダイムとは，科学者共同体において一般に受容されている具体的な科学的枠組みであり，その科学の「問題と方法」の一群である．パラダイムは研究の不可欠の枠組みとして存在し，研究者のものの見方や接近方法を規定している．科学は一定のパラダイムの枠内で体系化・精密化・洗練化を通じて進歩するが，新しい学問の体系は，パラダイムそのものの転換による科学革命によって成立する．

シュンペーターのイデオロギー（先入観）とヴィジョンとの関連の議論は，パラダイム内の進歩とパラダイム転換との双方を説明する．彼は知の枠組みを示すものとして，パラダイムという新しい魅力的な言葉の代わりに，イデオロギーという旧式の言葉を使ったけれども，パラダイムの拡充と転換という科学の前向きの活動については，彼独特の「イノベーション」（革新）の観念をヴィジョンという言葉に籠めたのである．

精神と社会の相互作用

シュンペーターが提起した「科学モデル・ヴィジョン・イデオロギー」の連関は，彼の思いつきや断想といった類のものではなく，彼の総合的社会科学の構想に基づくものであった．社会科学は社会的現実を観察の対象として理論を構築する．出来上がった理論は1つの社会的現実として再び考察の対象となる．科学は，自然科学であれ社会科学であれ，この二重性によって特徴づけられており，第一次的な現実を対象とする「理論」と，理論を対象とする「メタ理論」とからなる．しかし，自然科学においては，自然的世界と構築された理論との間に相互作用が起こることは考えられないが，社会科学

第1-1図　精神と社会への二構造アプローチ

【理論】　　　　【研究対象】　　　　【メタ理論】

経済社会学　　　　　経済　　経済学　　　　科学社会学

経済動学　　　　　　　　　　　　　　　　　科学史

経済静学　　　　　社会　　精神　　　　　　科学哲学

進化

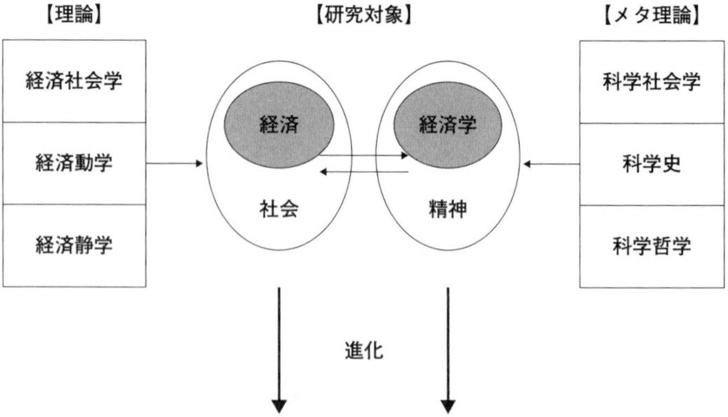

においては，理論を含む精神的活動と社会的・歴史的世界とは相互に影響を及ぼすことが可能である．この関係は，遡っていえば，社会的行為者としての人間が同時に社会の観察者でもあるという人間の自己了解の特異性に基づいている．

　第1-1図は，「理論」の体系が経済を含む社会を研究対象とし，「メタ理論」の体系が経済学を含む精神の所産を研究対象とし，両体系が，互いに影響を及ぼしつつ進化の過程にある「精神と社会」(mind and society) の間の相互作用の究明に向けられている様相を示している．シュンペーターの全仕事は，経済についての「理論」の体系と，経済学についての「メタ理論」の体系とを包摂し，総合的社会科学を目指すものであった．それぞれの体系は3階建ての構造からなっており，「理論」の体系は「経済静学・経済動学・経済社会学」を含み，「メタ理論」の体系は「科学哲学・科学史・科学社会学」を含む．これがシュンペーターの総合的社会科学の全貌であり，「精神と社会への二構造アプローチ」と呼ぶことができる[11]．われわれが序章の第0-1図において，経済理論とメタ理論とを対置したのは，第1-1図に示されたようなそれぞれの研究対象を捨象して図式化したものである．

　第1-1図において，それぞれの体系の1階部分は経済および科学の静態的構造を扱い，2階部分は経済および科学の動態的発展を扱うが，3階部分は経済および科学に対する社会学的接近であるという共通性を持っている．科

学社会学ないし知識社会学は，20世紀前半のドイツにおいて，文化社会学の一部門として形成された．文化社会学は理念的・文化的領域と実在的・社会的領域との間，すなわち「精神と社会」との間の相互作用を論ずる．文化社会学の中から，一方で，理念的要因としての知識ないし科学の社会的・制度的背景に焦点を置く知識社会学ないし科学社会学が生まれ，他方で，実在的要因としての経済の社会的・制度的文脈に重点を置く経済社会学が生まれた．この意味で，「理論」と「メタ理論」の2つの構造物の3階部分は，経済と経済学とをともに「社会学化」(Soziologisierung) することによって連結し，「精神と社会」との相互関連が明示的な主題として論じられる．

もっとも，シュンペーターの初めの構想は，あらゆる社会的事象——法律，宗教，道徳，芸術，政治，経済，論理，心理——を社会学の観点から理解するというものであった[12]．これが彼のいう「総合的社会科学」であって，経済社会学と科学社会学のペアは総合的社会科学の簡略版であった．

この枠組みに照らして言えば，経済理論は真空の空間で成立するものではなく，歴史的・社会的状況の中で，時代精神を反映する形で形成される．理論の前段階としてのイデオロギーやヴィジョンは，その役割として，「精神と社会」との間の相互依存関係の一部を構成するのである．

シュンペーターは18世紀におけるモラル・サイエンスという形の社会科学を「精神と社会の諸科学」と呼び[13]，とりわけジャンバティスタ・ヴィーコ (1668-1744年) の業績を「精神と社会の進化的科学」と命名した[14]．ヴィーコはわれわれにとって重要な人物である．このナポリのレトリック学の教授は，デカルトの合理主義に対する最初の本格的批判者であり，19世紀歴史主義の元祖とされている．彼の認識論の基本命題は，「真なるものと作られたものとは相等しい」というものであって，われわれが作ったものについてのみ確実なことを知りうるという．

ヴィーコは規約主義的な考えに基づき，歴史は人類が創造したものであるから，人間が自然の外に置かれている自然科学の場合よりも，歴史についてより正確な内面的な認識に到達することができると論じた．そして認識における不確実性の重視と，説得の手段としてのレトリックの復権を主張した．彼はこのことを通じて，デカルトによって排斥された人文や社会や歴史につ

いての知の追求の道を開いたのである．そして何よりも，彼は，特定の歴史段階において，社会生活のさまざまな領域は相互に関連し合い，1つの整合的なパターンを形作ると主張した．これは歴史的発展における社会的統一性の命題として，歴史主義によって確立される重要な考え方であった．

ヴィジョンの二層的構造

　前科学的世界像としてのヴィジョンは科学的モデルと同じものではないから，ヴィジョンを表現するための道具は，論理や実証とは異なる緩やかな思考の技法に基づかざるをえない．この緩やかな技法がレトリックである．レトリックは，科学としての厳密な定式化と理論構成を提示する代わりに，それに先立って大雑把な，漠然としたイメージを提起しようとする．レトリックを厳密に定式化すれば，レトリックはレトリックではなくなる．レトリックという言語表現法の媒介を通ずることなしには，ヴィジョンは個人の頭脳の外に出て人々に伝達されることはない．ここにヴィジョンとレトリックとの強い結びつきが見出される．そして上で見たように，ヴィジョンは内容的にはイデオロギーという先入観の介入を受ける．われわれはこの章では，存在論と理論との間の媒介者としてのヴィジョンに焦点を置いたはずであるが，期せずして「レトリック・ヴィジョン・イデオロギー」という「プレ理論」の3者の一体的関係を見出すことになった．

　さて，ヴィジョンは前科学的行為であるが，ヴィジョンがただちにかつ容易に理論に変形されるのであれば，ヴィジョンをめぐる固有の困難は存在しないし，ヴィジョンをそれ自身として取り上げる理由も存在しないであろう．ヴィジョンはただちに体系的な理論の陰に隠れてしまうからである．したがって，ヴィジョンの役割としては，ヴィジョンがヴィジョンとして存続するというケースが重要である．2つの場合が考えられる．

　第1．社会科学における複雑な対象は，とりわけ社会の全体像および社会の長期的過程に関するものである．これらについての知識は，多かれ少なかれ前科学的段階におけるヴィジョンの域にとどまらざるをえない．このような対象を扱う場合には，その特徴や関連する要因をまずヴィジョンという形で洞察することの方が，それを把握した上でその作用様式を定式化すること

よりもはるかに難しいと，シュンペーターは述べている．

　「われわれの関心が，経済諸量の『相互依存』の仕方を純粋論理の平面において定式化しようとすること以上に野心的なものではない場合には，すなわちわれわれの関心が静態均衡の論理ないしは定常過程の本質的特徴にある場合には，ヴィジョンの役割はささやかなものにすぎない．なぜなら，こういう場合には，われわれは簡単に認識することのできる少数のかなり明白な事実を研究しているにすぎないからである．ところが，長期的変化の過程にある経済生活を分析するという課題に転ずる場合には，事態は一変する．この場合には，この過程の真に重要な要因や特徴を洞察する方が，それを把握した上で（あるいは把握したと考えた上で）その作用様式を定式化するよりもはるかに困難である．したがって，ヴィジョン（およびそれに付随するあらゆる誤謬）は，この種の試みにおいては，他の場合におけるよりもいっそう大きな役割を演ずるのである．」[15]

後に述べるように，とりわけ歴史主義的世界観の下では，長期的変化の過程の特徴は，単に経済という単一の領域を考えるだけではとらえることはできず，経済と経済以外の一切の社会的領域との間の相互依存関係の変化を通じてとらえなければならない．経済を含む社会の諸領域の全体的統一性およびその長期的進化という2つの関連した問題は，狭い経済学の範囲を超えた経済社会学の基本的な挑戦課題である．これは上掲の第1-1図に示された「精神と社会との相互依存的進化」をとらえる総合的社会科学の課題である．ヴィジョン，したがってそれに付随してイデオロギーやレトリックが大きな役割を演ずるのはこうした大規模な問題についてであり，研究者がこれらの問題に対して挑戦を続ける限り，あるいはこのような観点から既存の理論の批判的再検討に迫られるとき，さまざまなヴィジョンは常に新しい理論の温床として存続する．これを「個別科学の世界像としてのヴィジョン」と呼ぶことができる．経済理論にはさまざまな基礎的前提が含まれている．ミクロまたはマクロの経済循環，経済世界における均衡・不均衡や市場調整，経済主体の行動形態，経済組織や制度の進化などは，基礎的前提の置き方に関わるものであって，経済学に固有のヴィジョンとして論じられる．

第2. もう1つの大きなカテゴリーとして，普遍的な世界観としてのヴィジョンがある．経済学や政治学などの個別の学問領域において科学的手続きに付される経済的，政治的などの特殊なヴィジョンと違って，普遍的な世界観としてのヴィジョンは永久に科学的モデルにはならない．先の第1の場合は，普遍的な世界観としてのある種のヴィジョンを背景にしながら，個別具体的なヴィジョンが個別的社会領域の研究素材に適用されるという場合である．領域ごとの素材が異なるのに応じて，また時代ごとの素材が異なるのに応じて，基本的な世界観は異なった個別領域のヴィジョンとなって現れる．啓蒙主義，実証主義，歴史主義，ロマン主義などの観念は，哲学的思潮として常にヴィジョンにとどまり，具体的，特定的な契機に応じて前科学的世界像となって現れる．このようなヴィジョンの存続のケースを考えると，ヴィジョンは単に理論の前提ないし前理論的な一過性の知識であるというよりも，理論とは異なる形態の知識であるということができる．このことは，必ずしも科学に収斂することのない別個の知識形態としてのヴィジョンを認めることである．これを「包括的な世界観としてのヴィジョン」と呼ぶことができる．ディルタイはこれを世界観学（Weltanschauungslehre）として展開したのであって，これは知識社会学の1つの中心的テーマとなった[16]．

この「包括的な世界観としてのヴィジョン」は，必ずしも特定の社会集団や階層の思想ではなく，社会の精神的・文化的生活の総体を「時代精神」として表すものであって，これもまた研究者にとって与えられた先入観を形成しており，ここに最も広い意味でのイデオロギーの概念が成立する．包括的世界観は，社会的総体が知識の形成に及ぼす先入観の影響を最も根底的な形で示すのである．

われわれはヴィジョンが個別科学と存在論とを媒介するものと考えるが，その際，ヴィジョンが個別科学と結びつくのは「個別科学の世界像としてのヴィジョン」によってであり，ヴィジョンが存在論と結びつくのは「包括的な世界観としてのヴィジョン」によってである．個別科学の存在論を明らかにするためには，ヴィジョンの二層的構造を区別することが必要である．

要約——伝統と創造への道

　以上において，われわれは存在論を語るための導入部としてヴィジョン論を提起し，シュンペーターを手掛かりとしながら，科学とヴィジョンとの関係について議論を始めた．以上の議論を要約すれば，次のとおりである．

　第1に，「精神と社会」との間の相互関連を問うという大きな枠組みの中で，科学的知の対象はヴィジョンと科学的モデルとの2段階によって概念的に構成され，前科学的世界像としてのヴィジョンは科学的モデルの必要条件である．

　第2に，そのヴィジョンに対して，社会的・歴史的・文化的要因がイデオロギー（先入観）として影響を及ぼし，ヴィジョンという前科学的知を表現し伝達するための言語形式としてレトリックが用いられる．

　第3に，対象を構成する際の視座に影響を及ぼす社会的・歴史的・文化的要因は，大別すれば，研究対象としての変動する経済社会の総体，および過去の知の遺産としての理論や思想の総体であって，いずれも研究者にとって与えられた事実である．経済学という学問が何をどのように取り扱うかについてのヴィジョンの形成は，その時々において大きな枠として歴史的に規定されている．もちろん，与えられた対象は多様であり，存在する理論や思想は対立を含んでいる．したがって経済的知の内容は，いわば過去との対話を通じて形成されると同時に，過去からの離脱によって発展するという選択的経路を辿る．

　第4に，イデオロギーによる過去の思想的拘束の下で，新しいヴィジョンを形成するという知の企ては，存在論を構築する上での二元的要素，すなわち「歴史主義」と「現象学」との関連として解釈することができる．イデオロギーとヴィジョンという知識社会学的概念は，「歴史主義」と「現象学」という哲学的概念と結びつけられる．これを先入観の二元的構造と呼ぶ．

　第5に，前理論段階におけるヴィジョンについて，特定の個別科学の基礎前提となるような「個別科学の世界像としてのヴィジョン」と，すべての科学を超えた「包括的世界観としてのヴィジョン」とが区別される．個別科学理論と哲学的基礎存在論との間のギャップは，これらの2種類の形態のヴィ

ジョンによって埋められる．前者のヴィジョンが個別科学と接続し，後者の
ヴィジョンが哲学的存在論と接続する．このようなヴィジョンの二層的構造
によって，「理論・ヴィジョン・存在論」の関連が成立する．

　シュンペーターの議論がわれわれにとって示唆に富むと思われるのは，ヴ
ィジョンとイデオロギーという2つの概念の使い方である．一方で，知識社
会学において，理論や思想を制約するものと一般に考えられている社会的存
在の概念は，彼の場合には，生活世界としての社会そのものではなく，過去
および現在の理論や思想の中にすでに取り込まれた「問題と方法」に関する
歴史的所与として定義されており，これを彼は通常の用語法に反して「イデ
オロギー」と呼んだ．他の知識社会学の論者たちが理論や思想に影響を及ぼ
す要因として，社会階級や社会構造といった実在的・社会的要因を一斉に取
り上げるのに対して，彼は理論の歴史的構成とその変化を社会的文脈に照ら
して叙述するために最低限必要な因子として，思想的・理念的要因を取り上
げるにとどめた．このことは，一見したところ，知の形成に対する広範な社
会学的接近を放棄するように見えるが，知の歴史的継承と発展を扱う科学史
の次元にとどまることによって，社会的制約の下での知の形成に対する哲学
的接近を可能にするのである．過去および現在の社会事象は理論や思想や歴
史として書きとめられない限り，無に等しい．対象の認識に影響を及ぼす社
会的連関は，言語や制度の「表現」を通じて追「体験」され，間主観的に
「理解」される．このように見れば，知の形成を社会的に拘束するイデオロ
ギー（伝統的通念）の役割は，のちに見るように，「体験・表現・理解」の
枠組みを提起したディルタイの解釈学の課題に相当することが分かる．

　他方で，理論を前向きに形成するという創造的局面では，新しい理論にと
っての前理論的世界像が不可欠であり，彼はこれを「ヴィジョン」と呼んだ．
ともに前理論的知であるイデオロギーとヴィジョンは，あるときには結合し，
あるときには離反する．ここに知の歴史的伝統と歴史的創成との「歴史主義
的総合」の方法を見ることができる．歴史主義的総合とは，トレルチ
（1865 - 1923年）が「現在的文化総合」（gegenwärtige Kultursynthese）と
呼んだものに他ならない[17]．それは，文化における古いものと新しいものと
の総合，すなわち過去の継続と未来の変容との総合である．このような解釈

によって，われわれは知の形成に関して過去からの制約と将来への展望という二重の視点を持つことができる．さらにこの二重の視点は，後に見るように，ハイデガーの基礎存在論の主役である「現存在」(Dasein) の「被投」(Geworfenheit) と「投企」(Entwurf) という二重性を持った実存の観念と結びつく．

このように見てくると，シュンペーターのイデオロギーとヴィジョンという対概念は，単に知的活動における二元的契機であるにとどまらず，あらゆる人間存在の過去と将来，「伝統」と「創造」という二重性への道を開くものであることが予想される．シュンペーターを離れて，この二重性の基礎をいっそう掘り下げることが次の課題である．

2　ドイツ知識社会学とその展開

マンハイムの歴史主義的知識社会学

シュンペーターが「科学モデル・ヴィジョン・イデオロギー」の関係をとらえようとしたのは，議論の形の上では，科学哲学の次元においてではなく，知識社会学の次元においてであった．生涯を通じて経済学史の執筆に没頭することの多かった彼にとって，科学社会学は科学史の研究と結びついていた．彼は，議論の文脈として，カール・マンハイム (1893-1947年) とマックス・シェーラー (1874-1928年) に言及した．シュンペーターの議論が持つ広範な含蓄を展開し，われわれのシュンペーター解釈の妥当性を確かめるために，ドイツ知識社会学の特徴を明らかにしておくことが必要である．このことを通じて，知識社会学そのものが内包する歴史主義と現象学という2つの対立する契機を導き出したいと考える．

元来，科学の発展は，自然科学に典型的に見られるように，純粋に知的な過程内部の問題とみなされていたが，科学は実は社会の構造や勢力によって影響を受けるものだということを喝破したのは，マルクスの史的唯物論とそれに基づくイデオロギー論である．その中心的な命題は，「物質的生活の生産様式は，社会的，政治的，精神的生活の諸過程一般を制約する．人間の意

識が彼らの存在を規定するのではなく，逆に，人間の社会的存在が彼らの意識を規定するのである」[18]というものである．マルクスの上部構造と下部構造の議論は，精神が社会によって規定されるという関係を強調する点で一面的であるが，「精神と社会」との関連を問う思考様式の1つの典型例である．思想や科学を社会的文脈の中でとらえる知識社会学はここから始まった．

　両大戦間期にドイツで発展した知識社会学は，マルクスから出発しながらも，知識が単に階級的利害を反映するという狭い視野や，社会的条件を単に生産関係や経済構造に限定するという偏った観点を脱皮し，さらに何よりもナポレオンやマルクスに典型的に見られるようなイデオロギー的攻撃のための党派的手段であることを止め，知識形成に関する不偏不党の社会学的認識を与える学問を構築しようとした．知識社会学は，認識や思考や知識は，あたかも真空の中でそれ自身で内生的に展開するものではなく，さまざまな外在的要因によって規定されていると考える．

　ドイツ知識社会学において指導的役割を演じたマンハイムは，知識社会学のキーワードである「知識の存在被拘束性」（すなわち，知識が社会的存在によって制約されるということ）（Seinsverbundenheit des Wissens）を，単に「利害性」（Interessiertheit）という意味でとらえるのでなく，最も広い意味を表すものとして「関連性」（Engagiertheit）という言葉によって定義した[19]．「関連性」とは，知識・思想と社会的存在とが全体として相互関連を持つということである．またマンハイムによれば，知識社会学は知識の相対主義（Relativismus）を主張するのではなく，相関主義（Relationismus）を主張するものだという[20]．具体的には，マンハイムは階級・世代・生活圏・宗派・職業集団・学派などを含む社会的存在が，視座構造（Aspektstruktur）を通じて思惟を規定するとみなした．視座構造とは，人が事実を見る見方，事実を選択する仕方，その事実を思考の中で構成する方法を表しており，概念の意味，範疇の種類，思考モデルの形態，理論の抽象のレベル，前提とされる存在論などによって特徴づけられている．いいかえれば，それは世界観，思考形式，観点であって，さまざまな社会的要因に依存している[21]．彼の知識社会学の構図は，その成果は別として，社会と思想のそれぞれの総体が相関しつつ歴史的に生成するというものであった．社会的全体性

への社会学的志向がその構想の根底にある．

「知識の存在被拘束性」の考え方は，基本的に歴史主義の思想に基づくものである．理性を超時間的・普遍的に絶対化する静態的な啓蒙主義思想と違って，歴史主義においては，知識や文化は歴史的に条件づけられており，またそれが非均質な時間・空間の中で生成するものであるために，それがどのような社会的環境によって制約されているかが問題になる．知識社会学における「社会的全体性」への志向は，知識を含む文化的諸事象の「歴史的発展」という観念と不可分である．「発見の文脈」の科学性を否認する科学哲学は，歴史主義という基本的世界観の否定の上に立っている．

改めて，シュンペーターのイデオロギー概念に戻ると，それはマルクスやマンハイムのものとは異なる．マルクスのイデオロギー論は，支配的な思想や理論の全体が特定の支配階級（ブルジョワジー）の利害に根ざしているとみなし，この事態を虚偽意識として暴露し糾弾することを意図した．マンハイムはイデオロギー概念を「部分的」と「全体的」とに分け，一方，特定の階級の利害の主張からなるマルクス的なイデオロギー概念を「部分的」イデオロギー概念と呼び，他方，思想や理論が全体としての社会的存在と結びついている事態を「全体的」イデオロギー概念ないし世界観と呼び，後者を知識社会学の対象とした．シュンペーターもこの意味での「全体的」イデオロギーを扱うが，理論そのものをイデオロギーとは呼ばず，理論以前の活動であるヴィジョン形成の局面にイデオロギーの役割や位置を限定した．いいかえれば，彼は科学的手続きそのものの自律性を前提とした上で，科学における伝統的通念の役割を積極的に承認したのである．そのことは，科学における問題と方法の設定に当って，歴史主義の視座を確保するためのものであったと解釈される．

そこで議論を進めるために，2つの問題を提起したい．いずれも歴史主義の観点から展開された知識社会学の本質に関わる問題である．第1に，知識社会学は知の歴史的被拘束性を強調するが，相対主義の批判をどのように克服するのか．これは，流動する現実の中で，われわれの精神と活動の拠り所をどこに見出すかという歴史主義そのものの危機意識の一環を意味する．この問題は認識論の議論を導く．第2に，知識社会学は知の社会的被拘束性を

強調するが,知の形成における人間の主体的役割はどのように位置づけられるのか.これは存在論の議論,そして根源的な方法としての現象学の議論を導く.次にこれらの2つの問題を取り上げよう.

歴史主義における相対主義と機能性

　第1に,歴史主義に基づく「知識の存在被拘束性」の議論は,知の相対主義であるという批判を受ける.論理実証主義が「発見の文脈」を科学に無縁のものとして切り捨てるのも,その文脈には正当化の絶対的基準が成立しないと見るからである.歴史主義はその生誕以来,常に相対主義への批判に遭遇してきた.

　マンハイムは知識が社会的に制約されることを,客観的・普遍的な知識が存在しないという意味で「相対主義」と呼ぶのでなく,知識と社会とが一定の視座構造を通じて相関関係にあるという意味で「相関主義」と呼び,その関係を客観的にとらえることを知識社会学の課題とみなした.彼は社会的条件によって制約された思惟の客観性の問題について,次のように考えた[22].第1に,同一の視座構造の下にある知識については,一義的な基準を知識に適用することができる.第2に,異なる視座構造の下にある知識については,それらの認識様式の構造的差異を理解し,相互の互換ないし翻訳を可能にする方式を検討する.これは,客観性がいわば回り道をして得られることを意味する.しかし,このままでは多様な理論間の通約不可能性を克服する保証はない.第3に,歴史主義の立場を最も鮮明に示す考え方は,真理概念自体が歴史的過程から生まれるというものである.すなわち,具体的な社会状況によって制約された知識のそれぞれは,包括的な全体過程を構成する部分およびそれらの異なる機能を表している.全体は生成するものであるから,その意味や目的はまだ知られていない.しかし,ある程度完結した歴史的・時代的過程を1つのまとまりを持った単位として考えることができれば,動態的全体過程の意味や目的を「世界観」としてとらえることができるというのである.

　マンハイムは,知識社会学の先駆的貢献であるマックス・シェーラーの「現象学的接近」に対して,みずからの接近を「歴史主義的接近」と呼び,

シェーラーの超時間的, 静態的, 一元的な真理の基準を否定し, 知識を歴史的に形成される全体過程に対する構成的「機能性」において見ることを主張した.「最初に随意に現れた個々の立場は, 1つの意味に満ちた全体過程の部分および機能として, つまり1つの生成的全体の部分および機能として組み入れられることができる.」[23] 個々の知識は部分的, 相対的だとしても, 知識の全体性とその真理性は生成する全体過程の中で実現されるという. 存在被拘束性を持つ知識の全体的真理への構成的機能性という考え方は注目に値する.

後に, 第2章および第8章において, ヘーゲルの歴史主義を取り上げるが, 彼は真理基準としての知の「全体化」と「体系化」を与えるものとして歴史過程を見るというパラダイムを確立した. このヘーゲル的枠組みにそくしていえば, 個別的歴史性は, 知の「全体性」と「体系性」のための部分的構成要素である. 全体の体系化のためには, その前提として, 一定の視座から体系の「構想」を描き, それに到達するために, 諸要素の構成的な「機能」を特定することが必要である. マンハイムはこのようにして相対主義の克服を図ったと解釈される.

マンハイムの歴史主義的知識社会学の構想は, 単なる社会学の役割を超えて, 歴史的に生成する世界および知識の「全体性」という枠の中で理論の「機能性」を判定しようというものである. なぜなら, 彼の知識社会学は, 社会的に制約されることのない自然科学的知の静態的真理基準に対抗して, 思想と社会の歴史主義的全体性の中に動態的真理基準を求めようとしたのであって, 彼の意図は認識論の変革に置かれていたからである. このことは, 彼が「知識社会学」から「認識社会学」への展開を意図していたことからも知られる. マンハイムは次のように述べている.「存在のさまざまな段階で, それぞれの社会的存在によって制約されている思考の機能性を明らかにすることこそが, 認識社会学のこれからの課題である.」[24] 知識社会学が社会による知の被拘束性を論ずるのに対して, 認識社会学は社会の全体過程による知の正当化を目指しているのである.

社会の中の主体的要因

　第2の問題は,以上の歴史主義的議論はヴィジョンに影響を及ぼす社会的要因を強調するあまり,主体の要因に触れていないという点にかかわる. ヴィジョンというからには,世界像を描く主体や意識の側の事情が取り上げられなくてはならない. ヴィジョンという概念は,あくまでも人間が視覚によってものを見るという比喩に基づいている. 知識社会学は,さまざまな社会環境的要因が「視座」を規定するという側面を強調する. しかし,どのような「視座」に立つにせよ,ものを見るのは人間の眼であるから,人間そのものを抜かすわけにはいかない. 人間の眼を離れて,「視座」そのものが一義的なヴィジョンを生むものではないからである.「理論・ヴィジョン・存在論」の関連を視野に置く場合,主体の認識活動への言及がなければ,与えられたヴィジョンを科学理論と結びつけることはできても,ヴィジョンを哲学的存在論と結びつけることはできない. いいかえれば,ヴィジョンによって科学理論と存在論とを媒介することにはならないのである. もちろん,知識社会学は主体的要因をまったく無視しているわけではない. それはどのように考えられているだろうか. ここでの当事者であるシュンペーター,マンハイム,シェーラーの3人について見てみよう.

　シュンペーターの科学とヴィジョンの議論においては,人間的側面を構成するものは,学問や思想の潮流において主導権を担う革新的リーダーという主体である. シュンペーターについては,経済の世界において「適応」行動をとる合理的経済人と,既存の与件を主体的に打破する「革新」行動をとる動態的企業者との区別がよく知られているが,彼は「適応」対「革新」の区別を人間存在一般に妥当するものと考えていた. 科学の世界においては,ときおり問題と方法に関する歴史的所与の制約から脱却して,独創的なヴィジョンを掲げて新しい理論を展開し,1つの学派を形成するほどの人間が現れてくる. 良きにつけ悪しきにつけ,ヴィジョン形成に当って先入観としてのイデオロギーが問題になるのは,歴史的所与が既成観念として学問の領域を支配しているからである. もちろん,革新的ヴィジョンは,過去の思想の断片を新しい観点から見直し,新しいアイディアに結びつけることによって生

まれることもある．過去の思想の新結合はイノベーションであって，この場合には過去の思想は，革新的ヴィジョンの中に形を変えて復活し再生するのである．

　シュンペーターのこの考え方は，『経済発展の理論』の第1版の最終章である第7章「経済の全体像」において示された[25]．そこで彼は経済発展の理論を展開した後，経済だけでなく，社会のさまざまな領域に妥当する静態・動態の一般論を提起した．政治・経済・文化・芸術・学問・技術などの各領域では，既存の慣行や秩序を打破する革新が現れる．これが社会全般における静態に対する動態の現象である．どの分野においても，革新は洞察力と実行力を備えたきわめて少数の人間によって試みられる．革新が時代に先駆けて社会の進むべき方向を示すことに成功するならば，多くの人々がそれに従うことによって時代の潮流が形成される．社会の各領域は指導者と模倣者，新しい様式を創造する人々と既存のルーティンを遵守する人々とによって構成されている．さらに，長期的な時間性と歴史性の視野の下では，個別領域ごとの静態・動態の諸力が領域を超えて相互に影響し合うのであって，この姿をとらえることによって社会全体の発展像が描かれる．社会の「長期的発展」と社会生活の「全体的統一性」という2つの視点は，彼が受容する歴史主義の基本的な思想である．彼の歴史主義についての考察は，第3章第1節で与えられる．シュンペーターはこの思想に棹さしつつ，人間存在の類型論に基づくイノベーションを発展の源泉として論ずることによって「総合的社会科学」への接近を図ったのである．

　一方，マンハイムにおいてはどうか．彼は認識過程を動かす人間の意志や行動や力が存在するのは事実であるとしても，それらは個人のそれではなく，集団の集合的な意志であって，個人はあらかじめ与えられた視座に参加するにすぎないと見る．彼は，天才的な着想の背後にも集合的，歴史的な経験が多元的な形で存在するとみなし，局部的，対立的な視座を総合する歴史主義的な全体的立場が求められていると考える．これは相対主義を克服するために彼が考えた認識社会学の枠組みと同じものであるが，その総合を担う主体を求めるとすれば，それは「社会的に自由に浮動するインテリゲンチャ」であるという[26]．

インテリゲンチャは多元的な視座の間を自由に浮動する人間であり，世界について没主観的な解釈を与えるという役割を担う．しかし，インテリゲンチャによって獲得される全体的イデオロギーは，相互依存的な多数の社会的要因のマトリックスの全体を思考の上に反映したものであると同時に，相互依存的な多元的視座に立つ思考のマトリックスの全体そのものでもある．これは個人の役割を圧殺し，思考と社会とが相関するという歴史主義の観念に埋没した解答の一例というべきであろう．

シェーラーの現象学的知識社会学

シェーラーの著作は，倫理学・宗教学・社会学・認識論・形而上学を含む渾然たる体系をなしているが，それらの中心的な主題は哲学的人間学であると考えられる[27]．われわれは人間学という曖昧な言葉を避け，彼の哲学的内容を明示的に現象学として理解したい．彼は社会学を「文化社会学」と「実在社会学」とに二分し，「文化社会学」を，理念的・精神的目的と結びついた人間活動の社会学とみなし，「実在社会学」を，実在的・欲動的要因に基づく人間活動の社会学とみなした[28]．前者には知識・宗教・芸術などが対象として含まれ，後者には血縁・権力・経済などが含まれる．この考えの基礎には，やはり理念的要因の領域と実在的要因の領域との間，いいかえれば「精神と社会」との間の相互作用の秩序を解明することが社会学の課題であるという観念がある．

この二元論的な枠組みの下で，シェーラーは上部構造が下部構造によって規定されるというマルクスの唯物史観を否定した．またシェーラーの理念的要因の中には，コント（1798-1857年）の知識の3段階としての神学的・形而上学的・実証的知が含まれるが，シェーラーはこれらの3要素は知識発展の段階を形成するものではなく，知識の種類として同時的に並存するものであると主張した．血縁・権力・経済を動かす欲動的要因は，それぞれ性的衝動・権力衝動・栄養および養育衝動として特定化され，同時的に存在しているが，歴史的には部族的な結合から政治的国家へ，さらに経済的組織へと発展する．理念の領域には，超歴史的な価値秩序の位階（聖価値・精神価値・生命価値・快適価値・有用価値）があって，実在的要因がそのエネルギ

ーによって文明を形成する際，異なる実在的欲動の下では，超歴史的な本質領域の異なる側面が現れるという．またシェーラーはコントの知識の3分類に関連して，実証的な知識による一元化・絶対化を批判して，救済知（宗教的知）・教養知（本質知）・支配知（作業知）という3種の知識形態の調和的発展を目指した．このような思索を通じて，彼は知の本質の不変性と実在的組織の歴史的相対性との統合を意図したと言えるであろう．

シェーラーの知識社会学は，変動する個別的事実を超えて普遍的なもの，本質的なもの，永遠的なものをとらえようとする点で，意図的に形而上学的であった．マンハイムはそれを絶対的なものを先取りした静態的な体系であると批判したが，シェーラーにおいては，上述のように，精神や知識の要因は社会的環境およびそれを突き動かす人間の欲動と結合するが，その際，倫理的価値が両者を選択し，媒介する．精神的・理念的要因は文明の本質を形成するものであるが，文明の現実を作り出す欲動的・実在的要因の作用と結びつかない限り，それ自身では世界を実現することはできない．逆に，衝動的要因は，精神的要因の導きと結びつかない限り，混沌を生むのみである．社会学の課題は両者の間の相互作用を法則化・類型化することであって，単に一方だけを取り出したものではない．

注目に値するのは，シェーラーの現象学的基礎であって，これを単に形而上学とみなして否定し去ることはできない．ハイデガーが登場する以前のドイツでは，シェーラーはフッサールに次ぐ現象学の代表者とみなされていた．フッサールはシェーラーよりも15歳年長であった．シェーラーは人間学に焦点を置いた哲学を意図したが，それがフッサールの現象学であった．シェーラーは台頭しつつある現象学の特質について，次のように述べている[29]．現象学は精神的直観によって与えられる事実を基礎とする．直観によって与えられる事実は，世界の最も直接的な体験であって，そのことによって，現象学はそれ自身において存在するものに光を当てようとする．直観は悟性や分析を前提とすることなく，論理的固定化に先立って存在する事実そのものを問題にする．それはむしろ感情や意欲の作用を許容することによって，全幅的人間の精神的体験の中に存在するすべてのものを把握する．いいかえれば，現象学は生をそれ自身から理解しようとする生の哲学である．

シェーラーにおいては,「文化対実在」という世界の二元論は,「精神対欲動」という人間存在の二元論を意味するが, 彼は「存在をカッコに入れ」,絶対的な純粋意識へ帰ることによって世界を構成しようとするフッサールの「現象学的還元」の方法を援用し, 現象学的還元は欲動的要素を抑止することによって, 精神的・倫理的・本質的認識が優越することであると考えた. 彼はみずからの倫理学を実質的倫理学としての人格主義と呼んだ. そして本質的認識を積極的に選択するのは, 少数の人格的指導者の典型であるという[30]. 共同体の世界観を支配する集団精神の中で, 指導者による上からの「精神」(Geist)の作用と, 集団における下からの「心性」(Seele)の作用とが区別されている.

　シェーラーは知識社会学について, 現象学的考察によって導かれる3つの公理をまとめている. 第1. 人間は自己意識に先立って, 共同体の構成員であることを意識している. 第2. 人間の集団への参与の仕方は, 集団の構造——群集・生命共同体・利益社会・人格共同体——に応じて区別される. 第3. 知の領域として, 価値の領域, 共同世界の領域, 自己の身体および環境世界の領域, 生命の領域, 死の領域が挙げられ, これらを通ずる階層的秩序の存在が想定される. この秩序において, 他者との共同世界である社会的・歴史的領域は, 生死の領域を除き, 他のすべての領域に先立って与えられている[31]. これらの公理を通じて, 知における社会的・共同体的世界の先行的所与性が浮き彫りになるが, 知識の社会性についての知は経験的なものではなく, アプリオリなものであって, 現象学的な自己理解によって基礎づけられている.

要約——社会から生活世界への回帰

　われわれがシュンペーターから出発して, ここまで検討の対象としてきたのは, 2人の代表的な知識社会学の先駆者である. マンハイムの歴史主義的知識社会学が知識を「社会的存在」によって拘束されるものと見たのに対し, シェーラーの現象学的知識社会学は, 知識を共同世界における「人間存在」の自己意識の照射としてとらえるものであった. のちにハイデガーは『存在と時間』において, 人間（現存在）を存在論の中核に据え, 人格は人物でも

実体でも対象でもなく，さまざまな作用の統一であると定義し，知識とは1つの存在関係であると論じたが，それはシェーラーの洞察に言及しながら述べられたものであった[32]．われわれの観点からすれば，前理論的行為としての世界の先行的把握に対して，一方で，社会的・歴史的要因がイデオロギー（先入観）として影響を及ぼすが，他方で，人間の主体的・主観的要因が影響を及ぼす経路が確認され，ここに現象学的存在論がイデオロギーによって制約されつつ，ヴィジョンを通じて個別科学の世界に接続する道が開かれるのである．

　重要なことは，現象学的主観性が精神と欲動の両因子を含み，現実にある知の社会性・歴史性の認識を可能にするのであって，主観性と社会性とは別々の対立する過程ではないということである．さらに興味深いことは，人間存在が集合的知の形成に関与するとき，時代の集団的精神の具体的担い手は抽象的な認識主体ではなく，シュンペーターの革新者，マンハイムの自由なインテリゲンチャ，シェーラーの指導者的典型であると考えられていることである．とりわけシェーラーにおいては，集団的主観性における「心性」と「精神」とが区別され，「心性」が自生的・匿名的であるのに対して，「精神」が自発的・人格的であると規定される[33]．そして集団における知の形成は，「心性」における下から上への作用と，「精神」における上から下への作用とを含むのである．われわれが議論の出発点としたシュンペーターの「イデオロギー」と「ヴィジョン」との関係は，シェーラーにおける「心性」と「精神」という2つの異なった作用になぞらえることができるであろう．

　このような知識社会学の議論の中から，前理論的知そのものを扱う根源の学としての現象学の重要性が浮かび上がってくる．理論化の志向は生の経験から生まれるが，理論を作るということは，われわれの現実の生活世界から離脱することに他ならない．現象学は理論化以前の生に立ち帰って，生活世界における生の体験を直観によってとらえようとする．現象学は，シュンペーターが「イデオロギー」（伝統的通念）と呼んだ理論や思想の歴史的所与性を解体し，そこに含まれている意味関連をその起源にまで遡って明らかにしようとする．さらに現象学は，シュンペーターが「ヴィジョン」と呼んだ前理論的表象の起源を，生活世界と生の体験との関連の中に見出そうとする．

上述のように，シュンペーターのイデオロギーとヴィジョンという2つの概念の使い方は，トレルチの言う過去と将来との「歴史主義的総合」の方法を意味しているであろう．現象学はその抽象的接近にもかかわらず，このような歴史主義の課題を哲学的にとらえるのである．

知識社会学が，歴史主義的観念の下で「理論―社会」という連関に焦点を置き，社会的・実在的要因との関連において知の社会学的考察を行うのに対し，現象学はこの「社会」なるものを主体の側から分解して，全幅的人間の「生活世界」と，そこに形成される2種の形態のヴィジョン（個別的「世界像」および包括的「世界観」）とに注目する．かくして現象学は「理論―ヴィジョン（世界像・世界観）―生活世界」という連関にまで遡って，知の形而上学的基礎づけを与える．これが哲学としての存在論の視点である．われわれはこの視点を通じて，経済学の「理論―ヴィジョン―存在論」という関連に接近したいと考える．

3 解釈学――歴史主義と現象学との連関に向けて

問題の設定

ドイツ知識社会学は，知に影響を及ぼす社会的諸要因に光を当てるという課題を担って成立したが，上で見たように，そこには歴史主義と現象学という2つの接近が交叉していた．両者はともに「大陸哲学」を代表する思想であって，知識社会学を超える哲学的内容を含む．両者の関連をどのように考えるべきであろうか．詳細な検討に先立って，ここでは大まかな見取図を描くことにしたい．

一方で，知識と社会との相互関係をとらえるという知識社会学の問題意識は，あらゆる社会的存在が相互に関連するという意味での「社会の全体性」の認識を反映している．歴史的時間の視野の下では，あらゆる社会的領域が相互依存的に変化するのであって，知識が知識以外の社会的存在によって条件づけられるという認識は，歴史主義の下でいっそう確実な意味を与えられる．知識が歴史的・相対的に規定されるとすれば，その「歴史の相対性」を

「社会の全体性」の中で解明することが求められるからである．知識が社会的存在の連鎖によってつながれているというヨコの（共時的）認識は，知識が歴史的に条件づけられているというタテの（通時的）認識と不可分である．

他方で，精神と社会との相互連関を前提としながらも，人間の精神活動による知の構築という主体的・創造的側面を無視することはできない．人間の全機能的視野の下で，人間精神とその所産を理解し解釈しようとするのが現象学の観点であって，現象学的アプローチは，歴史主義における「歴史の相対性」と「社会の全体性」を，「人間の主体性」の構造との関連において存在論的に深化した形で分析する．知の主体的・創造的側面を理解することの意味は，歴史主義的観点の下で保証される．

このように知をめぐる「歴史の相対性」・「社会の全体性」・「人間の主体性」は，歴史主義・知識社会学・現象学の関連を解き明かすキーワードである．知識社会学の平面において，歴史主義のマンハイムと現象学のシェーラーは互いに他を批判しているが，2つの学問の次元には違いがあり，互いに矛盾するものではない．どちらも社会学を超えて存在論を主題にしていると考えれば，歴史主義は「存在論の世界観」であるのに対して，現象学は「存在論の方法論」である．両者が扱う側面は異なるけれども，矛盾するものではない．シェーラーの議論に見られるように，知の歴史性・社会性は知の主体性・主観性を通じて把握され，精神の多面性を反映したものとなる．

実は，マンハイムやシェーラーが活躍した時期より少し前に，歴史主義的知の認識と，統一的生の体験としての知という2つの契機の統合をみずからの問題として取り組んだ学者がいた．それはヴィルヘルム・ディルタイである．彼は，歴史主義の伝統を現象学と結びつけることを通じて今日にまで伝えるという大きな役割を演じた．切り離されかねない歴史主義と現象学との関係を，ディルタイの解釈学の思想にそくして見ておくことが有益であろう．ディルタイの解釈学は，われわれの哲学研究が確かな地歩を占めるための戦略的な橋頭堡である．19世紀の末以来，解釈学の伝統が歴史主義の客観主義と現象学の主観主義との2つの構成要素を持ったという意味において，この2つの思潮の関連はわれわれを解釈学に導くのである[34]．

歴史主義の概念は多様に使われてきた．最近のシュネーデルバッハの整理

に従って，3つの意味を区別しよう[35]．第1は，学問の慣行・実践の性質に関するものであって，それは歴史の細目研究，実証研究を強調する．これは果てしない資料収集を意味し，これに固執することはときに知識の体系化，理論化を妨げることになる．歴史的資料は，あくまでも理論の構築や検証の素材と考えなければならないであろう．第2は，知識・概念・規範などの歴史的可変性，相違性，相対性を強調する思考形式を意味し，超時間的妥当性を要求する知の普遍的体系を否定する．第3は，思惟を歴史化すること，すなわちものごとを歴史的に生成したものと見る世界観であって，それは社会を自然現象のようにとらえる自然主義と対立する．

シュネーデルバッハは歴史主義の3つの意味と言っているが，これらは3つの異なったレベルの概念であり，それぞれを歴史主義の「方法」，「方法論」，および「世界観」と呼ぶことができよう．第1および第2のレベルの歴史主義は，とくに19世紀ドイツにおいて文学・法学・歴史学・経済学などの個別分野で押し進められたが，第3のレベルにおける世界観はわれわれが先に「包括的世界観としてのヴィジョン」と呼んだものであり，哲学的に表現され基礎づけられるべきものである．歴史主義の詳しい検討は第2章第4節に譲ることにする．

シュライエルマッハーの解釈学の原理

ディルタイの解釈学を取り上げるに当っては，先駆者としてのシュライエルマッハーに触れないわけにはいかない．ディルタイはシュライエルマッハーの伝記を書くことに没頭しただけあって，両者の関係は密接である．シュライエルマッハーは従来の聖書や古典の注釈学を超えて，およそ書かれたもの，語られたもののすべてについて，解釈の技法としての「一般的解釈学」を提起した．

解釈学とは，意味の理解に関する研究である．このような解釈学の性格は，シュライエルマッハーが解釈学の構造について，(1) 客観的な総体としての言語による「文法的解釈」と，(2) 著者に固有の主観的背景による「心理的解釈」との対概念を設定したことによって確立された．この対概念は，いいかえれば，テクストの客観的真理内容の理解と，著者の主観的な意図や動機

の理解とを意味する．両者は相互に作用し合って解釈に到達するものと考えられた．

シュライエルマッハーの独自性は心理的解釈の導入である．それは「天啓的な態度，著者の心理状態全体への自己移入，著作執筆の内的過程の把握，創造的行為の追構成」を行うことである[36]．人口に膾炙したシュライエルマッハー＝ディルタイの言葉を引き合いに出すならば，「解釈学的方法の究極の目標は，著者が自己自身を理解したよりもよく著者を理解することである．」[37] これは，ディルタイがシュライエルマッハーの方法を論じたときに定型化した命題である．この命題は，解釈の対象である著作や著者よりも解釈者の方が優位を占めることを意味する．

テクストの歴史としての思想史にそくしていえば，当該分野の原理的・方法論的解釈と，著者の生活史についての伝記的・社会学的解釈とが，解釈の相補的側面を形成する．その結果，思想の歴史はどちらの側面に重点を置くべきかの論争を生み出すことになり，ひいては作品の「合理的再構成」対「歴史的再構成」という概念に帰着した[38]．

このような客観性と主観性，一般性と個別性への相補的な接近を通じて，シュライエルマッハーは著者の心理的過程を追体験し，作品の思想を再構成することが解釈であると考えた．再構成の原理となるものは，「各部分はそれを含む全体を通じてのみ理解することができ，逆に，全体は部分からのみ理解することができる」という「解釈学的循環」である[39]．もっとも，ディルタイによれば，文法的解釈と並んで心理的解釈の原理をはじめて提起し，それを文献の部分と全体との間の「解釈学的循環」として定式化したのは，16世紀のフラキウス・イリリクス（1520–75年）であった[40]．この「循環」は，語る人と聞く人との間の間主観的合意を可能にする意味の共同体の存在を仮定している．これは後にディルタイが世界観と呼んだものに相当するであろう．「解釈学的循環」の考え方は現象学的解釈学の重要な命題となった．

シュライエルマッハーにおいて，「一般的解釈学」「心理的解釈」および「解釈学的循環」の3者が揃うことによって，解釈学は大きく転換し，生の哲学に基づく知への歴史主義的接近としての潜在能力を備えるに至った．解釈学の文脈においては，シュライエルマッハーについてこの3点を確認して

おけば足りる[41]. そして解釈学を狭義のテクスト解釈を超えて, 精神科学の認識論として位置づけたのはディルタイであった.

ディルタイの生の哲学としての解釈学

ディルタイは, 自然主義に対抗する哲学および世界観の形成を求める大きな流れの中にあって, 歴史的世界を対象とする精神科学の哲学的基礎づけを意図し, 人間の精神的営みの所産としての歴史的・社会的現象の理解という方法の確立に努力した[42].

彼は歴史的・社会的現象を対象とする学問（人文・社会科学）を「精神科学」(Geisteswissenschaften) と呼び, 精神の活動が歴史や社会を作り出すとみなし, その活動の内的および外的連関構造を明らかにすることがその学問の特徴的な方法であると考えた. その際の精神とは, 「思惟・感情・意志」(Vorstellung, Gefühl, Wille) という複合的な機能および構造を持つ「全幅的人間」(der ganze Mensch) を特徴づけるものであって, そのような人間の生き方が「心的生」(Seelenleben) と呼ばれた. この3分類はヨハン・テーテンス（1736-1807年）が主張し, カントによって引き継がれたものである. テーテンスは伝統的な精神の二分法である「思惟と意志」に対して, 外界と関係づけられる感覚とは異なる主観的な「感情」の役割を主張した.「思惟」は対象の把握・表象,「感情」は価値の規定・評価,「意志」は目的の設定・実践にかかわる. このような全幅的人間の把握に基づいて, 歴史的・社会的現実についての意識の事実をあるがままの姿において体験し理解することが,「生の自己省察」すなわち「生を生それ自身から理解する」という「生の哲学」の立場であって, これがディルタイにとって精神科学の哲学的基礎づけの方法論を意味した.

かくして, 精神科学の対象は, 生を体験する全幅的人間における「思惟・感情・意志」の「構造連関」によって成立し,「認識・価値・実践」という行為の3分野における社会秩序を包摂する. 精神活動における全幅的諸機能に対応して, 精神の表現ないし所産としての歴史的・社会的事象は, 単に書かれた作品・文献にとどまらず, 政治・経済・法律・宗教・芸術・学問などの文化体系や社会組織を含む多様な分野から成り立っていると考えられる.

比喩的に言えば，歴史は一種のテクストである．精神科学は，このようなテクストの意味を人間の心的生との関連において理解することを目的とする．

　ディルタイは最初，シュライエルマッハーの解釈学における心理的機能論の影響を受け，人文・社会科学の基礎づけを意識の心理学的諸機能に照らして行うことを意図した．これは人文・社会科学の対象を「精神と社会」の関係として設定することに他ならないが，精神・心理・主観の側に偏る危険を含んでいた．この探求の中で，ディルタイは心理学を経由し超克して「解釈学」に辿り着いた．それは，いいかえれば，歴史的世界の構造を，「体験・表現・理解」（Erlebnis, Ausdruck, Verstehen）の「構造連関」によって再構成する方法を意味する．すなわち，彼の生の哲学は，人間の精神的所産を単なる内省を通じてではなく，それらが刻印された歴史を通じて理解しようというものである．

　ディルタイの議論は，あらかじめ世界が存在して，それに接近する方法が理解や解釈であるというのではなく，人間と世界との間の「体験・表現・理解」の連関を通ずる「解釈学的循環」が存在を構築し，存在に意味を賦与するのである．解釈のテーマとして，作者と作品との関係から出発するならば，作者から作品（「表現」）へと進む「体験」の過程と，作品（「表現」）から作者へと進む「理解」の過程とは逆方向であり，2つの過程は「解釈学的循環」を形成する．ここで作者と作品との関係と呼ばれるものは，人間とあらゆる事象や制度との関係に拡張される．その際，「体験」は感覚所与（sense data）のように，感覚を通じて外部から与えられる確証可能な経験ではない．それは意識と生との直接的な接触の行為であり，主観と客観とが未分離の現象学的次元のものであって，生における「思惟・感情・意志」の諸要素を包含する．そして「表現」とは，文化体系や社会組織を，まさに生の刻印として，すなわち「思惟・感情・意志」の客体化されたものとしてとらえることをいう．最後に，「理解」とは，数学的命題の場合のような合理的思惟による把握を指すのではなく，人が「思惟・感情・意志」という全幅的生の能力によって他者の生の全幅性を把握することを意味する．

　精神世界という構築物の存在は，人間の生にとっての「意味・価値・意義」といった概念に照らして理解し解釈される．ディルタイはこのような対

象構成のアプローチを，カントの「純粋理性批判」と対比して「歴史的理性批判」と呼んでいるが，それは認識論というよりも存在論の試みとみなすことができよう．カントの議論は普遍的理性を対象として，自然科学の基礎づけを図ったものである．歴史的理性とは，歴史を対象とする精神科学に固有の人間の認識能力をいう．解釈学の次元においては，「精神と社会」との関係は，社会の心理学的省察という一方的な行為ではなく，「精神と社会」との相互作用あるいは「解釈学的循環」を意味する．

　この循環は，「体験・表現・理解」の連関構造そのものの中に成立する．人間が歴史的に創造するすべてのものを対象とする精神科学は，人間の自己省察に基づくものであるが，単に心的生の内面的・主観的「体験」を「理解」するというのではなく，心的生の外面的・客観的「表現」を手掛かりにすることによってはじめて，歴史的生の「体験」を間主観的に「理解」するのである．生の事実は人々が主観的な「体験」をすることによって与えられるが，「理解」はさまざまな生の「体験」を追体験し，個人の経験の枠を越えた客観性と共同性の次元における「表現」を通じて，精神的世界の構造化された知を可能にする．精神科学の方法としての解釈学は，「思惟・感情・意志」の心的連関を用いて「体験・表現・理解」の循環的連関を問うものとされる．ディルタイにおける歴史的世界と解釈学との結合の試みは，現代の解釈学的哲学の源泉であるということができよう[43]．

　解釈学の方法によって「思惟・感情・意志」の構造連関が外面的な「表現」の次元において構築されるとき，その結果は，さまざまな規模や領域にわたる生の体験としての歴史的・社会的現実の作用連関の表象となる．精神世界は人間が主体的に作り出したものであるという意味で「人間的」世界であり，非均質的な時間の流れの中にあるという意味で「歴史的」世界であり，多元的な人間の共同性によって客観化されたものであるという意味で「社会的」世界である．ここに知をめぐる「歴史の相対性」（歴史主義）・「社会の全体性」（知識社会学）・「人間の主体性」（現象学）の統合を見るのである．

　自然科学は，自然的因果関係の法則化とそれに基づく現象の「説明」を課題とするが，精神科学は，歴史的対象における作用連関を主体の目的論的視点から解釈し，対象の「意味・価値・意義」を明らかにする．これがディル

タイの言う「理解」である．個別的な人文・社会科学は，このような「価値・意義・意味」に基づいて行動する対象を研究対象として受け取る．したがって「理解」によって与えられる「価値・意義・意味」は，「理論」に先行する．すなわち，それは「プレ理論」である．社会科学において，「プレ理論」の枠組みの下で，「理論」が法則化と「説明」を行うことは十分に可能である．

　ディルタイの解釈学の仕組みを次のようにまとめることができよう．解釈学は，(1)「思惟・感情・意志」からなる全幅的な人間の「心的生」の構造から出発し，(2)自者と他者および外界との関係からなる生活経験に対して，「体験・表現・理解」についての「解釈学的循環」の方法を適用し，(3)対象について，生に対する「意味・価値・意義」を明らかにする．ディルタイの成果は世界観学の構想にまとめられる[44]．

世界観の構造

　ディルタイは生の省察に当って，人間が生を制約する死と向き合うという事実に注目し，これを「生の謎」と呼ぶ．これは後にハイデガーが強調した「死に向かう存在」としての現存在という観念に似ている．人間は多様な生活経験の中からある気分や心の持ち方を形成し，これが世界観の底層をなす．世界観は人生の不可解な謎を解決するための包括的な手段である．それは一般的関係を説明する科学とは違って，生の全体の意義と意味を表明する．そこから理想や価値や実践が導かれる．

　世界観は「思惟・感情・意志」を含む心的連関の上に立つ．重要なことは，世界観が包括的な人間精神の構造に基づいており，現実に人間が知覚し，判断し，願望し，実践するためのプラクティカルな包括的手段であるということである．歴史的・個人的生の多様性に応じて，世界観は多様である．しかし，世界観は実践的な用具であるから，有用な世界観は維持され，発展し，そうでない世界観は淘汰され，消滅する．精神生活の目的論的性格が世界観の生成を規定するのである．したがって，世界観の考察は，歴史的方法によってのみ可能となる．そして世界観は，科学ではない宗教や芸術や哲学の中で形成された．その最も単純な形式は抒情詩であったという．

精神的世界の作用連関が特定の方向に現実化されることによって，異なる世界観が形成される．解釈の対象となる世界の側面に応じて，「宗教的世界観・芸術的世界観・哲学的世界観」の類型が区別されるが，「哲学的世界観」は最も普遍的な知の追求に基づいている．ディルタイによれば，これは「自然主義・主観的観念論・客観的観念論」の3類型に分けられる．これは生の連関構造における「思惟・意志・感情」の3要素の相対的ウェイトの違いに依存する．一般に，世界観は生に対する最も包括的なヴィジョンと考えられるが，ディルタイの哲学的世界観の構想は，それを歴史的生の連関構造のタームによって構築するというものである．3類型の代表者として，自然主義にはヒューム，ホッブズ，主観的観念論にはカント，フィヒテ，客観的観念論にはゲーテ，ヘーゲルが挙げられている．

　ディルタイによれば，世界観は特定の時代や社会における共通の世界理解の視野であるという意味で，一種の「客観的精神」である．世界観は価値であるけれども，人々によって共有される歴史的現実としての価値である．思想体系間の抗争は相対主義と懐疑主義を招くが，ディルタイはそれに代わるものとして，世界観の類型論を提出したということができよう[45]．後に述べるように（第3章第1節），歴史における類型の考えは，歴史主義の危機を回避する方途である．

　オルテガ・イ・ガセット（1883-1955年）は，ディルタイ論の中で，ディルタイの哲学的世界観について巧みな表現を用いている[46]．オルテガは「小理念」（小文字の理念）と「大理念」（大文字の理念）とを分け，ディルタイが生の哲学を通じて到達したものは，「大理念」ないし最上級の理念であり，このような理念があれこれの人間の頭の中に浮かぶということは意味をなさず，むしろ逆に，人間の方がそれらの理念の中に存在するのだという．そしてこのような原型的諸理念が歴史を特徴づけるのである，と．

　このことを言い換えると，歴史が人間に属するのではなく，人間が歴史に属するのである．われわれは先にシュンペーターのヴィジョン論において，「個別科学の世界像としてのヴィジョン」と「包括的世界観としてのヴィジョン」とを区別したが，前者はオルテガのいう「小理念」である．「小理念」は，人間がそれを思いつくかどうかは偶然に依存している．それに対して，

後者はまさにディルタイのいう「哲学的世界観」であり，オルテガのいう「大理念」に他ならない．ディルタイにとって，「大理念」とは，生の理念であった．

ディルタイ，ハイデガー，ガダマー

　ディルタイの位置づけにとって重要な示唆を与えるのは，現象学の創始者であるフッサールの議論である．フッサールは「厳密な学としての哲学」という論文において，ディルタイの歴史主義への志向が相対主義や懐疑主義に陥ることを批判し，ディルタイの「世界観哲学」と，フッサールみずからが主唱する「学問的哲学」としての現象学とを峻別した[47]．世界観としての理念は時代によって制約されるが，学問の理念は超時間的であるという．

　以上の議論の中で，われわれは歴史主義のマンハイムと現象学のシェーラーとの相違について，歴史主義は「存在論の世界観」であり，現象学は「存在論の方法論」であると述べたが，ここでのディルタイとフッサールとの相違もまた，「世界観」と「方法論」との対立である．しかし，ディルタイにとって，世界観の究極の根源は，現象学がよって立つ生そのものであって，世界観はこの多面的な生の一面的な表象化に他ならない．したがって，存在論の「方法論」という共通の次元において，ディルタイの生の哲学としての解釈学とフッサールの現象学とが対比されるべきである．このことは，ハイデガーによって成し遂げられたといえよう．

　ハイデガーによれば，現象学は，現存在（人間）の存在の意味を問うことを通じて，存在一般の意味を明らかにする存在論であり，現存在に関する現象学は，言葉の根源的意味において解釈学であるという．そして現存在の存在解釈としての解釈学は，現存在の歴史性を解明することによって，派生的に歴史的精神科学の方法論にもなるという[48]．フッサールとハイデガーとの間には，現象学の構築をめぐって大きな亀裂と反目が生まれた．フッサールが知の源泉としての純粋意識や主観へ立ち帰ることを目指したのに対し，ハイデガーは日常性の中にある人間存在の自己理解を解釈学的にあらわにする方向を取った．したがって，両者のディルタイに対する評価には違いがある．

　ハイデガーは明らかにディルタイの解釈学の観念を継承しているが，両者

においてそれが適用される文脈が異なっている．ハイデガーによれば，ディルタイは歴史的精神科学の基礎づけのための方法論として解釈学を用いており，それはあくまでも歴史的所与としての「存在者」の解釈であって，「存在者」を「存在者」たらしめている「存在」の解釈ではない．ハイデガーにとっては，この区別こそが伝統的な存在論と彼の基礎存在論との間の根本的な相違点であった．彼の課題は特定の領域の知を基礎づけることではなく，存在一般の意味を問うものであって，したがって彼は生のディルタイ的次元の根底にさらに実存の次元を発掘しようと努めたのである[49]．

その結果，ハイデガーは，ディルタイが「全幅的人間」と呼んだ人間存在の解釈学を志向して，人間に備わっている漠然とした「存在了解」を解釈しようとした．いかなる解釈も，解釈されるものをあらかじめ理解していなければならない．ここには「解釈学的循環」が含まれている．ハイデガーによれば，これは循環論法として忌避すべきものではない．解釈学は「先行理解と解釈との循環」をいわば螺旋状に形成するものである．ここで，彼はきわめて示唆に富む「理解の先行構造」（Vor-struktur）という観念を提起する[50]．ハイデガーの思想は第4章で詳しく扱うことにするが，われわれの着目点をあらかじめ指摘しておくために，ここで「理解の先行構造」という観念について論じたい．

ハイデガーによれば，解釈学の基本をなす解釈とは，理解を押し進め，完成することであって，理解は現存在そのものに由来する先行的知を含んでいる．「理解の先行構造」は，第1に，あらかじめ持つこと（Vorhabe），第2に，あらかじめ見ること（Vorsicht），第3に，あらかじめ概念すること（Vorgriff）の3つの契機から成る．(1)「あらかじめ持つこと」とは，解釈が何を「対象」とするかを示し，(2)「あらかじめ見ること」とは，どのような「視点」を置くかを示し，(3)「あらかじめ概念すること」とは，どのような「言葉」を使って世界像を描写するかを示す．これらは全体として，解釈をあらかじめ規定するヴィジョンや先入観の構造を表している．ハイデガーはこれらの先行構造の全体を「解釈学的状況」と名づけ[51]，「先行的対象把握・先行的視点設定・先行的概念形成」の3者によって構造化された「投企」の「意図」（Woraufhin）を「意味」と定義する[52]．現存在の行う意味

の把握によって，存在者は了解可能となる．ハイデガーの解釈学的存在論は，このようにプレ理論の概念的枠組みを構築したものとして理解することができる．その枠組みは，第4章で詳述するように，人間の可能性に向けられた実存的「投企」（創造）と，人間の歴史的・社会的世界内への「被投」（伝統）との二元性からなる．

ハイデガーは『存在と時間』に先立つ講義において，その講義を「歴史と自然の現象学への序説」と名づけ，その課題を次のように述べている．「科学的に加工される以前の事象領域を理解可能にし，これを基にして科学的加工そのものを理解可能にすることが現象学の課題となる．」[53]

ハイデガー以後，解釈学はガダマーによって再び人間存在の歴史性を強調する方向に展開された[54]．ガダマーはディルタイの解釈学における心理主義と歴史主義との分裂を批判し，歴史的実存にふさわしい解釈学の構築を意図した．ガダマーにおいては，啓蒙主義と歴史主義とはともに知の客観主義を主張するものとして批判される．われわれの理性は「歴史的理性」であり，歴史的に与えられた「先入観」を基礎とせざるをえない．歴史性とは，「先入観・権威・伝統」における共同体性が理解にとって本質的であるということを意味する．もちろん，歴史的理性を問うことはまさにディルタイの仕事であって，精神的世界は主観がつくったものであるが，その主観は精神的世界について客観的知識を求めるというものであった．それがいかにして可能かを問うことが，ディルタイのいう「歴史的理性批判」の課題であった．ディルタイにおいては，生の心理的連関と客観的世界の作用連関との対応に重点が置かれた．しかし，ガダマーにおいては，歴史的理性は歴史的に規定された理性であると同時に，歴史を形成していく理性でもあるという動態的な視点が強調される．ここから彼は過去と現在との「地平の融合」という観念を主張する．これはトレルチのいう「現在的文化総合」やハイデガーのいう「被投の下での投企」の考えに通ずるものであろう．ガダマーにとって，理解とは「地平の融合」という動的なプロセスに他ならない．「地平の融合」とは，自己の個別性および他者の個別性を克服し，より高次の普遍性へと高めることを意味する．

ハイデガーとガダマーを突き合わせて考えれば，「先行構造」の概念は新

しい知の形成に当っての革新的ヴィジョンの役割を指示すると同時に，既存の知の基礎にある伝統的思考の役割をも表している．両者はシュンペーターのいう「ヴィジョンとイデオロギー」に相当する．この二重の意味を持った「先行構造」の概念は，社会科学にとっても解釈学にとっても基本的である．

解釈学の歴史を概観すれば，たしかにシュライエルマッハー・ディルタイ・ベティの系譜と，ハイデガー・ガダマーの系譜との両極化が見られる[55]．前者は解釈の基礎にある一般的方法論に注目し，解釈の客観性を問題にする．後者は解釈それ自身の哲学的意味を問題にし，解釈における実存的主観性と歴史性を主張する．しかし，自然科学的思考と対決しようとする解釈学の観点から見る限り，そこで考えられる客観性といえども，主観性・歴史性・共同体性・循環性といった非自然科学的観念を基礎とせざるをえないのであって，解釈の客観性と主観性をテーマとする2つの系譜は，「先行構造」の二重の構成部分に対する関心の違いを反映するにすぎないのではないか．

結語——存在論の世界観と方法論

本章では，われわれはシュンペーターのヴィジョン論を手掛かりにして，経済の存在論に向かう第一歩を進めた．彼自身は哲学者ではなかったが，ドイツの思想的風土に体質的に馴染んでおり，ドイツ的思想の契機を実証主義のヴェールに包んで，アングロ・サクソンの経済学界に伝達するというユニークな役割を演じた．彼の思想がパラドックスを含むように見えるのはこのためである．われわれはこのヴェールを剝がして，彼のメッセージを読まなければならない．それは近代思想の最も基本的な課題についての思索を含むものである．

論理実証主義的な二分法の下では，「ヴィジョンの形成」と「科学的モデルの構成」という2段階は，「発見の文脈」と「正当化の文脈」として機械的に並べられ，ヴィジョンは科学的知の領域から棄却される．イデオロギーなどの一切の先入観は科学から排除される．シュンペーターのヴィジョン論は，科学的行為を「ヴィジョンの形成」と「科学的モデルの構成」の2段階からなると見るだけのものではない．イデオロギーとヴィジョンは，彼にとって「伝統的秩序」とその「創造的破壊」を意味する．われわれは彼の議論

を「精神と社会」の相互作用を研究対象とするモラル・サイエンスの一般的枠組みの中に置き,さらにそれをドイツ知識社会学という特定化された文脈の中に置くことによって,知識の背後にあるイデオロギーとヴィジョンという2つの契機が,「歴史主義」と「現象学」という2つの哲学的思想と構造的な関連を持つことを明らかにした.この2つの哲学思想は,知識社会学という領域をはるかに超えた根底的な知の思想である.なぜなら,両者は生活世界に根を下ろした存在論の「世界観」と「方法論」であって,現象学的存在論の次元においては,イデオロギーとヴィジョンとの関係は,人間存在一般の「被投」と「投企」との関係を意味するからである.そしてイデオロギーとヴィジョンとの間,「被投」と「投企」との間には「解釈学的循環」が成立する.「伝統的秩序」の支配とその「創造的破壊」との間のダイナミックな関係こそは,一切の社会現象を通ずる最も基礎的な観念である.

われわれが以上において言及したのは,マンハイム,シェーラー,トレルチ,シュライエルマッハー,ディルタイ,フッサール,ハイデガー,およびガダマーである.これらの思想家の思想は互いに異なるけれども,彼らが共通して取り組んだ「全幅的人間」の生の哲学としての「プレ理論」は,それらの背後に社会の歴史性と人間の実存性との連関を模索する存在の哲学を持っていた.歴史性といい,実存性といい,いずれも存在――すなわち,社会および人間――の全体的統一像を志向するものであって,ここにドイツ的思考の特質が認められる.個別的機能に応じて分断された社会の諸領域は,全幅的人間存在に照らして,再び統合的に理解されなければならない.ここには,部分と全体との間の「解釈学的循環」が成立する.

以上は本書が提起する問題の概観である.次に「理論・ヴィジョン・存在論」の連関のいっそうの深みに立ち入るために,歴史主義と現象学のそれぞれに向かうことにする.

注

1) Joseph Alois Schumpeter, "Science and Ideology," *American Economic*

Review, March 1949.
2) David McLellan, *Ideology*, Milton Keynes: Open University Press, 1986, pp. 5-6.
3) Schumpeter, "Science and Ideology," p. 347.
4) Ibid., p. 350.
5) T. Nickles, "Heuristics and Justification in Scientific Research: Comments on Shapere," in Frederick Suppe (ed.), *The Structure of Scientific Theories*, 2nd ed., Urbana: University of Illinois Press, 1979, p. 579.
6) Hans Reichenbach, *Experience and Prediction: An Analysis of the Foundations and the Structure of Knowledge*, Chicago: University of Chicago Press, 1938, pp. 6-7.
7) Carl R. Kordig, "Discovery and Justification," *Philosophy of Science*, 1978, pp. 110-17.
8) Reichenbach, *Experience and Prediction*, p. 231.
9) 論理実証主義の科学観およびそれに対する批判のサーヴェイについては，次を参照．Suppe (ed.), *The Structure of Scientific Theories*.
10) Thomas S. Kuhn, *The Structure of Scientific Revolution*, 1962, 2nd ed., Chicago: University of Chicago Press, 1970.（中山茂訳『科学革命の構造』みすず書房，1971年．）
11) 塩野谷祐一『シュンペーター的思考——総合的社会科学の構想』東洋経済新報社，1995年，314-17ページ．
12) Joseph Schumpeter, *Vergangenheit und Zukunft der Sozialwissenschaften*, Leipzig: Duncker & Humblot, 1915, S. 132-33.（谷嶋喬四郎訳『社会科学の未来像』講談社，1980年，183ページ．）
13) Joseph Schumpeter, *History of Economic Analysis*, New York: Oxford University Press, 1954, p. 141.（東畑精一他訳『経済分析の歴史』上巻，岩波書店，2005年，251ページ．）
14) Ibid., p. 137.（同上，上巻，244ページ．）
15) Ibid., p. 570.（同上，中巻，357-58ページ．）
16) Wilhelm Dilthey, *Weltanschauungslehre: Abhandlungen zur Philosophie der Philosophie, Gesammelte Schriften*, Bd. 8, Leipzig: B.G. Teubner, 1931.（久野昭監訳『世界観学』以文社，1989年．）
17) Ernst Troeltsch, *Der Historismus und seine Probleme*, Tübingen: J.C.B. Mohr, 1922, S. 164-79.（近藤勝彦訳『歴史主義とその諸問題』『トレルチ著作集』第4巻，ヨルダン社，1980年，247-68ページ．）
18) Karl Marx, *Zur Kritik der politischen Ökonomie*, 1859.（武田隆夫他訳『経済学批判』，岩波書店，1956年，13ページ．）
19) Karl Mannheim, "Das Problem einer Soziologie des Wissens," *Archiv für Sozialwissenschaft und Sozialpolitik*, 1925.（秋元律郎他訳「知識社会学問題」『マ

ンハイム・シェーラー　知識社会学』青木書店, 1973 年, 141 ページ.)
20) Karl Mannheim, "Wissenssoziologie," in Alfred Vierkandt (ed.), *Handwörterbuch der Soziologie*, Stuttgart: F. Enke, 1931, S. 666.（秋元律郎他訳「知識社会学」上掲書, 173 ページ.)
21)「知識社会学」訳, 162 ページ.
22) 同上, 192 ページ.
23)「知識社会学問題」訳, 119 ページ.
24) 同上, 130 ページ.
25) 塩野谷祐一『シュンペーター的思考——総合的社会科学の構想』第 3 章.
26) Karl Mannheim, *Ideologie und Utopia*, Bonn: Verlag von Friedrich Cohen, 1929.（鈴木二郎訳『イデオロギーとユートピア』未来社, 1968 年, 146 ページ.)
27) 金子晴勇『マックス・シェーラーの人間学』創文社, 1995 年.
28) Max Scheler, *Die Wissensformen und die Gesellschaft*, Leipzig: Der Neue-Geist Verlag, 1926.（浜井修訳「知の社会学の諸問題」『シェーラー著作集』第 11 巻, 白水社, 1978 年, 19-23 ページ.)
29) Max Scheler, "Phänomenologie und Erkenntnistheorie," *Gesammelte Werke*, Bd. 10, Bern: Francke, 1933.（小林靖昌訳「現象学と認識論」『シェーラー著作集』第 15 巻, 白水社, 1978 年.)
30) Max Scheller, "Vorbild und Führer," *Gesammelte Werke*, Bd. 10, 1957.（水野清志他訳「典型と指導者」『シェーラー著作集』第 15 巻, 白水社, 1978 年.)
31)「知の社会学の諸問題」訳, 72-80 ページ.
32) Martin Heidegger, *Sein und Zeit*, 19. Aufl., Tübingen: Max Niemeyer, 2006, S. 47-48.（細谷貞雄訳『存在と時間』上巻, 筑摩書房, 1994 年, 119-20 ページ.)
33)「知の社会学の諸問題」訳, 75-76 ページ.
34) Gerald Delanty, *Social Science: Beyond Constructivism and Realism*, Buckingham: Open University Press, 1977, p. 41.
35) Herbert Schnädelbach, *Geschichtsphilosophie nach Hegel: Die Probleme des Historismus*, Freiburg/München: Verlag Karl Alber, 1974.（古東哲明訳『ヘーゲル以後の歴史哲学』法政大学出版局, 1994 年.)
36) Hans-Georg Gadamer, *Warheit und Methode: Grundzüge einer philosophischen Hermeneutik* (1960), *Gesammelte Werke*, Bd. 1, Tübingen: J.C.B Mohr, 1986, S. 191.（轡田収他訳『真理と方法』第 2 巻, 法政大学出版局, 2008 年, 310-11 ページ.)
37) Wilhelm Dilthey, "Die Entstehung der Hermeneutik" (1910), *Gesammelte Schriften*, Bd. 5, Leipzig: B.G. Teubner, 1924.（外山和子訳「解釈学の成立」, 大野篤一郎他編『ディルタイ全集・第 3 巻, 論理学・心理学論集』法政大学出版局, 2003 年, 861 ページ.)
38) Richard Rorty, "The Historiography of Philosophy: Four Genres," in R. Rorty

et al. (eds.), *Philosophy in History*, Cambridge: Cambridge University Press, 1984.(富田恭彦訳『連帯と連帯の哲学』岩波書店, 1988年.)
39) Friedrich Schleiermacher, *Hermeneutics and Criticism and Other Writings*, translated by Andrew Bowie, Cambridge: Cambridge University Press, 1998, p. 24.
40) 「解釈学の成立」訳, 852-54 ページ.
41) シュライエルマッハーの哲学全体については, 次を参照するとよい. 山脇直司「シュライエルマッハーの哲学思想と学問体系」広松渉他編『講座ドイツ観念論・第4巻, 自然と自由の深淵』弘文堂, 1990年.
42) Wilhelm Dilthey, *Einleitung in die Geisteswissenschaften*, Leipzig: B.G. Teubner, 1883.(山本英一他訳『精神科学序説』2巻, 以文社, 1979-81年.) *Der Aufbau der geschichtlichen Welt in den Geisteswissenschaften*, Leipzig: B.G. Teubner, 1910.(尾形良助訳『精神科学における歴史的世界の構成』以文社, 1981年.)
43) 丸山高司「解釈学的理性 ── 知の理論をめぐって」『岩波講座・現代思想6, 現象学運動』1993年, 290ページ.
44) Dilthey, *Weltanschauungslehre*.(久野昭監訳『世界観学』上掲書.)
45) Rudolf A. Makkreel, *Dilthey: Philosopher of the Human Studies*, Princeton: Princeton Univeristy Press, 1975.(大野篤一郎他訳『ディルタイ ── 精神科学の哲学者』法政大学出版局, 1993年, 384ページ.)
46) José Ortega y Gasset, *Guillermo Dilthey y la idea de la vida*, 1933.(佐々木孝訳『ヴィルヘルム・ディルタイと生の理念』未来社, 1984年, 4-5ページ.)
47) Edmund Husserl, "Philosophie als strenge Wissenschaft," *Logos*, Bd. 1, 1911.(小池稔訳「厳密な学としての哲学」『世界の名著51, ブレンターノ・フッサール』中央公論社, 1970年, 148-71ページ.)
48) Heidegger, *Sein und Zeit*, 19. Aufl., S. 37-38.(『存在と時間』訳, 上巻, 97-98ページ.)
49) 渡辺二郎『ハイデッガーの実存思想』第2版, 勁草書房, 1974年, 365-69ページ.
50) 『存在と時間』訳, 上巻, 325-32ページ.
51) 同上, 下巻, 22ページ.
52) 同上, 上巻, 327-28ページ. 邦訳書では, Vorhabe, Vorsicht, Vorgriff に対して,「先持・先視・先取」とか「予持・予視・予握」といったぎこちない言葉が当てられているが, 私は「先行的対象把握・先行的視点設定・先行的概念形成」という言葉を用いたい.
53) Martin Heidegger, *Prolegomena zur Geschichte des Zeitbegriffs* (1925), Frankfurt a. M.: Vittorio Klostermann, 1979.(常俊宗三郎他訳『時間概念の歴史への序説』創文社, 1988年, 4-5ページ.)
54) Gadamer, *Wahrheit und Methode*.(轡田収他訳『真理と方法』上掲書.)

55) Richard E. Palmer, *Hermeneutics: Interpretation Theory in Schleiermacher, Dilthey, Heidegger, and Gadamer*, Evanston: Northwestern University Press, 1969, pp. 46-65.

第 2 章　啓蒙と反啓蒙の哲学

1　啓蒙主義

啓蒙・反啓蒙の俯瞰図

　19世紀において歴史主義が主張されたとき，それは啓蒙主義・自然主義・実証主義・普遍主義といった一連の思想に対抗するものとして提起された．歴史主義は，この思想的対立において，理念主義・ロマン主義・経験主義・多元主義などと多かれ少なかれ相通ずる立場を形成した．歴史主義の擁護者であったエルンスト・トレルチ（1865-1923年）は，歴史主義を「人間，文化，価値に関するわれわれの思惟の根本的歴史化」であると定義し，それに対立する自然主義を「あらゆる質的なことや直接的経験を度外視する法則化」の考え方ととらえた．彼はこれらの2つの思想群について，「自然主義と歴史主義は近代世界の2つの巨大な学問的創造であり，この意味において，古代にも中世にも知られていないものであった」と述べた[1]．

　トレルチは，自然主義と歴史主義に共通する近代の根源としてデカルト（1596-1650年）の意識哲学を挙げ，意識の分析から，一方で，物質に関する普遍法則的な意識内容に向かう自然認識の方向と，他方で，自我に関する歴史的な意識内容に向かう歴史認識の方向とが生まれたという．近代哲学の父とも呼ばれるデカルトに何らかの形で言及することは必要であるけれども，われわれはさらに1世紀遅らせて，近代社会と近代精神の成立を特徴づける啓蒙思想から出発し，それに異議を唱えた反啓蒙の思想を議論したいと思う．

　啓蒙主義は自然主義的思想の最も包括的な定式化である．啓蒙主義は20世紀の論理実証主義に連なる思潮であって，近代におけるこの思潮の圧倒的

優位に照らして，歴史主義を含む対抗勢力としての反啓蒙の構造が解明されなければならない．もちろん，啓蒙の側には，国の相違によって異なる構造や役割を持った啓蒙主義が存在したことは確かである．しかし，それ以上に，反啓蒙の立場は多元的，複合的であった．トレルチのように，自然主義対歴史主義という一本の座標軸の上で啓蒙対反啓蒙を論ずることはできない．

　啓蒙に対抗して生まれた思想は「反啓蒙」と名づけられるが，それは啓蒙がはじめに攻撃の対象とした「迷妄」の立場に戻ろうとするものではない．「反啓蒙」の立場は，言ってみれば，「迷妄対啓蒙」に対して第3の道を提起したものである．したがって，「反啓蒙」の一翼を担う諸思潮が，すでに啓蒙の洗礼を経験しているという意味で，啓蒙思想の要素を含むことは否定できない．さらに，18世紀後半から19世紀前半にかけて，啓蒙の批判者ないし克服者として現れたドイツ・ロマン主義とドイツ観念論が，その後に来る歴史主義と深い直接の関係を持ったことが指摘されなければならない．

　啓蒙主義とロマン主義との関係は，単純に両者が対立するというだけのものではなかった．理性への信仰，神話と魔術の克服，先入見からの解放といった啓蒙主義の諸命題は，ロマン主義によっても共有されたが，価値づけだけが異なっていた．その結果，啓蒙主義とロマン主義はそれぞれの後裔として，歴史的実証性と歴史的相対性という2つの顔を持った歴史主義を生み出した．ガダマーは次のように書いた．

　　「［一方で，］ロマン主義の偉大な成果は，原初の時代を蘇らせ，歌謡の中に諸民族の声を聞きとり，童話や伝説を集め，古くからの習俗を保護し，言語を世界観として発見したことである．……こうしたことのすべてが歴史研究の引き金となった．……［他方で，］19世紀の歴史学は，啓蒙思想の最も誇りとする果実であり，まさに啓蒙思想の完成としてみずからを理解している．それは精神を独断的偏見から解放する最後の一歩であり，歴史世界の客観的な認識への最後の一歩であって，その歴史認識は近代科学による自然認識と並ぶものである．」[2]

　つまり，啓蒙と反啓蒙は，自然科学思想対人文科学思想という断絶した立場の対立ではなく，歴史的存在としての学問や思想のあり方をめぐって，ヤヌスの顔を持った歴史主義の土台の上で争われることになる．

以下では，啓蒙主義，ロマン主義，ドイツ観念論，歴史主義の全体的な俯瞰図を描く．これによって，われわれの議論は，19世紀末から20世紀にかけての社会科学方法論や現象学的存在論を含む新しい思潮と接続する．ただし，以下の論述は，啓蒙思想その他についての歴史的・文献的研究を行うものではなく，哲学的観点から概念的な枠組みの概観を与えようとするものである．

啓蒙主義の諸命題

　啓蒙思想は，18世紀に主としてイギリス，フランス，ドイツなどにおいて行われた広範な思想運動であって，宗教的伝統や権威を否定し，人間本性の持つ普遍的な「理性」への楽観的信念を基礎として，宇宙を説明する学問理念と人間行動を規制する道徳規範を展開した．このような大規模な知的運動の性格を一義的に定義することはもともと困難であって，その解明のためには，歴史的錯綜と思想的差異を含む全体について個々に研究する以外に方法はないけれども，百科事典的な解説に従って，次のような主張を啓蒙主義思想の一応の共通項として挙げておくことは必要であろう[3]．
　(1) 理性は人間の枢要な能力であって，これによって人間は正しく思惟し行動することができる．
　(2) 人間は本来合理的かつ善良である．
　(3) 人間には普遍的な目標があり，個人および人類全体はこの完成に向かって進歩することができる．
　(4) すべての人間は合理性に関して平等であり，このことによって法の前の平等および個人的自由が基礎づけられる．
　(5) 異なる信条や生活様式について，寛容が認められるべきである．
　(6) 知識は，伝統や権威や秘教によってではなく，理性に基づいて構築され，正当化されるべきである．
　(7) 重要なものは，時間および空間によって制約された歴史的事象の多様性ではなく，人間が共有する理性の普遍性である．むしろ，歴史は人間が合理性を追求する不断の進歩の過程とみなされる．
　(8) 人間本性における非合理的要素は克服され，感情や性格の形成より

も知性の発展が重視されなければならない.

　ここに挙げられた命題は，啓蒙思想が異なった社会環境や風土において，異なった主張や実践を個々に生み出したことを否定するものではなく，いわば啓蒙主義思想の理念型的再構成を意図するものである．ピーター・ゲイは現代の啓蒙主義研究の第一人者とされているが，彼によって代表されるような啓蒙主義への社会史的接近は，逆にその多面性と多義性に迫ることを目標としている[4]．しかし，啓蒙主義は多様ではあるが，1つの総体でもあることを承認しなければならない[5]．

　自然科学はすでに17世紀において輝かしい地位を確立していた．われわれにとっては，コペルニクス（1473-1543年），ケプラー（1571-1630年），ガリレオ・ガリレイ（1564-1642年），ニュートンといった近代科学の創始者の名前を挙げるだけで十分である．しかし，17世紀の形而上学においては，創成期の近代科学を導いた理性の観念は，獲得される真理を依然として神の存在と結びつけるものであった．自然の普遍的・斉一的法則は，神の叡智に基づく以外の何ものでもないと考えられた．それに対して，哲学者カッシラー（1874-1945年）によれば，18世紀の啓蒙主義者にとっては，「理性」は神に代わって真理を発見し，それを確定する過程を導く独立の精神的な根元力であった[6]．

　理性によって自然科学は神学から解放された．そして理性の根本的な機能は，知の統一を図ることである．理性は精神と生活の全領域に適用されなければならない．多様なもの，異質なもの，個性的なもの，変化するもの，相互に矛盾するものと思われている諸事象は，それらの相互関係における合理的な秩序の把握を通じて，統一的なものに還元されなければならない．啓蒙主義にとって，この統一的なものこそが理性によって求められるべき普遍的な原理であった．

　知の統一化の過程において，いわゆるデカルト主義からニュートン主義への移行が生じたことも重要である．17世紀のデカルトの自然哲学は，明晰判明な確実な観念によって得られる普遍的原理からの演繹的ヒエラルキーを主張した．ニュートンは逆に，観察と実験から原理を導く帰納的プロセスを重視し，分析と総合，演繹と帰納の方法を主張した．多様な事象に関わるこ

とは経験と観察に基づくことを意味し，普遍性を目指すことは抽象と論理に依存することを意味する．どちらの方法においても，出発点には疑うことのできない第1原理があって，それが他の言明を正当化するのである．実証と論理の二重の要請に基づく理性の機能が，自然科学の多様な分野において目覚しい形で発揮されたことは，その後の科学史が示すとおりである．近代をそれ以前の時代から区別するものは，科学的知の確立に帰せしめられるといってよい．

　社会科学にとって重要なことは，啓蒙思想の下では，自然科学によって達成された成果を模範として，人間および社会に関する知の解明もまた理性に基づく世界観と接近方法を採用することによって可能になると考えられたことである．理性の正しい使用によって，偏見，無知，抑圧，不正，窮乏，闘争，野蛮の支配する社会の仕組みは解体され，叡智と幸福と徳性がもたらされると期待された．その考え方の根底には，正しく設定された問題には必ず正しい答えを導く方法が存在し，それによって真理が発見されるであろうという信念が横たわっていた．かくして啓蒙主義者たちは，自由，平等，友愛，寛容を社会的理想とし，自然科学的世界観に基づく宇宙・社会・人間の理解に乗り出した．

　この啓蒙思想の潮流の中で，フランソワ・ケネー（1694-1774年）とアダム・スミス（1723-90年）によって経済学が構築されたことが特筆されなければならない．やがて哲学自身も科学のための哲学として，形而上学を排除し，自然科学的世界観を基礎づける強固な地歩を確立した．啓蒙思想とは，17世紀の数学および自然科学のモデルが，これまで漠然とした曖昧な知であった哲学に及ぼした影響の所産であり，最初の社会科学の哲学と呼ぶことができよう．したがって，啓蒙主義にとっては，自然を対象とする自然科学世界観の基礎づけそのものよりも，その世界観を歴史・社会・人間の科学の基礎づけにまで拡大して適用した点に画期的な意義があったということができよう．そしてまさにその点をめぐって，啓蒙と反啓蒙とが対決することになる．

啓蒙における歴史観と自然観

　カッシラーは，啓蒙思想における歴史の取り扱いを理性による「歴史的世界の征服」と呼んだが[7]，ローティは，啓蒙主義とともに始まった近代哲学を「歴史からの逃亡の試み」と呼んだ[8]．啓蒙時代の歴史家に対して研究プログラムとなるものを設定したのはヴォルテール（1694‒1778年）である．

　カッシラーによれば，ヴォルテールは歴史家の仕事は自然科学者の仕事と同一であり，多様な変転する事象の中から隠れた法則を見出すことであると考え，戦争や政治的事件ではなく，普遍的な人間本性を歴史観察の対象とした[9]．ヴォルテールは，歴史における人間精神の進歩の信奉者であって，伝統や権力や偏見によって抑圧されてきた理性がこれらを克服し，固有の人間本性を実現するのが歴史であると主張した．理性は超時間的，普遍的なものであって，歴史の中で時間の経過とともにみずからを顕現し，より完全なものに進化する．啓蒙の立場にとっては，歴史は理性の展開のための単なる手段的素材であり，舞台装置であって，理性そのものに影響するものではない．

　啓蒙の歴史観は歴史を扱うけれども，その扱い方は，歴史の個別性と多様性の発展の中に本質的なものを見出そうとする立場の人々にとっては，歴史の棄却を意味した．人間の信念や慣習や制度や文化が，社会により時代により異なるということは，ギリシャ以来の伝統的考え方であった．啓蒙主義の革新的な歴史観は，啓蒙・反啓蒙の対立を生み出す第1の論点であって，ここに反啓蒙としての「歴史主義」が位置づけられる．

　人間本性の視点から人間・社会・歴史に潜在する法則性を把握しようとする場合，まず何よりも人間精神の性質や作用についての法則的解明が必要であった．ヒュームはこれを他の諸科学にとっての唯一の基礎となるべき「人間の科学」（the science of man）と呼んだ[10]．シュンペーターは18世紀に生まれた社会科学を「精神と社会の諸科学」（the sciences of mind and society）と名づけた[11]．自然の科学と類似した精神の科学が人間の無知や迷信のヴェールを剝ぎ取り，その上で精神と社会の相互作用が追求されなければならなかった．その際，人間の本性（自然）に関わるものとして，「自然法・自然状態・自然権」といった概念がいわば作業仮説として用いられた[12]．

「自然法」は現実の慣習や法律や制度ではなく，人間の本性や事物の本質に基づく不変かつ普遍の道徳規範であって，人間の理性によって形成されるものとみなされた．自然法は理性の戒律である．これが社会の制度機構の中に具体化され，有効化されるべきであると考えられ，実定法や現実の社会の仕組みを評価し批判する基準を与えた．他方，国家の成立に先立つ仮説的な「自然状態」においては，人々はすべて自由，平等であり，自己保存のためにあらゆることを行う生得の権利，すなわち「自然権」を持つと想定された．しかし，自然状態においては，社会的規範は存在しないか，あるいは不完全であるために，それは存続可能な安定的な状態ではない．そこで人間の生得の権利を保障するために，人間の理性的契約（社会契約）によって生み出されるものが「自然法」であった．

　自然法の観念は，古代および中世を通じて自然に内在する理性の法として，あるいは神の啓示に従属する理性の法として，一定の社会的規範の役割を演じたが，啓蒙に始まる近代自然法は，人間理性の観念から規範を演繹することによって，神学の権威からの脱却および国家の暴力への抵抗という二面作戦を遂行する力となった[13]．18世紀における「精神と社会」に関する学としての経済学，政治学，法律学は，このように理性によって能動的に形成されるべき「自然的秩序」の存在を前提として成立した．ホッブズ，ロック，モンテスキュー，ルソー，ヒューム，カント，ケネー，スミスといった人々は，多かれ少なかれ，人間と歴史との間を「自然」の観念によって結ぶパラダイムを利用したのである．そればかりでなく，この時代においては，物理的なものと精神的なものとは区別され対立するものではなく，「自然」の観念が両者を包含していた．「自然」の観念がこのような包括性や統一性を持っていたのは，それが認識的にも実践的にも真理の根拠を意味したからである．後になって歴史主義と対置される自然主義という概念は，このような包括的な自然観を意味した．啓蒙の自然観は自然を扱うけれども，自然の中に含まれる人間本性は理性に局限され，豊かな感情や想像力や直観が生み出すものは抹殺されることとなった．啓蒙の唯物的な自然観・人間観は，啓蒙・反啓蒙の対立を生み出す第2の論点であって，ここに反啓蒙としての「ロマン主義」が位置づけられる．

18世紀啓蒙主義は，瞠目すべき自然科学の成果に鑑みて，自然に対しても歴史に対しても同じ思考方法を適用しようとしたが，歴史世界に関する知の方法について一枚岩であったわけではない．ドイツ啓蒙主義者に数えられるライプニッツ（1646-1716年）のモナド論は，フランス啓蒙主義との対比において注目に値するであろう．それはデカルトの同一律に代わって，多様性の中の統一性，生成の中の存在，変化の中の持続に着目した動的連続性の原理を提起した[14]．

モナド（単子）は世界を構成する要素としての力を実体化したものであり，変化するモナドの無限に豊富な内容が世界の統一を形成するという．モナドによって形成される全体は，部分の単なる機械的総和ではなく，部分の間の有機的，動態的な関係として現れる．すなわち，モナド論は多を一に還元するのではなく，多の個体性を維持しつつ，多と一との相互関係を問題とする．カッシーラーは次のように書いている．

「ライプニッツの体系においては，個体的な実体は，宇宙の単なる断片的部分にとどまるのではなく，ある特定の立場，ある特定の『観点』から眺められた宇宙そのものとなる．そしてこれらのそれぞれのかけがえのない観点の包括的な全体のみが，事物の真理を形成する．」[15]

このライプニッツの形而上学は，前章第2節で指摘した歴史主義の相対主義を克服する構想と相通ずるものとして注目されるであろう．カッシーラーは，デカルト的な機械論とライプニッツ的な有機体論との2つの傾向の根本的な対抗関係が，18世紀啓蒙思想の問題点を形成したと論じた[16]．ライプニッツの思想は，18世紀のヴォルフ，レッシング，ヘルダーといったドイツ啓蒙主義者に受け継がれていった．

杉村廣蔵は経済哲学の叙述において，個人と社会との関係についての「ニュートン主義の微分的構成」と「ライプニッツ主義の発展的構成」という2つの見方の対立を視座に置いた[17]．前者においては，個人は社会を構成する極微量としてその活動が外面的にのみとらえられるが，後者では，個人は内面的な要求を持った無限に創造的なものとして内側からとらえられる．どちらも世界把握に当って原子論的認識方法をとっているけれども，ニュートン主義では，個別的なものは，単に運動の契機あるいは合理化の契機としての

み意義を持つが, ライプニッツ主義においては, 個別的なものが全体的, 有機的統一を可能にする. 杉村はこの2つの見方を西欧客観主義とドイツ主観主義の2つの潮流を代表するものとして位置づけた. 彼はこの対比に当ってヘルマン・コーヘン (1842-1918年) の研究を参照しているが, コーヘン, カッシラー, 杉村はいずれも新カント派 (マールブルク学派) に属する人たちであって, 彼らは啓蒙主義を非歴史的思想とみなす短絡的な解釈に反対して, 18世紀啓蒙の中に自然主義対歴史主義, あるいは機械的世界観対有機的世界観の対立の起源を見出したのである.

　逆に, ライプニッツは真正の歴史主義を唱えたかと問うならば, 彼は支配的な啓蒙思潮の上に浮かぶ異端の萌芽であったといわざるをえない. マイネッケは『歴史主義の成立』の中で, シャフツベリ (1671-1713年) やヴィーコらと並んで, ライプニッツを歴史主義の先駆者として論じている[18]. マイネッケは歴史主義の基準として「個性化的思考法」と「発展的思考法」の2つを掲げた. 個性と発展との関係は, 個別は発展を通じて無限性へと自己実現するというものである. しかし, ライプニッツは個別性への卓抜の着目にもかかわらず, キリスト教的・自然法的思考の制約によって, 発展を完成過程とみなさざるをえなかった, とマイネッケは述べている.

啓蒙思想の動揺

　上述のように, 啓蒙主義における自然科学的知に偏った歴史観と自然観が, それぞれ反啓蒙としての「歴史主義」と「ロマン主義」を生む2つの契機となった. しかし, 啓蒙主義はそれ自身の中に内面的矛盾をはらんでおり, これが啓蒙・反啓蒙の思想対立の第3の契機となった. これがカントに始まる「ドイツ観念論」であって, これは啓蒙に対する挑戦というよりも, 啓蒙の危機に対する対応であった.

　自然科学の発展の中で, フランス合理論とイギリス経験論とは, 抽象・論理と経験・観察とを媒介する契機を持たないまま, 対立を続け, やがて合理論は独断論に堕し, 経験論は懐疑論に陥ることになる. 啓蒙思想の内面的動揺の始まりである. いずれの立場においても, 理性能力の批判的検討が必要であって, これがカントの批判哲学の課題となった. 啓蒙は理性の支配であ

り，理性による万物の批判を意味する．したがって理性は理性自身をも批判の対象としなければならない．ここに自己破壊を導きかねない啓蒙の危機が存在したのである．カントの批判哲学はこの危機に対処する大きなプロジェクトであって，ここにフィヒテ，シェリング，ヘーゲルと続くドイツ観念論が形成された．

しかし，啓蒙思想を揺るがす最も大きな現実は，1789年に始まったフランス革命が辿った経過であった．当初，フランス革命は啓蒙の勝利として熱狂的に賛美された．古い偏見や特権や伝統は一掃され，理性に基づく社会がそれにとって代わると期待された．しかし，現実には恐怖政治を含む混乱が長く続いた．この事態は啓蒙思想の理論と現実との関係という問題を提起した[19]．

その結果，啓蒙の普遍化的アプローチに代わって，人間・社会・歴史についての知は独自の取り扱いを受けるべきではないかという考えが強くなった．知の対象と方法とを区別し，自然という対象と人間・社会・歴史という対象とを区別した場合，どちらの対象に対しても基本的に同じ自然科学的方法を適用しうると考えるのが，啓蒙としての自然主義である．それに対して，歴史主義およびロマン主義は，人間・社会・歴史に関する知に対しては，自然科学とは異なった見方や方法が適用されるべきだと考える．その見方や方法は，人文科学・歴史科学・精神科学にふさわしいものでなければならない．

超越論的（transzendental）と特徴づけられるカントの哲学は，単なる対象や方法の違いを問題とするのではなく，対象の認識や方法そのものに関する認識を問題とする．カントの『純粋理性批判』（1781年）は数学および自然科学の認識論に関するものであったが，新カント派（西南学派）のヴィンデルバントやリッカートは，自然科学とは異なる文化科学の基礎づけを試みた．またディルタイは「歴史的理性批判」という概念を掲げて，歴史を認識する理性能力の認識論を企てた．このように，啓蒙・反啓蒙の思想はカントを経由することによって，哲学的次元に移されると同時に，人文・社会・歴史科学に対して固有の哲学を構想する地平を開いたのである．

ピーター・ゲイは，いわゆる「死者の対話」という形式を通じて，啓蒙主義には20世紀の見方を特徴づける4つの要素が欠けていたと指摘している．

それは歴史主義，ペシミズム，創造的想像力（ロマン主義），実存主義である[20]．たしかに，これらの立場は自然主義に対してそれぞれ独特の批判を提起したが，啓蒙思想が基本的に欠いていたものは，理性の作用や限界を明らかにする理性のメタ理論（カントのいう超越論的立場）であった．

2　ロマン主義

伝統的解釈

　ロマン主義研究における注意事項とでも言うべき3つの点から始める．いずれも，ロマン主義の伝統的な解釈についての反省であり，今日におけるドイツ観念論およびロマン主義の研究をリードしているフレデリック・バイザーによって強く主張されている論点である[21]．第1に，イギリス名誉革命，産業革命，フランス革命などによって象徴される近代への政治的・経済的・社会的転換は，同時代のドイツでは起きていなかった．このことから，18世紀ドイツにおける政治的・社会的閉塞感が，知識人の現実からの逃避と精神の内面的世界への沈潜を招き，現実離れをした空想的な主義主張を生み出したという解釈が行われ易い．しかし，これは短絡的な解釈であろう．たしかに，啓蒙期以降のドイツの思想は，近代という現象に対するドイツ的対応とも言うべき特徴的なものを含むが，それは必ずしも現実に背を向けた思想ではない．むしろ，近代的自由の追求に当って，人間の精神的内奥に立ち帰って人間性を確立し，偏った理性よりも全幅的な人間把握を通じて社会的枠組みそのものを構築することが主張されたのである．事実，ドイツ観念論やロマン主義の思想家における必ずしも後ろ向きではない政治的・倫理的主張を無視することはできないであろう．

　第2に，ロマン主義は反啓蒙として位置づけられ，ロマン主義によって啓蒙主義は終焉を遂げたという短絡的な結論が導かれ易い．定型化された解釈によれば，啓蒙主義における合理主義・個人主義・自由主義に対して，ロマン主義は反合理主義・共同体主義・保守主義を主張したとみなされる．このような対置の手法は極端な単純化と戯画化を含みがちである．むしろ，ロマ

ン主義は啓蒙主義の批判者であると同時に，新しい歴史的状況下でのその継承者でもあって，この複雑な関係をとらえることが重要であろう．同時代思想の常として，思潮の極端な二分法が成立しないことは当然であろう．

　第3に，ロマン主義は芸術家の運動として行われたので，彼らの思想は詩的世界観ないし断片的アフォリズムにとどまっており，メタ理論としての哲学的な存在論や認識論の水準に及んでいなかったとみなされることが多い．ロマン主義研究においては，従来から文学や芸術の形式に限定された議論が有力であり，ロマン主義の哲学的基礎を無視する傾向がロマン主義の非哲学的解釈に寄与してきたという事情がある．しかし，ドイツ・ロマン主義が栄えた18世紀末から19世紀初めにかけての時期は，ドイツ観念論が台頭した時期でもあって，詩人と哲学者との間の緊密な交流があり，両者は同時代の思想として扱われなければならないであろう．しかも，哲学的主張として見た場合，ロマン主義はドイツ観念論の一変種としてそれに包含されるのではなく，共通点を持ちつつも顕著な対立点を含み，むしろドイツ観念論に対する批判が，ロマン主義の哲学を特徴づけるものと考えられる．ロマン主義の哲学的基礎への注目は，近年の研究史を特徴づけるものであって，とりわけフリードリッヒ・シュレーゲルの哲学が脚光を浴びている[22]．

生命・感情・創造の多元性

　一般に，1780年ごろから1830年ごろまでの期間がドイツ・ロマン主義運動の時期と呼ばれるが，1789–1802年は，初期ロマン主義（Frühromantik）の時期と名づけられ，ロマン主義者たちが問題提起を行った最も重要な時期であるとされている．初期ロマン主義の特徴は，啓蒙主義に全面的に対立するのでなく，啓蒙主義の関心よりも広い視野の下で，その危機や限界を克服する努力であったとみなされる．

　ロマン主義の本質は人間精神の内面的構造への洞察にあると考えられるが，それは，ロマン主義が啓蒙主義における理性と画一化の追求よりも，多様で個性的な生命と感情の発露を創造の原動力とみなしたからであって，けっして反合理性を称揚するためではなかった．ロマン主義はあらゆる人間活動を個性的・創造的自己表現と考えた．「理性」に代わって重視されたものは，

「想像力・感情・伝統・有機体・魂の神秘」[23]といったものであった．文学や美術の分野では，反啓蒙の運動はいわゆる「疾風怒濤」（Sturm und Drang）を生み出し，やがて哲学を含むいっそう広範な分野を覆うロマン主義に結実した．ロマン派の最も重要な哲学者として，フリードリッヒ・シュレーゲル（1772-1829年），ノヴァーリス（1772-1801年），シェリング（1775-1854年），シュライエルマッハー，ヘルダリーン（1770-1843年）などが挙げられる．ロマン派の究極的な目標は，近代によって破壊された人間の自我の統一，他者（共同体）との連帯，自然との調和を回復することであったとみなされている[24]．

アイザイア・バーリン（1909-97年）の著作の中で，ヴィーコ，ハーマン，ヘルダーを含む反啓蒙思想の研究が際立っている．この一連の研究は，バーリン自身の多元主義の主張に照らしてみるとき，重要な意味を持つ．彼のロマン主義解釈には，ロマン主義を極端な反合理主義として強調する嫌いがあるが，彼はロマン主義を反啓蒙の立場として規定し，「西欧の生活におけるあらゆる変化の中で最も根深い，最も永続的な」革命とみなした[25]．それは思考の全体的な枠組みの変更をもたらす巨大で根源的な転換であって，「それ以後，同じようなものはけっして現れることはなかった」という[26]．彼はロマン主義運動を，イギリスの産業革命，フランスの政治革命，ロシアの社会経済革命に匹敵する革命ととらえた．またバーリンは別のところでは，西欧思想史における3つの大きな転換点を挙げ，第1に，ギリシャ哲学における社会的文脈から個人的文脈への転回，第2に，マキアヴェリに始まる価値の分裂に続けて，第3に，ロマン主義における真理概念の崩壊を位置づけた[27]．ロマン主義は啓蒙主義の覇権的地位に対する挑戦であると同時に，思想の内容において，啓蒙主義が主張する知の普遍性と一元性に対抗するという意味で，知の多元主義の宣言であった．実は，バーリン自身が告白しているように，彼の政治哲学における多元主義の主張は，ロマン主義の起源に関する思想史研究の産物であった[28]．

バーリンは，上述のカッシーラーの『啓蒙主義の哲学』の英訳書について書評を書いている[29]．バーリンは，この書物は啓蒙主義の時代にすでに瀰漫していた破壊的な反啓蒙の諸力を扱っていないと批判した．これは公平を欠く

批評であろう.カッシラーは,ライプニッツ,ヴィーコ,レッシング,ヘルダーといった人々を反啓蒙主義者として扱い,しかもこれらの反啓蒙運動は啓蒙主義を受け継ぐことによって初めて可能になったことを強調したからである.ロマン主義は,自我および人間本性への近代的関心を前提とした上で,理性に偏らない人間本性の解釈を主張したのである.

バーリンは,ヨハン・ゲオルク・ハーマン(1730-88年)をフランス啓蒙主義に対して最も強力な打撃を加え,ロマン主義運動の全過程を開始した最初の人物とみなした.バーリンはハーマンに対して,「反合理主義の伝統の真の創始者」という断定的な評価をためらうことなく繰り返した.もちろん,半世紀も前のヴィーコのデカルト合理論への批判は有名である.しかし,バーリンは言う.「ヴィーコが彼の時代の啓蒙主義を支えていた支柱を揺さぶろうとしたとすれば,ケーニヒスベルクの神学者・哲学者であったJ.G.ハーマンはそれらを粉砕しようとしたのである.」[30]

バーリンによれば,ハーマン理論の概要は次のようなものである.科学が扱う一般命題は生活の生きた現実をとらえない.人間の内面から生まれるユニークなもの,特殊なものこそが人間を特徴づける.なぜなら,人間が求めるもの,欲するものは何らかの共通のものではなく,個性的,創造的なものだからである.次のバーリンの文章は,啓蒙主義者ヴォルテールと反啓蒙主義者ハーマンとの間の違いのエッセンスを伝えようとしている.

> 「ヴォルテールは,人々が欲するものは幸福,満足,平和であると考えた.しかし,これは真ではない.[ハーマンによれば]人々が欲するものは,彼らの全能力が最も豊かな,可能な限り最も激しい仕方で活動することである.人々が欲するものは創造すること,製作することであって,たとえこの活動が衝突,戦争,抗争を招いたとしても,それは人間の運命の一部である.」[31]

そして,創造とは最も表現しがたい,最も叙述しがたい,最も分析しがたい個人的行為である.ところが,啓蒙の思想はこれらのものを迷妄の源として排斥したのである.

普遍的,完成的なものと違って,個性的,創造的なものの追求は,そこで生み出される多元性の統一を図る無限の営みである.無限は運動と変化とか

ら成り立っている．かくして文化史的基本概念としての古典派とロマン派とが，「完成」(Vollendung) と「無限」(Unendlichkeit) という2つの対概念によってそれぞれ定義されるのである[32]．シュトリッヒによれば，この2つを統一するものは，それらの上位概念である「永遠性」(Ewigkeit) という時間概念である．完成しているものは，その完成性のゆえに永遠に存続し，無限に変化するものは，その動態性のゆえに永遠に継続する．この統一という課題は，ヘーゲルに至るドイツ観念論の基調となった．

芸術を通ずる社会認識と社会形成

18世紀末から19世紀初めにかけてのドイツ・ロマン主義は，何よりも啓蒙主義や自然主義に対する詩人の反撥から発した運動であった．しかし，それは詩歌や芸術に限られた運動ではなく，ロマン主義運動の本質は，芸術の基準が生活の他の分野をも支配すること，すなわちバーリンの言葉によれば「生活に対する芸術の一種の専制」であった[33]．芸術の優位づけは，理性と技術の原理による生活の全面的支配に対抗するものであったが，それは芸術を通ずる社会認識と社会形成，いいかえれば理論と実践の2側面を持っていたと考えられる．

もとより，芸術そのものによって社会理論が展開できるわけではない．また芸術そのものによって社会形成ができるわけではない．ロマン派にとって，美は，人間・社会・自然における自由な創造的活動を通じて実現されるべきあらゆる種類の完全性の基準を意味した．ロマン主義の社会ないし世界全般の認識の仕方は，対象を審美的対象と見る隠喩に立って，有機体的把握を意図した．そのような世界把握への努力にもまして，ロマン主義は，むしろ包括的な人間本性の発揮と，それを可能にするような社会形成を理想としたのであって，それが実現されるとき，結果的に美の価値基準が人間活動全体において満たされ，人間活動全体があたかも芸術作品となるというのである．芸術作品の製作や鑑賞が短絡的に人間形成を導くというのでなく，完成された人間の中に審美の理想が見出され，それが人間および社会の完成への動機とみなされるのである[34]．このような理論と実践との関係は，一種の「解釈学的循環」を意味する．

ロマン主義者にとって，「芸術」ないし端的に言えば「詩歌」は，啓蒙主義における世界理解と世界構築の鍵である「理性」にとって代わるものであった．啓蒙的理性は利己主義，物質主義，功利主義，アノミーといった歪んだ精神的型を生み出した．ときあたかもフランス革命が勃発し，それがもたらした熱狂と幻滅は，ヨーロッパに大きな混乱をもたらした．ロマン派にとって，近代社会の精神構造を改革し，共和制の理想を実現するためには，何よりも人々の教育が必要であった．人々の心の中に審美的，道徳的，文化的教養を育むことが不可欠であった．その際，芸術は，社会的・政治的・文化的改革のための「人間形成」（Bildung）を促進するものと考えられた．この点に関して彼らの思想の原典となったものは，フリードリッヒ・シラー（1759-1805年）の『人間の美的教育についての一連の書簡』（1795年）であった[35]．

シラーは，知性の教育だけでは人間性を発展させることはできず，感性（欲求・感情・想像力）の発展が同時に不可欠であると論じた．かつては宗教がその役割を担ったが，啓蒙思想はそれを迷信や偏見であるとして追放してしまった．人々に理想追求のインセンティヴを与えるものは芸術以外にはない．ロマン派の最高の倫理的理想であった「人間形成」は，一方で，「理性・感情・意志」のすべての人間本性を個性的に開発し発展させるものでなくてはならず，他方で，これらの人間能力の開発・発展は自然・社会・世界の全体と調和するものでなくてはならない．「個性的発展」と「全体との調和」とによって，近代において失われようとしている全体宇宙の中での人間の意味，神秘，魔術といったものを取り戻すことが期待された．その際，芸術的経験は，感性の発展を通じて全体としての世界像をとらえるという「認識論的」手法であり，そこに見出される芸術的に完備した世界像は，全人格的自我との同一化を意味するという「存在論的」ヴィジョンである．

シラーは人間本性の分析から出発する．彼によれば，人間本性は「抽象的人格」（理性的形式）と「具体的特性」（感性的内容）との2つの側面を持ち，それぞれを実現しようとする「形式化的衝動」と「具体化的衝動」によって活動する．両者は相互補完的であって，両者の間の相互作用によって人間本性が形成される．両者を綜合し，理想的なバランスを図ることが文化や教養

の課題である．感性と理性との綜合は，人間における内容と形式との調和，個別性と普遍性との調和，多様性と統一性との調和を意味する．それは人間本性の「総体性」を実現することであって，完成した人間における「美」の理想を表している．ここに「総体性としての美」という観念が導かれる．

シラーの議論の特徴は，この綜合を導く誘因を隠喩的に「遊戯衝動」(Spieltrieb) と名づけたことである．遊戯・遊び・ゲームは一方で，それ自身を目的として行われており，何らかの必要に基づくものではなく，他方で，一定のルールに従って行われており，恣意的なものではない．「形式化」および「具体化」の2つの衝動を綜合するのは意志の力であるが，それぞれの衝動の規定要因を互いに中和することによって，それぞれの衝動が個別に追求するものとは異なった新しい価値を創造する．教化された「理性的」衝動は人間を直接的欲求から解放し，教化された「感性的」衝動は人間を外部的原理の強制から解放する．この二重の目的追求からの解放こそが「自由」を意味する．シラーは理性と感性とが完全に調和した人間の姿を「美しい魂」と呼ぶ．美しい魂の隠喩が「遊び」である．遊びは，感性の目的である欲望充足を目指すものでもなく，また理性の目的である法則の獲得を目指すものでもない．遊びは，目的追求から離れて，両者の相互作用と統合を通じて，新しい価値としての「美」を追求することができる．こうして「自由としての美」という観念が確立される．

教育の使命は人間を「美しい魂」に高めることである．そのような人間の集まりである国家は，人々の利己心を前提として，権利を保障するだけの「自然的国家」でもなく，また理性的個人を前提として，道徳的義務を外部的に強制する「倫理的国家」でもない．それは全幅的人間本性を前提として，「美しい魂」からなる「審美的国家」(ästhetischer Staat) である．このようなシラーの国家観は，ホッブズ，ロック，マンデヴィル，カントらの個人主義的国家観とは異なり，マキアヴェリ，モンテスキュー，ルソーらによって展開された共和主義的国家観に属する[36]．その倫理的基礎は共同体の中で形成される市民的徳性であって，幸福よりも品格を優先し，私的利益よりも公共的善を優先する．

ところで，美学や芸術の教育はどのような意味で人間性の発展に影響を及

ぼすであろうか．美的教育とは，具体的に学校教育や芸術分野の教育を指すのではなく，人間本性から出発して，上述の「総体性としての美」と「自由としての美」という命題を実現する包括的な社会形成原理に他ならない．人格形成によって人間本性の全側面を最大限に開発する社会が，人間の自由を可能にするのである．芸術による人間形成というシラーの思想は，当時の芸術家や思想家にとって衝撃的な霊感であった．それはドイツ・ロマン主義となって結実し，人間性の内面を思索するドイツ観念論とも深いかかわりを持った．シラーの「審美的国家」とは，このような哲学を具現した社会的仕組みである．現代の規範的言語を使えば，「美しい国」は経済的「効率」を最優先する社会ではない．それは社会的調和のために社会的「正義」を重視する．そして「美しい国」は，何にもまして自己実現による審美的「卓越」の追求を基本原理とする．

　ロマン主義の理想は，分析的・論証的理性によって客観的に見出される真理のようなものではなく，自我の発露としての包括的精神の創造物である．精神の「創造」がすべてであり，創造は人格の独自性を持つ．啓蒙主義の静止的・分析的な自然概念と違って，ロマン主義においては，自然は有機体的全体であり，人間の動態的な「生」を反映したものである．ロマン主義研究の古典的著作をものしたリカルダ・フーフ女史（1864-1947年）は，「ロマン化とは活性化と人格化である」(Das Romantisieren besteht im Lebendigmachen und Persönlichmachen.) と総括した[37]．シュレーゲルやノヴァーリスによれば，彼らの究極的な理想は，人間，自然，社会，国家，芸術，学問の一切が芸術作品となるという意味で，「世界のロマン化」であった[38]．個と全体とが有機的に統一された国家は，「審美的国家」（シラー）または「詩的国家」（ノヴァーリス）と呼ばれた．

　ロマン主義思想にとって，さまざまな外面的契機は内面的感情を惹起する機縁にすぎない．たしかに，芸術は自我やその体験を全体性において表現する最高の形式と考えられた．だが反啓蒙主義の論点は芸術次元の発想に尽きるものではない．政治学者カール・シュミット（1888-1985年）は反啓蒙の形態を「哲学的，神秘的・宗教的，歴史的・伝統的，感情的・審美的」の4つに分け，ロマン主義の反啓蒙の立場は第4の形態に属するとみなした

が[39]，ロマン主義を芸術領域に限定することは，ロマン主義の非哲学的，文芸学的解釈に偏る危険がある．ロマン主義的理念の特徴は，むしろ芸術の次元が他の次元を包摂し支配し統一することにあった．ロマン主義が芸術の次元に見られるような，理性に局限されない人間精神の包括性から出発するのは，それによって人間活動の全次元における創造性・動態性を把握するという観点に立つからである．芸術は，分断された近代社会にあって人間性の発展や自己実現を可能にする残された秘境であって，ロマン派にとって重要な点は，単なる芸術的観照ではなく，自然や社会の次元における無限の生成発展の展望の下で，全幅的な人間の自己実現を図ることであった．芸術活動の内実が芸術作品の製作と鑑賞にあるとすれば，ロマン主義における芸術の観念は，美の基準を人間および社会に隠喩的に適用するメタ芸術論であったといえよう．

以上の議論から，われわれはロマン主義の基本的世界観として，第1に，人間を含む対象世界の「統一的総体性」，第2に，「無限の創造・生成・発展」を結論することができる．そして第3に，この2つのテーゼの根底には，共同体を基礎とする「人間形成・自己実現」という倫理的価値理念が存在する．これらの世界観と価値理念は，先にシュンペーターの知識社会学について見たように，知の理論的定式化に先立つ前理論的ヴィジョンの概念に相当する．それらは理論という形に加工・洗練されるべき素材を提供する．そして詩歌や芸術といった契機は，これらの世界観と価値理念を具体化するロマン派特有の直接的媒体に他ならない．いいかえれば，芸術は，論証的理性の観点からは表象しがたいものを表現する前理論的レトリックである．上述のように，ロマン主義における「芸術」の観念は，「認識論的」レトリックであると同時に「存在論的」ヴィジョンであって，対象に関する理論展開に対して「プレ理論」の役割を担っている．

ロマン主義の哲学的基礎

ロマン主義が，自然科学の機械論的世界観やその基礎をなす分析的理性や実証的経験の重視に反対し，それに代わって全幅的な生命や直観的な感性を尊重し，芸術的直観の手法によって創造的生の神秘と動態に迫ることを強調

したとすれば，ロマン主義文学をその一部として包摂するロマン主義の哲学はどのようなものであったかが問われなければならない．啓蒙主義がロマン主義の対立項であったことはいうまでもないが，ドイツ観念論もまたそのような問いに答える参照基準を与えるものである．ドイツ観念論は，啓蒙思想における経験主義的世界観がもたらす懐疑主義および唯物主義の危機を主観性の優位を通じて救う哲学的試みであった．ドイツ観念論とロマン主義との間の共通項は，生としての自我への憧憬であったと考えられる．

　従来，ロマン主義の解釈においては，啓蒙主義との相違が強調されてきたが，ロマン主義がドイツ観念論と対立する側面は注目に値する．カント以後の極度の体系性を誇る観念論体系への失望から，ロマン主義は，「詩歌と哲学とは1つにされなくてはならない」というフリードリッヒ・シュレーゲルの言葉に象徴されるように，「体系なき体系」を意図したという解釈も可能であろう．ロマン主義者にとっては，「体系を持つことも致命的だが，体系を持たないことも致命的である．両者を結びつけることを決断しなければならない．」[40] ロマン主義における知の体系化への懐疑ないし「体系なき体系」への志向の基礎にあるものは，反基礎づけ主義（anti-foundationalism）であった．

　フリードリッヒ・シュレーゲルおよびノヴァーリスを中核とする初期ロマン主義の最も基礎的な哲学的主張は，ドイツ観念論の一翼を担ったフィヒテの知識学に対する批判であった．フィヒテはカントの批判哲学を基礎づける第1原理として絶対的自我の概念を構想したが，ロマン主義者はそのような主観による知の究極的，絶対的基礎づけは不可能であるとして，反基礎づけ主義を主張した．もちろん，デカルトの明晰判明な知識という観念も否定される．認識論的優位性を持った自己正当化的な基礎的言明は存在しないとみなされた．この点を押さえておくことなしには，ロマン主義がなぜ人間精神の多元的創造性を強調するのか，そしてなぜ芸術による全面的生の統一を主張するのかを理解することはできないであろう．

　ロマン主義によれば，哲学は，啓蒙主義におけるように，理性に照らして完成した静止の状態にある知を扱うのでなく，無限に生成し変化し続ける知を扱うのであって，哲学は歴史的でなければならない．ドイツ観念論が追求

した絶対知としての自明の第1原理は存在しないからである．ロマン派が，理性に代わって，無限を希求する芸術的経験による対象の整合主義的な把握を重視するのは，第1原理が存在しないことによる知の間隙を埋めるためである．この観点の下では，芸術的所産の有限性と芸術的理想の無限性とは矛盾せざるをえないから，この矛盾を表現したいわゆる「ロマン的イロニー」はロマン主義の活動を象徴する観念となった．

　ロマン主義は単に知識の基礎づけ主義を否定するだけではなく，むしろ積極的には，カントによって画された現象的知の限界を超えたところで，人間能力の飽くなき発揮を企てた．その接近は，象徴的には，芸術的，詩的直観によるものであった．カントは啓蒙主義の思想家であったが，彼の『純粋理性批判』における「コペルニクス的転回」によって，主体は単に所与の実在を思惟に反映するのではなく，実在の枠組みそのものを構築することが明らかにされ，さらに彼の『判断力批判』が，自然認識および道徳的規範から区別された美学的判断の領域を保証したことによって，芸術に至上の形而上学的地位を与えるロマン主義への道を開いたのである．基本的には，同書における目的論的判断力の考察において，有機体としての自然概念が取り上げられ，有機体は自己産出的な自然目的（Naturzweck）として成立すると規定された[41]．元来，器官（Organ）は道具や機械を指したが，1770年ごろから有機体（Organismus）という自然領域が見出され，これが自発性・内発性を持った生命体としてとらえられるようになったのである[42]．この自然の有機体的概念が，ロマン派の芸術的世界観における存在論として受け入れられた．

　反基礎づけ主義は認識論に関わるものであるが，ロマン主義は，知識の正当化に当って，基礎づけ主義に代わって整合主義（coherentism）を採用する．整合主義によれば，自明の第1原理は存在せず，知識は全体として互いに整合的な関係を持つことによって正当化される．ただし，ロマン派にとって，知の整合化は無限の追求のプロセスである．シュレーゲルはこれを「交互的論証」（Wechselerweis）ないし「交互的基礎づけ」（Wechselgrundsatz）と呼んだ[43]．これは解釈学における「解釈学的循環」に相当する．ロマン主義が単にさまざまな言明の間の整合性だけでなく，自我の統一，他者

との連帯，自然との調和といった有機体に関する知の包括的な整合性を問題にするのは，こうした認識論と結びついている．

　次に，存在論についてはどうか．上述のように，ロマン主義が認識論として知の反基礎づけ主義および整合主義をとり，さらに知の追求に当って，理性的論証に代わって芸術的直観を優先するのは，そもそも対象についての特定の存在論に由来する．ロマン派にとって，現実は意識から独立に存在し，知を獲得する活動は，現実存在への無限の接近の過程である．芸術的創造は，単なる主観の側における感情の表現に終わるものではなく，客観の側における自然の創造力を審美的経験を通じて組織化するものである．そこに想定されている存在は，有機体としての統一性を持った自然であって，その統一性は単なる理性の思惟・論証によっては獲得することができず，芸術的直観によってのみ把握できるものである[44]．

　有機体は2つの点で芸術的対象と同一視される．カントによれば，有機体は，第1に，全体が部分を決定するという全体論的構造を持ち，第2に，自生的・自己組織的であるという自律性を持つ[45]．啓蒙主義の「理性」とロマン主義の「芸術」という方法的対比において実際に問題になっているのは，方法の対立そのものよりも，対象についての機械論的存在論と有機体論的存在論との対立である．両者の間には，知的探求の対象範囲の相違があり，ロマン派は部分の因果的説明に先行して，部分に還元できない全体の構造的理解が優位に立つべきであると主張したのである[46]．

　以下で見るように，フィヒテ，シェリング，ヘーゲルといったドイツ観念論の思想家たちは，絶対知の存在およびそれによる対象の認識可能性を信じていたが，ロマン派のシュレーゲルやノヴァーリスはそれを否定した．

　ロマン主義の価値論については，上述の整合主義および存在論とも関連して，多様な生の創造，内面的な自己実現，共同体への帰属，有機体論的全体像といったものがロマン主義倫理学のキーワードである．倫理学の三大体系——功利主義の「善」の理論，カント主義の「正」の理論，アリストテレスの「徳」の理論——に照らしていえば，ロマン主義倫理学は，卓越ないし徳の倫理学に他ならないのであって，その社会的価値の体系は個々人の共同体への帰属を基礎としている．

ロマン主義の政治的主張は，伝統的社会における共同体への憧憬を含む保守的なものであると考えられがちである．しかし，その哲学的意味は，人間の内面性に適合した社会の多元的構造の追求であったと考えることができよう．それはさまざまな中間組織の擁護に現れている．ロマン主義の有機体論的・全体論的国家観は，啓蒙主義の機械論的・個人主義的国家観と対比される．ロマン主義によれば，国家は抽象的な個人的理性に基づき，青写真に従って作られるものではなく，人間の本来的な社会性に基づいて，有機体のように自生的な部分の生成によって有機的に構成され，歴史的に伝統の中から生み出される．現実政治との関連においては，ロマン派はドイツの絶対王政にもフランスのジャコバン体制にも反対であって，共和制的な国家の中で個人的自由を実現しようとした[47]．

　ロマン派は，ベンサムの功利主義の快楽思想およびカント，フィヒテの義務論的思想に強く反撥した．現代道徳哲学におけるロールズの社会契約主義と共同体主義との対立は，18世紀のフランス啓蒙主義とドイツ反啓蒙主義との対立の再生と見ることができる[48]．現代共同体主義者のマッキンタイアが彼の思想を，功利主義，自由至上主義，社会契約主義を含む現代リベラリズムの総体に対する批判として提起した際，批判の対象を「失敗した啓蒙主義の企て」と呼んだことが想起されよう[49]．しかし，人類は今日になってはじめて啓蒙主義の失敗に気づいたのではなく，すでにロマン主義が認識論・存在論・価値論の全領域を挙げて，啓蒙主義に叛旗を翻したのである．

ロマン主義とドイツ観念論——2つの反啓蒙

　チャールズ・テイラーは，彼のヘーゲル研究において，啓蒙主義における分析的・原子論的人間観に対する批判として，2つの反啓蒙の動向を区別し，ロマン主義とドイツ観念論との関連について示唆的な議論を提供している[50]．彼によれば，1つの動向は，啓蒙主義が人間を利己的な欲望充足の主体としてとらえることによって全幅的な人間像の分断を図ることへの反撥であり，それに代わって，芸術作品に見られるように，生き生きとした人格および生命の統一性を表現することが主張された．もう1つの動向は，啓蒙主義が人間本性を客観化することによってそれを自然現象のように因果的に扱うこと

への反撥であり，それに代わって，カント的な理性の命令に基づく道徳的自由が主張された．

テイラーはこの2つの反啓蒙の動向を「全人格的統一と理性的自律」という対句にまとめている．前者はロマン主義の主張であり，後者はドイツ観念論の主張である．両者は反啓蒙の主張において共通するが，両者の間の関係は緊張と矛盾をはらんでいる．ロマン派における全人格的存在としての人間の欲求・感情・直観の要求と，純粋理性に起源を持つ精神性の要求とは分裂せざるをえないからである．ロマン主義とドイツ観念論は，それぞれの軸足を芸術と哲学に置きつつも，ともに「全人格的統一と理性的自律」の綜合の試みに挑戦した．そして綜合の問題意識は，自然の創造力と思惟の創造力とを同一化することに求められた．テイラーによれば，この試みを完成したのがヘーゲルである．われわれは上述のように（本章第1節），ロマン主義とドイツ観念論に加えて，反啓蒙の第3の立場として「歴史の多元性」を主張する歴史主義を想定している．この立場もヘーゲルと無関係ではなかろう．ドイツ観念論の時代は，カントからヘーゲルまでの時代全体（1770年代から1840年代まで）を指すものとされている[51]．

3 ドイツ観念論

カントの「コペルニクス的転回」

ドイツ観念論はカントの批判哲学から始まる．カントが『純粋理性批判』において取り組んだ課題は，理性の権威を擁護するために，その限界を明らかにすることであって，認識の構造を確定することを通じて，啓蒙における経験と論理，あるいは感性と悟性とを統合することであった[52]．

カントは分析的と綜合的との区別を導入する．分析判断は，主語概念の分析によってアプリオリに（すなわち，経験から独立に）導かれるが，主語に含まれるもの以上のものを加えない．綜合判断は，主語に含まれていない述語概念を主語と結合することによって，知識を拡張する．経験の世界における事象の観察は偶然的なものであって，必然性や普遍性を主張しえないが，

総合判断を可能にする．一方，アプリオリな数学的真理は分析判断であって，それに基づく論理的演繹は経験に依存せず，普遍的に妥当するが，新しい認識を可能にしない．総合判断であってしかも必然性を持つ判断は，アプリオリな総合判断でなければならない．そこでカントは「アプリオリな総合判断はいかにして可能か」を問うたのである．

カントの答えは，彼みずからが「コペルニクス的転回」と呼んだものによって与えられた．常識的には，正しい認識は客観的に存在する対象に従わなければならないと考えられるが，カントの主張は，逆に対象がわれわれの認識に従わなければならないというものである．対象が主観の側の認識に従うということは，対象についての認識が成立するためのアプリオリな直観の形式（時間および空間）や，対象についての悟性の働きを表すカテゴリー（量・質・関係・様相）によって，感性的直観における多様で無秩序な経験的データを整序化するということである．具体的な質料を伴った対象は，人間が持つ感性の直観形式と悟性の概念形式の枠組みを通してのみ，現象として現れるのであって，対象そのもの（物自体）としてではない．したがって，現象についての認識は客観的妥当性を主張しうるものとなる．カントはこの考え方を「超越論的観念論」と名づけた．

彼は「諸対象に専念するというよりも，むしろ諸対象についてのわれわれの認識の仕方に —— この認識の仕方がアプリオリに可能であるべき限りにおいて —— 一般に専念するすべての認識を，私は超越論的（transzendental）と呼ぶ」と定義している[53]．いいかえれば，ある認識が「超越論的」であるということは，それが経験に先行することによって，経験認識を可能にするメタ条件を与えるということを意味する．この考え方によれば，経験のあらゆる対象は，われわれに対して対象として現れるための条件であるアプリオリな諸概念に必然的に従わなければならない．すなわち，主観のアプリオリな認識形式の存在によって，アプリオリな総合判断が可能となる．

要するに，感性によって与えられる経験的データの認識は，悟性によって課せられるアプリオリな主観的条件の枠組みの下で成立し，そのことによって認識は真または偽の客観的妥当性を持つ．その意味で，カントの議論は超越論的には観念論であるが，経験論的には実在論である．感性の「受容性」

と悟性の「自発性」とが結合する．認識と認識対象の成立との同時性によって，認識と対象との一致が保証される．「超越論的観念論」の意義は，秩序を持った世界が神によって創造されたものとしてすでにそこに存在すると考えるのではなく，人間自身が混沌とした世界を整序化し，信頼しうる知を確立するためには，どのようなアプリオリな思考のルールを設定しなければならないかを考えることにある．

物自体と構想力

　以上は，カントの議論のきわめてラフな要約にすぎないが，ここでは議論の骨格を知ることにとどめ，2つの問題点に注目することによって，われわれ自身の議論を進めたい．

　第1．カントにおいて，感性と悟性との「合一」によって現象の認識が成立するという場合，取り残された「物自体」はどのように扱われるのであろうか．現象から区別された物自体だけでなく，もともと経験的に認識しえないことがら（神の存在，人間の自由，霊魂の不滅など）については，カントが超越論的仮象と呼んだ領域が広がる．彼の超越論的観念論は，悟性の使用を経験の範囲に限ることによって，理論的知の範囲を確定するものであって，感性を要件とする認識の対象となりえないものは排除された．この範囲を超えて，仮想的・理念的なものを感性と悟性の働きによって説明しようとすることは知の越権行為であり，そこで得られるものは知の仮象にすぎない．

　価値理念は知的な認識の対象ではないが，人間に行為の規範を与えるものであって，意志としての理性すなわち実践理性の対象となる．カントは物自体を理論的に認識することはできないが，実践的に道徳意識を基礎にして，物自体の世界に属する自由の存在を確信することはできると考えた．彼の『道徳の形而上学の基礎づけ』や『実践理性批判』は，物自体の世界について，いわば実践的な形而上学を展開したものである．

　こうして経験的認識が成立する現象界と道徳的実践が支配する叡智界とが並立する．しかし，両者は無関係ではあるまい．カントの『判断力批判』は2つの世界を媒介する試みであった．もし現象界が合目的性を持つと仮定することができるならば，叡智界における目的理念が現象界において実現され

ると考えることができる．カントは経験的現象の世界と超経験的物自体の世界とを区別しながらも，両者を目的論的に媒介することを考えた．かくして『純粋理性批判』における超越論的観念論，『実践理性批判』における実践的形而上学，そして『判断力批判』における目的論的形而上学が展開された．しかし，現象と物自体との区別，および主観と客観の二元論は，カントについての解釈と批判を左右する論点となり，カント以後のドイツ観念論の主要テーマとなった．物自体に代わって自我自体という概念が導入されたことは，観念論の展開を象徴することがらである．

第2．カントは『純粋理性批判』の第1版では，認識の成立に当って，感性と悟性という2つの異なったものが1つのものになるためには，「構想力」（Einbildungskraft）の超越論的機能の媒介が必要であると述べた．すなわち，人間の認識の2つの幹として感性と悟性があり，これらの幹はおそらくは1つの共通の隠された根としての構想力から発しているという．構想力は悟性ではなく，受容的かつ自発的な能力であって，直観を綜合する根源的な働きを持つ．この主観的綜合に対して，概念や規則（カテゴリー）を通じて必然的連関性を与えるものが悟性としての超越論的「統覚」（Apperzeption）である．しかし，第2版では，「感性・構想力・悟性」という三元論は放棄され，綜合は悟性の側における「統覚」の働きによって行われるという「感性・悟性」の二元論に変わった[54]．あるいは，「統覚」に基づく悟性の一元論に変わったといわれる場合もある[55]．また，この点についての第1版と第2版との相違は，単に叙述の仕方の変更にすぎないという解釈もあろう[56]．

しかし，カント以後のドイツ観念論において，構想力の概念は，自我の優位性とその生産的自発性を基礎づける不可欠の装置として展開された．さらに20世紀に入って，ハイデガーは，カントの『純粋理性批判』を形而上学（存在論）の基礎づけの試みとして解釈し，その際，カントが感性と悟性の存在論的綜合の可能性に関して，構想力の中心的な役割を示唆したにもかかわらず，その第2版において，結局その考えを放棄したことを重大な欠陥とみなした[57]．ハイデガーは，超越論的構想力を時間の文脈における現存在（人間）の重要な契機と考えたからである．感性と悟性との関係において構想力をどのように扱うかという問題は，実は現象の背後にある物自体をど

ように扱うかという先の問題と裏腹の関係にある．もし構想力の観念を復活することができるならば，カントの客観から主観への「コペルニクス的転回」はいっそう根源的なものとして理解することができよう．

ハイデガーの存在論については第4章で扱うことにするので，ここではわれわれの議論の出発点となったシュンペーターのヴィジョン論と構想力との関係に触れておきたい．もしカントが知の認識において，現象を生み出す根源的な力としての構想力という要素をとらえながら，悟性による感性の包摂という次元に後退したとすれば，それは，あたかも論理実証主義的な考え方が理論モデルの構築におけるヴィジョンの先行的役割を度外視して，論理と経験との合致のみによって理論モデルの成立を論ずることに相当するであろう．しかし，感性および悟性以外に，主観的意識における構想力という第3の要素に注目することは重要である．カントによれば，「構想力は，対象をその対象が現在していない場合にも直観において表象する能力である．」[58] シュンペーターはヴィジョンと理論モデルを対置した際，認識の成立に関する超越論的議論には立ち入っていないが，論理実証主義における考え方とは異なって，彼の言うヴィジョンは，単に感性の側における「受容的」な直観ではなく，前理論の段階における精神の「受容的」かつ「自発的」な能力である構想力に発するものと理解することができる．

フィヒテ

ポスト・カント哲学としてのドイツ観念論の巨匠は，通常，フィヒテ，シェリング，ヘーゲルとみなされている．最近の研究によれば，カントからヘーゲルへという単線的な系譜，すなわちカントの超越論的観念論，フィヒテの主観的観念論，シェリングの客観的観念論，ヘーゲルの絶対的観念論という系譜の立て方には疑問が提出されている．ドイツ観念論の思潮の中には，もっと多くの学者ともっと複雑な展開が含まれているからである．しかし，ここではドイツ観念論の詳細な研究が目的ではなく，その鳥瞰図を描くことだけで十分である．

フィヒテ（1762-1814年）は，カントの観念論の立場を承認しながらも，カントを超えることによって，人間の意志の自由を追求するというカントの

観念論プロジェクトの完成を目指した．彼の業績は「知識学」（Wissenschaftslehre）としての哲学であって，その主著は『全知識学の基礎』（1794年）である[59]．カントの「コペルニクス的転回」にもかかわらず，そこでは依然として主観と客観との対立構造が二元的に維持されている．カントにおいて「物自体」は現象の根拠として考えられていたが，人間の知はそれには立ち入りえないとされた．フィヒテは「物自体」の観念を放棄し，すべての実在性を自我ないし「自我自体」に帰属させる．自我は所与の事実ではなく，自由な能動的活動の主体であると同時に，活動の所産として獲得される事実である．その意味で，活動（Handlung）とその事実（Tat）との同一性を表すために，自我を「事行」（Tathandlung）という言葉によって特徴づけ，これを自我の自己定立＝自己の存在としてとらえ，存在論および認識論哲学の第1原理（絶対的自我）とした．自由な自己定立の原理は，客観的現象の超越論的説明の基礎を与えるものと考えられた．今日の言葉で言えば，フィヒテは自我による知の基礎づけ主義を企図したのである．

　カントは理論理性と実践理性とを単に並列させるのみであって，両者を媒介するものと考えられた判断力は，実は観念的な目的論の構想に他ならなかった．フィヒテは理論的自我と実践的自我とを直接に対置させ，理論的自我は自我を取り巻く外的な対象世界（すなわち，非我）によって受動的に制約されるのに対して，実践的自我は非我を能動的に制約し支配するという対立関係を設定する．理論的自我が受動的であるというのは，対象が自我の働きを阻害し制約するものとして成立しているからである．そして理論的自我は実践的自我に従属するものとみなされ，実践的自我の優位による知の統一的把握が図られる．自我と非我との間の「交互的な規定関係」を含む逐次的な過程の中で，事実上有限である実践的自我は，道徳的価値実現の生活において，客観によるあらゆる限定を克服し，無限の絶対的自我を実現するように「努力」すべきであって，ここに理念としての「絶対的自我」の概念が提起される．このような概念的組み立てによって，フィヒテは対象的世界との関わりにおける能動的自我と受動的自我とのディレンマを解消し，主観と客観との二元論を解決することを意図した．道徳的完成にとって最も重要な条件は共同体であって，ここから彼の社会理論が展開される．

先に述べたように，ロマン派のシュレーゲルやノヴァーリスは，フィヒテにおける知の第1原理としての絶対的自我の地位を否定した．彼らはフィヒテの「交互的な規定関係」の概念を継承しながらも，それを基礎づけ主義としてではなく，整合主義として解釈する立場をとった．ロマン派にとっては，自我と非我との間の相互規定の無限進行過程において，自我が究極的に優位するというのは，仮説的ないし独断的な命題にすぎなかった．

このようなフィヒテの立場は主観的観念論ないし倫理的観念論と呼ばれる．バートランド・ラッセルのようなイギリス人から見れば，フィヒテは次のように評される．「カントの直接の後継者であったフィヒテは物自体を放棄して，ほとんど一種の狂気を含むかに見えるまでに主観主義を押し進めた．彼の主張は，自我というものが唯一の究極的な実在であり，それが存在する理由は，自我がみずからを措定するからである，というものであった．」[60] しかし，われわれはフィヒテの議論の中に十分にまともなものを見出すことができる．フィヒテは，自我について絶対的自我という道徳的理念を志向しながら，自我と非我，あるいは個人と社会との緊張対立関係の中で現実世界の認識と実践を基礎づけようとしたのである．われわれはここにドイツ観念論における価値論・存在論・認識論のヒエラルキーを見出すことができる．しかし，認識論として見る限り，フィヒテの知識学は自我を第1原理とみなす基礎づけ主義に立つ点で，ロマン主義者からの批判を避けることはできなかった．

フィヒテの思想は，その生涯の後期には，自我を中心とする倫理的観念論から絶対者の哲学にまで進んだ．彼は知の根源として主観と客観，思惟と対象の対立を超えて，それらの根底に精神的絶対者の存在を想定した．後期フィヒテの知識学は次のようなものである[61]．個別の経験的知を知たらしめる「知そのもの」を「絶対知」と呼ぶ．そして絶対知の構造を分析することによって，その根底に見出される「絶対者」の2つの特性，すなわち知における「自由と存在」の2つの原理を統一することが問題の焦点となる．「自由と存在」という論点は，「直観と思惟」，「動的形成と静的存在」，「観念論と実在論」といった対比によって説明される．かくして絶対知は自己の存在と非存在との間を動揺するという．絶対者とは，知の絶対的根源としての自我

の自覚であって,絶対者に向かっては道徳的な無限の接近のみが可能である.そして自我の自覚とは,知的直観によって自我が自己を絶対者の映像として自覚することである[62].

シェリング

カントの超越論的観念論を極度に主観化したフィヒテの主観的観念論は,シェリングにおいて逆に客観化の方向に転回する.客観化といっても,自然科学的世界観を描くわけではない.シェリングはフィヒテにはない「自然哲学」——主観的哲学に対する客観的哲学——を構想した.自然の秩序は自我の精神活動にのみ帰せられるのではなく,自然自身が理性と秩序を持つことが認められなければならない.シェリングの自然哲学は,人間の意識の外にある客観を自然自身の展開としてとらえた上で,自我と自然の双方の根底にある「絶対者」によって経験的世界の統一的基礎づけを図るのである.

フィヒテにおいては,絶対的自我は一方的に有限の自我の根底にあって,自我と非我との間の緊張対立関係を克服するために実現されるべき理念と考えられた.これは宇宙の重心を自我に置くという一方的な偏りを持つ.それに対して,シェリングにおける「絶対者」は,精神と自然,自我と非我の両者の根底においてそれらを成立させている.精神と自然は,絶対者が自己を表現する普遍的過程の2つの領域であって,絶対者は人間をも含む有機体としての自然を構成するとみなされる[63].

シェリングの自然哲学の思想は,カント二元論のロマン主義的解決策として,シュレーゲル,ノヴァーリス,ヘーゲルらによって共有された.有機体的自然概念は,ロマン主義思想の1つの構成因であって,次の3つの基礎命題からなる[64].第1に,自然の中には,単一の普遍的な実体があり,これが絶対者である.第2に,絶対者は生命力(活動力)からなり,主観でも客観でもなく,両者の統一である.第3に,自然の有機体的構造のゆえに,自然はそれ自身に内在する目的・計画・設計に従う.

シェリングの自然哲学において2つの領域として併存していた精神と自然,主観と客観は,やがて無差別の根源的同一性によって統合されることになる[65].精神と自然は,絶対者の観点から見れば本質的に異なるものではなく,

観念的な対立を構成するにすぎない．彼の有名な言葉によると，「自然は目に見える精神であり，精神は目に見えない自然である．」[66] かくして，絶対者を通じて，超越論的哲学と自然哲学とが同一のものとして統合される．このことから彼の哲学は「同一哲学」(Identitätsphilosophie) と名づけられた．フィヒテにおいては，絶対者は倫理的努力の目標であったが，シェリングにおいては，絶対者による意識と無意識との同一性は，知的直観および美的直観によってとらえられる．このような直観はシェリングにおいては同一の構想力であって，彼の理論は客観的観念論とも審美的観念論とも呼ばれる．また芸術哲学を含んだ自然観は，自然は精神的なものによって支配された生命体であるというロマン主義の観念を継承している．

　ヘルダリーンは哲学者というよりも，ロマン派の詩人であったが，フィヒテ批判を通じてシェリングやヘーゲルへの道を開いた．彼は主観と客観との同一性を，両者を構成する根源的な全体としての「存在」に基礎を置くものとして把握した[67]．精神と自然，意識と無意識との分離に先行する統一的「存在」という思想は，審美的直観を通じて到達される無限性を持った目標である．シェリングにおいても，哲学は意識的思惟によっては絶対者をとらえることはできず，芸術のみが意識と無意識との相互作用を作品の中に表現することができると考えられた．思惟は，絶対者が失われた理論知の領域においてしか働かないからである．

ヘーゲル

　ヘーゲル（1770-1831年）は，いわばフィヒテとシェリングを総合する形で独自の体系を構築した．3者の位置関係は，基礎づけ主義をめぐる問題として説明することができる[68]．ヘーゲルは，フィヒテとシェリングの体系を比較した際，一方で，フィヒテは「主観的な主観・客観」の概念を同一性の原理として提出したが，他方で，シェリングは「客観的な主観・客観」の概念を同一性の原理として提出したものとみなした[69]．両者は対立する主観と客観の一方を否定し，他方を絶対的なものに高めるものであって，依然として対立を残している．しかも絶対的な同一性を体系全体の究極的な基礎と考えることは，それを自明の自己正当性を持つものとして位置づけ，他の一

切の知をこれによって基礎づけるという基礎づけ主義の認識論を意味する．反基礎づけ主義という点で，ヘーゲルはロマン主義者と共通する．

　ヘーゲルによれば，フィヒテの「主観的な主観・客観」とシェリングの「客観的な主観・客観」とは，ともに議論の出発点において絶対者として独断的に想定されているにすぎない．ヘーゲルは知における否定・分裂・対立・矛盾を通ずる弁証法的運動こそが，真理としての絶対者を獲得する力であると考える．ここでは，啓蒙思想が想定する完成された静態的秩序とは異なる発想がとられている．彼は，シェリングの同一哲学について，シェリングの絶対者はいわば暗闇のようなものであって，その中ではどんな牛も同じように黒く見えてしまうのだと揶揄の言葉を吐き，その概念の静態性と無媒介性を批判した[70]．

　ロマン派の人々が，知の正当化の根拠としての第 1 原理を否定し，詩的直観を通ずる無限なものへの憧憬に徹したのに対し，ヘーゲルは，彼らが外的世界を忌避して自我の内面に沈潜していくことに批判の矢を向けた[71]．彼は絶対者の概念を換骨奪胎し，精神としての絶対者，すなわち絶対知は，意識が「発見の旅」という長い歴史過程の中で自己展開することによって，結果的に究極的実在になると考えた．『精神現象学』（1807 年）はこの過程を論理的に叙述したものであって，直接的な意識がさまざまな契機（社会，歴史，文学，道徳，宗教，哲学など）と関連しつつ，知的確信を求めて自己完成に向かう過程の中で，意識，自己意識，理性，精神，宗教といった形で変容し，分裂や対立や矛盾を弁証法を通じて同一性に変換し，知の終点である絶対知に到達すると論ずる．そこに学問の世界が開かれる．ヘーゲルのいう精神現象学とは，「意識の経験の学」と規定される．絶対者は有限者から無関係に固定して存在するのでなく，有限者における意識の変化を通じて自己実現をするという．こうしてヘーゲルは，体系的・絶対的知の懐疑者であるロマン主義者から決別する．

　ヘーゲルは，あらゆる形態の現実——自然，精神，芸術，宗教，学問，歴史，法，道徳，社会，国家など——を理性という単一の原理によって，統一的かつ体系的に説明することを意図した．そして「理性的なものは現実的であり，現実的なものは理性的である」という命題を主張した[72]．「理性的」

とは万物を貫く存在の原理であり,「現実的」とは本質と現象とが統一されたものを意味する.

ヘーゲルの社会思想の中核は,世界の歴史は理性の自己実現としての自由の意識の進歩であるというものであった.彼はカントに従って,人間は理性に基づいて行動するとき自由であると考えたが,カントの定言命法の道徳哲学を抽象的・形式的であると批判し,人間の普遍的な合理性と特定の共同体において形成される人間の倫理性との総合が必要であると論じた.そのような総合によって,個々人の自己実現と共同体の福祉とが一致する社会が実現される.このような共同体社会における間主観性は,歴史の中で経験に根ざした精神の自己展開として実現されるという.理性と歴史と共同体がキーワードである.

要約——ヘーゲルの意義

カント以後,ドイツ観念論は何をライトモティーフとして展開されたのであろうか.その焦点は啓蒙主義のパラダイム——主観と客観との分離,客観への理性的接近,そして客観の主観に対する優位——に対して疑問を提起し,逆に観念の優位を哲学的に基礎づけることであった.カント批判哲学による主観と客観との間の「コペルニクス的転回」にもかかわらず,主観と客観,精神と自然,意識と無意識との間に生じた二元論を克服する努力が,ドイツ観念論の展開を生み,一連の反啓蒙の思想に哲学的背景を与えた.カントは啓蒙主義によって支えられた自然科学的世界観の下で,主観的作用による経験的認識の限界づけという慎ましい課題を提起したが,その後のドイツ観念論は主観の作用を著しく拡大し,ヘーゲルに至っては全宇宙を覆うものとなった.しかし,反啓蒙思想が精神科学や社会科学の領域において展開されるためには,19世紀後半の歴史主義を待たなければならなかった.

ヘーゲルは長い間極端な非難に晒されてきた.先に引用したラッセルを再び呼び出せば,彼は次のように書いている.「ヘーゲルの諸学説がほとんどすべて誤りであるとしても(そして私はそう信じているのだが),なお彼はある種の哲学——それは他の哲学者の場合には,整合性や包括性の程度が彼ほどには達していない——の最も優れた代表者として,ただ単に歴史的なも

のに終わらない重要性を保持している.」[73] ヘーゲルが無視できない存在であるのは，彼が20世紀の思想に広範な影響を与えたためである．実存主義，マルクス主義，プラグマティズム，現象学，分析哲学などは，肯定的であれ否定的であれ，ヘーゲルに対する反応として生み出されたのである[74]．1970年代以後，ヘーゲル・ルネサンスが勃興したと言われる．今日では，ヘーゲルは逆に，「分析哲学」の狭隘な立場に対して「大陸哲学」の展開を擁護する橋頭堡として維持されている．

　ヘーゲルがもたらした遺産として，われわれが強調したいのは彼の歴史主義への貢献である．彼はドイツ観念論の総括者として観念や理性の優位を徹底して論じたが，それを歴史的過程における理性の自己実現という歴史哲学の形にまとめ上げた．彼の壮大な知の体系化は，ドイツ観念論体系の完成と崩壊とを同時に意味するものであって，それに代わって歴史主義の台頭を導くものとなった．実証主義の高まりの中で，19世紀後半から20世紀初頭にかけて，歴史はもはやヘーゲルにおけるように観念論を完成するための形而上学的な基盤として用いられるのでなく，自然科学的世界観に対抗して，人文・社会・歴史科学の固有の性格を主張しつつ，実証主義的・経験主義的立場を確保するための拠点として重視されることになった．それが歴史主義である．以下で述べるように，ヘーゲルは歴史主義の展開においても重要な位置を占める．

4　歴史主義

マイネッケの定義——個性と発展

　啓蒙および反啓蒙の2群の思想系列は，それぞれの中に多様な側面を含んでいるために，対立の焦点をどこに置くかに応じて，異なった議論を必要とするであろう．たとえば，実証主義対理念主義という対立は，自然主義対歴史主義という対立と一致するものではない．自然主義の中で実証的ニュートン主義と理念的デカルト主義とが区別されるし，また歴史主義の中にも歴史による実証を重視するランケ的な立場と，歴史における観念の実現を重視す

るヘーゲル的な立場とがあるからである．したがってただ1つの座標軸ないしメルクマールによって思想群を区別することはできない．

たしかに，啓蒙は因習的な思考形式や世俗的権威に反対して，人間理性への信念を強調し，反啓蒙はそのような理性の支配に対する挑戦を企てたと一応述べることはできるけれども，理性そのものの概念や理性の適用領域や適用方法の違いに応じて，異なった——ときには対立的な——思考体系が生まれるのである．歴史主義はロマン主義と並んで，成立の起源において反啓蒙に属する思想である．

マイネッケ（1862-1954年）は歴史主義の成立期の研究において，歴史主義の「二本柱」を「個性化的思考法」および「発展的思考法」と定義し，啓蒙主義における「一般化的思考法」および「完成的思考法」と対比した[75]．「個別性と個別的発展とは，われわれが固有の意味で歴史主義と呼び，ランケの業績において頂点に達した歴史叙述の，対立しつつ再び融合する2つの根本概念に他ならない．」[76] 個別的なものは無限のものの現れであり，発展においてのみ自己発現すると考えることによって，「個性化的思考法」と「発展的思考法」とが結びつけられているといえるが，この2つの概念だけで歴史主義の構造が表現されるわけではない．われわれはこの定義を判断のベンチマークとして利用し，以下で必要な修正を加えたい．

歴史主義の先駆者——ヴィーコとヘルダー

18世紀前半に活躍したジャンバティスタ・ヴィーコは，間違いなく歴史主義の先駆者として数えられる．彼はデカルトの合理主義哲学に対して本格的な挑戦を企てた人物である．バーリンは反啓蒙思想研究の中で，ヴィーコの特徴的な考え方を次の7つの命題にまとめている[77]．順序や説明を再構成して示せば，次のとおりである．

(1) 人間本性は静態的・不変的なものではない．世界を理解し改変しようとする人間の努力が，歴史の中で人間自身を変化させる．（人間の可変性・多様性）

(2) 外部的自然世界の観察者はその法則的規則性を知ることができるが，事象を内部から理解することはできない．それに対して，人間はみずからの

歴史的世界を作るのだから,その世界の法則を蓋然的な形ではあるが,内部から自己理解することができる.真なるものと作られたものとは同値である.(歴史の内面的自己理解)

(3) 人間の創造したもの——思想・芸術・法律・制度・宗教・言語・慣習など——は,人々の自己表現およびコミュニケーションの形式である.したがって,それらの歴史を理解するためには,彼らの心の諸形態に入っていくことが必要である.(人間精神に基づく歴史の内面的理解)

(4) 1つの社会の諸側面ないし諸活動は,全体として1つの統一的なパターンやスタイルを表現しており,1つの文化を構成する.文化は,人間共同体の普遍的な目標を達成するためのさまざまな生き方の集約的な様式である.文化の歴史的発展は,目的・動機・意志・決断・懐疑・思惑・希望・危惧などを含む人間の目標志向活動に照らしてのみ説明される.(全体としての社会の統一的発展)

(5) 社会事象の歴史を対象とする「新しい学問」は,一般的・普遍的な基準を尺度とするのではなく,それぞれの時代にそくした象徴記号の体系によって展開されるべきである.(歴史的知の相対性)

(6) したがって,歴史の理解に当っては,先験的・演繹的知識および帰納的・経験的知識に加えて,過去を再構成する想像力を用いなければならない.想像力は,社会の変化・成長と,それを表現する象徴体系の平行的な変化・発展とを関連づける方法である.(「精神と社会」の平行的・相互依存的発展)

(7) かくして,自然科学と文化・歴史・精神科学とは,方法論的に明確に一線を画しており,前者のパラダイムを後者に適用することはできない.(自然科学と文化科学との相違)

これらの命題は相互に関連し合って,歴史主義のいくつかの本質的要素を形成するものと考えられる.これらは,上掲のマイネッケの圧縮された定義を敷衍し,補完する役割を果たしている.ヴィーコが言うように,歴史主義が人間精神の可変性から出発すること,人間の心的状態の総体性が社会の統一性と対応すること,そして「精神と社会」の変化は相互依存関係にあること,一般法則や類型の追求をやめるのではなく,個別性への感覚と融合すべ

きであることなどが，マイネッケの定義の背景にある一連の命題として理解されなければならない．とりわけ，歴史的文脈に現れる「個性」や「発展」の現象に対応して，主体の側における「生」の多元性と可変性が強調されなければならない．歴史的知への関心は躍動する多面的・総体的「生」への関心に基づいている．マイネッケはそのことを忘れているわけではない．彼は次のように述べている．「歴史主義とは，ライプニッツからゲーテの死に至るまでの大規模なドイツの運動の中で得られた新しい生の原理を，歴史的生の上に適用することである．」[78] 歴史的客体に見出される「個性」と「発展」とは，歴史の上に刻印された多様な「生」の特質とみなされなければならない．

ヴィーコの『新しい学』（1725年）は，自然科学とは違って，多元性を持った人間本性の想定を要求する．ここに，自然科学と社会科学との対比という19世紀科学哲学のテーマが先駆的に提起されたのである．社会科学においては，全幅的な「人間精神」に基づき，感情や思考や意志に照らして，歴史の個別性を内面的に理解することが可能になる．1つの歴史的社会の「個性」は，社会のさまざまな構成要因間の相互作用によって生み出される統一的なパターンによって表される．そして変化する人間精神と，変化する社会パターンとの間の平行的な「発展」が成立する．歴史は機械的な因果関係によって進行するのではなく，人間の目的追求の発展段階として展開する．人間本性は一定不変の属性を維持するのでなく，新たに獲得された知を基礎にして，歴史の流れの中でみずからの観点や動機の変換を経験する．

これらはヴィジョンにすぎない．しかし，ヴィーコは人間・社会・歴史に関する知識を学問として確立することを明確に主張した最初の人物であった．しかもその学問のあり方は，デカルト的合理主義，啓蒙主義，論理実証主義などが鼓吹する形の学問とは違った方向を指し示すものであった．ヴィーコの『新しい学』の中の次の文章は，「精神と社会」の学としての人文・社会科学がたえず回帰すべき知の原点を表している．

　「はるか古の原始古代を蔽っているあの濃い夜の暗闇の中には，消えることのない永遠の光が輝いている．それは何人たりとも疑うことのできない真理の光である．すなわち，この社会は確実に人間によって作られ

たものであるから，その原理はわれわれの人間精神そのものの変化態様の中に求めることができ，またそうでなくてはならない．」[79]

これは特異な方法論的見解である．ヴィーコによれば，人間が作ったものの中で，常に真理を主張しうるものは，数学および数学的モデルにおける演繹的諸命題である．しかし，それは事実についての知識を与えるものではない．外部的自然世界は神が作ったものであり，神によってしか理解することはできない．人間が構築した自然科学は自然世界の外面を観察するのみであって，内面的理解には到達しえない．しかし，人間が作った歴史的世界については，内側から理解することができる．歴史的考察は，人間の営みを超えた諸力の作用をも対象とせざるをえないから，内側からの理解という真理基準によれば，数学的・演繹的知識の確実さと，自然的世界についての帰納的知識の確実さとの中間に位置するものであろう．自然的および歴史的対象についての知識が確からしく見えるのは，実験とモデルといういずれも対象に類似した装置を人間が人工的に「作った」場合である．

バーリンはヴィーコのヴィジョンについて，第1に，自然的過程と違って，真なるものは作られたものであるという中世キリスト教に根ざした学説を人間の歴史に適用するという考え，および第2に，社会における生の全貌を網羅し，統一的に表現するという考えは，それまで誰も語ったことがなかったと評価した[80]．歴史主義は単に歴史上の事件が重要だと主張するのではなく，「精神と社会」との相互関連における歴史的変化と全体的統一とに注目するのであって，そのような歴史主義の視点が自然科学とは異なる精神科学の方法的基礎を与えることになったのである．

ヨハン・ゴットフリート・ヘルダー（1744-1803年）は，ヴィーコと並んで歴史主義の先駆者の1人とみなされている．歴史主義はドイツでの運動を通じてはじめて完成を見たのであって，マイネッケはメーザー，ヘルダー，ゲーテを初期歴史主義の完成者と位置づけている．ヘルダーはヴィーコが死んだ年に生まれ，18世紀の後半に活躍した．ヘルダーは，ヴィーコよりも広く読まれ，より大きな影響を及ぼしたという．バーリンはヘルダーについて，次の3点を彼の反啓蒙思想の独創的な命題とみなした[81]．

(1) 人間がその能力を十分に発揮するためには，構成員の間で固有の価値

観を共有する共同体に属する必要がある．具体的には，これは国民精神の鼓吹を意味するが，政治的ナショナリズムではなく，文化的アイデンティティの確認に他ならない．そして共同体の結合の環は言語である．言語は全幅的な人間性を通じて使われるものであり，共同体の成員を結びつける．

(2) 人間のさまざまな分野における創造活動は生のヴィジョンの表現であって，それを理解するためには，理性による部分的・機械的分析ではなく，歴史的洞察力と想像力を備えた芸術家的才能の感情移入によって，全体を内的統一性を持ったものとして把握することが必要である．人間は諸能力の全体的統一からなっており，能力の分離や断片化は許されない．ここに疎外されない全幅的人間という観念が生み出された．

(3) それぞれの時代の文明や文化は固有のものの見方，価値観，行動の規則を持っており，それらの理解のためには，絶対的・普遍的尺度ではなく，それ自身の尺度によらなければならない．歴史の中に現れた差異性や独自性や多様性こそが重要である．しかも，さまざまな文明や文化は，価値論的にも認識論的にも相互に比較し評価することを許さない．個々のものを比較評価する1つの普遍的理想は存在しないからである．それぞれの文化に内在する理想は，生のあり方に依存している．ここに相対主義ないし多元主義の理念が形成される．

このように，ヴィーコの場合と同じように，ヘルダーの場合にも，文化的・歴史的事象の多様性は，不断に変化し発展する人間に内在的な複合的属性と関連づけられている．ヴィーコとヘルダーを，バーリンのように単に反啓蒙主義者とみなすのではなく，歴史主義の先駆者とみなすことができるならば，2人の思想は「人間精神と社会現象」との間の平行関係というモラル・サイエンス特有の枠組みに対して，歴史主義的パラダイムを賦与したものといえるであろう．彼らは，啓蒙主義思想が抽象的な時間・空間の想定の下で，人間性における理性の優越的地位を主張し，それに基づいて社会認識と社会形成の方法を展開するというパラダイムの全体を攻撃の対象とした．歴史主義における共同体と人間性の把握は，ロマン主義がヘルダーの強い影響の下で，特定の共同体を基礎にした人間の全幅的精神の発揮を基本前提としていたことと共通する．しかし，歴史主義の視座がロマン主義のそれと比

べて様相を異にするのは，空想や憧憬の世界ではなく，現実の歴史の過程に刻印された人間活動の諸側面が全体としてどのようなパターンやスタイルやゲシュタルトを示すかに焦点が置かれたことである．社会的活動の諸側面は，歴史的過程の中で相互に依存し，影響し合うことによって統一像を生む．共同体は，「精神と社会」が相互作用を持つ際の特定化された制度的枠組みである．歴史主義は，自然法思想に基づく社会科学とは異なる社会科学の可能性を宣言するものであった．

　ヘルダーは主著『人類歴史哲学考』（1784-91年）において，宗教・芸術・社会・政治・経済・生物・思想などの諸学の対象を，1つの人間活動の諸局面として総合的・統一的にとらえようとした．彼の視野は，単に異なる時代の異なる社会の諸領域を覆うだけではない．「説明と正当化，原因と目的，記述と評価，事実と価値，理論と実践，知的判断と感情的帰依，思想と行動」[82]といった知の異質な諸局面を区別なしに覆うものであった．これは総合的社会科学への志向以外の何ものでもない．

　これをとらえるにはどうしたらよいか．バーリンは言う．

　　「これをとらえるには，ただ想像力を活用するのみであって，社会全体の生を感得し，その考え，語り，感ずる方式を身をもって感じ，身振りを目に浮かべ，声を聞き，刻々変化する気分や態度を辿り，その成員たちの浮き沈みを忠実に跡づける能力による他はない．」[83]

歴史主義的思想のこの萌芽的段階においては，全体としての社会像への接近は単に想像力によってしか得られないと考えられていた．この思考の路線上で解釈学や現象学が現れるまでには，さらに1世紀の時間を必要とした．逆に言えば，ヘルダーはディルタイなどに100年先んじていたのである．ヘルダーは東プロイセンのケーニヒスベルクの地にあって，あのラディカルな反啓蒙主義者ハーマンを師として持ち，すでに動き始めていた反啓蒙主義・歴史主義への転換の時代的雰囲気に恵まれていた．それにひきかえ，ヴィーコはそれよりもさらに半世紀前に，一世を風靡していたデカルト主義の支配に対して独力で戦いを挑み，歴史主義への道を開いたのである．カルロ・アントーニ（1896-1959年）はヴィーコの思想を「人文主義的歴史主義」，ヘルダーの思想を「ロマン主義的歴史主義」と名づけている[84]．

哲学の歴史化と歴史の哲学化――ヘーゲル

　歴史主義は，人間の制度・活動・思想の理解に当って，歴史的文脈が重要であるという主張であって，啓蒙主義の抽象的理性中心の考え方に対するアンティテーゼとして提起されたものである．このような大規模な思想的対決の結果として，歴史主義はいくつかの重要な論点を含むことになった．それはいろいろな具体的接近方法によって特徴づけられるが，最も大切なことはそれが一体何を目的としているかということである．

　歴史主義はこまごまとした歴史的事情を記録することを目的とするものではない．歴史主義は，分断化・断片化された生の理解に代わって，生き生きとした全幅的な生，すなわち個人・集団・社会の精神活動の総体を歴史の中でとらえることを目的とする．そこには，人間本性は一定不変ではなく，「精神と社会」は不可分の統一的有機体であるという基礎的観念がある．その把握のために，時間的・空間的に異なる伝統や風土を持った共同体という概念が不可欠となる．共同体という「制度的枠組み」を基礎にして，歴史主義は歴史的事象への「個性化的接近」および「発展的接近」を企てる．その結果，過去の諸時代もそれ自身の価値を持つものとして評価されると同時に，知の基準に関する多元性・個別性・可変性は相対主義と懐疑主義を招くことになる．

　これらのことは，上述のヴィーコとヘルダーの議論からすでに十分に理解することができる．しかし，歴史主義が19世紀後半において興隆を見るためには，ドイツ観念論の集大成を図ったヘーゲルを経由しなければならなかった．ヘーゲルは哲学そのものを歴史化したと言われる[85]．従来，知の原理としての哲学は，無時間的・非歴史的な方法に基づくものとみなされていたが，彼は歴史を哲学の方法として位置づけた．すなわち，哲学は純粋理性の産物ではなく，歴史的起源を持ち，歴史的文脈に置かれ，歴史的発展をするものとみなされた．『哲学史講義』(1817年) における「哲学の歴史の研究は哲学の研究そのものである」という有名なテーゼは，彼の歴史主義の立場を表明したものである[86]．そしてそのテーゼを説明するいっそう挑発的なテーゼは，「歴史における哲学体系の時間的順序は，理念の世界における概念

内容の論理的演繹の順序と同一である」というものである[87]．ヘーゲルの歴史的視点は，思想が単に特定の時代的文脈の中で展開されるという自明のことを意味するのではなく，思想の歴史は思想の自己発見の過程であって，思想は思想の歴史から本質的に不可分だと主張するのである．理念の世界における概念内容の論理的演繹は，理念の歴史的発展と同値であるとみなされた．論理の過程と歴史の過程とは，彼が『精神現象学』において意識の自己展開として扱った人間の自己形成の過程に他ならないからである．

ヘーゲルは哲学と関係の深い芸術と宗教についても歴史的考察を行い，『美学講義』(1835年)および『宗教哲学講義』(1832年)を書いた．哲学・芸術・宗教はいずれも絶対者の追求であり，哲学は思惟を通じて，芸術は直観を通じて，宗教は表象を通じてこれを行う．彼にとって，哲学は芸術と宗教の統一であって，これらの3分野における業績は，全体として「哲学の歴史化」を構成するものと言えよう．

ヘーゲルが「哲学の歴史化」を図ったと言うことができるならば，同時に彼は「歴史の哲学化」を図ったと言うことができよう．彼は「哲学・芸術・宗教の歴史」と並んで「歴史の哲学」を書いた．彼は『歴史哲学講義』(1837年)の中で，歴史の見方として「事実そのままの歴史」，「反省を加えた歴史」，および「哲学的な歴史」の3つを挙げ，「哲学的な歴史」は，与えられた歴史的存在に思考が従属するのでなく，思考によって歴史的存在を整序し構成するものであると述べている[88]．これは，歴史を思惟によっていかにして体系化するかという問題の提起である．

ヘーゲルにとって，哲学と歴史，いいかえれば現象学と歴史主義は，知の体系化のために統合されるべき壮大なテーマに他ならなかった．『精神現象学』の中で，発展する自己意識が最高の姿である絶対知に到達するのに対応して，『歴史哲学講義』で述べられた意識の時間的発展過程としての世界史では，歴史の究極的目的は人間の自由の実現であるとみなされている．彼は意識の現象学的追求の過程を自己発見の旅になぞらえたが，共同体秩序の中で，精神の本質としての自由が最終的に実現されると論じた．自由の確立が歴史の進歩の基準であった．

理念と制度

　このように外面的な歴史の背後に意識・理性・精神の哲学的歴史を読み取ろうとする場合，ヘーゲルは「目的論的思考」と「制度論的思考」を用意した．いずれも「有機体論」と結びついている．社会は有機体であるがゆえに，精神が担うべき歴史の目的を語ることができるし，それを実現するための制度機構を論じなければならない．「理念と制度」とが有効に結びついている．しかし，ヘーゲル体系における「目的論的思考」と「制度論的思考」の意義は異なっている．

　ヘーゲルの「目的論的思考」は，仮説的な思考方法ではなく，理性の目的論として哲学的に証明可能なものとして設定された．理性は，世界史に内在する弁証法的な必然性に従って自己展開するという．歴史の目的を実現する理性の働きは隠喩的に「理性の狡智」と呼ばれた．ヘーゲルがたびたび論難されてきたのは，この「目的論的思考」の形而上学的な観念性である．それは，言ってみれば，啓蒙主義の観念論的徹底であった．

　しかし，ヘーゲルが弁証法的発展を通じて，最終的に絶対精神の確立を論ずる過程の中に，ガダマーは重要な解釈学的契機を見出している．ガダマーは次のように述べた．「歴史的精神の本質は，過去の復元にあるのではなく，思惟によって現在の生との媒介を行うことである．ヘーゲルはこの立場を表明することによって，決定的な真理を述べている．」[89]

　他方，「制度論的思考」はヘーゲル体系の長所と言うべきであろう．「制度論的思考」を改めて論じたのが『法の哲学』(1821年) である．制度論なしには，ヘーゲルの議論は，しばしば批判されているように，単なる観念的な形而上学に終わるであろう．しかし，歴史的次元における「制度」は，一方で，「理念」を自由意志および時代精神として包括的に体現するものであり，他方で，家族・市民社会・国家などの「社会関係」を具体的に組織化するものである．「制度」は主観的「理念」に客観的保証性を賦与する．そして「制度」というものは，ものごとが変化し発展する長期的視野の下ではじめて，「理念」を客体化する枠組みとしての意義を持つのである．ヘーゲルにおいて，変化の動力を説明するものが弁証法に他ならない．

上で触れたように、マイネッケは歴史主義を「個性化的思考法」と「発展的思考法」とによって定義したが、歴史主義の明確な哲学的課題とそれに対する十分な哲学的基礎を示していない．たしかに発展過程は個別性の展開を可能にするが、それだけでは歴史記述の方法論にすぎず、極端な反理論の立場に陥りかねない．啓蒙主義に対抗する知の立場を主張するためには、歴史の個性的かつ理論的把握と体系化が必要である．ヘーゲルにおける「哲学の歴史化」と「歴史の哲学化」という二重の問題設定は、このような歴史主義の哲学的課題に答えようとするものであったと考えられる．この二重性を媒介するものとして、人倫的共同体という「制度」概念が提起された．「制度」は、その下での人々の動機や目的や憧憬といった「理念」を体現する客観的枠組みであって、一方で、個々の歴史事象を抽象化し類型化するための概念であり、他方で、依然として歴史的に相対的な概念である．

　啓蒙主義における理性の優越的地位にとっては、歴史は棄却・克服されるべき些細な現実に他ならなかった．啓蒙主義にとって、理性は肯定的概念であり、歴史は軽蔑的概念であった．したがって反啓蒙の思想は、一方で、理性の独占的地位を攻撃し、感情や直観や想像力の役割を認め、他方で、歴史の貶められた地位を回復することを目指した．主として前者の企てを担ったのがロマン主義であり、主として後者の企てに関わったのが歴史主義である．人間本性の多元性や可変性を例証するものが、他ならぬ文化の歴史過程であったから、2つの企ては重複する部分を持った．制度・共同体・類型を媒介項として、人間本性の多元的統一は歴史過程の多元的統一に反映されるからである．

　しかし、ヘーゲルは歴史の中に理性の支配を読み込み、ドイツ観念論の体系的拡張を図った．彼は歴史を重視し、自己否定的な弁証法に立ちながらも、結局において啓蒙主義的な進歩観に近づくことになった．ヘーゲル以後、人々は歴史主義について何を語ったのであろうか．19世紀の後半、歴史研究の現場は活況を呈した．ランケ（1795-1886年）、ドロイゼン（1808-84年）、ブルクハルト（1818-97年）、サヴィニー（1779-1861年）、ロッシャー（1817-94年）などが、歴史、美術、文化、宗教、政治、法律、経済などのさまざまな分野において、歴史研究を推進した．彼らの仕事は、歴史に

おける文化的事象の個別性の追求を目指したものであって，歴史主義はヘーゲル的理念主義からランケ的実証主義の方向に大きく舵を切った[90]．われわれの問題はこれらの傾向に対する哲学の対応であって，ここでは個別の歴史研究の業績に立ち入ることはせず，歴史主義の哲学的問題点の展開をとらえることにしたい．

歴史的理性批判——ディルタイ

　自然主義と対置された歴史主義の思想は，一方で，歴史学において実証的な歴史記述の作業手続きを通じて推進され，他方で，哲学において文化事象の理解に関する世界観として展開されたが，自然科学と対比されるべき歴史科学の方法論ないし認識論はいまだ考察の対象とならなかった．上述のシュネーデルバッハの3分類で言えば，第1種（方法）と第3種（世界観）の歴史主義概念は示されたが，第2種（方法論）の概念は，いまだヴィーコやヘルダーのレベルを超えて研究のテーマとはならなかった．この問題に対する取り組みはディルタイによって提起された．

　ディルタイの業績については，すでに第1章でその要点を論じた．彼の精神科学の方法は，「思惟・感情・意志」からなる心理学的構造連関と，「体験・表現・理解」からなる社会的構造連関との関係を問うことからなる．人間の精神活動の所産は，生の「体験」が客体化された「表現」として「理解」の対象となる．「理解」とは，客体化された精神世界における「表現」の産出を，「体験」を通じて間主観的に把握することである．生の「体験」は，人間の全幅的な精神能力（「思惟・感情・意志」）に基づくものであり，その外形的な「表現」は歴史的素材となって与えられる．ディルタイの方法は，心的生の構造連関の自者・他者間の認識に照らして，歴史的・社会的現実の作用連関を「理解」するというものであって，言いかえれば，精神科学は「精神と社会」との間の関係の解釈学である．先に見たように，ヴィーコは，人間が作ったものは，人間精神に基づく内面的理解が可能であると論じたが，これは歴史主義への解釈学的接近の先駆であった．ディルタイは認識論的基礎を持たない歴史主義が相対主義に陥ることを危惧し，その基礎づけに挑戦したのである．そして彼の視点は，ヘーゲルの観念論とコントの実証

主義との両極端を避けるものであったと言うことができる[91]．

　ディルタイのアプローチを特徴づけるものとして，「歴史的理性批判」という彼自身が選んだ言葉を使うのが適当であろう．その意味は，カントの「純粋理性批判」が普遍的な理性を前提として，数学や物理学といった学問の基礎づけを図ったのに対し，歴史の中に現れる全幅的人間本性の発動を前提として，歴史的に制約された知（精神科学）の基礎づけを試みるというものである．ディルタイは研究の出発点において，次のように宣言した．

　　「ロックやヒュームやカントによって構築された認識主体の血管には，本物の血液ではなく，単なる思考活動としての理性という希薄な液体が流れているにすぎない．……私は全幅的人間への歴史的および心理的接近を通じて，知識およびその諸概念（たとえば，外的世界，時間，実体，原因）を，意志と感情と思惟を持つ人間の多様な力によって説明するという方法をとった．」[92]

「思惟・感情・意志」によって表される心的生は包括的な統一体であり，これが意識の統一，さらに人格の統一を導いている．この心的生の包括的構造に照らして，自然科学における「説明」と，精神科学における「理解」とが区別される．ディルタイは次のように書いている．

　　「われわれは純粋に知的な過程を通じて説明し，把握作用における心的能力の協同を通じて理解する．理解においては，われわれは生き生きと与えられた全体的連関から出発するが，それはこの連関から個々のものを把握するためである．」[93]（傍点は引用者による）

　説明と理解との区別は，心的生の構造における理性的部分を基礎とするか，全体を基礎とするかの相違に基づいており，しかも理解は「解釈学的循環」を前提としており，この区別は単なる言葉の遊びではない．

　マイネッケは歴史主義の本質的な特徴として「個性」と「発展」の重視を挙げたが，ディルタイの心的生の構造に基づくアプローチは，両者の結合を基礎づけるものとして注目すべきである．「個性は生得的なものではなく，発達においてはじめて形成される．」[94] これは心理学的な命題であるが，解釈学では，これが個別の精神科学の対象である客体的な文化の理解に投影される．発展のプロセスにおいては，一方で，生の構造の無限の組み合わせを

経由することによって，異なった個体性が生み出され，他方で，その規則的な組み合わせを通ずることによって，類型が形成される．精神科学の基礎づけとして考えられたディルタイの心理学は，(1) 人間の一般的な同型性を扱う「記述的心理学」と，(2) 同型性から個性化への過程を類型的に扱う「比較心理学」とからなる．「類型」の概念は，個別の精神諸科学におけるさまざまな人間類型を導く．

ここでの問題は，啓蒙主義に対する反啓蒙主義思想の展開という流れの中で，ディルタイの位置を評価することである．彼はロマン主義，歴史主義，およびドイツ観念論の総括者と呼びうる位置にあると同時に，それ以後の新しい思潮の先駆者ともなった．精神史に及ぼした彼の貢献と影響は巨大である．

ロマン主義，歴史主義，およびドイツ観念論の3者は，時期的にも内容的にも，相互に重複し連続しており，ディルタイにとっての「知識の場」となった．それらの領域は彼の研究の基礎であり，内実であった．彼の「思惟・感情・意志」の心理学的構造連関は，生の体験の中に与えられた歴史的生の構造をとらえようとする点で，ロマン主義の全幅的人間像を哲学の次元で受け継いだものである．彼の「歴史的理性批判」のプロジェクトは，この人間像が生み出した歴史的客体の持つ個体性を人間の外形的表現において理解するという点で，歴史主義への解釈学的接近である．カント以後のドイツ観念論の課題は，(1) 主観性と客観性の根源的統一はいかにして可能か，(2) すべての学問分野を統合する原理は何か，(3) 神に対応する理性的な絶対者の概念はいかにして把握されるか，であったと言われる[95]．おしなべて，これらの課題への鍵となったものは自我ないし理性の観念である．ヘーゲルの歴史哲学は，理性による歴史世界の支配を主張することに帰着したが，ディルタイの歴史哲学は，ロマン主義の問題提起を踏まえて，歴史的知を読み解く認識能力の批判哲学となった．

第1章第3節において，われわれは，ディルタイの理論は経済哲学研究にとっての戦略的橋頭堡であるという問題意識を述べた．ここまでの議論の結果として，方法論と方法に関する2つの論点が明らかとなった．第1に，彼が全幅的な人間本性の活動に基づく精神科学の基礎づけという目標を明示し

たことによって，次に述べるように，人文科学・社会科学・文化科学・歴史科学などさまざまな名称で呼ばれる知の領域について，方法論的研究が始められた．これは精神科学にとっての課題であった．第2に，彼が従来テクスト解釈の技法であった解釈学を精神世界の産物にまで拡大することによって，自然科学の因果性の探求とは異なった歴史的知の理解と解釈の方法が可能になり，「意味・価値・意義」を問う現象学的解釈学への道が開かれた．ディルタイにとっての問題は，人間の生み出した歴史的かつ個性的なものを心的生のタームで理解することが，いかにして普遍妥当性にまで高められうるかということであった．これは哲学としての解釈学にとっての課題であった．

歴史・文化科学の方法論——新カント派

19世紀半ばから20世紀初めにかけて，ドイツでは観念論に対する不信と実証主義に対する懐疑とから，カントの批判哲学への復帰の動きが台頭した．新カント派哲学は，コーエン，ナトルプ，カッシラー（以上の3人はマールブルク学派），ヴィンデルバント，リッケルト，ラスク（以上の3人は西南学派）らによって展開された．両学派の違いについて，従前は，マールブルク学派がカントにおける認識論に重点を置き，西南学派がカントにおける道徳理論に重点を置くという解釈がとられていたが，それは誤りであることが知られている[96]．むしろ，両者は知識の認識論的基礎と，実践理性の優位の要請とをともに重視する点で共通していた．ただし，マールブルク学派が自然科学の論理構造に関心を向けたのに対して，西南学派は歴史科学の論理的基礎として価値哲学を展開したという相違が見られる．したがって，ここでは，歴史主義と人文・社会・歴史科学との関係を論ずるために，西南学派に的を絞ることが適当であろう．

ヴィンデルバント（1848-1915年）は，西南学派の祖と呼ばれる．彼はシュトラスブルク大学総長就任講演「歴史と自然科学」（1894年）において，有名な議論を提起した[97]．彼は，経験的学問について，自然科学と精神科学とを「自然対精神」という対象の相違によって区別し分類することは適切ではなく，諸科学においてとられている具体的方法の一般的論理形式を区別すべきであると主張した．従来，人文科学は精神的世界を扱い，自然科学は物

質的世界を扱うというのが常套的考え方であったが，心理学という新しい学問はそのような二分法を許さない．心理学は，その対象の性質から見れば，精神そのものであり，ディルタイが試みたようにあらゆる精神科学の基礎となりうるかもしれない．しかし，その方法は明らかに自然科学の方法である．

ヴィンデルバントとディルタイとの間で，精神科学の基礎づけをめぐって論争が起こった[98]．ディルタイは，精神科学の対象が内的知覚を通じて，全体性を持った生の連関として把握されると考え，精神科学の基礎づけのために心理学を主張したのに対して，ヴィンデルバントは対象でなく方法の論理的性格に基礎を求めるべきであると論じ，心理学による基礎づけを拒否した．

ヴィンデルバントによれば，さまざまな科学が等しく追求するものは生起の法則（Gesetz des Geschehens）であって，その追求の方法として，生起を「法則定立的」（nomothetisch）に叙述するか，それとも「個性記述的」（idiographisch）に叙述するかが区別される．これは方法の区別であって，「自然的」法則の形式によって一般的なものを求めるか，それとも「歴史的」に規定された形態によって特殊的なものを求めるかの区別であって，この意味でのみ「自然科学対歴史科学」というレッテルを貼ることができるという．ただし，注意すべきことは，特定の研究対象が固定的かつ排他的に「法則定立的」方法または「個性記述的」方法を持つというのではなく，1つの研究領域には研究関心に応じて2つの方法を同時に用いることができるということである．ヴィンデルバントの論述の中には，2つの対照的な方法について次のような比較が見出される．

「法則定立的」方法	「個性記述的」方法
1. 普遍的関係（法則）	1. 特殊的性質（形態）
2. 恒常的普遍の形式	2. 一回的個別の内容
3. 抽象的方法	3. 直観的方法
4. 無時間的本質の理解	4. 時間的事象の理解

2つの方法はともに経験的事実に基づき，論理的手続きに従うが，区別はそれぞれの方法に適合する事実の取捨選択に依存する．それでは，個性記述

的方法を適用すべき対象はどのようにして与えられるのであろうか．ヴィンデルバントは「歴史的過程は，それが一回的な場合にのみ価値を持つ」とか，「人間のあらゆる関心，価値判断，価値規定は，個別的なもの，一回的なものに関係する」とか述べているが[99]，方法論と価値論との関係をほとんど解明していない．この問題は弟子のリッケルト（1863-1936年）に委ねられた．

他方，ディルタイはヴィンデルバントの批判を受けて，方法についていえば，心理学に見られるように精神科学もまた法則性を求めるものであって，法則の把握を目指す体系的精神科学と，個性の把握を目指す比較精神科学とを区別した．そして最後に，精神科学の固有の方法として解釈学に到達したのである．

リッケルトは，ディルタイやヴィンデルバントが使った「精神科学」という概念の代わりに，「文化科学」という概念を提起した．これにより，心理学を自然科学として識別するだけでなく，非自然科学の知をとらえるに当って，精神活動としての「生」というロマン主義的観念から，人間活動の所産である客体としての「文化」という観念へのシフトが生じた．リッケルトはヴィンデルバントの2つの方法の区別を継承するが，これらの方法の対立を科学の分類にとって絶対的なものとは考えず，むしろ，研究方法の背後にある研究関心のよって来たる基礎に注目した．彼は，自然科学が価値や意味から離れた「自然」を対象とするのに対し，文化科学は価値関係的な「文化」を対象とするという点に決定的な相違を見出し，「文化価値」による人文・社会・歴史科学の基礎づけを試みた[100]．ここには対象自身の質料的相違と，対象をとらえる方法的相違との2組の基準が含まれている．

「文化は，価値があると認められたもろもろの目的に従って行動する人間によって直接に作られたか，あるいは少なくともそれに付随した価値のゆえに育成されたものとして，自然と対立する．……一切の文化事象には（人間によって承認された）何らかの価値が具体化されている．……もし頭の中で文化対象からあらゆる価値を剥がしてしまえば，その対象も単なる自然となる．」[101]

したがって，リッケルトは文化事象の自然科学的取り扱いや，自然現象の

文化科学的取り扱いがありうることを認めていた．彼は自然科学の「一般化的（generalisierend）方法」に対立する「個性化的（individualisierend）方法」を「価値関係的（wertbeziehend）方法」と名づけた[102]．そして文化科学における個性化的方法と価値関係的方法との必然的結合関係を主張した．

文化科学は個性的な事象を追求し，価値に立脚して対象を設定する．この認識論を支えるものとして，リッケルトは次のような存在論を提起した．すなわち，現実は(1)経験的・感性的に観察可能な現実の世界と，(2)観察不可能であるが，理解可能な意味・価値の世界とからなる．そして両者を統合するものとして，(3)形式的・抽象的価値を具体的・経験的素材に適用する判断行為の次元を設定する[103]．これが，存在が価値に依存するという彼の議論の骨格である．

問題は，その価値が個人的，主観的，相対的なものではなく，客観的な規範に基づくものでなければならないということである．その価値は，規範の優越性の原則に基づいて，共同体における受容が要請されるものであった．こうしてリッケルトは，歴史的なものにおける超歴史的なものを普遍妥当的な価値に関係させることによって定義しようとした．文化価値の普遍性こそが，歴史的概念構成の客観性の基礎をなすものであった．これは歴史主義の危機に対する最初の哲学的対応と言えるであろう．

このような彼の対応を評価する上で，少なくとも3つの論点がある．第1に，認識が価値を前提とするという考え方は，その後ただちにマックス・ウェーバーによって受け継がれ，価値関係性と理念型に基づく社会科学方法論の展開を見た．リッケルトは自然科学は価値に無関係であると考えたが，後になってトマス・クーンのパラダイム論は，科学社会学の立場からではあるが，自然科学もまた知るに値するという認識上の価値を前提とすることを主張した．このような意味で，認識と価値をめぐるリッケルトの議論は，科学方法論において先駆的意義を持った．今日のアングロサクソン系の科学哲学では，論理実証主義からの離反が生まれつつある中でも，ドイツ的「大陸哲学」の系譜への言及が欠如している．

第2に，問題は価値の性質である．リッケルトは文化科学の基礎にある価値を普遍妥当的なものとして主張し，歴史主義に対する相対主義批判に対抗

しようとしたのであって，このことは歴史主義そのものを否定することになりかねない．しかし，文化価値もまた歴史的状況によって拘束されているのではないか，という疑問がただちに生まれる．リッケルトの価値哲学はさまざまな問題点を含むが，それは価値によって制約された認識の客観性をめぐる問題を提起した．ウェーバーはこの問題についても独自の発想を示し，価値関係性を明示することによって認識の「価値自由」を保証すると主張した．

　第3に，リッケルトの文化科学は，その基礎を考えるに当って，精神的・心理的次元から外的事象としての文化的・価値的次元へ焦点を移行させることによって，具体的人間との関わりを失い，ディルタイが提起した解釈学への道がふさがれることになった．文化は人間精神の刻印をとどめるものであって，価値といえどもその例外ではない．超越的に文化価値を持ち出す代わりに，歴史意識や世界観の形成が価値理念と結びつくという関連を問うことは，歴史主義の深層に迫る解釈学の基本テーマである．これは歴史主義と解釈学との関係を問う論点である．

総括——歴史主義の知の観点

　元来，歴史主義の概念は多義的とみなされており，すでに言及したように，シュネーデルバッハの3層のレベルの違いによって定義した歴史主義概念もあるし，国別に異なる主張を持った歴史主義もあるし，歴史主義を非難し攻撃するために使われたネガティブな用法もあるし，逆に，歴史主義を人類史上特筆すべき観念としてポジティブな意味を持たせる場合もある．いずれにせよ，重要なことは，歴史主義が知の歴史的性格を強調し，啓蒙主義や自然主義の合理論的・機械論的な歴史理解および人間理解に対する批判として提起されたということである．しかし同時に，歴史主義は，知の歴史的相対性・個別性を知の普遍的妥当性の要請といかにして調和させるかという問題を惹起した．

　われわれは歴史主義の概念を定義するに当って，バーリンによるヴィーコとヘルダーの再構成と，マイネッケの「発展的思考法」と「個性化的思考法」という特徴づけから出発し，「思惟の根本的歴史化」の要請の背後には，共同体の共通感覚，人間本性の全体性，生の有機体的統一性，魂の無限への

渇仰といったロマン主義的観念がその基底にあるものとみなした．その結果，歴史主義は，歴史事象が発展過程において個別性を展開しながらも，絶えず生の哲学に基づく社会現象の統一性を保持するという観点を持つことができた．われわれはこのような歴史主義における「精神と社会」との関連に注目する．

　歴史主義をめぐる思想展開は，この「精神と社会」との関連の構築をめぐるものであった．その展開は哲学の領域と個別社会科学の領域において行われた．哲学の領域に関しては，次のような総括的な展望が可能であろう．上で見たように，ディルタイと新カント派とは接近の相違を持ちながらも，共通していたのは，ヘーゲルに最終的に集約されたような観念論的形而上学と，それに対抗する潮流としてのアヴェナリウスおよびマッハなどの経験主義・自然主義との双方への批判であった．意識の志向性に基づくフッサールの現象学は，彼の「厳密な学としての哲学」（1911年）において明瞭に述べられているように，自然主義と歴史主義の哲学の双方を批判するものとして登場した．彼は「ヘーゲルの形而上学的な歴史哲学が懐疑的な歴史主義に転換することによって，ここに新しい『世界観哲学』の台頭が本質的に決定されるに至った」と述べ，ディルタイをその代表として批判した[104]．最後に，ハイデガーは，現存在（人間）の存在理解に基づく基礎存在論を展開したが，フッサールを歴史的なものの意義を理解していないと批判し，現象学にとって歴史的なものの重要性を主張した．言ってみれば，ハイデガーはフッサールの現象学をディルタイの歴史主義の方向に向けることによって，現象学的解釈学を確立したのである．

　このような弁証法的発展とも言うべき過程を経て，歴史主義は「発展」と「個性」を含む歴史過程の背後に，ロマン主義的人間観を潜在的に想定する段階から，明示的に現存在（人間）の実存論的分析に徹する段階に到着する．

　次に，社会科学とりわけ経済学における歴史主義の展開はどうであったか．経済学を自然主義的な基礎の上に再構築する新古典派理論に対して，ドイツの歴史学派経済学は歴史に残る劇的な挑戦を試みた．シュンペーターは，初期の経済学史研究において，経済学におけるドイツ歴史学派の基礎的観点を次の6つに要約している[105]．

(1) 社会生活の統一性の観点.
(2) 発展の観点.
(3) 有機的・全体的観点.
(4) 人間動機の多元性の観点.
(5) 事象の一般的・普遍的性質よりも具体的・個別的関連を重視する観点.
(6) 歴史的相対性の観点.

これは歴史主義の観点を過不足なく要約した卓抜な説明である．これらの観点の中にロマン主義の世界像や現象学の方法的特徴を見出すことは容易であろう．

ドイツ歴史学派が，19世紀を通じてドイツの知的潮流を形成した歴史主義の一形態であることを考えると，ドイツ歴史学派の著述には，以上の(1)～(6)に加えて，さらに政治的・倫理的理念についての歴史主義的刻印が拭いがたく残されていると言わなければならない．ドイツ歴史主義の中心的観念として，国家の概念，価値の哲学，および知識の理論の3つを挙げるとすれば[106]，以上のシュンペーターの要約は，この3つのうち，科学的知識の形成に関する諸観点を取り上げたものと言えよう．われわれの関心も知識としての歴史主義にあるので，彼の要約を歴史主義の功罪を論ずる際の枠組みとしたい．

注

1) Ernst Troeltch, *Der Historismus und seine Probleme*, Tübingen: J.C.B. Mohr, 1922, S. 103-04.（近藤勝彦訳『歴史主義とその諸問題』『トレルチ著作集』第4巻，ヨルダン社，1980年，158-59ページ．）

2) Hans-Georg Gadamer, *Wahrheit und Methode: Grundzüge einer philosophischen Hermeneutik* (1960), *Gesammelte Werke*, Bd. 1, Tübingen: J.C.B. Mohr, 1986, S. 279-80.（轡田収他訳『真理と方法』第2巻，法政大学出版局，1986年，434-35ページ．）

3) M. J. Inwood, "Enlightenment," in Ted Honderich (ed.), *The Oxford Companion to Philosophy*, Oxford: Oxford University Press, 1995.

4) Peter Gay, *The Enlightenment: An Interpretation*, 2 vols., New York: Vintage, 1966-69.（中川久定他訳『自由の科学』2冊，ミネルヴァ書房，1982-86年，原書第2巻の邦訳．）
5) Roy Porter, *The Enlightenment*, 2nd ed., London: Palgrave Macmillan, 2001.（見市雅俊訳『啓蒙主義』岩波書店，2004年，14ページ．）
6) Ernst Cassirer, *Die Philosophie der Aufklälung*, Tübingen: J.C.B. Mohr, 1932.（中野好之訳『啓蒙主義の哲学』上巻，筑摩書房，2003年，38ページ．）
7) 同上，訳，下巻，第5章．
8) Richard Rorty, *Philosophy and the Mirror of Nature*, New Jersey: Princeton University Press, 1979.（野家啓一監訳『哲学と自然の鏡』産業図書，1993年，序28ページ．）
9) 『啓蒙主義の哲学』訳，下巻，42-46ページ．
10) David Hume, *A Treatise of Human Nature* (1739), Buffalo, NY: Prometheus Books, 1992, p. xvi.（土岐邦夫訳『人性論』『世界の名著27，ロック・ヒューム』中央公論社，1968年，409ページ．）
11) Joseph A. Schumpeter, *History of Economic Analysis*, New York: Oxford University Press, 1954, p.141.（東畑精一他訳『経済分析の歴史』上巻，岩波書店，2005年，251ページ．）
12) 塩野谷祐一『価値理念の構造――効用対権利』東洋経済新報社，1984年，237-43ページ．
13) 『啓蒙主義の哲学』訳，下巻，75ページ．
14) 同上，上巻，64ページ．
15) 同上，上巻，68ページ．
16) 同上，上巻，73ページ．
17) 杉村廣蔵『経済哲学の基本問題』岩波書店，1935年，177-95ページ．
18) Friedrich Meinecke, *Die Entstehung des Historismus*, 2 Bände, München: Oldenbourg, 1936.（菊森英夫他訳『歴史主義の成立』2巻，筑摩書房，1968年．）
19) Frederick C. Beiser, *Enlightenment, Revolution, and Romanticism: The Genesis of Modern German Political Thought, 1790-1800*, Cambridge, MA: Harvard University Press, 1992.
20) Peter Gay, *The Bridge of Criticism: Dialogues among Lucian, Erasmus, and Voltair on the Enlightenment*, New York: Harper & Row, 1970.
21) Frederick C. Beiser, *The Romantic Imperative: The Concept of Early German Romanticism*, Cambridge, MA: Harvard University Press, 2003.
22) Ibid. Manfred Frank, *The Philosophical Foundations of Early German Romanticism*, translated by Elizabeth Millán-Zaibert, Albany: State University of New York, 2004. Elizabeth Millán-Zaibert, *Friedrich Schlegel and the Emergence of Romantic Philosophy*, Albany: State University of New York, 2007.
23) 『啓蒙主義』訳，2ページ．

24) Frederick C. Beiser, "German Romanticism," in E. Graig (ed.), *Routledge Encyclopedia of Philosophy*, London: Routledge, 1998, vol. 8, p. 349.
25) Isaiah Berlin, *The Roots of Romanticism*, Princeton: Princeton University Press, 1999, p. xiii. (田中治男訳『ロマン主義講義』岩波書店, 2000 年, xiii ページ.)
26) Ibid., p. 5. (同上, 訳, 7 ページ.)
27) Isaiah Berlin, "The Romantic Revolution: A Crisis in the History of Modern Thought," in *The Sense of Reality: Studies in Ideas and their History*, New York: Farrar, Straus and Giroux, 1996.
28) Isaiah Berlin, *The First and the Last*, New York: New York Review Books, 1999, p. 53.
29) Isaiah Berlin, "Bookreview of Cassirer's *The Philosophy of the Enlightenment*," *English Historical Review*, 1953, pp. 617-19.
30) Isaiah Berlin, "The Counter-Enlightenment," in *Against the Current: Essays in the History of Ideas*, London: Pimlico, 1979, p. 6. (福田歓一他訳『ロマン主義と政治』バーリン選集 3, 岩波書店, 1984 年, 52 ページ.)
31) Berlin, *The Roots of Romanticism*, p. 42. (『ロマン主義講義』訳, 64 ページ.)
32) Fritz Strich, *Deutsche Klassik und Romantik oder Vollendung und Unendlichkeit*, München: Meyer & Jessen, 1928.
33) Berlin, *The Roots of Romanticism*, p. xi. (『ロマン主義講義』訳, x ページ.)
34) Beiser, *The Romantic Imperative*, pp. 95-98.
35) Friedrich Schiller, *Über die ästhetische Erziehung des Menschen in einer Reihe von Briefen*, 1795. (清水清訳『美的教養論——人間の美的教育について』玉川大学出版部, 1952 年.) Frederick Beiser, *Schiller as Philosopher: A Re-Examination*, Oxford: Clarendon Press, 2005.
36) Beiser, *Schiller as Philosopher* pp. 123-26.
37) Ricarda Huch, *Die Romantik*, Bd. 2, *Ausbeitung und Verfall der Romantik*, T. Aufl., Leipzig: H. Haessel, 1920, S. 49.
38) Beiser, *The Romantic Imperative*, pp. 19-20.
39) Carl Schmitt, *Politische Romantik*, 2. Aufl., München: Duncker & Humblot, 1925, S. 82-84. (大久保和郎訳『政治的ロマン主義』みすず書房, 1970 年, 69-71 ページ.)
40) アメリクスによるシュレーゲルからの引用. Karl Ameriks, "Introduction: Interpreting German Idealism," in Karl Ameriks (ed.), *The Cambridge Companion to German Idealism*, Cambridge: Cambridge University Press, 2000, p. 12.
41) Immanuel Kant, *Kritik der Urteilskraft*, 1790. (牧野英二訳『判断力批判』下巻, 岩波書店, 2000 年, 25 ページ.)
42) 加藤尚武「有機体の概念史」『シェリング年報』第 11 号, 2003 年.

43) Frank, *The Philosophical Foundations of Early German Romanticism*, p. 36.
44) Ibid., pp. 28-30.
45) Beiser, *The Romantic Imperative*, pp. 80, 137-38.
46) Ibid., pp. 59-63.
47) Ibid., pp. 35-39.
48) 塩野谷祐一『経済と倫理——福祉国家の哲学』東京大学出版会, 2002 年, 第 3 章第 3 節.
49) Alasdair MacIntyre, *After Virtue*, 2nd ed., Notre Dame, IN: University of Notre Dame Press, 1984, pp. 51-61.（篠崎栄訳『美徳なき時代』みすず書房, 1993 年, 64-77 ページ.）
50) Charles Taylor, *Hegel and Modern Society*, Cambridge: Cambridge University Press, 1979.（渡辺義雄訳『ヘーゲルと近代社会』岩波書店, 2000 年, 1-25 ページ.）
51) Ameriks, "Introduction: Interpreting German Idealism," ibid., p. 1.
52) Immanuel Kant, *Kritik der reinen Vernunft*, 2. Aufl., 1787.（有福孝岳訳『純粋理性批判』3 巻, 岩波書店, 2001-6 年.）
53) 『純粋理性批判』訳, 上巻, A12, 87 ページ.
54) 黒崎政男『カント「純粋理性批判」入門』講談社, 2000 年, 143-75 ページ.
55) 岩崎武雄『カント「純粋理性批判」の研究』勁草書房, 1965 年, 136 ページ.
56) 久保陽一『ドイツ観念論への招待』放送大学教育振興会, 2003 年, 49 ページ.
57) Martin Heidegger, *Kant und das Problem der Metaphysik* (1929), Frankfurt a. M.: Vittorio Klostermann, 1991.（門脇卓爾他訳『カントと形而上学の問題』創文社, 2003 年, 第 31 節.）
58) 『純粋理性批判』訳, 上巻, B151, 220 ページ.
59) J. G. Fichte, *Grundlage der gesamten Wissenschaftslehre*, 1794.（木村素衞訳『全知識学の基礎』2 冊, 岩波書店, 1949 年.）
60) Bertrand Russell, *History of Western Philosophy and its Connection with Political and Social Circumstances from the Earliest Times to the Present Day*, London: George Allen & Unwin, 1946.（市井三郎訳『西洋哲学史』第 3 巻, みすず書房, 1956 年, 194 ページ.）
61) 隈元忠敬「後期フィヒテ」広松渉他編『講座ドイツ観念論・第 3 巻, 自我概念の新展開』弘文堂, 1990 年.
62) 福吉勝男『フィヒテ』清水書院, 1990 年, 148 ページ.
63) F. W. Schelling, *System des transzendentalen Idealismus*, 1800.（赤松元通訳『先験的観念論の体系』蒼樹社, 1948 年.）
64) Frederick Beiser, "The Enlightenment and Idealism," in Karl Ameriks (ed.), *The Cambridge Companion to German Idealism*, Cambridge: Cambridge University Press, 2000, pp. 33-34.
65) F. W. Schelling, *Darstellung meines Systems der Philosophie*, 1801.（北沢恒人

訳「私の哲学体系の叙述」伊坂青司他編『シェリング著作集第3巻，同一哲学と芸術哲学』燈影舎，2006年．)
66) 高山守「シェリング」加藤尚武編『哲学の歴史』第7巻，中央公論新社，2007年，524ページ．
67) 小磯仁『ヘルダリーン』清水書院，2000年，87-88ページ．
68) Andrew Bowie, *Introduction to German Philosophy*, Cambridge: Polity, 2003, pp. 79-80.
69) G. W. F. Hegel, "Differenz des Fichte'schen und Schelling'schen Systems der Philosophie," 1801.（山口祐弘他訳『理性の復権――フィヒテとシェリングの哲学体系の差異』批評社，1994年．)
70) G. W. F. Hegel, *Phänomenologie des Geistes*, 1807.（長谷川宏訳『精神現象学』作品社，1998年，10ページ．)
71) 伊坂青司『ヘーゲルとドイツ・ロマン主義』御茶の水書房，2000年，193-96ページ．
72) G. W. F. Hegel, *Grundlinien der Philosophie des Rechts*, 1821.（藤野渉他訳『法の哲学』『世界の名著35，ヘーゲル』中央公論社，1967年，169ページ．)
73) 『西洋哲学史』訳，第3巻，206ページ．
74) Frederick Beiser, *Hegel*, New York: Routledge, 2005, p. 2.
75) 『歴史主義の成立』訳，上巻，8ページ．
76) 同上，訳，下巻，318ページ．
77) Isaiah Berlin, *Vico and Herder: Two Studies in the History of Ideas*, London: Hogarth Press, 1976.（小池銈訳『ヴィーコとヘルダー――理念の歴史：二つの試論』みすず書房，1981年，13-18ページ．)
78) 『歴史主義の成立』訳，上巻，5ページ．
79) Giambattista Vico, *Principj di Scienza Nuova*, 3rd ed., 1744.（清水純一他訳『新しい学』『世界の名著33，ヴィーコ』中央公論社，1979年，156ページ．)
80) 『ヴィーコとヘルダー』訳，234-36ページ．
81) 同上，訳，22-23ページ．
82) 同上，訳，297ページ．
83) 同上，訳，29ページ．
84) Carlo Antoni, *Lo Storicismo*, Edizioni Radio Italiana, 1957.（新井慎一訳『歴史主義』創文社，1973年，第4章および第6章．)
85) Frederick Beiser, "Hegel's Historicism," in Frederick Beiser (ed.), *The Cambridge Companion to Hegel*, Cambridge: Cambridge University Press, 1993, p. 272.
86) G. W. F. Hegel, *Vorlesungen über die Geschichte der Philosophie* (1817), I, Frankfurt a. M.: Suhrkamp, 1999, S. 49.（長谷川宏訳『ヘーゲル哲学史講義』上巻，河出書房新社，1992年，35ページ．)
87) Ibid., S. 49.（同上，訳，34ページ．)

88) G. W. F. Hegel, *Vorlesungen über die Philosophie der Geschichte* (1837), Frankfurt a. M.: Suhrkamp, 1999.（長谷川宏訳『歴史哲学講義』上巻，岩波書店，1994年，23ページ.）
89) Gadamer, *Wahrheit und Methode*, S. 174.（『真理と方法』訳，第1巻，248ページ.）
90) Herbert Schnädelbach, *Geschichtsphilosophie nach Hegel: Die Probleme des Historismus*, Freiburg: Verlag Karl Alber, 1974.（古東哲明訳『ヘーゲル以後の歴史哲学』法政大学出版局，1994年.）
91) Rudolf A. Makkreel, *Dilthey: Philosopher of the Human Studies*, Princeton: Princeton Univeristy Press, 1975.（大野篤一郎他訳『ディルタイ——精神科学の哲学者』法政大学出版局，1993年，4ページ.）
92) Wilhelm Dilthey, *Einleitung in die Geisteswissenschaften*, 1883.（山本英一他訳『精神科学序説』上巻，以文社，1979年，13ページ.）
93) Wilhelm Dilthey, "Ideen über eine beschreibende und zergliedernde Psychologie"（1894), *Gesammelte Schriften*, Bd. 5, Leipzig: B.G. Teubner, 1924.（丸山高司訳「記述的分析的心理学」，大野篤一郎他編『ディルタイ全集・第3巻，論理学・心理学論集』法政大学出版局，2003年，675ページ.）
94) 同上，訳，750ページ.
95) 加藤尚武「総論・カントとドイツ観念論」加藤尚武編『哲学の歴史』第7巻，27ページ.
96) Thomas E. Willey, *Back to Kant: The Revival of Kantianism in German Social and Historical Thought, 1860-1914*, Detroit: Wayne State University Press, 1978, pp. 131-32.
97) Wilhelm Windelband, "Geschichte und Naturwissenschaft"（1894), in *Präludien*, II, 1924.（篠田英雄訳『歴史と自然科学・道徳の原理に就いて・聖』岩波書店，1936年，19ページ.）
98) Makkreel, *Dilthey: Philosopher of the Human Studies*.（『ディルタイ——精神科学の哲学者』訳，第6章.）向井守「新カント派とディルタイ」西野晧他編『ディルタイと現代』法政大学出版局，2001年.
99) 『歴史と自然科学・道徳の原理に就いて・聖』訳，30-31ページ.
100) Heinrich Rickert, *Kulturwissenschaft und Naturwissenschaft*, 1898, 7. Aufl., 1926.（佐竹哲雄他訳『文化科学と自然科学』岩波書店，1939年.）
101) 同上，訳，48-49ページ.
102) 同上，訳，147ページ.
103) A. C. Zijderveld, *Rickert's Relevance: The Ontological Nature and Epistemological Functions of Values*, Leiden: Brill, 2006, pp. 36-38.
104) Edmund Husserl, "Philosophie als strenge Wissenschaft," *Logos*, Bd. 1, 1911.（小池稔訳「厳密な学としての哲学」『世界の名著51，ブレンターノ・フッサール』中央公論社，1970年，108ページ.）

105) Joseph Schumpeter, *Epochen der Dogmen- und Methodengeschichte*, Tübingen: J. C. B. Mohr, 1914, S. 110-13.(中山伊知郎他訳『経済学史——学説ならびに方法の諸段階』岩波書店,1980 年,319-26 ページ.)
106) George G. Iggers, *The German Conception of History*, Revised Edition, Middletown, Conn.: Wesleyan University Press, 1983, pp. 7-10.

第3章　歴史主義の危機と啓蒙の弁証法

1　歴史主義の危機とその克服

啓蒙と反啓蒙の負の遺産

　啓蒙に関するカントの有名な定義によれば,「啓蒙とは, 人間が自分の未成年状態から抜け出ることである.」そして彼が選んだ啓蒙の実践的な標語は,「自分自身の悟性を使用する勇気を持て」というものであった[1]. またマックス・ウェーバー (1864-1920年) は, 西欧文明の長い過程を知性化 (Intellektualisierung) と合理化 (Rationalisierung) の歴史とみなし, それを「魔術からの世界解放」(Entzauberung der Welt) と呼んだ[2]. こうして啓蒙主義は, 近代西欧文明の王道を示すものとして受け取られてきた. 一方, 反啓蒙の諸思想は, 人間の感性や意志や想像力を大切にし, それらが現実に躍動する歴史の中に「認識・存在・価値」を見出そうとした.「個別は筆舌に尽くしがたし (Individuum est ineffabile). この句から私は一つの世界を導き出しているのだが」というゲーテの言葉は, この立場にとってのモットーであった[3].

　前章の議論は, 啓蒙と反啓蒙のそれぞれの思想が, このような旗印の下に, 積極的に主張する論点を検討したものである. しかし, 啓蒙の「理性」も反啓蒙の「歴史」も, 異論なしに成り立っているわけではない. それぞれは他の立場からまともに批判を受け, 否定しがたい難点を負の遺産として担ってきたからである. そこで, それぞれの立場がみずからの難点をどのように認識し克服しようとしてきたかを顧みなければならない. こうした議論を行うことは, 言ってみれば, 啓蒙と反啓蒙との間の対話を意味するのであって,

それなしには，啓蒙と反啓蒙はあたかも百科全書の別々の項目のように，互いに孤立して別々の主張をしているにすぎないであろう．そしてそれなしには，啓蒙と反啓蒙との対決を通じて生み出されてきた現実を無視することになるであろう．

それぞれの立場の負の遺産を象徴的に表すものとして，本章は「歴史主義の危機」と「啓蒙の弁証法」という題名を掲げた．「歴史主義の危機」は，トレルチやマイネッケたちが第1次世界大戦後の1920年代に使った言葉であり，「啓蒙の弁証法」は，ホルクハイマーとアドルノが第2次世界大戦中の1940年代に書物の題名として使った言葉である．それぞれのキャッチ・フレーズは歴史的産物という側面を持つが，問題自体はその時期に始まったわけではない．ここでは啓蒙と反啓蒙における短所や難点の一般的性質を考えようとするのである．トレルチは歴史主義と自然主義とを近代的思考の一対とみなし，次のように述べた．「両者は，現代において不気味な発展を遂げてきた．自然主義は無制限にすべての生の恐るべき自然主義化と荒廃をもたらし，歴史主義は相対主義的懐疑をもたらした．」[4]

トレルチが「歴史主義の危機」と呼んだ事態は，歴史主義が完全に失敗し，その主張がもはや成り立たないということを意味するのではない．逆である．知識や価値や制度のすべてが歴史的に制約されたものであるという歴史主義の観念は，文字どおりの意味においてあまりにも自明のことであって，単純に否定し去ることはできない．「歴史主義の危機」とは，その成功がもたらすあまりにも強力な破壊作用を指すのである．

また歴史主義の思想が政治と結びつき，閉鎖的な個体性として主張される国家観を基礎づけるようになると，さらに危険である．トレルチやマイネッケと違って，ドイツ歴史主義の系譜の外にあって，歴史主義の多様な諸側面を検討したイタリア人のカルロ・アントーニはこう書いた．

「ヴォルテールを筆頭にフランス啓蒙主義が，歴史を誤謬・残虐・愚行の連鎖にすぎないとして告発しようとするのに，歴史主義においては，対立も暴力も破局も，それ自身として認識されることもなく，普遍的・抽象的な格率に基づいて裁かれることもない．逆に，それらは，万物の偉大で有益な発展の部分であり，瞬間であると解釈されるのである．」[5]

「歴史主義はここにおいて一種の意識的な悪魔信仰と化する.」[6]

前章でロマン主義を扱った際，バーリンが反啓蒙主義者の元祖ハーマンの思想について，人間の英雄的な創造活動が衝突・戦争・闘争を招いたとしても，それは受け入れられるべき人間の運命の一部であると述べたことが想起されよう.

他方，啓蒙主義の負の遺産の源は多元的な人間本性の分断にある. この欠陥は，自然科学的業績に見られるような啓蒙主義のポジティブな成果の次元では目立たない. しかし，啓蒙主義の偏った合理性が生活の場で独り歩きを許されると，人間の一面的・局所的視点の下での判断が多くの害悪を導くのである. ウェーバーは近代化の代償が不可避であると考えたが，それに甘んじたわけではない. 彼は禁欲と資本主義の精神との関係についての有名な著述の最後の部分において，こう述べている.

「専門の仕事への専念と，それに随伴せざるをえないファウスト的人間の全面性への断念とは，現今の世界ではすべての価値ある行為の前提である. したがって，『業績』と『断念』とは，今日ではどうしても切り離せないものとなっている. ……この認識は，完全で美しい人間性の時代からの断念を伴う決別を意味する.」[7]

しかし，ウェーバーは歴史叙述の領域を超えて，将来に向けて近代の文化的意義の限界を論ずることはできると考えた. 彼は，近代人は「精神のない専門人間，心情のない享楽人間」であって，このような「つまらないもの」を人間性の最高段階であると自惚れてはならないと警鐘を鳴らした.

われわれは啓蒙と反啓蒙の双方における負の遺産を，ただ運命として，諦念を持って受け取るべきであろうか. 経済学もまた，両種の負の遺産を免れることはできなかった.

経済学における「方法論争」

1883年，哲学者ディルタイが精神科学の基礎づけを試みた最初の書物『精神科学序説』を出版した年に，経済学におけるオーストリア学派の創始者カール・メンガー（1840-1921年）は『社会科学方法論』という書物を発表し，ドイツ語圏で支配的であった歴史学派の経済学に対して挑戦し，理

論経済学の精密的方法の正当性を弁護した[8]．当時，ドイツ歴史学派は旧歴史学派の活躍に続き，新歴史学派の時代に入っており，いっそうの団結と成熟の度合いを高めていた．その指導者はグスタフ・フォン・シュモラー（1838‒1917年）であった．彼はメンガーの挑戦を受けて立ち，長文の書評において激しい反論を行った[9]．興味深いことに，この書評は「国家科学および社会科学の方法論のために」と題し，同じ年に出たディルタイの哲学書とメンガーの経済学書の2冊を同時に取り上げている．シュモラーはディルタイの書物を絶賛し，メンガーの書物を酷評した．

　メンガーは早速，『ドイツ経済学における歴史主義の誤謬』（1884年）という書物によってこれに応えた[10]．この題名の中の歴史主義という言葉は，誹謗と軽蔑の意味で使われており，その言葉の最も初期の使用例の1つと考えられる．シュモラーはこの本をメンガーに送り返し，その挑発を黙殺した．ここに熾烈な「方法論争」の幕が切って落され，主としてドイツ語圏において，20～30年にわたり理論派と歴史派との間で論争が続いた．論争を通じて，理論的接近と歴史的接近との区別が鮮明になっただけでなく，重要なこととして，両者を統合する建設的な方途が模索された．ここで，経済学という個別科学における「啓蒙対反啓蒙」の論争の具体例として，この「方法論争」を取り上げよう．それは「啓蒙対反啓蒙」の対立を克服する視点について示唆を与えるはずである．

　「方法論争」は，経済学における理論的方法と歴史的方法の優位性をめぐって行われた論争である．18世紀および19世紀の経済学を代表する地位についた古典派および新古典派経済学は，個人主義的な合理的経済人の想定と抽象的・演繹的方法に基づいて，普遍的な経済論理の確立を目指した．その体系の周辺に，歴史や政策を論ずる応用分野が展開された．一方，ドイツ歴史学派はこれを批判し，社会的有機体における倫理的価値への注目と，経験的・帰納的方法に基づく歴史的個別性の解明を主張した．論争はこのような明確な主張の衝突から生じたのであって，これ以上に論争の細目に立ち入る必要はない．実のところ，メンガー対シュモラーの応酬は罵詈雑言に満ちたものであった．

　「方法論争」は，研究における多元主義が十分に確立されていなかった時

代にあって,理論研究者と歴史研究者の双方の側における誤解と狭量に発するものであった.この論争には反省すべきいくつかの論点がある.第1に,経済学にとって,歴史と理論とは相容れない対立物を表すものではない.経済の理論にとって,経済の歴史は研究の素材に他ならない.しかし,歴史的事実そのものは,理論や体系や概念がなくては浮かび上がってこない.経済の歴史にとって,経済の理論は,一定の視点から研究の素材を選択し処理する上での概念的枠組みを与えるものである.

歴史学派のシュモラーは素朴な実在論の信奉者であり,演繹的経済理論および形而上学的な歴史哲学に対して否定的であって,正しい研究プログラムは,膨大な資料の蓄積と事例研究によって帰納的に確実な理論を導き出すことであると主張した.彼の研究の手順は,(1)事実の観察と叙述,(2)事実の定義と分類,(3)事実の因果的説明とそれらの相互関係の認識,の3つからなっていた[11].ここにはアプリオリな理論の参入する余地はない.彼は,現実的な理論がまだ存在しない現在の段階では,(1)(2)(3)の仕事に甘んじなければならないと言う.(3)は理論に基づく説明ではなく,アドホックな憶測の類である.シュモラーはのちに方法論争を回顧した際,帰納と演繹のどちらが優れているかを一般的に論ずることはできないという立場に到達した.

「方法論争」を通じて,理論研究においても歴史研究においても,歴史的資料収集と理論的定式化との間の絶えざる協力の必要性が認められたと言えるであろう.理論研究における一般性と歴史研究における個別性とは,両極的に対立するものではなく,一般的概念も個別的概念も抽象度を異にする理念型に他ならないのである.

第2に,いっそう重要な点であるが,異なった方法は異なった問題を追求するためのものであって,方法自体の優越を争うことは意味を持たない.異なった方法とは,抽象度を異にする理念型概念から出発して,演繹または帰納の手続きをとることであるが,それは異なった問題を扱うためのものである.「方法論争」は方法をめぐる論争ではなく,実は,何が最も重要な研究課題であるかをめぐる関心の衝突であった.理論派は生産・分配・消費に関する資源配分の過程を,価格形成の分析を通じて解明するという比較的小規模な問題を設定し,そこに経済世界の核となる経済論理があると考えた.そ

の論理は「市場経済の均衡モデル」として確立された．それに対して，歴史派は，共同体の発展と経済制度の進化を歴史的な文脈の中で定式化するという比較的大規模な問題を研究課題とみなした．そのような歴史的視野の下で初めて，社会の倫理的発展と結びついた経済的発展が理解されると考えられた．シュモラーが提起した研究プログラムは，言わば「制度変化の公共経済モデル」であった[12]．学問においてただ1つのパラダイムのみが覇権を握ることが許されるのでない限り，多様な問題を多様な方法によって解決しようとする多元的な努力は何ら相互に矛盾するものではない．

　一時的にどのモデルが人々の関心を集めるかは，知識社会学的問題である．しかし，問題や方法の多元性それ自身は，知の体系化の素材となるべきものである．概念的抽象度の違いについても，研究課題の違いについても，研究方法の違いについても，1つの答えしかありえないと考えるのは，研究者としての見識と謙虚さに欠けるものである．多元的な問題の設定と，多元的な方法の開発があってしかるべきである．どれが重要であるかは，研究の成果によって競うべきである．しかもその成果は一時的な観点からではなく，長い目で見た学問の整備という観点からとらえるべきである．事実，「方法論争」は，理論と歴史の双方の協同を必要とする経済社会学という学問分野の開拓に貢献した．このように見るならば，次のようなシュンペーターの虚無的な評価は当らない．「方法論争に関する文献の歴史は，論理的基礎の明確化にいくらかの貢献をしたものの，大部分は他のよりよい目的に向けることのできたエネルギーの浪費の歴史であった．」[13] シュンペーターはウェーバーと並んで，方法論争の解決と新しい学問分野の開拓に貢献したのであって，このような評価は文面どおりに受け取るべきではない[14]．

いっそうの教訓

　「方法論争」の教訓は経済学の分野にとどまらない．われわれが今問題にしている「啓蒙対反啓蒙」という包括的な世界観哲学の対立においてもまた，経済学の場合と同じことが言えるであろう．第1に，もし知の構築に当って，体系的一般性の観点と歴史的個体性の観点との協同が不可欠であるならば，そして第2に，もし対立が別々の問題と方法を持つ思想体系の対立であるな

らば,競合の意味合いは対決から共存へと変化するであろう.

　啓蒙主義は,一方で,自然科学を先頭にしてさまざまな個別科学の分野を発展させ,他方で,自然法思想が持つ普遍的な人間的諸価値への信念に基づいて,人間や社会や歴史の分野にまで踏み込んで理論知を形成してきた.それに対して,反啓蒙主義は,生活世界からあまり離反しない形で,人文・社会科学を拠点として,自然科学とは異なる方法によって人間や社会や歴史の問題と取り組もうとした.その尖兵がドイツ系軍団としての歴史主義である.たしかに歴史主義は啓蒙の自然主義的普遍主義に対抗して,実証的・経験的細目研究の重要性を主張するが,しかし,歴史家が問題意識に欠ける場合には,歴史研究は無意味な事実の多様性を記録するばかりでなく,意味を吟味することなく,暴力や不合理の歴史的世界を聖化する危険さえもはらんでいる.歴史を律する何らかの普遍的・統一的・総括的見方の助けが必要である.

　事実,第1次世界大戦がヨーロッパにもたらした災害を前にして,閉鎖的な国家理性に最高の価値を置き,不合理の歴史をすら肯定しつつ,歴史的細目に沈潜するばかりの歴史科学は,これに対処するすべを持たなかった.かえって存在の深い基底に究極的な意味や意義や価値があるのではないかという発想に導かれて,社会現象の体系化を求める衝動が高まった.当時センセーションを巻き起こしたシュペングラーの『西欧の没落』(1918-22年)は,時代・地域の文化相対主義に立ちながら,各文化の発展過程を展望することによって,総体としての世界史観を展開した.これは歴史主義の袋小路を突破しようとする衝動の1つの表れといえよう[15].

　またドイツ歴史主義を称揚したマイネッケは,第2次大戦後,ドイツ的なものが引き起こした世界的規模の非人道的災禍の反省として,『ドイツの悲劇』(1946年)を書いた[16].彼はドイツ復興の道として,抽象的な世界市民主義ではなく,ゲーテの時代のような個性的なドイツ精神文化の繁栄が,他国民によっては模倣できないような形で普遍的な貢献をすることに期待を寄せた.しかし,それは「自由に,人格的に,自発的に,強制なしに行われること」という条件付きであって,これは「西洋的文化共同体の根本法則一般」を表すものとされた.ここに歴史主義と自然法的命題との結合,ないしは自然法的命題による歴史主義の制約を見ることができる.

自然主義と歴史主義のそれぞれは，森羅万象をみずからの方法・方法論・世界観によって覆い尽そうとするあまり，他が有効に果たしている不可欠の役割を無視するという過ちを犯した．それぞれはみずからの比較優位性に基づいて，分業的に他を補完し，他によって補完されていると考えることができるのではないか．ただし，そのような比較優位性や補完性は共存・共生の思想であって，それらが承認されるためには，認識論や存在論を超えた価値論に関する合意が必要である．啓蒙主義の抽象的・数学的精神は自然から人間にまで拡張されようとしたが，人間と社会に関する普遍的倫理は，本来感性界とは別個の叡智界の思想であって，反啓蒙主義といえどもこれを自然主義であるとして否定することはできない．生き残ることのできる歴史主義は，歴史的・社会的に規定された多元的な人間の観念に，人間についての何らかの自然法的観念をリンクしたものとなるであろう．

これまでの章において，われわれは「大陸哲学」が「分析哲学」の固有の「理論」領域以外のところで持つ資格を「プレ理論」と名づけたが，それは比較優位性と補完性の考えに基づくものであった．また「方法論争」を通じて，経済理論の範囲を超えるところに経済社会学という分野が認知されたのも，同じように比較優位性と補完性の考えに属するものである．理論的・方法的にいろいろな形の統合・協同が可能であろうが，ここでは2つの大きな方向を指摘することによって，歴史主義の再構築を試みたい．1つは，類型概念への依拠であり，いま1つは解釈学への前進である．

歴史主義の再構築(1)——類型学

以上の議論をいっそう展開し，歴史主義の再構築を図るためには，前章の終わりに掲げたシュンペーターの定義にそくして検討することが役に立つ．彼は歴史主義の基本的な観点を次の6つにまとめた．(1)社会生活の統一性の観点，(2)発展の観点，(3)人間動機の多元性の観点，(4)有機体的・全体的観点，(5)事象の一般的性質よりも個別的関連を重視する観点，(6)事象の普遍妥当的な認識よりも事象の歴史的相対性を重視する観点．

シュンペーターは100年近く前に，これらの観点について批判的評価を下しているが，われわれはわれわれ自身の立場からこれらを評価しなければな

らない．まず⑴社会生活の統一性の観点は，自然主義の専門的・分析的・孤立化的知に対抗する歴史主義にとって，本質的なものである．経済学の限界を超えようとする知的探求は常に，経済現象が経済以外の制度的・社会的要因によって規定されているという洞察に基づいており，歴史的素材は，社会生活のすべての側面が不可分の相互関係を持って進行する姿を示している．

次に，⑵発展の観点は，歴史的事象が社会生活の統一性を具現していることと関連している．すなわち，歴史的事象は社会生活の統一性を具現しつつ多様な形で発展する．社会の諸側面が相互連関を形作っているということは，静態的な観察にすぎない．その相互連関が時間的に変化することが，歴史主義のもう1つの不可欠の論点である．社会生活のさまざまな個別領域における自律的な変化は，諸領域の既存の秩序を崩し，新しい相互連関のパターンを生み出すように適応の力が生まれる．これが発展現象である．そして発展を表す外形的な特徴の他に，発展の原動力として，個別領域における人間の内面的な創造力・生命力に基づく動態性が，重要な始発的役割を演ずる．これは歴史主義とロマン主義との始原的な結びつきを反映したものである．

⑶人間動機の多元性の観点は，抽象の産物である合理的利己心の想定に対抗するものであって，非合理的・慣習的・倫理的行動をも含めた全幅的生を重視することを意味する．自然主義的人間観の問題性は，合理的人間が効用の極大化を追求するという機械論的パラダイムに最も露骨に現れている．多元的で創造的活力に溢れた人間本性の観念を謳い上げたのはロマン主義の詩人たちであり，それを歴史の媒介を通じて人文・社会科学の概念に定着させたのは歴史主義の学者たちであった．このような試みによって，合理的利己心の人間像は相対化されるに至った．それだけではない．歴史主義は人間動機の心理的内面に立ち入ることによって，社会科学の理論構成にとどまらず，現象学・解釈学・存在論の領域に地歩を固めたのである．

⑷有機体的・全体的観点は，自然主義の原子論的・機械論的パラダイムに取って代わる枠組みである．そこには有機体としての社会という隠喩的な観念がある．たしかに，個人が自律的な合理的存在であるのとは違って，多元的な動機によって行動するとすれば，社会や経済は独立の主体の単なる集計ではなく，主体の集合とそれらの間の交互作用を条件づける枠組みが新た

に必要である．歴史の流れの中で，人間の意志や計画や利害といったものは無力である．歴史主義はこのような社会の力に目を向ける．しかし，それ自身の目標や関心を持った統一体としての全体が存在するという観念は支持しがたい．むしろ，個人が真空の中で生活するのではなく，社会の制度的・文化的諸条件によって支配され制約されていると見るのが適切であろう．そして，ヘーゲルが「理性の狡知」と呼んだ歴史の必然性や法則性は，個々人の交互作用が生み出す社会的メカニズムとして解明されるべきであろう．「慣習・法律・道徳」によって定義される「制度」と，その下での主体的な人間行動を説明することは，歴史主義が社会科学に委ねた重要な課題である．

(5)社会事象の一般性よりも個別性を強調する観点，および(6)社会的知識の普遍性よりも相対性を重視する観点は，歴史主義のキーワードとしてたえず強調されてきた．しかし，これらは，(4)と同じように，再検討・再定義されなければならない．一般と個別との関係は，個別の特殊性を抽象して一般に至るという論理的レベルの上昇を指す．普遍と特殊との関係は，知の妥当領域を個別から全体へと拡大することを指す．一般性対個別性，普遍性対特殊性といった二分法は建設的ではない．個別性の研究は一般的観念を参照するのでなければ，成り立たないし，一般性の研究は個別的素材に基づくのでなければ，成り立たない．一般性と個別性の間，普遍性と特殊性の間に新しい観点が求められる．事実，この要請は新しい学問の方法を推し進める力となった．このことを類型学と解釈学の2つの論点について説明しよう．

第1の論点は，歴史研究における「制度」ないし「類型」概念の役割である．今述べたように，これらの概念は，歴史主義の命題(4)における有機体的・全体的観点の難点を回避するという役割を持っている．同時に，これらの概念は，一般性と個別性との対立を超えて，歴史主義を再建するための重要な方法的な契機を含む．制度や類型の概念は，個別的・具体的な歴史事象を抽象し一般化する方法であるが，その内容は歴史的に相対的であって，その普遍性は制度や類型を超えては妥当しないという意味で限定的である．歴史事象を扱う学問が無限の個別性にとどまる必要から解放されているのは，このような言わば「限定された普遍性」を考えることができるからである．それは論理の一般性と妥当の相対性との組み合わせである．

1 歴史主義の危機とその克服

　もし啓蒙主義が主張するように，もし人間本性が普遍的なものであり，すべての人間行為が歴史上いつどこで起ころうと完全な斉一性を持つならば，歴史を体系化し，人間行為を類型化するための制度について語る必要はない．歴史は単なる事例の集積であり，歴史の中にはただ1つの意味ある規則性しか存在しないからである．歴史上の人間行為は，時間・空間を超えた人類というカテゴリーでくくれば十分である．他方，もし人間本性が変化し，多様な環境の下でのすべての人間行為が歴史上まったく独自のものであるならば，そのような行為をいかなるタイプやグループにも要約することは許されないであろう．無限に多様な行動様式が存在し，類型や規則性を語る意味がなくなるからである．しかし，どちらの場合も事実ではなく，両極端の中間に実行可能な方式が見出されなければならない．それが制度や類型の概念である．制度概念は，哲学の意味する一般性と，歴史の意味する個別性との間の妥協的統一である．

　ヘーゲルの歴史哲学は，ヘルダーの地理的・歴史的共同体概念を類型として受け継いだといえよう．ヘーゲルの歴史主義は，けっして無限の多様性と個別性の追求を意図するものではなく，一種の類型学（typology）の方法に依拠する．ウェーバーはそれを「理念型」（Idealtypus）と呼んだ．歴史の体系化はこのような概念を不可欠とする．

　歴史の個性認識を主張したランケは，彼の有名な言葉――「私はいわば自分自身を消し去って，ただ事物をして語らせ，そこに働くさまざまな力を表に出したいと望むだけである」[17]――が示すように，「事物がどうであったか」を示す客観的歴史記述の祖とみなされ，ヘーゲルのような形而上学的な歴史哲学を拒否するが，その彼ですら，普遍的なものの価値を承認して，次のように言ったという．「かの経験的なものを理性と娶わせうるもののみが，真の歴史精神を身につけることができる．」[18] 経験的なものを理念と結合すること，すなわち個別的事象を普遍的関連の中でとらえることは，1つの時代の支配的理念としての世界観を理解することによって可能となる．これは解釈学への道である．

個性・類型・発展

　カール・ホイシーは『歴史主義の危機』（1932年）と題する書物において，この時代にさまざまな類型学が現れたことに触れている．人間類型だけに限っても，ギリシャ的人間，ヘレニズム的人間，アポロ的人間，魔術的人間，ファウスト的人間，中世的人間，ゴシック的人間，北欧的人間，プロテスタント的人間，感傷的人間，非合理的人間などの概念が提起され，それぞれについて一冊の本が書かれるほどであった[19]．なかでも，シュプランガーは社会心理学的に人間の心の類型を6つに分けた（理論的・経済的・審美的・社会的・権力的・宗教的）ことで知られている[20]．

　次に述べる解釈学との関連を先取りする形で，類型概念における心理学的背景を指摘しておきたい．前章で取り上げたように，ディルタイは精神科学の基礎づけのために，心的生を扱う「記述的・分析的心理学」から出発し，それを個性研究のための「比較心理学」を経て，解釈学という形にまで展開した．その目的は，人間の歴史的個性化を把握するための普遍的視点を築くことであった．精神科学の固有の方法は「体験・表現・理解」の図式である．ディルタイは次のように言う．

　　「精神科学の固有の方法は，みずからの自己を外的なものに移入することに基づいており，また理解の過程において，自己移入と結びついて自己が変容することに基づいている．これは解釈学の方法であり，またそれと結びついた批判的方法である．こうした方法は文献学者や歴史学者だけによって用いられるものではなく，その方法なくしては，いかなる精神科学も成り立たない．」[21]

　ディルタイによれば，「精神科学の理想は，あらゆる心的生における連関や共通性に基づいて，人間の歴史的な個性化の全体を理解することである．」[22] そして「個性化の追求」に当って重視されるのは，「類型の原理」と「発展の原理」であるという[23]．すなわち，個性研究は，歴史的世界における類型の比較と発展の観察とを通じて行われる．「個性・類型・発展」の観念こそは，解釈学による歴史主義の方法の再構成と言ってよいであろう．類型は，普遍性と個別性との中間にあって，一方で，普遍性を一定程度にまで

個性化するものであり，他方で，歴史と人格の個別性の中に一貫する一定程度の一般性を概念化する．このような個性化と一般化を具現する歴史の動的な過程が発展に他ならない．

マイネッケが歴史主義の成立に関する思想史研究の中で，十分な理論的説明なしに定型化した歴史主義の「個性化的思考法」と「発展的思考法」という観念は，ここに見られるように，ディルタイによって「類型概念」が加えられることによって，より適切に基礎づけられると言えよう．もちろん，マイネッケも「類型」の概念を看過したわけではない．彼は，ゲーテにおいて歴史主義の二本柱（個別性と発展性）が完全に確立されたと述べたとき，ゲーテは「その植物研究を通じて，すべての個別的なものがそれと常に融合しているように類型的なものに対する感覚を改めて獲得し，……この融合を事物の不断の対比によって認識し，発展を通じて理解することができた」と書いている[24]．しかし，マイネッケは後に自分の研究を回顧して，歴史主義の真髄をやはり次のように要約している．メーザー，ヘルダー，ゲーテの3人によって発見された「個体思想こそが歴史主義の母胎であり，これが，すでに啓蒙思想によって生み出されていた発展思想への胚種をも継承し，これを変形させつつみずからの中に同化させたのである．」[25]（傍点は引用者による.）ここでは類型思想への明示的な配慮は省略されている．

第2章第4節において歴史主義の概念を扱ったとき，われわれはマイネッケの「個性」と「発展」による定義について「生」の哲学の側面の欠如を指摘した．今ここでは，さらに「類型」概念を歴史主義の解釈の中に明示的に導入することとしたい．

歴史主義の再構築(2)——解釈学

歴史主義再構築の第2の論点は，「解釈学的循環」概念の適用である．歴史主義に帰せられる相対主義や懐疑主義は，歴史主義が生み出した負の遺産として最もよく知られたものであって，個々の歴史的形成物は，思想にせよ制度にせよ，生成の流れの中の一片にすぎないとみなされ，万物は知のアナーキーに帰する．しかし，第1章第2節でマンハイムの知識社会学について見たように，彼は，知識が社会的存在によって制約されるということは，知

識と社会的存在とが全体として歴史的文脈の中で相互連関性を持っていることを意味すると主張し、それを「相関主義」と呼んだ。これは歴史主義が言おうとしたことである。それに対して、「相対主義」という概念は、通常の理解では、知識が歴史的に与えられる何らかの見方や視座に依存して、多様であるということを言おうとするにすぎない。「相関主義」は上述の歴史主義の命題(1)——社会生活の統一性の観点——そのものであって、知識を含む社会生活のすべての側面が相互に絡み合って統一を形成していることを強調する。「相関主義」においては、知が社会の統一的全体の中に組み込まれているのに対して、「相対主義」においては、知は社会の全体から切り離され、「視座」という単純な言葉によって、社会の歴史的条件の多様性と外面的に結びつけられているにすぎない。

歴史主義は、相関主義が意味する社会生活の「全体的統一性」に「社会発展」の観点を導入することによって、知識が社会的存在と関連を持ちつつ、歴史的に変化していく姿を対象とする。相対主義の克服は、社会的諸存在の相互関係がどのように歴史的に変化するかというヨコ（共時）とタテ（通時）の総体的過程を知のテーマとすることによって、果たされるであろう。類型概念に関して上述したところでは、ヨコとタテの関係は知の概念化の「方法」に関わるものであった。今ここで論じているテーマは、知の「内容」に関して、社会の諸領域とその歴史発展をヨコとタテの関係として見ることである。

これはいわばヘーゲル的な壮大なテーマである。このテーマは、もちろん、歴史を研究素材とする総合的社会科学に課せられる課題であるが、その際、歴史主義の命題(3)——人間動機の多元性——に照らして、生の解釈学によってとらえられるべき課題であろう。宗教・芸術・学問・政治・経済・法律などの文化体系は、ディルタイの言う「表現」であって、この客体化されたものの「理解」を通じて、人間の内面性の連関を把握するのが歴史的生の解釈学である。そして歴史の各局面が示す多様な可能性は、個々に見れば相対的であるが、さまざまな「表現」を全体として見れば、多様な「体験」を通じて普遍的な生の体験として「理解」し、体系化することが可能となる。

知の相対主義が生まれるのは、言ってみれば、研究対象を歴史的に与えら

れる一枚一枚のスナップ写真とみなすからである．それぞれの静止画が与える多様な知は，類型にまとめられたとしても，異なる類型を生むにすぎない．それに対して，歴史的発展の視点は，対象についていわば動画撮影を行うものであって，社会全体および歴史全体として何が起こっているかを問うのである．個々の静止画像は，全体として体系的に検討されるべき多様な事例・素材にすぎないのである．

ディルタイに従って言えば，解釈学によって形成される精神的世界について，3つの主要な命題が成立する．

「[1] 生の客観態の解釈によって，われわれの知識は体験されていること以上に及び，その解釈自体，主観的な体験の深さによってのみ可能になる．[2] 同じように，個別的なものの理解は，一般的な知識がその理解の中に現に働いていることによってのみ可能になり，その一般的な知識は個別的なものの理解を前提としている．[3] 最後に，歴史の流れのある部分の理解が完全なものになるのは，部分が全体と関係づけられることによってのみであり，逆に歴史の全体に関する普遍史的な概観は，全体の中に纏め上げられている個々の部分の理解を前提とする．」[26)]
（[ ] は引用者による挿入．）

ここで，[1] は，「体験・表現・理解」の連関における主観と客観との交互作用，[2] は個別性と一般性との交互作用，[3] は歴史の中の部分と全体との交互作用を表す．解釈学は，このような3種の「解釈学的循環」の上に精神科学の知の普遍的妥当性を構築するのである．

ディルタイは『解釈学の成立』（1900年）における議論の総括として，次のように述べた．

「解釈学の課題は，ロマン主義的な恣意や懐疑主義的な主観性が歴史の領域へ絶えず侵入してくるのに対抗して，歴史のあらゆる確実性の基礎になる解釈の普遍妥当性を理論的に基礎づけなければならないということである．解釈の理論は，精神科学の認識論・論理学・方法論の連関の中へ取り入れられ，哲学と歴史的学問とを結びつける重要な結び目となり，精神科学の基礎づけの中心的な構成要素となるのである．」[27)]

これは，解釈学が精神科学の基礎づけのために，ロマン化されやすい歴史

主義の再構成の担い手であることを宣言したものといえよう．

マイネッケは，1933年の論文において，歴史主義における歴史的個体性への本来的な愛情を「歴史感覚」(geschichtlicher Sinn) と呼び，そこから導かれる全体としての歴史の輪郭を「歴史の意味」(Sinn der Geschichte) と呼んだ[28]．この2つは不可避的に相反する志向である．全体としての歴史の意味は人間にとって不可知であるけれども，それを理解したいとする志向は強い．歴史主義の思想には，人間を歴史の個体性の中に埋没させることなく，全体を見渡すことができる立場に置く戦略があるだろうか．

この問いに対して，マイネッケは，歴史主義がもたらす相対主義の毒を中和する普遍化戦略として3つの可能性を挙げた．第1は，過去への逃避というロマン主義的方法である．しかし，これは未来に向けての創造意欲を減殺する保守的態度である．第2に，未来に向かって，卓越した何らかの価値を歴史の目標として掲げる楽天主義がある．しかし，現実の歴史における無限の流転がそれを拒んでいる．第3に，そこで彼が頼りにするのは，変転する歴史の中に確固たるものを見出すために，「良心」を通じて個体性と絶対性とを融合するという考え方である．マイネッケによれば，良心は相対化する生の意味を見失わないための導きの星であって，人々を結合する倫理的基礎を持たない歴史把握は単なる相対性に陥る．歴史におけるすべての永遠の価値は，行為する人間の良心の決断に由来するという[29]．マイネッケがディルタイの言う「能力としての良心」に言及しているところから見て，ここでかすかに示唆されているのは，歴史意識を生の解釈学に関係づけることである．両者の本格的な関連を問うことは，ハイデガーの解釈学的存在論を待たなければならない．ハイデガーも，人間が本来的歴史性に目覚めるのは「良心」を通じてであると論じている（以下の第4章第2節を参照）．

総括――歴史主義の4つのベクトル

歴史主義の概念規定は幅を持っており，そこには互いに対立するほどの相違を持ったベクトルが含まれている．以上の議論の総括として，歴史主義の中に方法論的に特徴づけられる4つのベクトルを区別しよう．(1)実証的歴史主義，(2)弁証法的歴史主義，(3)類型学的（社会学的）歴史主義，(4)解釈

学的(哲学的)歴史主義.

(1)の実証的歴史主義は,理論的一般化に基づく超歴史的・普遍的知に対して批判的であり,歴史資料の実証作業に基づく個別的知を尊重するという立場である.このこと自体は,経験科学における研究の1つのステップとして必要なものである.しかし,理論的一般化の拒否と相対的知のアナーキーにまで走ることについては,多くの支持は得られない.

(2)の弁証法的歴史主義は,実証的知識の対極にあって,もっぱら思弁的に歴史哲学を論ずる立場である.それは普遍的・統一的・総括的見方への志向を極度に定式化したものである.ヘーゲルの歴史哲学,およびそれを逆転させたマルクスの唯物論的弁証法の哲学体系はこれに属する.カール・ポパーは『歴史主義の貧困』(1957年)において,歴史主義を歴史発展の法則化およびそれに基づく歴史の予測を行うものとして批判したが,それは(2)のタイプの歴史主義には妥当するが,他のタイプには当てはまらない.彼の批判は,最も歴史主義的ではない歴史主義を対象としたものである[30].

(1)と(2)を両極端として排除すると,両者の中間に,相対主義の危機を克服する歴史主義の道として(3)と(4)が残る.(3)の類型学的歴史主義は,歴史主義の社会学的接近であり,(4)の解釈学的歴史主義は,歴史主義の哲学的接近である.われわれは歴史主義の再構築のために,「類型学」と「解釈学」という2つの契機に焦点を置いて2つの歴史主義のタイプを区別したが,歴史主義の観点からすれば,両者は別々のものではなく,また別々のものであってはならないであろう.両者の結びつきを,歴史主義の伝統の中で育ったウェーバーとシュンペーターの社会学的業績にそくして見てみよう.

2 歴史主義から社会学へ

歴史主義が主張する歴史的事象の有限性・局所性を承認しつつ,なお普遍的な認識を志向する努力はどのようにして可能であろうか.これが歴史主義の克服と呼ばれる方向の模索である.アントーニは,ディルタイ,トレルチ,マイネッケ,ウェーバーらについてのエッセーを一書にまとめ,「類型的」社会学への方向を念頭に置いて『歴史主義から社会学へ』(1940年)と題し

た[31]．またピエトロ・ロッシは，みずからのウェーバー研究書を『歴史主義から歴史的社会科学へ』（1985年）と名づけた[32]．彼は，ウェーバーの「理解」社会学の中に，歴史主義的「理解」と自然主義的「説明」との接合という方向性を見出した．2人は，歴史主義の思想を社会科学の理論によって展開するという方向で共通している．

ウェーバーの理解社会学

ウェーバーは一方の足をドイツ歴史派経済学の上に置き，他方の足を新カント派哲学の上に置いた．ドイツ歴史学派は経済学における歴史研究の重要性を主張したが，歴史科学の妥当性を基礎づける方法論的基礎を欠いていた．この課題は19世紀末における新カント派西南学派（ヴィンデルバント，リッケルト，ウェーバーなど）に委ねられた．

ウェーバー自身の方法論的貢献は，ヴィンデルバントによって指摘された方法的論理性とリッケルトによって提起された価値関係性とに基づいて，歴史的知識の論理的身分を解明するために2つの概念的工夫を展開することであった．「理解」と「理念型」である．そして彼はその上に立って，厖大な社会学を展開するという実質的な貢献を行った．

ウェーバーはみずからの社会学を「理解社会学」（verstehende Soziologie）と名づけた．大著『経済と社会』は「理解社会学の概要」という副題を持っているし，その名称が彼が作ろうとした社会学のタイプをよく言い表している．それは，行為者がその行為に対して賦与する意味をめぐるものであって，社会学者は行為を理解するためには，その意味を解釈しなければならない，というものである．彼は『経済と社会』の開巻劈頭，次のように書いている．

> 「『社会学』という言葉は，非常に多くの意味で用いられているが，本書においては，社会的行為を解釈によって理解するという方法を用いて，社会的行為の過程および結果を因果的に説明しようとする科学を指す．そして『行為』とは，単数あるいは複数の行為者が主観的な意味を含ませている限りの人間行動を指し，活動が外的であろうと，内的であろうと，……それは問うところではない．しかし，『社会的』行為という場

合は，単数あるいは複数の行為者が考えている意味が他の人々と関係を持ち，その過程がこれによって左右されるような行為を指す．」[33]

　この定義は，経済・政治・法律・宗教などの特定の社会生活の領域を指してはおらず，あらゆる領域に見られる一般的な社会的行為や社会的関係を指している．人間行為は，他人の行為を考慮に入れる場合に，社会的となる．ウェーバーが「経済と社会」について語るとき，社会とは「人間集団の一般的構造」を意味している．もし社会学が社会の理論であるとすれば，それは経済学や政治学と並ぶ個別科学ではなく，それらすべてに適用される普遍的科学である．その結果，社会学の特殊理論として経済社会学，政治社会学，宗教社会学，法社会学などがえられる．

　理解の方法は，社会的行為を個人の動機，目的，欲求などに照らして説明するものであって，これらの要素は意味ある現象に賦与される文化価値の源泉とみなされる．ウェーバーの分類によれば，社会的行為は(1)目的合理的行為，(2)価値合理的行為，(3)感情的行為，(4)伝統的行為に区別される[34]．理解の方法は，有機体論的前提ではなく，方法論的個人主義の前提を維持しつつ，社会制度が個人に及ぼすさまざまな影響をも考慮に入れ，したがって動機の多元性を認めるものである．

　ウェーバーのもう1つの鍵概念である「理念型」は，歴史的概念の論理的身分を明らかにする．それは自然科学における一般的概念とは違って，歴史現象のさまざまな程度の個別性を維持した「類型」概念である．理念型は，一群の現象が経験的世界において共通に持つ要素を記述するのではなく，歴史的に見出される個別性を描出しながらも，理論的に構成された非現実的な想像上の世界（モデル）において共通に持つ要素を類型として記述する．理念型が描く世界は言わば仮想的なユートピアの世界であって，理念型によって形成される理論は現実の模写ではなく，多様な現実を思考によって整序するための発見的な用具である．理念型は論理的には普遍的であるが，歴史的個別性の価値に依拠しており，その意味で歴史的に相対的である．理念型概念は，新カント派が区別した「法則定立的」方法と「個性記述的」方法とを統合するものであった．

　しかし，方法の区別がなくなるのではない．社会学は理念型概念を用いる

ことによって，一方で，自然科学から区別されると同時に，他方で，歴史学から区別される．社会学も歴史学も社会全体を包括的な対象とする．歴史学派について見たように，社会的領域の相互依存性と歴史的発展とは結びついている．すなわち，歴史的過程の諸事象は，社会生活のすべての領域の相互依存的変化を含むものでなければならない．この点で，歴史学と社会学との間には相違がある．歴史学は個人や集団の実際の行動の記述に関わるが，社会学は歴史的過程の一般的パターンの定式化に関わる．社会学は，理念型概念の助けによって，抽象のレベルに関して歴史学から区別され，社会的・歴史的現象を説明する普遍的かつ一般的な理論である．普遍性は研究の範囲に照らして定義され，一般性は研究の抽象レベルに関して定義される．

　類型や制度に依存する社会学は，理論の意味する一般性と，歴史の意味する個別性との間の妥協的統一である．いいかえれば，類型や制度の概念によって普遍性を限定することによって，論理の一般性と歴史の個別性とが保証されるのである．「個性記述的」という際の「個性」は無限に包括的であり，表現しがたいものであって，類型概念によって1つの定型化を受けるのである．社会的事象の中で個性をとらえるためには，歴史的素材の比較を通じて他には見出しえない特有のものを定型化することが必要であり，社会学と歴史学との協同が不可欠である．それによって「法則定立的」と「個性記述的」の二分法的区別よりも，むしろ両者の統合が実現されるのである．

理解と類型

　理解の方法に立ち返っていえば，ウェーバーは純粋に目的合理的な行為を基準にして類型概念を構成し，その他の行為はそれからの偏向として整理し，その意味理解を感情移入による追体験に委ねる．ディルタイの「体験・表現・理解」という包括的な解釈学の枠組みと違って，ウェーバーの場合には，合理的に理解できるものが言わばベンチマークとして取り出される．この意味で，理解社会学の方法は合理主義的であると言われる．

　そこで一歩進んで，理解と類型との関連をウェーバーの社会学の概念的枠組みにそくして見てみよう．その枠組みの構成要素は次の3種のカテゴリーである．(1)秩序，(2)組織のタイプ，(3)制度化性向[35]．これらのカテゴリー

を説明するためには，対比のために，経済学の概念的枠組みを念頭に置くのが有益であろう．

経済学の中心概念は「均衡」であるが，これがウェーバーの「秩序」の概念と対比される．経済学にせよ社会学にせよ，またいかなる科学にせよ，理論である限り，それぞれが対象とする領域について，規則性を持った秩序状態を定式化しなければならない．要するに，それらは「法則定立的」でなければならない．初期条件を与えられたものとすると，もろもろの仮定から導かれた理論的命題は，事象の確定的な状態を示すものでなければならない．社会現象について規則性を確立することができなければ，社会的知はただ混沌とした状態にあり，歴史家の芸術的とも言うべき叙述の腕に任せるしかない．新古典派経済学によれば，利用可能な資源量，消費者選好，生産者技術，および社会構造についての与件が与えられるならば，仮定された経済人の合理的行動は，一定の補助的条件の下で，資源配分の均衡状態を一義的にもたらす．すなわち，個々人の利己心の追求と競争的市場機構の作用を通じて，財・サービスの価格および数量の均衡値が確定する．

ウェーバーは社会学者であるけれども，新古典派経済学に反対ではなかった．しかし，経済の領域に関する限り，彼はその領域における社会学的関係を浮かび上がらせることに努めた．彼はあるべき経済学の姿として「社会経済学」（Sozialökonomik）という言葉を使い，それは単なる経済理論ではなく，経済理論，経済社会学，経済史を包括したものと考えた．彼が経済社会学の展開としての『経済と社会』で行ったことは，経済の制度的構造の分析であり，それを行う際，彼は個々人の秩序化性向とさまざまな分類軸（家計・企業，実物経済・貨幣経済，市場経済・計画経済，ゲマインシャフト・ゲゼルシャフト，など）とを用意した．経済学における「均衡」という概念の代わりに「秩序」（Ordnung）という概念を使い，それを社会生活のさまざまな領域に適用し，経済秩序，法的秩序，政治秩序，宗教秩序などを想定した．

ウェーバーの言う「秩序」とは，規則的な社会行為および社会関係であって，慣習・市場・法律・道徳などの制度一般を指す．そして行為の規則性は，行為者によって抱かれる「正当的秩序」（legitime Ordnung）の観念に帰せ

しめられる．行為者は4つの社会的行為類型（伝統・感情・価値合理性・目的合理性）に照らして，社会秩序に正当性を賦与する．つまり社会の正当的秩序は個々人の内的動機に還元される．社会学の中心概念である秩序は，方法論的個人主義と主観主義によって定義されるのである．

しかし，「正当的秩序」は内面的にのみ規定されるものではない．それは同時に外面的にも規定される．すなわち，それは個々人によって支持されるだけでなく，個々人に対して社会的に賦課されるのである．そのような秩序を形成する外的要素はさまざまな種類の「組織」（Verband）であって，強制力を持つ．社会学における「正当的秩序」という概念の役割は，社会における個々人を統合し，個人と組織との間の相互作用を調整することにある．

上述のように，社会的行為は他の人々の行為と関係を持っている．正確に言えば，それは他の人々の行為に対する期待によって決定される．しかし，他人に関する完全な知識は得られない．他人に対する期待に信頼を置くことができるような何らかの秩序がない限り，社会的関係はきわめて混沌とした不確実なものになるであろう．この秩序こそが，行為の結果について客観的な機会や可能性を保障するのである．ウェーバーは次のように書いている．

「社会的行為の重要な通常の（不可欠というわけではないが）構成要素をなしているものは，その行為が，他人の一定の行動に対する期待と，その期待によれば自分の行為の結果がどうなるかについて（主観的に）見積もられた可能性とを基準にして，意味を持って行われるということである．その場合に，行為の最も理解可能で重要な説明根拠は，この可能性の客観的な存在である．」[36]（傍点はウェーバーによる）

後に触れるように，もしこの期待が，ハバーマスの言うように，他の人々とのコミュニケーションと合意を通じて形成され，さらに彼らのルールの遵守によって助けられるならば，期待の客観的評価が保障される大きな可能性がある．したがって，社会秩序は，不確実な社会環境を処理する制度的対応であると考えることができる．同時に，ウェーバーは行為者の秩序への主観的志向と，秩序を基礎とした期待の客観的実現可能性とは，社会的関係の認識的根拠であると考えた．この認識がウェーバーの制度論の基礎である．

ウェーバーは，フェルディナンド・テニエス（1855-1936年）のゲマイ

ンシャフトとゲゼルシャフトとの区別にほぼ対応して,「ゲマインシャフト結合」(Vergemeinschaftung) と「ゲゼルシャフト結合」(Vergesellschaftung) とを,それぞれ異なった社会組織の形成性向として区別した[37].「ゲマインシャフト結合」は,行為者の連帯の主観的感情(感情的および伝統的)に基づく社会関係の形成であり,「ゲゼルシャフト結合」は,行為者の合理的動機の利害(目的合理的および価値合理的)に基づき,協同して共通の目的を実現するための社会関係の形成である.このように社会には,「秩序の制度化性向」とも言うべきものが存在する.制度化とは,組織に対する性向であって,秩序へのプラスまたはマイナスの関心に発するものであろう.「正当的秩序」に基づく制度化という考え方は,ウェーバーの社会学の基本的観念であり,社会生活の主要な領域に適用されて,経済社会学,法社会学,宗教社会学などを生み出したのである.

われわれは,ウェーバーにおいて,歴史主義再建の2つの契機である類型学と解釈学とが,単に社会科学の認識論的基礎づけの役割を超えて,理解社会学という形で社会学の実質的内容を構成しているのを見る.一方で,異なる社会的領域についてさまざまな社会学的類型・制度が定義され,他方で,多元的な人間本性が社会的行為の4類型として区別され,両者が人々の制度化性向を通じて統合されている.

シュンペーターの経済社会学

経済学者シュンペーターを特異なものにしているのは,ロマン主義である.この種の哲学思想は普通の経済学の領域には入ってこないので,一般の経済学者がこのような特徴を持つことはないが,彼は思想史における歴史主義とロマン主義の役割に理解を示したばかりでなく,経済社会の歴史的発展と経済発展を動かす人間の創造力の把握について,独自の理論的貢献を果たした.彼は歴史主義を経済社会学として発展させるために,創造力の有無を基準とする人間類型論を用いた.ここにロマン主義との接点が見出される.経済学は人間の満足や幸福を価値規範とする功利主義と深い関係を持ってきたが,シュンペーターはこのことを念頭に置きつつ,ロマン主義について次のように書いている.

「功利主義とは異なって,ロマン主義は哲学でもなく,社会的信条でもなく,政治・経済『システム』でもなかった.それは本質的に,生活と芸術に対する一定の態度と結びついた文学的様式であった.……ロマン主義者たちは,文学者がするように,この城砦の外に打って出て,たまたま彼らを惹きつけるようになったあらゆる哲学や社会科学の分野を放浪した.ここでわれわれが関心を持つのは,彼らのこの散策でえられた功績である.」[38]

この叙述は,一方で,ロマン主義が哲学者にも社会科学者にも疎遠な存在であることを確認しつつも,他方で,ロマン主義的世界観はきわめて伸縮的であって,たまたま文学の領域で華々しく開花したけれども,どのような方向にも展開することができる多産的な思想であることを示唆している.なぜなら,ロマン主義は,生活世界とりわけ芸術判断において働いている素朴な直観や感情に基礎を置いた世界観であるからである.シュンペーターはロマン主義的態度を次のように特定化する.

「表面的には,ロマン主義は古典的な芸術の教典に対する反逆を意味した.しかし,このような表面の底には,もっと重要なもの,すなわち因習,とりわけ合理化された因習に対する反逆があった.冷たい理性に対して感情(おそらくは無垢の感情)が,功利主義的論理に対して自生的な衝動が,分析に対して直観が,知性に対して『魂』が,啓蒙主義の人工物に対して国民史のロマンスが,姿を現した.われわれはこの態度を反知性主義(anti-intellectualism)と呼びたい.」[39]

このような定義は,第2章第2節で検討したロマン主義の概念と基本的に異なるものではないであろう.ここでシュンペーターが「反知性主義」と呼ぶものは,知性や思惟の役割を否定するのではなく,ディルタイが「思惟・感情・意志」からなる心的生の連関という概念によって明示したように,知性への偏った依拠を否定するのである.われわれがここで関心を持つのは,ロマン主義の概念がどのようにして社会科学にまで適用されるかを具体的に見ることである.そのことを見る上で,シュンペーター自身の問題意識が最も適切な材料を与えている.

彼は晩年になって,自分の生涯の研究計画を「普遍的社会学」と呼び,自

2 歴史主義から社会学へ

分は若いころ，経済学・政治・科学・芸術・愛を含む「豊饒で全幅的な生という観念」を抱いたと回想している[40]．この観念はロマン主義的世界観の具体化であり，彼の有名なイノベーション（革新）に基づく「経済発展」という考えは，経済の分野において，静態経済の慣行的な「定常循環」の構図と対置される．主流派経済学が確立した静態経済は，平均的人間の功利主義的計算に基づいて編成されるのに対して，彼は，動態経済は人間の創造的活動に依存する革新行動によって生み出されると主張した．

彼の静態・動態の二分法的類型は，「快楽的人間と精力的人間」の二分法に基礎を置くものであって，経済学の中に快楽主義とロマン主義，合理主義と非合理主義との対立項を導入する巧妙な方法であった．動態的人間は発展現象を担う主体であり，精力的活動と非合理的動機によって特徴づけられる．もちろん，この類型の人間は不確実性と周囲の抵抗に直面するが，革新の導入に伴う困難を克服するのに十分な精力と意志と創造力を持っている．動態的人間の行動の動機は，静態的な合理的経済人の欲求充足の原理とは異なる．それは，「私的帝国を建設しようとする夢想と意志，闘争意欲，および創造の喜び」である[41]．その結果，経済は新しい軌道を設定する動態的主体としての企業者の革新と，大勢に順応する多数の主体の適応的メカニズムとの結合から成り立つことになる．前者は既存の経済秩序の創造的破壊であり，後者は適応と均衡化による経済秩序の再建と維持である．経済の発展はこの両者の力によって構成される．

シュンペーターは静態と動態，適応と革新の構図を他の社会領域にも想定し，経済を含む諸領域の間の相互作用を通じて，総体としての社会の発展が生み出される姿を構想した．彼はこれを「社会文化発展」と呼び，歴史学派シュモラーの研究計画に沿った「総合的社会科学」への道がここに開かれると考えた[42]．しかし，彼が実際に果たしたのは，科学を社会的諸要因との関連で論ずる「科学社会学」への若干の寄与を除けば，経済を中心とする「経済社会学」の展開であった．

彼の経済社会学の定義は次のようである[43]．

(1) 経済理論は経済生活の制度的枠組みを与件として成立しており，経済理論は人々がいかに行動するか，そしてその行動によって経済にどのような

帰結が生ずるかを問う．それに対して，経済社会学は，人々がいかにしてそのような行動をとるに至ったかという問題を扱う．人々の行為や動機や性向が制度的枠組みとの関連によって説明される．

(2) 制度的与件は，直接には事実を記述する経済史によって扱われるが，同時に「一種の一般化された，あるいは類型化された，様式化された経済史」によっても論じられる．この後者の方法が経済社会学の方法であり，シュンペーターはこれを単純化して，「理論化された歴史」(reasoned history) と呼ぶのを好んだ．

(3) 彼は経済分析の方法として，「理論・統計・歴史・経済社会学」の4つを並べ，経済社会学の位置を明示した．その役割については，『景気循環論』の中の次の文章ほどそれを明確に語っているものは他にない．その書物は「資本主義過程の理論的・歴史的・統計的分析」という副題を持っている．その本の中で彼は次のように言う．

　「われわれが理解しようとしているものは，歴史的時間の中の経済変化であるから，究極的目標は，恐慌や循環や波動ばかりでなく，経済過程のあらゆる側面や関連についての理論化された（概念化された）歴史に他ならない，と言っても過言ではない．この仕事に対して，理論は単に若干の用具と図式を与えるにすぎず，統計は単に素材の一部を提供するにすぎない．詳細な歴史的知識のみが，個々の因果関係とメカニズムの問題の大部分に決定的な解答を与えることができ，この知識なしには，時系列の研究は不確定なままにとどまり，理論的分析は空虚なままにとどまらざるをえないことは明らかである．」[44]（傍点は引用者による）

(1)は経済社会学の問題を示し，(2)はその方法を示す．(3)は経済分析全体におけるその位置をいう．まとめて言えば，経済社会学は，「制度」の分析を通じて，「理論」と「歴史」を統合するものである．なぜなら，「制度」に関する議論を基軸に据えることによって，「歴史の一般化・類型化・様式化」，すなわち「歴史の理論化」という経済社会学の方法をより明確にすることができるからである．経済社会学の構想は，「制度」という具体的な類型概念を通じて，歴史主義の危機を克服することにつながるのである．

革新と人間解放

　シュンペーターは『資本主義・社会主義・民主主義』(1942年)において，経済領域と非経済領域との間の相互作用を基礎にして，資本主義経済発展の将来を展望する本格的な経済社会学を展開した[45]．そこでの彼の分析によれば，資本主義における経済発展は，人間の創造的意志の表れとしてのイノベーションを原動力として驚異的な成功を収めたが，その成功のゆえに，技術革新は経済システムの中にビルトインされ，自動化され，また豊かさのゆえに，時代精神は冒険的環境にとって敵対的な雰囲気を作り上げ，人間の創造的インセンティヴを衰弱させるものとなった．これが「資本主義の成功ゆえの衰退」という命題である．この資本主義変貌論は，経済の合理化の結果，経済の世界が企業者精神という非合理主義・ロマン主義の人間活動の余地を失っていくというものである．英雄主義の企業者精神と合理主義のブルジョワ精神との非両立が，シュンペーターの命題の基本的アイディアである[46]．

　シュンペーターは，資本主義が生活水準の向上という仕事を成し遂げた後，高度の合理化された経済を土台として，経済至上主義のライフスタイルから脱却することのできる体制が来るはずだと考えた．そこでは，企業者精神に基づく経済発展はもはや本質的に必要ではないから，「企業者のなすべき仕事は何も残されていない．……人間のエネルギーはビジネスから離れていくであろう．」その代わりに，「経済的な仕事以外のものが頭脳を引きつけ，冒険の機会を与えるであろう．」[47]

　彼の資本主義変貌論が資本主義体制の危機を予測したものだとすれば，その意味はイノベーションがもはや市場経済において枯渇したということではなく，イノベーションがルーティン化してしまい，経済発展の外形は維持されるものの，そこに含まれていた英雄的精神が失われるということにある．イノベーションがルーティンの打破からなる以上，イノベーションが経済分野においてルーティン化するというパラドキシカルな状態は，非経済分野におけるイノベーションによる新しい局面の打開を要請するのである．

　このような分析は，社会全体という包括的な視野の下で，合理主義とロマン主義との交錯を追跡することによって，社会の発展の姿を描いたものとい

えよう．ウェーバーは人間を「鉄の檻」に閉じ込める合理主義の帰結に警鐘を鳴らすにとどまったが，シュンペーターは人間解放のロマン主義的解決を提起したのである．それは「社会生活の統一性」と「発展」という2つの歴史主義的契機を維持しつつ，啓蒙主義・合理主義の破壊的効果を克服しようとするものであった．

シュンペーターは，経済学に多大の影響を及ぼしたベンサムの功利主義を嫌悪したが，ロマン主義はその文化的な対立物に他ならなかった．彼はロマン主義を好意的に受け止め，それが社会学および経済学に対して持つ重要性を評価した．社会学へのロマン主義の適用について，彼は次のように論じた．

「ロマン主義的社会学について語ったり，あるいは少なくともロマン主義者の経済的・政治的社会学および一般社会学に対する明確な貢献について語ったりすることは，可能なように思われる．……その貢献は，諸制度の分析，あるいは制度内の行動の分析の中に，合理的でない（必ずしも非合理的というわけではない）人間の意欲，慣習，信仰などの複合物を挿入したことにある．これらの複合物は，与えられた社会の現実の姿を主として形成しているものであって，これらがなくては，社会およびその反応のパターンを理解することはできない．」[48]

人々の行動の分析に当って，抽象的な理性に代えて「合理的でない人間の意欲，慣習，信仰などの複合物」を「諸制度の分析，あるいは制度内の行動の分析の中に」導入するというロマン主義者の関心は，ドイツ歴史学派の研究計画の一局面と符合するものである．したがって，シュンペーターは次のように論ずることができた．

「ドイツ歴史学派は次のような研究をしようと宣言した．すなわち，経済現象の$\overset{\bullet\bullet\bullet\bullet}{すべての側面}$，したがって経済行動の単に経済的論理のみでなく，その$\overset{\bullet\bullet\bullet\bullet}{すべての側面}$，したがって歴史的に展開されてきた人間行動の動機の$\overset{\bullet\bullet\bullet}{全体}$の研究である．」[49]（傍点はシュンペーターによる）

ロマン主義と歴史主義とが交差する点は，人間動機の全側面と社会現象の全側面とを歴史的過程の中でパラレルに認識し，両者の関連を「制度」の枠組みを通じてまとめることにある．ただし，ロマン主義者は生活世界のレベルにおいて生の全体を探求しようとするのに対し，歴史主義者は全体として

の社会が変化する実際の仕方を理解しようとする．前者の研究をディルタイは「思惟・感情・意志」からなる「生の連関構造」と呼び，後者の研究を「体験・表現・理解」の構造連関と呼んだ．彼にとっては，人間本性の全体性は歴史の中にしか存在しなかった．シュンペーターがロマン主義と経済学との重要な関わりを発見するのは，まさにこの点においてである．彼は言う．

「分析的経済学に対するロマン主義運動の主たる重要性は，それがあらゆる種類の歴史研究に与えた推進力にある．この運動は，われわれのもの以外の文明（たとえば中世やヨーロッパ以外の文化的世界）をよりよく理解することをわれわれに教えた．これは新しい展望，より広い視野，清新な問題を意味し，とりわけヴォルテール一派や功利主義者たちが『この啓蒙された時代』に先立つすべてのものに対して公言した愚かな侮蔑の終焉を意味した．」[50]

このように，ロマン主義は歴史主義を鼓舞し，地域や時代の史実の研究を促進したが，それは歴史の中にこそ人間本性の全体が表現されているからである．これが，実証的歴史主義に見られるような極度の多様性ないし相対性を招かないためには，客観態としての「制度」や「類型」の概念の中に多元的な人間性の要素を挿入することが必要である．逆にいえば，類型学的歴史主義はともすれば，制度論を相対性と一般性とを妥協する方法としてのみ理解する傾きを持つが，多元的な生を前提とした解釈学的歴史主義との連携が不可欠である．この点で，シュンペーターとウェーバーとはともに，主流派経済学の前提とは違って，幅広い人間動機に基づく社会科学の構築に従事した．その上で，ウェーバーの諸社会学が類型の静態的な「比較」に重点を置き，言わば比較類型学を生み出したのに対して，シュンペーターは，人間本性のロマン主義的類型に基づいて，資本主義体制の持つ動態的な「発展」の原動力に光を当て，その歴史的「個性」を強烈に鮮明化することによって，体制の歴史的進化を論じたのである．

3 包括的合理性の観念

啓蒙と神話――批判理論

　ここで啓蒙主義の負の遺産に転じよう．啓蒙主義は，理性の進歩は人類に幸福をもたらすという信仰を植えつけた．それは科学哲学および個別科学のあり方を規定し，経済・法律・政治・文化・技術などの生活の諸領域を広く合理性のシステムによって支配した．とりわけ啓蒙主義は科学および技術の進歩を促し，人間の自然支配を強めた．しかし，啓蒙主義の光は同時に濃い影を伴い，近代における数多くの社会的病弊は啓蒙のゆえであるとして批判されてきた．反啓蒙の思想自体は啓蒙主義への外部からの批判であったが，以上で歴史主義について見たように，それは同時に反啓蒙の自壊を防ぐ自己再構築の試みを含んでいた．マルクス，ニーチェ，フロイトなども，19世紀末，それぞれ独特の接近によって近代批判を展開した．われわれはここで，さまざまな方向からの啓蒙主義批判を寄せ集めることは避け，啓蒙主義の知の中核とも言うべき合理性ないし理性の概念が，どのようにして自己を改造し再構築したかに焦点を置きたい．そして啓蒙主義の再構築と歴史主義の再構築とが，その方向において，調和的であることが期待される．

　啓蒙主義批判の総括を表すものとして，ホルクハイマーとアドルノが『啓蒙の弁証法』（1947年）において提起した問題を取り上げよう[51]．ホルクハイマー（1895-1973年），アドルノ（1903-69年），マルクーゼ（1898-1979年）らは，1923年に設立されたフランクフルト大学社会研究所を場として，いわゆる「批判理論」もしくは「学際的唯物論」の研究プログラムを創始し，後にフランクフルト学派と呼ばれるグループを形成した．ナチス政権の台頭とともに，研究所はニューヨークに亡命したが，第2次世界大戦の終了後再びドイツに戻った．そのプログラムとは，社会科学と哲学との相互対話を通じて，時代の社会問題を学際的に研究するというものであった．彼らは，マルクスを継承しながらも，一方で，硬直的な史的唯物論の社会把握を批判し，他方で，一切の形而上学を排除した実証主義的科学を批判の対象とした．批判理論の基本的なスタンスは，現代社会の内面的な批判であり，その焦点は，

道具的理性を核とする近代的思考の批判である[52]．

科学的理性は道具的理性の最も進んだ形態であり，次のような機能を果たす．第1に，理論や主張や信念の論理的・実証的整合性を検討する．第2に，与えられた目的を達成するための手段の選択可能性を吟味する．第3に，非科学的・主観的信念のイデオロギー的性格を暴露する．しかし，批判理論は，理性にはこれ以上の本質的な機能があると主張する．それが内面的批判の機能である．内面的批判とは，社会が信念や評価を含む全体的統一性からなり，社会の制度や慣行はより良き生の実現に向けて作られなければならないという観点に立って，社会の自己批判を行うことを意味する．

『啓蒙の弁証法』は，第2次世界大戦中，亡命先のアメリカでホルクハイマーとアドルノによって書かれた．彼らによれば，啓蒙的思考は神話に対抗するものであって，神話によって象徴される伝統の権威からの脱却を目指す．それは個人の自律的・理性的判断を支持することによって，集団的強制力からの解放をもたらす．啓蒙は魔術的神話の暴力からの離脱である．それにもかかわらず，彼らは，啓蒙が生み出したものは啓蒙に反するものであり，啓蒙の自己崩壊を導くと言う．

神話は，神や英雄を主人公とし，自然的宇宙を舞台として，人々の想像力に訴えることによって世界や人間や制度の起源を説明し，個人や社会のあり方を規制する範例の物語として伝承されたものである．それは集団によって共有された世界観であって，集団の成立と存続の基盤となる．個人が神話から脱却することは，自律的個人の主体性の形成にとって不可欠であろう．しかし，神話は，社会の起源へと社会的統合を求める個人を再び呼び戻す．神話的暴力の克服は，新しい段階で神話の再来をもたらすのである．かくして，ホルクハイマーとアドルノは(1)神話そのものは啓蒙である，(2)啓蒙は神話に反転する，という2つのテーゼを提示する[53]．これが啓蒙の自己否定としての弁証法の過程である．

具体的に言えば，啓蒙的理性は，科学・技術・産業の発展を通じて，神話における自然への畏怖の思想を離れ，逆に自然を支配する思想となり，目的に奉仕する道具的理性のみが唯一の理性となる．それが新しい偶像崇拝の対象となる．この理性の考え方は，人間や社会にとって固有の合理的目的があ

るという観念をも否定するものであって，もはや宗教・道徳・政治・文化などに関する人間存在の目的を設定することを許さない．認識の全体性の要求は破棄され，情念は理性とは無縁となる．数量化と有用性が啓蒙の基準となり，そうでない質的なもの，観念的なものは，神々とともに詩と形而上学の領域に追放された．啓蒙的理性は，人間の外部にある自然や他の人間たちを支配する手法を獲得した代償として，人間の内部にある自然を抑圧し，解体してしまった．啓蒙によって解体されたものは，人間の自己保存にとって保持されるべき生そのものであった．

ホルクハイマーは，『啓蒙の弁証法』における物語とレトリックの次元を離れて，その趣旨を要約した一つの講演（1946年）の中で次のように述べている．「一切の意味を破壊する危険をもたらしたものは，一方における知の探求と，他方における規範の評価との間の分裂である．……理性が，すべてのものの意味を理解する力から，自己保存の単なる道具性へと変容したことの説明を与える能力を備えることこそが，理性回復の条件である．」[54]

理性がこうした変容やそれに伴う危険に気づかないのは，技術的文明の中で，理性そのものが自立した思考能力と自己反省能力を失い，理性に反する存在と化しているからである．理性回復の条件はいかにして満たされるのか．ホルクハイマーは同じところで，理性の再構築のために，概念化に先立つ生活世界に立ち帰って，問題を立て直す方法論的自己反省の試みが必要であり，そのようなものとして，フッサール，ベルグソン，デューイの名前を挙げている．

ホルクハイマーは，社会研究所の機関誌『社会研究』の創刊号（1932年）に「科学と危機についての考察」という論文を寄せ，科学の危機について次のような二重の矛盾を指摘した．

「第1に，科学の歩みのそれぞれは，それなりの認識論的根拠を持つことを原則としているのに，最も重要な歩みである課題の設定そのものは，理論的根拠を欠き，恣意性に委ねられている．第2に，科学にとっては，包括的諸関連の認識，すなわち科学固有のあり方や科学研究の方向を定める包括的関連，つまり社会が重要な問題になってくるのだが，科学はそれを科学の実際の営みの中で把握することができない．」[55]

第1の矛盾は，科学における事実と価値，主観と客観，知識と行為といった一連の区別のために，科学がみずからの問題設定をなしえないこと，第2の矛盾は，科学の分化・専門化のために，社会の包括的全体をとらえることができないことをいう．そのために，次のような結果となる．

　「科学は本質的なものとどうでもよいものとの区別に配慮することなく，現象の単なる記述・類別・一般化に学問的営為を限定してしまう．啓蒙思想は本来よりよい社会を目指すという関心によって支配されていたが，現在の社会の永続を基礎づける努力がそれに取って代わると，学問の中に学問を阻止し解体する契機が入り込んでくる．」[56]

　フランクフルト学派が考える批判理論は，このような矛盾を克服するものでなければならなかった．批判理論は自己反省的であって，研究活動自体を包括的社会発展の一環として見ようとする．批判理論はどのような方法を取るのか．

神話的世界観からの脱却——コミュニケーション的合理性

　ホルクハイマーとアドルノの『啓蒙の弁証法』は神話を用いた一風変わった著述であるが，その内容はいわば啓蒙の原史を解明しようとするレトリックである．果たして，フランクフルト学派の第2世代に属するハーバーマス（1929年-）は「神話と啓蒙の両義性」という論考において，コミュニケーション的合理性の観点から，2人の啓蒙批判に対してその平板さを問う周到な批判を展開した[57]．

　ホルクハイマーとアドルノは，啓蒙の進展が学問・道徳・芸術の三大領域において，共通して目的合理性の貫徹をもたらし，文化的諸領域の統合性を破壊したと論ずるが，ハーバーマスはこうした「理性の分化」は非難し軽蔑すべきものではないという．三大領域の規範である真・善・美は，全体化・包括化への魔術的思考から離れて，それぞれ独自の正当化の論理に従って展開することができるからであるという．分化の方向に向かうこれらの力は，啓蒙がもたらす理性の目的合理性への奉仕の動きに対して十分に競合しうるものである．ハーバーマスにとっては，彼が「コミュニケーション的合理性」と名づけるものが目的合理性の神話から脱出する原動力となった．

ハバーマスは、ホルクハイマーとアドルノが用いた神話のレトリックを逆手に取って、神話的世界観と近代的世界観との比較を論じた．彼は神話的世界観の閉鎖性を2つの論点について指摘した[58]．第1に、以下で述べるように、彼はコミュニケーション的行為の理論において、「客観的世界・社会的世界・主観的世界」を区別するが、神話的世界観においては、客観的および社会的世界と主観的世界とが呪術的に混同されていると考える．第2に、彼は、神話的世界観は自己省察を欠き、コミュニケーション的行為を通じて、命題の妥当性の要求を討議し批判に付することができないと論ずる．対象領域の分化とそれに対応する妥当性基準の特定化によって初めて、命題の合理性を確認することができるというのである．しかし、ハバーマスによれば、道具的理性による「生活世界の植民地化」という近代の病理は、世界像の物象化という形で自然と文化との混同、すなわち神話的思考への逆戻りを意味する．こうした論理によって、ハバーマスは啓蒙が神話に反転するという『啓蒙の弁証法』の主張を結果的に弁護することになる．

　ホルクハイマー、アドルノ、ハバーマスの3人はフランクフルト学派に数えられるが、ハバーマスは啓蒙が切り開いた地平に信頼を置き、啓蒙への懐疑・批判にとどまらず、啓蒙の危機からの脱出を前向きに考えたのである．そこでハバーマス自身の概念的枠組みにそくして、彼の社会理論を考察しよう．

生活世界とシステムの分離と統合

　ハバーマスは主著『コミュニケーション的行為の理論』（1981年）において、「コミュニケーション的行為」という概念を提起し、それによって次の3つの問題群を扱うことを意図した[59]．(1) 啓蒙主義が鼓吹する「認知的・道具的合理性」に対抗するものとして、「コミュニケーション的合理性」の概念を提起すること．(2) 社会を「生活世界とシステム」という2層のパラダイムの関連としてとらえること．(3) 近代の病理ないしパラドックスを、「コミュニケーション的合理性」が支配すべき生活世界が「システム的合理性」に服従するという事態によって説明すること．

　「コミュニケーション的行為」とは、言語を手段として意思疎通を図り、

間主観的に相互理解ないし合意の形成を志向する行為であって，結果的に達成される目的そのものを特定していない．それはいわば手続き的行為である．その際，発言における妥当性の要求を討議を通じて認証するという考え方が成立するのであって，それに基づいて「コミュニケーション的合理性」を語ることができるという．

「コミュニケーション的行為」および「コミュニケーション的合理性」は包括的な概念であって，それらから区別されるいくつかの部分的なカテゴリーがある．まず目的達成の成功を志向した「目的論的行為」の類型がある．これは従来からの合理性概念であるが，ハバーマスはこれを「戦略的行為」と「道具的行為」とに分ける．「戦略的行為」は社会的事象の世界において，ある目的を達成するために合理的選択のルールに従うように，相手の決断に対応したり，相手に影響力を行使したりするゲーム論的行為である．「道具的行為」は非社会的・自然的事象の世界において，ある目的を達成するために技術的ルールに従う行為である．戦略的行為も道具的行為もともに，効率性を基準としてそれらの合理性が評価される．「目的論的行為」から区別されるものとして，規範によって規制される「規範的行為」があり，また社会科学ではあまり取り上げられることのない「演劇的・自己表示的行為」がある．

「コミュニケーション的行為」は，これらの行為類型と並置される類型ではなく，それらを包摂する生活世界に関して社会統合の役割を演ずる．また「コミュニケーション的合理性」は「コミュニケーション的行為」に随伴するものである．「合理性とは，認識や知識の獲得と関わりを持つというよりも，むしろ言語能力と行為能力のある主体が，いかにして知識を用いるかということと関係がある．」[60] 生活世界における知識は科学的知識に限られない．また生活世界における行為は科学的真理の追求に限られない．したがって生活世界における合理性の概念は，科学的知の特性としての認知的・道具的合理性に限定されず，より広い包括的なものである．「包括的な合理性」を構成する諸カテゴリーをまとめて表示すれば，第3-1表の通りである．

「包括的な合理性」は言語や行為の対象世界に応じて区別され，(1)の「客観的・自然的世界」に関する命題は，「認知的・道具的合理性」（真理性）に

第 3-1 表　包括的合理性の諸カテゴリー

世界	合理性	行為
(1) 客観的・自然的	認知的・道具的（真理性）	目的論的（戦略的・道具的を含む）
(2) 社会的	道徳的・実践的（正当性）	規範的
(3) 主観的・内面的	審美的・評価的（誠実性）	演劇的・自己表示的

よって判定され，主として「目的論的行為」に関わる．(2) の対人関係を含む「社会的世界」に関する命題は，「道徳的・実践的合理性」（正当性）によって測られ，主として「規範的行為」に関わる．(3) の個人の「主観的・内面的世界」に関する命題は，「審美的・評価的合理性」（誠実性）によって判断され，主として「演劇的・自己表示的行為」に関わりを持つ．3つの世界に関する命題の「真理性・正当性・誠実性」のそれぞれは，コミュニケーションにおける「妥当性要求」の基準となる．この表には書かれていないが，「包括的合理性」はこれらの3つのカテゴリーを総括するものであって，「生活世界」を対象として，「コミュニケーション的合理性」および「コミュニケーション的行為」が定義される．

　世界の種類と合理性の種類とは排他的に一対一の対応をするわけではなく，1つの合理性概念が複数の世界概念に適用されるとみなされる[61]．第 3-1 表について言えば，目的論的行為は (1) と (2) の世界に，規範的行為は (2) と (3) の世界に，演劇的行為は (3) と (1) の世界に妥当する．「コミュニケーション的行為」は，これらの対象世界と行為類型について，それぞれの世界と行為に固有の「妥当性要求」を掲げて，対話と意思疎通と合意形成を図る．これらの評価基準が対話を通じて適用されうる限り，個々の命題や言明は根拠を持つという意味で合理的と呼ばれるのである．このように行為類型と世界類型を含む「コミュニケーション的行為」の概念は，一方で，行為の社会学を展開すると同時に，他方で，合理性のメタ理論を与える．

　ハーバーマスによれば，「コミュニケーション的行為」の概念は，生活世界の行為調整にとって有効であるという．しかし，3つの合理性概念は通約不能であって，「コミュニケーション的行為」による統合は社会学的過程にお

けるブラック・ボックスの中に置かれている．社会的行為は，相互行為に参加する人々の目的志向をどのように調整するかによって，異なる合理性を持った行為類型として区別される．他方，経済や政治といった社会的・制度的システムの統合は，貨幣や権力を媒体として行われる．これは目的合理性に基づく「システム的合理化」である．生活世界においては，「コミュニケーション的合理性」に基づいて，生活世界自体の合理化すなわち妥当性要求の正当化が進められなければならないにもかかわらず，「システム的合理性」が，生活世界における意識を物象化することによって，「生活世界の植民地化」をもたらす．批判的社会科学の役割は，生活世界における主体間のコミュニケーション的合意としての合理性を育てていくことである．ハバーマスはそこに近代の病理からの解放を求めた．

その後，ハバーマスは道徳的・実践的合理性（正当性）の領域に適用されたコミュニケーション的行為の概念を発展させ，討議倫理学と呼ばれる学説を打ち立てた[62]．それによれば，理想的な発話状態（理想的コミュニケーション共同体）の下では，「コミュニケーション的行為」は規範的な相互行為とみなされる．対話における合意によって社会の規範を定めるという考え方は，具体的には民主主義制度と結びつくことによって妥当の場を得る．しかし，ハバーマスの討議倫理学は道徳原理の内容を示すものではなく，道徳原理を導く手続きに関わるものであって，道徳原理は討議を通じて決められるべきだというにとどまる．彼の言う道徳的・実践的合理性は，手続き的正義の条件を保証するものにすぎず，ジョン・ロールズの正義論のような手続き的正義の内容となる原理を提示するものではない[63]．ハバーマスにおいて，正義原理の合意が民主的手続き過程に委ねられるのは，異なる種類の合理性の間の調整がコミュニケーションという手続き過程に委ねられるのと同様である．

総括——ハバーマスの意義

ハバーマスの社会理論は，われわれがこれまで扱ってきた歴史主義の文脈に照らしてどのような意義を持つものであろうか．ハバーマスをディルタイの解釈学およびウェーバーの社会学と比較するという形で総括しよう．ディ

ルタイは歴史主義を解釈学として展開する系譜の創始者であり、ウェーバーは歴史主義を社会学として展開する系譜の代表者である.

社会科学の対象は、行為主体のさまざまな意図や意味を担った行為や制度であり、それを生活世界におけるコミュニケーション的行為によって間主観的に共有される知として理解するということは、解釈学的アプローチを必要とする.なぜなら、コミュニケーション的行為を通ずる理解と解釈は、抽象的な演繹科学の方法である道具的行為とは異なって、生活世界における前科学的な知と関連づけられなければならないからである.ディルタイによって樹立された「体験・表現・理解」という解釈学の枠組みは、間主観的なコミュニケーション的行為という社会学的視点から新たな展開の契機を得るのである.

その展開の方向に関連することだが、コミュニケーション的行為を通ずる合意という社会学的概念は、包括的な生活世界を立脚点として、その世界を支配する包括的な合理性概念を定義するためのものである.ディルタイの「体験・表現・理解」の枠組みは、「思惟・感情・意志」からなる人間の全幅的な精神能力(「心的生」)に基づいて、精神科学を基礎づけるものであった.ディルタイの精神科学は「認識・価値・実践」の3分野における人間社会の秩序を扱うものであった.彼が心理学的接近を離れて、解釈学的接近に進んだのは、歴史的生を精神の客体化・外形化としての「表現」において追体験し理解しようとしたからである.しかし、ディルタイにおいては、「思惟・感情・意志」という生の哲学的基盤と、「体験・表現・理解」という解釈学的方法との間の関係が無媒介のままに残されていた.強いて言えば、ディルタイは「体験・表現・理解」を通ずる間主観的解釈の成立を共同体の世界観に求めた.

ハバーマスのコミュニケーション的行為の概念は、生の哲学と解釈学の間に3つの世界類型と3つの行為類型を位置づけ、「認識・価値・実践」の3分野を「客観的世界・社会的世界・主観的世界」として定義し直し、合理性概念をそれぞれの世界に固有の秩序概念として定義し直した.それは「生の自己省察」の次元から「行為の社会学」の次元に移行することによって、社会秩序の認識が可能となるための社会学的条件を特定化したものと言えよう.

3 包括的合理性の観念

またコミュニケーション的行為の概念は,解釈学において「体験」と「理解」を媒介するものとされた「表現」を,「言語」というカテゴリーによって客体化された世界像や生活形態として明示化するものと言えよう.

ハバーマスがディルタイを論じた際に強調したのは,生の経験は他者の生の経験とのコミュニケーションを通じてのみ構築されるという点であった[64]. 個人の歴史的生の経験は時間的にタテ方向に作られるばかりでなく,コミュニケーションの間主観性の水準でヨコ方向にも形成される. ディルタイは精神科学の基礎づけに当って,「心的生」の枠組みを出発点として設定し,認知的理性に加えて感情や意志を含む精神能力の総体を強調したが,ハバーマスから見れば,ディルタイにおいては,感情移入による「独白的」な体験・理解を超えた「対話的」な体験・理解への配慮が不十分であった. 極端に言えば,解釈学の「感情移入モデル」と「コミュニケーション・モデル」とが対比されるのである.

次に,ウェーバーとの関係を取り上げよう. ハバーマスの『コミュニケーション的行為の理論』は,体系的理論を展開するに当って,主要な社会学者の業績を検討するという形を取っており,なかでもウェーバーの合理化理論に相対的に大きなウェイトを置いている. それは,ウェーバーが西洋の近代化を全生活領域における合理化の過程として包括的にとらえたからである.

ハバーマスはウェーバーの議論を自分の概念的枠組みによって整理する. 一方で,「客観的世界・社会的世界・主観的世界」の3世界を分け,他方で,各世界について「文化・社会・人格」の3側面を分け,このマトリックスの中にウェーバーが取り上げた近代合理主義の現象形態が位置づけられる. ハバーマスによれば,3世界に対応した文化的価値領域(科学と技術,法と道徳,芸術と文学)の分化が西洋合理主義を説明するウェーバーの鍵であった. この合理化過程のうち,ウェーバーの独特の主張は,社会的世界に関する「道徳的・実践的合理性」(正当性)が,経済や法や教育の「制度化」と職業禁欲的な「人格体系」との2つの経路によって推し進められることにあると,ハバーマスは見る[65]. いいかえれば,ウェーバーにおいては,「道徳的・実践的合理性」は,合法的支配の国家組織および戦略的行為に基づく経済取引という「制度要因」と,職業労働を志向する生活態度および秩序化性向とい

う「人格要因」とによって解明される.

ハバーマスは主著に先立って『晩期資本主義における正統化の諸問題』(1973年)において,ウェーバーが形式的な目的合理性や既存秩序の正当性のみを扱っているという批判を加えた[66]. そこでは広義の合理性概念をウェーバーに帰せしめていないし,また彼自身のコミュニケーション的合理性の枠組みも出来上がっていなかった.

ウェーバーの4つの行為類型から明らかなように,彼が包括的な生活世界における合理性と考えたものは目的合理性に限られるものではない. ハバーマスは『コミュニケーション的行為の理論』の中では,ウェーバーの複合的な合理性概念を「実践的合理性」と名づけている[67]. ウェーバーの関心は,ハバーマスの言う第2世界すなわち「道徳的・実践的合理性」が支配する「社会的世界」にあり,ウェーバーは社会関係における秩序を「正当的秩序」と呼んだ. ウェーバーの正当性の根拠は原則的ないし潜在的な妥当性であった. ハバーマスから見れば,これをコミュニケーション的行為における合意と認証に結びつけるべきであったし,さらにこれを「客観的世界」および「主観的世界」における合理性にまで拡大すべきであった. ウェーバーの理論にはこのような体系的拡充の余地が残されているというのが,ハバーマスのウェーバー批判であった. ウェーバーの「正当的秩序」とハバーマスの「コミュニケーション的合理性」とは互いに類似したものと考えられる. ハバーマスの社会理論の意義は,歴史主義が追求してきた生活世界を立脚点としながら,啓蒙主義の「認知的・道具的合理性」の概念を相対化する枠組みを明示したことにあるといえよう.

本章において,われわれは歴史主義の理論化という観点から,「制度」ないし「類型」の社会学と,「心的生」の解釈学との2つを検討の対象として挙げた. 以上で扱ったウェーバー,シュンペーター,ハバーマスらの社会学は,歴史主義の問題意識を何よりも制度や類型の社会学として展開したが,人間の社会的行為の理解という問題を通じて解釈学の接近と交叉した. しかし,彼らが「思惟・感情・意志」の内面に立ち入ることなく,むしろそこに立ち入ることを避けることによって,「体験・表現・理解」を外形的に処理することにとどまったのは,実証主義時代の社会学の運命でもあった. もち

ろん，社会科学の側からは，生の哲学や現象学の意識分析では歴史的な生活世界に迫りえないという批判が提起されよう．われわれは社会科学への解釈学的接近を目指しているのであって，このことに留意しつつ，章を改めて，哲学的解釈学の展開を確かめることにしたい．

注

1) Immanuel Kant, "Beantwortung der Frage: Was is Aufklälung ?" *Berlinische Monatsschrift*, 1794.（篠田英雄訳『啓蒙とは何か』岩波書店，1974 年，7 ページ．）
2) Max Weber, *Wissenschaft als Beruf* (1919), *Gesammelte Aufsätze zur Wissenschaftslehre*, Tübingen: J.C.B. Mohr, 1922, S. 536.（尾高邦雄訳『職業としての学問』岩波書店，1980 年，33 ページ．）
3) Friedrich Meinecke, *Die Entstehung des Historismus*, 2 Bände, 1936.（菊森英夫他訳『歴史主義の成立』上巻，筑摩書房，1968 年，扉に引用．）
4) Ernst Troeltsch, *Der Historismus und seine Probleme*, Tübingen: J.C.B. Mohr, 1922, S. 108.（近藤勝彦訳『歴史主義とその諸問題』『トレルチ著作集』第 4 巻，ヨルダン社，1980 年，165 ページ．）
5) Carlo Antoni, *Lo Storicismo*, Edizioni Radio Italiana, 1957.（新井慎一訳『歴史主義』創文社，1973 年，29 ページ．）
6) 同上，訳，131 ページ．
7) Max Weber, "Die protestantische Ethik und der „Geist" des Kapitalismus," *Archiv für Sozialwissenschaft und Sozialpolitik*, 1905, S. 107-108.（梶山力他訳『プロテスタンティズムの倫理と資本主義の精神』下巻，岩波書店，1962 年，245 ページ．）
8) Carl Menger, *Untersuchungen über die Methode der Socialwissenschaften, und der politischen Oekonomie insbesondere*, Leipzig: Duncker & Humblot, 1883.（吉田昇三訳『経済学の方法』日本経済評論社，1986 年．）
9) Gustav von Schmoller, "Zur Methodologie der Staats -und Sozialwissenschaften," *Schmollers Jahrbuch*, 1883.（吉田昇三訳，同上に所収．）
10) Carl Menger, *Die Irrtümer des Historismus in der deutschen Nationalökonomie*, Wien: Alfred Hölder, 1884.（吉田昇三訳，同上に所収．）
11) Gustav von Schmoller, "Volkswirtschaft, Volkswirtschaftslehre und -methode," in *Handwörterbuch der Staatswissenschaften*, 3. Aufl., Bd. 8, 1911, S. 455.（田村信一訳『国民経済，国民経済学および方法』日本経済評論社，2002 年，79 ページ．）

12) Yuichi Shionoya, "Schmoller and Modern Economic Sociology," *Schmollers Jahrbuch*, 126, 2006, p. 189.
13) Joseph Schumpeter, *History of Economic Analysis*, New York: Oxford University Press, 1954, p. 814.（東畑精一他訳『経済分析の歴史』下巻，岩波書店，2005年，120ページ.）
14) 塩野谷祐一『シュンペーター的思考──総合的社会科学の構想』東洋経済新報社，1995年，第8章.
15) Oswald Spengler, *Der Untergang des Abendlandes: Umrisse einer Morphologie der Weltgeschichte*, 2 Bände, Wien: Wilhelm Braumüller, 1918-22.（村松正俊訳『西欧の没落──世界史の形態学の素描』2巻，五月書房，2001年.）
16) Friedrich Meinecke, *Die Deutsche Katastrophe: Betrachtungen und Erinnerungen*, 1946.（矢田俊隆訳『ドイツの悲劇』中央公論社，1974年.）
17) Leopold von Ranke, *Englische Geschichte vornehmlich im siebzehnten Jahrhundert*, Leipzig: Duncker & Humblot, Bd. 2, 3. Aufl., 1870, S. 103.
18) Helmut Berding, "Leopold von Ranke," in Hans-Ulrich Wehler (hrsg.), *Deutsche Historiker*, Bd. 1, Göttingen: Vandenhoeck & Ruprecht, 1971.（ドイツ現代史研究会訳『ドイツの歴史家』第1巻，未来社，1982年，76ページ.）
19) Karl Heussi, *Die Krisis des Historismus*, 1932.（佐伯守訳『歴史主義の危機』イザラ書房，1974年，40, 129ページ.）
20) Eduard Spranger, *Lebensformen: Geisteswissenschaftliche Psychologie und Ethik der Persönlichkeit*, Halle: Max Niemeyer, 1914.（伊勢田耀子訳『文化と性格の諸類型』2巻，明治図書出版，1961年.）
21) Wilhelm Dilthey, "Über vergleichende Psychologie" (1895-96), *Gesammelte Schriften*, Bd. 5, Leipzig: B.G. Teubner, 1924.（三木博訳「比較心理学──個性の研究」，大野篤一郎他編『ディルタイ全集・第3巻，論理学・心理学論集』法政大学出版局，2003年，780ページ.）
22) 同上，訳，783ページ.
23) 同上，訳，788-89ページ.
24) 『歴史主義の成立』訳，下巻，204-5ページ.
25) Friedrich Meinecke, *Vom geschichtlichen Sinn und vom Sinn der Geschichte*, 5. Aufl., Stuttgart: K. F. Koehler, 1951.（中山治一訳『歴史感覚と歴史の意味』創文社，1972年，114ページ.）
26) Wilhelm Dilthey, *Die Aufbau der geschichtlichen Welt in den Geisteswissenschaften* (1910), *Gesammelte Schriften*, Bd. 7, Leipzig: B.G. Teubner, 1927.（尾形良助訳『精神科学における歴史的世界の形成』以文社，1981年，104-105ページ.）
27) Wilhelm Dilthey, "Die Entstehung der Hermeneutik," (1900), *Gesammelte Schriften*, Bd. 5.（外山和子訳「解釈学の成立」，『ディルタイ全集・第3巻，論理学・心理学論集』862ページ.）

28) 『歴史感覚と歴史の意味』訳,第1章.
29) 同上,訳,19-20 ページ.
30) Karl Popper, *The Poverty of Historicism*, London: Routledge & Kegan Paul, 1957.(久野収他訳『歴史主義の貧困』中央公論社,1961 年.)
31) Carlo Antoni, *Dallo storicismo alla sociologia*, Firenze: G.C. Sansoni, 1940.(讃井鉄男訳『歴史主義から社会学へ』未来社,1959 年.)
32) Pietro Rossi, *Vom Historismus zur historischen Sozialwissenschaft: Heidelberger Max Weber-Vorlesungen*, Frankfurt: Suhrkamp, 1985.(水沼知一訳『マックス・ウェーバー講義——歴史主義から歴史社会科学へ』みすず書房,1992 年.)
33) Max Weber, *Wirtschaft und Gesellschaft: Grundriss der verstehenden Soziologie* (1921), Tübingen: J.C.B. Mohr, 1976, S. 1.(清水幾太郎訳『社会学の根本概念』岩波書店,1972 年,8 ページ.)
34) 同上,訳,39 ページ.
35) Yuichi Shionoya, "Getting Back Max Weber from Sociology to Economics," in *The Soul of the German Historical School: Methodological Essays on Schmoller, Weber, and Schumpeter*, New York: Springer, 2005.
36) Max Weber, "Über einige Kategorien der verstehenden Soziologie" (1913), *Gesammelte Aufsätze zur Wissenschaftslehre*, Tübingen: J.C.B. Mohr, 1922, S. 417.(林道義訳『理解社会学のカテゴリー』岩波書店,1968 年,36 ページ.)
37) Weber, *Wirtschaft und Gesellschaft*, Teil 2, Kapitel III, S. 212-33.
38) Schumpeter, *History of Economic Analysis*, pp. 418-19.(『経済分析の歴史』訳,中巻,78-79 ページ.)
39) Ibid., p. 419.(同上,訳,80 ページ.)
40) *Harvard Crimson*, April 11, 1944.
41) Joseph Schumpeter, *Theorie der wirtschaftlichen Entwicklung*, 2. Aufl., Leipzig: Duncker & Humblot, 1926, S. 138-39.(塩野谷祐一他訳『経済発展の理論』上巻,岩波書店,1977 年,245-47 ページ.)
42) 塩野谷祐一『シュンペーター的思考——総合的社会科学の構想』第 3 章.
43) 『経済分析の歴史』訳,上巻,32-33 ページ.
44) Joseph Schumpeter, *Business Cycles: A Theoretical, Historical, and Statistical Analysis of the Capitalist Process*, New York: McGraw-Hill, vol. 1, 1939, p. 220.(吉田昇三監修『景気循環論』第 2 巻,有斐閣,1959 年,327 ページ.)
45) Joseph Schumpeter, *Capitalism, Socialism and Democracy*, New York: Harper & Brothers, 1942, 3rd ed., 1950.(中山伊知郎他訳『資本主義・社会主義・民主主義』3 巻,東洋経済新報社,1951-52 年.)
46) 塩野谷祐一『シュンペーター的思考——総合的社会科学の構想』303-305 ページ.
47) Schumpeter, *Capitalism, Socialism and Democracy*, p. 131.(『資本主義・社会

主義・民主主義』訳，上巻，231 ページ.)
48) Schumpeter, *History of Economic Analysis*, p. 422.(『経済分析の歴史』訳，中巻，85 ページ.)
49) Ibid., p. 812.(同上，訳，下巻，117 ページ.)
50) Ibid., pp. 422-23.(同上，訳，中巻，86 ページ.)
51) Max Horkheimer and Theodor W. Adorno, *Dialektik der Aufklälung: Philosophische Fragmente*, Amsterdam: Querido Verlag, 1947.(徳永恂訳『啓蒙の弁証法——哲学的断想』岩波書店，2007 年.)
52) David Held, *Introduction to Critical Theory: Horkheimer to Habermas*, Berkeley: University of California Press, 1980.
53) 『啓蒙の弁証法——哲学的断想』訳，15 ページ.
54) Max Horkheimer, "Reason against Itself: Some Remarks on Enlightenment," in James Schmidt (ed.), *What is Enlightenment?: Eighteenth-Century Answers and Twentieth-Century Questions*, Berkeley: University of California Press, 1996, p. 360.
55) Max Horkheimer, "Bemerkungen über Wissenschaft und Krise," *Zeitschrift für Sozialforschung*, 1932.(清水多吉他編訳『30 年代の危機と哲学』平凡社，1999 年，150-51 ページ.)
56) 同上，訳，144 ページ.
57) Jürgen Habermas, *Der philosophische Diskurs der Moderne*, Frankfurt a. M.: Suhrkamp, 1985.(三島憲一他訳『近代の哲学的ディスクルス』岩波書店，1990 年，第Ⅴ章「神話と啓蒙の両義性——『啓蒙の弁証法』再読」.)
58) Jürgen Habermas, *Theorie des kommunikativen Handelns*, 2 Bände, Frankfurt a. M.: Suhrkamp, 1981.(河上倫逸他訳『コミュニケイション的行為の理論』上巻，未来社，1985 年，88-89 ページ.)
59) 同上，訳，上巻，16 ページ.
60) 同上，訳，上巻，30 ページ.
61) 同上，訳，上巻，326 ページ.
62) Jürgen Habermas, *Moralbewusstsein und kommunikatives Handeln*, Frankfurt a. M.: Suhrkamp, 1983.(三島憲一他訳『道徳意識とコミュニケーション行為』岩波書店，2000 年.)
63) 塩野谷祐一『経済と倫理——福祉国家の哲学』東京大学出版会，2002 年，235-37 ページ.
64) Jürgen Habermas, *Erkenntnis und Interesse*, Frankfurt a. M.: Suhrkamp, 1968.(奥山次良他訳『認識と関心』未来社，1981 年，第 2 章・第 7 節，第 8 節.)
65) 『コミュニケイション的行為の理論』訳，上巻，237-39 ページ.
66) Jürgen Habermas, *Legitimationsprobleme im Spätkapitalismus*, Frankfurt a. M.: Suhrkamp, 1973.(細谷貞雄訳『晩期資本主義における正統化の諸問題』岩

波書店，1979年，第3章・第1節.）
67）『コミュニケイション的行為の理論』訳，上巻，240ページ.

第4章　基礎存在論から経済存在論へ

1　基礎存在論の概念的枠組み

『存在と時間』

　経済学に対して存在論的考察を加えるというわれわれの企てにとって，存在論の哲学を知ることは不可欠である．存在論は形而上学の中心部分であり，認識論および倫理学と関連しながら，ギリシャ以来の西洋哲学の歴史を生み出してきた．ここでは，厖大な広がりを持つ存在論の歴史を渉猟するのでなく，存在論の分野に大きな足跡を残した20世紀の哲学者マルティン・ハイデガーの思想を取り上げることによって，存在論の問題状況を展望的に把握することは，おそらく妥当な接近方法といえるであろう．彼は存在の意味を問うことを生涯の一貫した課題と見なし，しかもその視点から西洋哲学史全体の脱構築を目指すという壮大な構想を持っていたからである．

　われわれは前章において，歴史主義の世界観を理論として展開する道として，社会学的類型学と哲学的解釈学とを挙げた．一方で，知識社会学および理解社会学を含む社会学的パースペクティヴは，経済的知を規定する歴史的・社会的契機を明らかにする．他方で，「精神と社会」との間の相関性の観点から見て，歴史主義にとって精神的・主体的側面を考慮に入れることが不可欠である．社会学の包括的な世界像は，全幅的人間における「心的生」の全体像の反映に他ならないからである．ハイデガーの存在論は，ディルタイに始まる解釈学の展開を図るものであって，われわれの問題意識は，歴史主義と解釈学との連関をハイデガーについて確かめることにある．

　ハイデガーの主著と見なされる『存在と時間』(1927年)[1]は，未完成かつ

未成熟のまま出版を余儀なくされた書物であって，予定された2巻本の上巻にすぎなかったが，第1次世界大戦後の学界において，たちまちセンセーショナルな成功を収めたばかりでなく，広範な哲学思想の諸分野に永続的な影響を及ぼした．それは，20世紀において最も大きな影響力を持った哲学書とさえ評されている．しかし，一方では，分析哲学者のグループから，ハイデガーはペテン師であるという悪罵を浴びせられてきたし，それほどではないにせよ，ハイデガーはあまりにも賞賛されすぎているという醒めた評価もある．彼のナチス加担とあいまって，根強い批判的意見が絶えない．彼をめぐる毀誉褒貶は半ばするものがある．しかも奇妙な言葉遊びと誇大な表現を伴ったハイデガーの著作は，単純明快さから程遠く，首尾一貫性にも欠けるものであるために，その全体像を解釈し把握することはきわめて困難であるとみなされている．われわれはここで全面的なハイデガー研究を意図するものではない．われわれは存在論の現代的問題状況への導きとして彼の思想を参照し，われわれが必要とするものをそこから得たいと考える．

存在論的区別

　われわれの目的は，経済学が対象とする経済世界について，経済学のメタ理論の1つである存在論を展開することである．ハイデガーは，存在するもの（存在者，Seiende, beings or entities）と存在者が存在すること（存在，Sein, Being）とを区別し，これを「存在論的区別」と呼んだ．そして存在者に関わる考察を「存在的」(ontisch) と呼び，存在に関わる考察を「存在論的」(ontologisch) と呼んだ．個別の学問，たとえば経済学は経済世界という特定の存在者を対象とし，経済活動についての事実関係を理論的に記述するものであるから，「存在的研究」である．それに対して，存在とは何かという問いは，存在者「がある」ということ，および存在者が何か「である」ということは何を意味するかを問うことであり，これが「存在論的研究」である．存在とは，存在者を存在者として規定するものであって，それ自身は存在者ではなく，存在者を超越したものである．

　同じような区別は，「意味」や「価値」についても類推的に語ることができる．存在者と存在との区別と同じように，言語と言語によって担われるも

の〈意味〉との区別，望ましいものと望ましさ〈価値〉との区別が考えられる．言語が特定の文脈において何らかの具体的な対象を指示し，具体的な内容を表現する場合，言語の「意味」とは何かを問うことは，言語を言語たらしめているものを問うことである．また事物がある望ましさを持つ場合，事物の「価値」とは何かを問うことは，何らかの事物を望ましいものたらしめているものを問うことである．同じように，「存在」とは何かを問うことは，存在者を存在者たらしめるものを明らかにすることである．逆にいえば，存在者は「存在」を担うことによって，存在者としてある．形而上学の基本概念である「存在」(being)，「意味」(meaning)，「価値」(valuing) は，それらを担っている具体的な担い手（存在者，言語，事物）から離れて，人間が賦与するそれぞれの異なる作用様式（〜ing）を表すのである．

　倫理学において，G.E. ムアが，何が善であるかという問いと，善とは何かという問いとを区別したことが想起されよう[2]．彼は前者の問いについては，善であるものは「人間の交際の楽しみと，美しい対象の享受である」と述べ，理想主義的功利主義を意味する解答を与えながらも，後者の問いについては，善は定義不可能であるとする直覚主義の立場を取った．ハイデガーが論じた存在の意味も，結局のところ，直覚に依存するのである．

　ハイデガーは，学問は存在論に基づかなければならないという．諸科学は一定の事象領域を割り当てられ，そこに一連の基礎的概念によって領域の基本構造を作り上げている．存在者の構成そのものを賦与するものは「存在論的研究」である．それは存在者が持つ「価値・意義・意味」を明るみに出す．このような基礎的エンダウメント（賦与）を通じて初めて，「存在的研究」としての諸科学は知識の断片を扱うのでなく，自然と歴史における真理の広がりの全体をとらえることができる．彼によれば，学問の進歩は，一定のパラダイム内部における拡充作業によって生まれるよりも，むしろその基本的概念や基本構造の反省・改訂・革新を通じて生まれるという．存在的研究と存在論的研究との関係は，理論とメタ理論との関係を意味する．トマス・クーンの言葉を使うならば，その関係は与えられた問題と方法の下での「パズル解き」と，その枠組みを与える「パラダイム」形成との関係を意味する．もちろん，このような区別はハイデガーの独創ではない．

アリストテレスは次のように書いている．

「存在者である限りでの存在者を研究し，またこれに本質的に属することがらを研究する学問がある．この学問は，いわゆる特殊的な諸学問のいずれとも同じではない．なぜなら，他の諸学問はいずれも，存在者である限りでの存在者を全体として考察したりはせず，ただそのある部分を抽出し，これについてそれに付帯する属性を研究するだけだからである．」[3]

ここでいう「学問」とは形而上学のことであるが，これはすべての存在者を存在者たらしめている存在一般とは何かを問う．これをハイデガーは「基礎存在論」と呼ぶ．それに対して，ここでいう「他の諸学問」とは，分割された個別の学問領域における存在者を扱うものであり，その領域について存在者の存在を問うものは「特殊存在論」ないし「領域存在論」である．もちろん，「他の諸学問」には，個別の学問領域についての理論そのものが含まれる．基礎存在論は存在一般の意味の究明を意図しており，個別の学問には立ち入らない．われわれは経済理論および経済存在論に先立って，基礎存在論から出発する．

ハイデガーの存在論の特徴

存在論についてのハイデガーの思考の特徴は，第1に，存在者の中に区別を設けたことである．彼は存在論を展開するために，存在者の一種である人間を特別のものとして取り上げ，これを「現存在」（Dasein, being-there）と名づける．このような言葉を使うのは，人間・自己・自我・主観・意識などの概念が持つ既存の意味合いを避けると同時に，存在論の基礎概念を特別に強調するためである．彼は，人間は自己の存在を理解しながら存在しているものとみなし，この人間に存在の意味理解を行う役割を担わせた．

そして第2に，ハイデガーの枠組みの特徴は，現存在の本質を過去・現在・将来の次元を持つ「時間性」（Zeitlichkeit, temporality）であるとみなしたことである．この人間観の下で，人間は自己および世界の存在者について，時間の視点から存在了解を持つ．そのことが，現存在がみずからを時間化する（sich zeitigen）ということを意味する．時間的視野が変われば，存

在のイメージが変わる．現存在とは，人間があらゆる存在者を存在者たらしめる存在賦与機能を果たすことによって，あらゆるものの存在（Sein）の意味が明らかとなる場所（da）であることをいう．こうしてハイデガーは，「存在の意味は時間である」という，ただちには理解しがたい哲学的な命題を提起する．主著の『存在と時間』という題名はこれを表したものである．

　上述の「存在論的区別」という観念は，存在者の中で現存在という存在賦与機能を持った特別の存在者を識別することによって初めて成立する．現存在以外の事物的・客体的存在者についての存在の問いは，その存在者がどのように「対象化される存在」であるかを問うのに対し，現存在（人間）の存在についての問いは，人間が事物をどのように「対象化する存在」であるかを問う．事物の存在を規定するものは，人間の存在了解の仕方そのものである．存在了解に基づいて生きる人間の存在のあり方が「実存」（Existenz）と呼ばれる．「存在論的区別」は，存在者が存在の問いを発する主体であるか否かという点において，現存在（人間）という存在者と他の事物の存在者とが区別されることから出発している．現存在の存在性格はその実存性に基づいて定義され，「実存範疇」（Existenzialen）と名づけられる．それは，現存在でない存在者の存在性格を表す「カテゴリー」（Kategorien）から区別される．

　かくして，ハイデガーの存在論の課題は，存在の意味を問うことであるが，その概念的枠組みは「存在者―存在（存在者の意味）―時間（存在の意味）」という３つの次元からなる．まず存在者について存在者の意味（すなわち，存在）を問い，次に存在の意味（すなわち，時間）を問うというものである．いいかえれば，「存在者」を理解する視点が「存在」であり，「存在」を理解する視点が「時間」である．そしてこれらの問いに答える仕事を現存在（人間）の存在了解能力に託すのである．

2 現存在の分析と世界像の形成

現存在の実存論的分析

ハイデガーの現存在の実存論的分析によって,現存在についていくつかの特徴が摘出される.

(1)現存在は,近代哲学が強調する意識・理性・認識を中心とする主体像ではなく,小説に出てくる主人公のような普通の人間存在である.既成の観念を現存在に当てはめるのではなく,存在の問題に関わりを持つ実存の特徴,しかも「平均的な日常性」の中に一貫している実存の本質的な構造を取り出さなければならない.これがハイデガー固有の実存論的分析の意図であり,その特徴は現象学的接近にある.現象学は,存在するものがみずからを示すままの姿において見えるようにする方法であって,そのためには,現存在の概念はあらゆる哲学的先入観から自由でなければならず,現存在は常に「情態性」(Befindlichkeit, attunement)に包まれながら,さまざまな感情や気分の中で生を体験するとみなされる.

(2)現存在は孤立的・自律的な人間ではなく,「世界内存在」(In-der-Welt-sein, Being-in-the-world)としてすでに世界の中に投げ込まれ,多面的・多層的な文脈の中で生きている.自我はこの「被投」(Geworfenheit, thrownness)を通じて世界の中に位置づけられ,拘束されると同時に,そのことを通じて,世界は人々が互いに意義連関を分かち合う「共同世界」(Mitwelt, with-world)として成立している.

(3)存在者は,日常的にも哲学的にも,時間の中に置かれている.時間性によって規定づけられた有限の現存在は,「死へと向かう存在」(Sein zum Tode)であり,死を展望するとき,一方において,不安と絶望とニヒリズムに傾くと同時に,他方において,有限の根底的認識を通じて生の驚異と至福と躍動に目覚めることもできる.世界の中に投げ込まれた制約された自我であればこそ,現存在は,生の価値を高め,新しい自我を形成するために,存在の本来的可能性の実現に向けて革新的な構想を持つことができる.これが将来に向けての「投企」(Entwurf, projection)である.

(4) しかし，日常の中の現存在は「死へと向かう存在」であることを直視せず，世俗的・平均的な生き方に「頽落」(Verfallen, fallenness) しがちである．日常的な現存在は，世間の不特定の「ひとびと」が考えたり，行ったりすることによって影響され，自己を喪失している．「世間話」を通じて世の中を理解しようとし，「好奇心」に駆られて物事を慌しく見聞し，右往左往する．その結果得られるものは根源的な真理ではなく，「曖昧さ」である．

(5) かくして，「被投」「投企」「頽落」の3つは，現存在の3層の構造を形成し，以下で述べるように，現存在と世界との関わり方を規定する「関心」の3つの契機を表す．過去からの「被投」は偶然性に支配されたものであり，日常的な現在は「頽落」によって特徴づけられており，将来への「投企」は結局において死によって運命づけられている．このような根源的無に根ざす状況を描写するために，現存在の最も根源的な開示可能性として，「不安」(Angst, anxiety) という漠然とした心の状態が設定される．先ほど触れた「情態性」の内容がこの「不安」に他ならない．

このような考えを押し進めていけば，われわれは人間をめぐる実存主義哲学の地平に導かれる．キルケゴール(1813-55年)に始まり，サルトル(1905-80年)において確立された実存主義は，人間存在を不安と孤独と絶望によって規定された状況とみなした．実存の概念は現実存在を意味し，存在論の歴史において，「本質存在」から区別された「事実存在」を指す概念である．『存在と時間』は明らかにこのような実存論的分析を大量に含んでおり，実存主義の系譜の中で論ずることができるが，ハイデガーは自分の理論が実存主義的な人間学として解釈されることを拒否している．彼によれば，現存在の実存論的分析は存在論の準備作業にすぎないからである．そこでわれわれとしては，現存在の実存論的分析とそれが含む錯綜した諸概念に深く沈潜するよりも，それが世界に関する存在論の分析にどのように向けられるかを見ることが大切である．そのように見る場合，次の諸命題(6)-(9)がとりわけ重要である．

現存在と世界の存在論

(6) 人間という存在者は，他の存在者と異なって，世界のあらゆる存在者

の存在について問いを発し，言明を行うことができるという意味で，存在の意味を了解している．他の存在者（事物）については，因果関係を推論したり実証したりすることが可能であるが，現存在のあり方については，みずから直観的に理解するしかない．これを「存在了解」(Seinsverständnis, understanding of Being) と呼ぶ．ハイデガーは言う．「現存在が——すなわち，存在了解の存在可能性が——存在している限りでのみ，存在が与えられているのである」（上巻，442ページ）．ここで「現存在が存在を与える」という命題が打ち立てられる．存在了解という作用は上述の投企の1つであって，「存在投企」と呼ばれる．かくして存在とは，現存在によって企てとして投射されたヴィジョンである，ということになる．

(7) 現存在のこの企てによって，存在者を含む世界の存在が了解される．現存在という存在者の存在の意味は，形式的には「時間性」として定義されたが，内容的には，現存在の実存論的意味は「関心」ないし「配慮」(Sorge, care) であると規定される．現存在と世界とを結ぶものは人間の「関心」であって，人間の関心が世界に存在を与えるのである．この観点から見るとき，世界における存在者は，人間の関心によって結び合わされたプラグマティックな「道具」として現れる．世界は，人間のさまざまな関心に基づいて，目的・手段の関係を通じて結びつけられた道具のネットワークである．世界は，ひとまとまりの道具として手元に用意されていること，すなわち「道具性」(Zuhandenheit, readiness-to-hand) のゆえに，存在の意義を賦与される．

このことを逆に言えば，存在者は人間の関心と無関係には存在の意義を持たない．関心と無関係な存在者があるとすれば，それは単なる客体的な「現前性」(Vorhandenheit, presence-at-hand) を持つにすぎない．しかし，やがて理論的観点から，すなわち存在的観点から，これらの存在者もそれ自身として単にそこにあるものとして考察の対象となる．これが個別科学を導く．いいかえれば，科学は存在の意味を問うことなしに，存在者の構造連関を問うことができる．これが「存在忘却」(Seinsvergessenheit) に陥った知の世界である．存在忘却は「存在が存在者を見捨てること」から生ずる[4]．すなわち，道具性の存在了解は存在者の存在を問うものであるけれども，存在者間の「現前的」関連に視点が集中することによって，結果的に存在者が存在

から見捨てられるのである．

(8) 現存在の時間性とは，存在了解が，時間をいわばパラメターとした現存在のあり方（すなわち関心構造）の関数であることを意味する．すなわち，現存在が「過去・現在・将来」の時間軸にそくして自己をどのように考えるかに応じて，世界に対して賦与される存在の意味が変わってくる．現存在は，外生的に与えられた時間の流れの中で現在を生きるのではなく，みずからの関心ないし配慮の性質に応じて，異なる時間性を持つ．その結果，現存在は時間をパラメターとして，本来性または非本来性（Eigentlichkeit, authenticity, or Uneigentlichkeit, inauthenticity）を経験する．

ハイデガーが考えていたことは，次のように形式化できよう．

存在了解 = f {関心（本来的・非本来的），時間（過去・現在・将来）}

すなわち，現存在は「過去・現在・将来」という一組の時間的視野に直面しているが，それぞれに対して「本来的または非本来的」な関心の態様を示す．現存在の存在了解は，関心を独立変数とし，時間をパラメターとした関数 f である．

本来的な時間性とは，過去・現在・将来への適切な配慮，とりわけ死によって限界づけられる将来の自己の可能性に向けた先駆的配慮を意味する．現在および将来への時間性を欠く配慮の場合には，現存在の存在了解は，「既往性」（Gewesenheit）という過去の時間軸によって特徴づけられた「被投」となる．過去・将来への配慮を欠く現在中心の時間性の下では，現存在そのものが「現前性」となり，自己を喪失・忘却することによって「頽落」的な存在了解がもたらされる．自分の目標の実現のために，将来に向けて「投企」を行うことは人間の日常的な姿に他ならない．「投企」の内容にかかわらず，死へと向かう有限の存在としての決意こそが本来的な「投企」を意味する．現存在の非本来性とその「頽落」は，道徳的に否定的な評価を意味するのではなく，現存在が世界内の相互関係の中に埋没してしまったために，自己自身から脱落している姿を示すのである．人間は日常的にほとんどの場合，このような生き方をするという．しかし，現存在の自由な関心とそれに基づく将来に向けての「投企」の下では，現存在の本来性が回復され，存在を生成とみなす動態的な存在論が可能となる．

ハイデガーによれば，現存在が陥り易い日常の非本来性から本来性へと呼び戻すものは，「良心」の声である．良心は，現存在を他人事ではない「死へと向かう存在」という負い目（Schuld）を担った存在へと呼び戻し，本来的自己に向かって自己「投企」をするように呼びかける．しかし，本来性の概念は何らかの意味で望ましい生き方を示すものではなく，非本来的な実存である「頽落」に傾き，そこに行き着く姿をあらわにする参照基準である．

時間性とは，日常的な時間を指すのではなく，現存在が自己の外に出て（脱自態 Ekstase），「過去・現在・将来」に向けてさまざまな形で配慮することをいう．この脱自的な時間性が現存在の存在了解を規定する．すなわち，時間性としての「将来・過去・現在」は，現存在に対して，それぞれ「自己に向かって」，「過去に立ち帰って」，「現在に対処して」という3つの現象学的態度を賦与する．ハイデガーが時間を存在の根底に置いたのは，実存の全体性を明らかにするためであったと考えられる[5]．現存在は生と死によって区切られた有限のものである．彼は次のように述べ，そのような時間的視野の下で，死に臨む本来的現存在にとっての将来の優位性を主張する．「根源的な本来的時間性は，[1] 本来的な将来から出発し，[2] 将来的に既往しつつ，[3] そこで初めて現在を喚起する．根源的本来的時間性の第一義的現象は，将来である」（下巻，220ページ．[　] の番号は引用者が追加したもの）．本来的時間性のヒエラルキー的構造は，[1] 将来＞[2] 過去＞[3] 現在というものである．このような形での3者への配慮の統一が，本来的な時間性である．

(9) 現存在の存在了解から存在者に向かう自発的・能動的な関係に対して，現存在が「世界内存在」であるという被制約的・受動的な関係が対比される．能動的な関係の下では，人間が存在の主権者であるが，受動的関係の下では，世界そのものが人間に存在を歴史的運命として課すことになる．現存在が存在の視点を自由に設定する代わりに，存在の歴史が現存在のあり方を拘束的に規定している．現存在はこれを発見することが求められる．これはハイデガーの存在論における「転回」（Kehre, turn）と呼ばれている問題である．この視点の下では，存在論は，主体の側から一方的に「存在の意味」を導くという形ではなく，主体が同時に「存在の真理」を開示するという形で展開

されなければならない．実はこの問題は，われわれが本書においてこれまで追求してきたヴィジョン（創造）とイデオロギー（伝統）という2つの契機の関連を存在論的に問うことに他ならない．

「転回」における2つの命題

「転回」の問題を提起した重要な文献として，ハイデガーの『ヒューマニズムについて』（1947年）という著作がある．その中で彼は次のように書いている．

「人間は存在そのものによって，存在の真理の中へと投げ出されている．しかも，そのように投げ出されているのは，人間がそのようにして存在へと身を開き，そこへと出で立ちながら，存在の真理を損なわれないように守るためであり，その結果，存在の光の中で，存在者が存在者として現出してくるようになるためである．……存在者の到来は存在の運命に基づくのである．……人間はこの運命に相応しく，存在へと身を開き，そこへと出で立つものとして，存在の真理を損なわないように守らなければならない．人間は存在の牧人（Hirt, shepherd）である．」[6]

「存在の牧人」とは，牧場の羊飼いが与えられた羊の世話に専念するように，与えられた存在の真理を守るために身を挺して働かなくてはならないことをいう．

ハイデガーは，存在者の存在の意味を決定するものは，もはや単に人間の主観的「投企」ではなく，すでに与えられている存在の歴史的運命の重みに基づくという．人間にとっては，この運命に対応したみずからの本質を見出すことが課題とされる．そこで存在が人間に呼びかけ，促しており，人間がそれに呼応する形で存在を構想するという関連が重視される．ハイデガーはこれを存在の「本来的生起」（Ereignis, event）と呼ぶ[7]．「転回」とは，現存在による「存在の意味の了解」から，存在そのものによる「存在の真理の本来的生起」へのシフトを意味する．その結果，「人間と存在との相互往還的なかかわり」が生まれる[8]．彼の幻の第2の主著といわれた『哲学への寄与』（1989年）は，『ヒューマニズムについて』に先立って1936－38年に書き綴られた論稿であるが，「転回」を前提とした人間と存在との相互的なか

かわりを「存在の歴史」(Seinsgeschichte) として描いている.

ハイデガーのいう「転回」は『存在と時間』における主張の変説を意味するものではなく,現存在の実存論的分析に含まれる2つの契機の相互依存的な関連を強調するものである.第1の契機は,上の(5)において示したように,「現存在が存在している限りでのみ,存在が与えられている」という「投企」の命題である.これは現存在がその存在了解に基づいて存在を与えるという重要な命題である.第2の契機は,上の(2)において示したように,「現存在は,共同世界内存在として自己の存在可能性の中に投げ込まれている」という「被投」の命題であって,これは現存在が存在によって規制されているという命題である.両者は逆方向の関係を述べている.しかし,すでに『存在と時間』において,ハイデガーは2つの命題を並べて次のような叙述をしている.「存在者ではなく,存在は,真理がある限りでのみ,与えられる.そして真理は現存在が存在する限り,かつその間だけ,存在する.存在と真理は同根源的に存在する」(上巻,475ページ).すなわち,存在と真理の根源は等しく現存在である.もちろん,第2の命題は『存在と時間』の未完部分において,「存在と時間」という視点とは異なる「時間と存在」という視点から展開されるべきものであったから,「転回」はハイデガーにとって『存在と時間』の出版以後の問題となった.

ここで鍵となるのは,「真理」の概念である.伝統的真理観は言明と対象との合致を基準とするが,ハイデガーは真理を認識論的に規定することを拒否し,次のような存在論的解釈を提起する.

> 「言明が真であるということは,それが存在者をそれ自体のありさまで発見するということである.……そして,発見的であるという意味で真であることは,存在論的には,世界内存在に基づいてのみ可能である.」
> (上巻,453-54ページ)

すなわち,真理の根源的現象の基礎は,世界内存在として拘束された現存在にあるという.現存在から単線的に存在を導くのではなく,一方で,「投企」を通ずる「存在の賦与」と,他方で,歴史の中への「被投」を通ずる「存在の生起」という方向を異にする二極的作用の相互関係の中で,現存在の存在了解を解釈しなければならない.現存在は存在者に対して存在を賦与

するが，その存在は人間の自由や意図を超えて，現存在に対して呼びかける形で働きかけている．したがって，存在は「存在の真理」として，見出されるべくして見出されるものである．これが存在の「本来的生起」である．能動的な「投企」と受動的な「被投」とはともに現存在の存在了解にかかわっている．両者は「解釈学的循環」を形成する．この循環をハイデガーがしばしば用いる二重の表現によって示すならば，現存在としての人間は「存在が開示される場（da）である」と同時に，「存在の開けた明るみ（Lichtung）の中に投ぜられている．」「存在の意味」は時間性であったが，時間性は「存在の真理」を表すものでもある．かくして，ハイデガーは『哲学への寄与』におけるみずからの主題を「存在の歴史の思索」と呼ぶのである．

存在をめぐる2命題は，いわば現存在の「機能論」を表すものであって，現存在が「存在の投企」によって存在の賦与を行い（第1命題），現存在が「存在の生起」に従って存在の真理を実現する（第2命題）．両命題が表す二極的作用の合成によって，存在了解に基づく存在が確定する．ハイデガーの「転回」を「存在投企」と「存在生起」との間の二者択一と考えたり，前者から後者へのシフトと解釈したりすることは適切ではない．両者ははさみの両刃であって，「解釈学的循環」を形成する不可欠の対応物である．

われわれは存在論への接近を知の対象世界の構築と解釈し，シュンペーター，マンハイム，シェーラーの知識社会学的地平から，その根底にある歴史主義を経由して，現象学的地平へと進んできた．その際，知の形成に先行する前理論的知（プレ理論）として，ヴィジョンとイデオロギーの2つの概念の相互連関を念頭に置いた．ハイデガーの現存在の分析は，シュンペーターのいうヴィジョン（創造）が現存在の自由な投企・革新であり，彼のいうイデオロギー（伝統）が現存在にとっての歴史的所与・拘束であることを示している．知識社会学におけるこの2つの前理論的知は，ハイデガーの存在論の枠組みにおいては，現存在の存在了解の2つの側面，すなわち「存在投企」と「存在生起」とを構成すると解釈できるであろう．

伝統的存在論への批判

以上が『存在と時間』の基本的な枠組みおよび主要な命題である．その存

在論としての独創性はどこにあるのだろうか．われわれは上で，存在者の中で人間に特別の地位が与えられること，現存在が存在了解を通じて存在一般を賦与すること，そして存在そのものが現存在に見出されるべく働きかけていることをハイデガーの議論の骨組みとして指摘した．彼はこの議論を通じて，伝統的存在論が存在者のみにかかわり，存在の問いを忘却してきたことを批判し，「存在忘却」という批判的スローガンを掲げたのである．この批判の根底にあるものは「時間性」という座標軸の扱いである．

彼の存在論の接近方法は恩師のフッサールから学んだ現象学である．フッサールは学問的知の基礎づけに当って，対象の存在を日常的に自明視する自然的態度を遮断し（現象学的還元），超越論的主観性ないし意識の志向性によって世界の構成を説明しようとした．そこでは人間と世界とを結ぶものは認識である．しかし，すべての現象は認識という内在的意識の志向性によって構成されるとみなすフッサールと違って，ハイデガーは時間的座標軸の下での具体的生活経験と情態性の中にある人間存在から出発し，現象学を存在の意味と人間存在の構造（関心）との関係についての分析にまで押し進めた．そして存在は，すでに存在している漠然とした存在了解を「解釈」するという方法を通じて理解されなければならないという意味で，「現存在の現象学はその根源的な語義において解釈学である」と主張した（上巻，98 ページ）．現存在の存在了解はしばしば頽落や誤解を含み，真理は隠されているために，あたかも非整合的な文献を扱うときのように「解釈」されなければならない．

生の哲学としての解釈学は，ディルタイが精神科学に固有の方法として提起したものである．彼が「体験・表現・理解」の「心的連関」と呼んだものは，ハイデガーにおいては，情態性の中の現存在の存在了解を「過去・現在・将来」という「時間性」に照らして解釈するという枠組みによって受け継がれた．ハイデガーの存在論の方法は現象学を解釈学と結びつけるものであって，フッサールの「超越論的現象学」との対比において「解釈学的現象学」と呼ばれる．精神科学・人文科学・歴史科学・社会科学といった一連の学問は，自然科学とは異なる基礎を求めており，ハイデガーの存在論は，「解釈学的現象学」という方法によってこれらの学問を基礎づける可能性を示唆した．「存在忘却」によって特徴づけられる伝統的存在論と並んで，伝

統的認識論もまた，しばしば主張されるように学問を基礎づけるよりも，与えられた存在者を叙述するための方法論にすぎないものとなっている．

解釈学的現象学の方法の下で，ハイデガーは現存在の日常性における本質的構造を「時間性」として規定したが，この視点が伝統的存在論に対する批判を構成する．存在者のうち現存在は「過去・現在・将来」という時間相を持つにもかかわらず，伝統的存在論はすべての存在者を現在という時点に生起するものと見ているからである．いいかえれば，それは真の存在を無時間的・永久的・不変的・静態的な存在として理念化したものであり，非本来的時間性に基づくものであるとみなされる．

木田元の解釈によれば，ハイデガーは，アリストテレス以来の伝統的存在概念を「存在＝現前性＝被制作性」ととらえ，それが現在に偏向した非本来的な時間性に基づく存在了解に由来すると論じた[9]．この存在概念は，近代ヨーロッパの物質的・機械論的自然観と人間中心主義的文化をもたらしたのであって，ハイデガーはそれに代わって，将来にも配慮する本来的時間性の下で，ニーチェに見られるような「存在＝生成＝自然」というもう１つの存在概念の可能性を示唆したという．この２つの存在概念は，いわば存在の「類型論」であって，われわれが先に現存在の「機能論」と呼んだ２つの命題とは異なる．存在の２つの「類型」の違いは，現存在の能動・受動の２つの「機能」を前提としながら，時間性の座標軸の違いに応じて導かれるのである．われわれは上で，存在了解＝f｛関心（本来的・非本来的），時間（過去・現在・将来）｝という関数形を示した．現存在の存在賦与「機能」は，このf関数内の独立変数（関心）とパラメター（時間）との関係を表し，存在の「類型」は，結果としての従属変数の可能な値を表す．そして存在の「類型論」は，ハイデガーのいう「存在の歴史」を定式化したものといえよう．

木田は，どちらの類型の存在概念も，基本的に人間中心の存在観であるとみなし，ハイデガーはニーチェにおいて頂点に達した伝統的形而上学の克服を目指して，本質存在（本質性）と事実存在（現実性）との区別を考えないソクラテス以前の存在思想への回帰を構想したという．ハイデガーがこのような第３の存在概念を確立したかどうかは別として，われわれにとっては，

彼が時間性の概念をパラメターとしながら，現存在の2つの「機能」および存在の2つの「類型」を統一的な形で説明したことは重要である．なぜなら，彼の存在論は，歴史主義とロマン主義とを区別しつつ統合する場を提起したからである．そこでは「存在投企」も「存在生起」も歴史的に可変的であり，古典主義の「完成」とは異なって，歴史的拘束性の下でのロマン主義的「無限」への挑戦を説明すると考えられる．このような関心に基づいて，ハイデガーの時間性概念を再検討しよう．

3　時間性と歴史性

歴史と歴史性

　ハイデガーは現存在の時間性の分析を，これまで歴史哲学が扱ってきた歴史の問題にまで発展させようとする．これはディルタイの仕事に対する共鳴の派生的な結果であった．ハイデガーはディルタイの研究を3つの領域——科学方法論，精神科学の歴史，心理学的・解釈学的研究——にわたるものとみなすが，「ディルタイの唯一の目標は，『生』を哲学的に理解し，『生そのもの』に基づくこの理解に解釈学的基礎を確保することである」と解釈した（下巻，351ページ）．ハイデガーによれば，ディルタイの方法は，人間の全幅的「生」を，歴史的発展と作用の連関における人間の「あり方」として，しかも精神諸科学の可能的「対象」であると同時に，精神諸科学の「根底」として理解するというものであって，このような理解を現存在の自己省察を通じて導く仕事がハイデガーの解釈学に他ならなかった．ハイデガーは，歴史哲学に無関係であったフッサールの現象学をディルタイの生の哲学に結びつけ，現象学の転形をもたらしたが，それは結果にすぎなかった．本来は現存在の自己省察であるはずの解釈学が，歴史科学や精神科学の方法論を意味するのは，派生的形態においてにすぎないからである（下巻，351ページ）．

　しかし，ハイデガーの試みは，歴史学や歴史主義に対する挑戦でもあった．上で見たように，現存在の「時間性」の分析は，抽象的・形式的な「過去・現在・将来」という時間構成にそくして，現存在の存在了解の構造を解明す

るものであった．現存在の存在了解を規定するものは，上で1つの関数形によって示したように，現存在の関心であった．そして現存在の関心の全体が統一性を持ちうるのは，「時間性」の構造のゆえである．人間は過去の営為に基づく「被投」の制約の下にあるけれども，将来の可能性に向けての先駆的配慮としての「投企」の試みが，人間存在の本来性を基礎づけるのである．しかし，時間の中の人間は，客体的な物体のように無時間的に存在するのではなく，過去から将来へ，誕生から死亡へと自己自身が伸びたり広がったりする形で時間の中で生活する．ハイデガーはこれを現存在の「歴史」ないし「経歴」（Geschehen）と呼び，ディルタイが現存在の生の連関を現在の視点から存在的に問うのとは違って，それを現存在の「歴史性」に照らして存在論的に問うのである．

　一般に，歴史哲学では，「出来事としての歴史」（Geschichte, history）と「記述としての歴史」（Historie, historiology）とが区別される[10]．ハイデガーが Geschehen と呼ぶものは，前者すなわち事象として生起したものを意味し，彼が Historie と呼ぶものは，後者すなわち記述としての歴史学である．彼の問題は第3の歴史概念を提起することであって，歴史学の主題設定に先立って，その主題の根底に潜んでいる歴史の根本現象を「歴史性」（Geschichtlichkeit, historicity）として存在論的にとらえることである．

　彼は次のように言う．
　　「われわれは伸張した自己伸張（das erstreckte Sicherstrecken）に特有の動態を，現存在の経歴（Geschehen）と名づける．現存在の連関に向けられた問いは，現存在の経歴を尋ねる存在論的な問題である．この経歴の構造とその実存論的・時間的可能条件を明らかにすることは，歴史性の存在論的理解の獲得という意味を持つ．」（下巻，307-08ページ）

すなわち，「歴史性とは，現存在が現存在として経験する経歴の存在の構成を指す」ものであって（上巻，63ページ），存在者としての現存在の歴史の概念に先立つ存在論的規定である．存在者と存在との間の関係に等しいものが，現存在の歴史と歴史性との間に考えられている．

　そして現存在の歴史性の解釈は，基本的に，抽象的・形式的概念としての時間性をいっそう具体的に時代の歴史の生起の中で展開することに他ならな

い．それが「歴史性」である．ハイデガーによれば，現存在は歴史の中に置かれているから歴史的であるのではなく，逆にその存在の根底においてその存在了解がすでに時間的であるために，歴史的に存在するのである．

ハイデガーは通常の歴史の概念について，なぜ過去が優位を占めるのかと問う．通俗的な歴史および時間の概念によれば，まだ実現していない「現前性」（将来）が，瞬間的に「現前性」として実現し（現在），もはや存在しない「現前性」（過去）へと流れていく．人間は，あたかも現在時点でのみ時間と向き合うかのようにとらえられる．しかし，実際には過去は累積し，それが人間と社会を特徴づけ，将来におけるそのあり方を制約する．かくして現存在は現在を瞬間的に生きることの連続からなるのではなく，伸び広がった歴史を持ち，それが属する共同体も長く広い歴史を持つ．現存在の生き方は，将来に向けて共同体の過去を継承するという形を取る．将来の可能性に向けた「投企」といえども，過去から継承された遺産に含まれる存在の可能性によって制約されている．これが現存在の「被投」である．この意味で，過去は現存在に先廻りをしている．

歴史学は過去を主題化するに当って，その意味を解明し展開するために，現存在の本来的または非本来的歴史性に依存する．本来的歴史性の場合には，過去の制約にもかかわらず，過去を可能なものの再帰とみなし，可能性に向かって先駆的に将来への「投企」が行われる．「本来的歴史性の時間性は，……世間の慣例からの脱却である．それに対して，非本来的に歴史的な実存は……過去の遺物を背負って，現代的なものを追求している」（下巻，339ページ）．「歴史学の中心的な主題は，かつて現存していたそれぞれの実存の可能性である」というのが，ハイデガーの歴史学に関するテーゼである（下巻，346ページ）．すなわち，歴史研究の真の対象は過去の事実ではなく，実存様式の可能性である．そしてその可能性を引き出すのは将来への視点である．

したがって彼は次のように言う．

「もし運命が現存在の根源的歴史性を構成するものだとすれば，歴史の本質的な重要性は，過ぎ去ったものにあるのでもなく，今日にあるのでもなく，それと過ぎ去ったものとの関連にあるのでもなく，現存在の将

来から発する実存の本来的歴史にある．歴史は，現存在の存在様相として，その根を本質的に将来のうちに持っている．」(下巻，328ページ)

ここで運命とは，「本来的覚悟性の中に潜む現存在の根源的歴史のことであり」(下巻，325ページ)，現存在の本来的歴史性を意味する．それは，先に存在をめぐる2命題として論じた「存在の賦与」と「存在の真理」との合致したものに相当するであろう．歴史は過去の優位を意味するものではなく，過去において事実的に開示された実存の可能性に向けた現存在の「投企」を通じて，将来の優位を確認する場であるといえよう．そして「死へと向かう本来的存在，すなわち時間性の有限性こそ，現存在の歴史性の隠れた根拠である」(下巻，329ページ)．

こうしてハイデガーは，現存在の時間性における「過去・現在・将来」への統一的配慮(本来的歴史性)に基づいて，歴史学の実存論的根源を説明する．同時にわれわれが見逃すことのできないのは，歴史学を超えて，「あらゆる研究は，現存在の存在可能性のひとつである」という彼の認識である(上巻，63ページ)．そして「諸科学が現存在の存在構成に起源を持つことについて，存在論的可能性を研究することが必要である」(下巻，340ページ)．この考え方が，ハイデガーの基礎存在論から諸科学の存在論への歩みを可能にする．

学問における投企と被投

現存在の存在構成を追求するアプローチは，具体的な学問にそくして言えば，諸科学の学問的な問いに先立って，対象領域そのものの根源的なあり方を現象学的にとらえるためのものである．「科学的に加工される以前の事象領域を理解可能にし，これを基にして科学的加工そのものを理解可能にすることが，現象学の課題となる．」[11]

ハイデガーは主として歴史学を念頭に置きながら，「主題化」(Thematisierung)という言葉を使って，学問に携わる現存在の活動を次のようにまとめている．

「およそいかなる学問も，第一義的に主題化の作業によって構成される．すなわち，開示された世界内存在としての現存在において，前学問的に

すでに知られているものごとが，この主題化を通じて，それぞれに特有の存在にそくして投企される．この投企によって，存在者の領域が限界づけられる．その存在者への接近の仕方が方法的指針を受け取り，それを解釈する概念構造が素描される．」（下巻，342ページ）

つまり「現存在の投企」—「存在者の領域の確定」—「存在者への接近方法」—「解釈の概念構造」という一連の仕事が位置づけられる．いいかえれば，先に指摘したように（第1章第3節），「現存在の投企」によって，学問の「先行構造」としての3つの契機——「先行的対象把握（Vorhabe）・先行的視点設定（Vorsicht）・先行的概念形成（Vorgriff）」——が設定される．この3つのものは解釈の「前提条件」であって，ハイデガーはこれを「解釈学的状況」と名づけた（下巻，22ページ）．

このような将来に向けての「存在投企」を制約するものが，現存在の歴史性である．対象の主題化においても，現存在は本来的または非本来的な歴史性に依存する．したがって学問的知の主題は，当該学問においてかつて存在した実存の可能性を踏まえて投企するということになる．このような「投企」と「被投」との関連について，実際に重要となるものは当該学問の歴史である．経済学の存在論にとっては，経済学の歴史が「先行構造」の総体を与えるものとして本質的な役割を担う．しかし，一方で，ハイデガーは，事象の根源的経験を理解するためには，既存の科学の伝統に従うだけでは不十分であることを強調する[12]．経済学の主題化についていえば，問題は，「先行構造」の形成に当って，過去から蓄積されてきた経済学の歴史は存在論の観点から見てどのような意味を持つかということである．以下の第8章でこの問題を取り上げる．

総括——歴史科学と解釈学

ハイデガーの現存在の時間性および歴史性の分析は，歴史主義の立場とどのように関連するのであろうか．第3章における歴史主義の再構築の議論と関連させて言えば，それは，歴史的知としての精神科学の基礎づけを試みてきた「解釈学的（哲学的）歴史主義」，および歴史科学の構築という実践を担ってきた「類型学的（社会学的）歴史主義」とどのように関連するのであ

ろうか.ここで総括を図ることが適当であろう.

　ハイデガーは,哲学は存在の解釈学であると主張したが,われわれはそのような哲学のパラダイム・シフトを歴史科学の存在論として受け止め,その独創的貢献がどこにあるかを評価しなければならない.われわれのこれまでの検討事項に照らして,(1)ディルタイの生の哲学,(2)新カント派西南学派の歴史・文化科学の認識論,(3)マイネッケやトレルチの歴史主義概念,(4)ガダマーの哲学的解釈学,という歴史的知への4つの代表的な接近との関連でハイデガーの解釈学の位置づけを考えてみよう.

　(1)ディルタイの生の哲学は,精神科学の基礎づけとして「歴史的理性批判」を試みたものであり,解釈学的歴史主義の決定的な先駆をなすものであった.彼が強調するのは,「思惟・感情・意志」を含む全幅的人間の「生の連関」が,精神科学の対象であると同時に方法であると考えることであった.すなわち,客観的世界の構造や作用との関連を通じて,「生の連関」を「体験・表現・理解」することが精神科学の仕事であった.歴史の意味は,時代におけるこのような諸連関の特徴的な意義にあるとされた.ハイデガーがこの議論構成に対して異論を唱えたのは,ディルタイが歴史的存在者について存在の意味を問うことをしなかった点にある.ハイデガーの言葉を使えば,ディルタイは歴史についての「存在的研究」の方法を示したのであって,「存在論的研究」の方法を提起しなかった.ディルタイと異なって,ハイデガーは存在者と存在とを区別し,時間性をパラメターとする現存在の存在了解に基づき,「投企」と「被投」との緊張関係を中心テーマとして,独特の解釈学的現象学のパラダイムを構築した.

　(2)ハイデガーはヴィンデルバントやリッカートに対して批判的であった.彼は,彼らが歴史的現実としての生そのものを解釈するというディルタイの問題提起を歪曲したとして非難した[13].すなわち,新カント派はディルタイの生の哲学のアプローチを平凡化し,歴史科学を価値関係性という外面的契機と結びつけることに転じたのである.

　ハイデガーの枠組みと比較するとき,ヴィンデルバントやリッカートの認識論の特異性は明らかである.彼らは自然科学に対する歴史・文化科学の相違点として,「一般化的方法」と「個性化的方法」との違いを強調し,歴

史・文化科学における個性化的概念構成および歴史的事象選択の根拠として「文化価値」を挙げた．この価値関係性の概念は，ウェーバーによって広く知られるようになった歴史・文化・社会科学の客観性を問う問題を提起した．これは歴史主義が相対主義に陥るという批判の裏側の問題である．

ハイデガーによれば，歴史的知をめぐる論点は，方法としての個性化対普遍化の対立ではなく，「過去・現在・将来」の時間性の下での「投企」と「被投」との対立にある．学問の方法および対象の指定は，現存在の存在様式を表すものだからである．ウェーバーを含めた新カント派の歴史的知の認識論は存在論によって取って代えられ，「過去」そのものの重視から「将来」への視点の優位へと切り替えられる．

(3) マイネッケ＝トレルチの歴史主義概念は，社会思想的研究の観点からまとめられたものであって，「個性化的思考」と「発展的思考」として定義された．この定義の背後には，ロマン主義の多面的・総体的生の原理とそれに対応する社会事象の総体性の認識が置かれている．ハイデガーは「個性」や「発展」の観念をそれ自体として問題にするのではなく，過去の個別的事象に関わりつつ将来の可能性へと投企する現存在の実存を通じて，初めて歴史における「個性」や「発展」が意味を賦与されると考える．総体的生の原理は，現在時点における多面的な意識のカテゴリーを基礎にするだけでなく，「過去・現在・将来」の時間的座標軸にも拡張され，本来性・非本来性の区別という観念を生んだ．

(4) 最後に，解釈学の領域においては，ハイデガーと同じく存在論的接近をとるガダマーの論点に触れておかなければならない．ハイデガーは現存在の存在了解を通じて存在の解明を意図したが，このような理解と解釈は現存在の行為様式の1つではなく，現存在の存在様式そのものであった．ガダマーはこのような解釈学概念を継承しつつ，理解が現存在の「世界経験と生活実践の全体」に関わる包括的・普遍的なものであることを強調する[14]．すなわち，彼はハイデガーの基礎的存在論の枠を超えて，テクスト・言語・芸術・歴史の全体に解釈学を適用する．このような包括性こそが，人間存在の歴史性に迫るものである．

ハイデガーおよびガダマーの存在論はいくつかの新しい概念や見方を導入

し,「解釈学的歴史主義」の地歩を確立した.しかし,それが歴史に関わるものでありながら,決定的に欠いているものは,「類型学的歴史主義」に基づく社会科学的な世界像である.彼らの存在論が哲学である限り,そのことは当然である.ハイデガーが,ディルタイの精神諸科学の「存在的研究」の代わりに「存在論的研究」へと関心の次元を移す際,また歴史的知の根源としての新カント派の「文化価値」概念を現存在の「存在了解」によって置き換える際,歴史の部分部分をその中に位置づける全体の知の体系への志向とそのための枠組みがなければ,歴史主義にとって相対主義の論点は解消しないであろう.超越的な歴史哲学の崩壊を前提とする限り,そのような知の体系は,「精神と社会」との相互作用を通じて,部分が歴史の中で全体の構成要素にまで生成することが期待されるのである.歴史的に制約された知識のそれぞれは,包括的な全体を構成する部分に他ならない.

　前章で論じたように,歴史主義の世界像は,「社会学的類型学」と「哲学的解釈学」とによって相互連携的な形で描かれるべきである.「社会学的類型学」を経済学との関連で展開することは,経済社会学ないし制度経済学の課題である.これらは狭義の経済学の範囲を超えるものであって,その探求の水先案内として,これらの学問の主題化の役割を果たす「哲学的解釈学」が位置づけられるのである.

4　経済存在論への問題提起

　ハイデガーの主著『存在と時間』は未完の作品であり,最初に構想された執筆の企画は挫折したといわれる.そして彼の生涯の後半の思索は神秘的なものに転じ,詩作や芸術作品を通じてレトリカルに存在論を語ろうとしたともいわれる.したがって,彼が果して体系的な存在論を提起したのかどうかは必ずしも明確ではない.それについては多くの解釈や論争がある.われわれの課題はいっそう立ち入ったハイデガー研究に向かうことではなく,経済学という学問の存在論的構成の基礎を明らかにすることである.その課題にとって重要と思われる存在論の論点をまとめておこう.さし当り,次の5つの問題が指摘されよう.

(1)「存在の意味」を問う実存的主体としての「現存在」という観念に照らして見た場合，経済学が想定する合理的個人の概念はどのように解釈されるか．

(2)経済世界像の形成において，現存在を特徴づける「関心」,「時間性」,「不安」の性質は具体的にどのように定式化されるか．

(3)「存在の真理」の開示に向けられた「世界内存在」としての現存在というハイデガーの観念に照らして見た場合，経済学における現存在の「投企」および「被投」はどのように解釈されるか．

(4)現代の制度的・歴史的文脈（資本主義の技術文明）において，存在の意味と真理との相互関係は経済世界にそくしてどのように解釈されるか．

(5)解釈学における「先行構造」は，内容的には，対象世界の「意味・意義・価値」を解明する．このようなアプローチは経済学にとってどのようなレレバンスを持ちうるか．

これらの5つの問題提起を通じて，経済的知の存在論への手掛かりを示したい．

存在論的自我と存在的自我

第1. 現存在は人間を意味するが，これは「存在の意味」を賦与する実存的主体であって，市場で活動する存在者としての人間を指すものではない．存在者に「存在の意味」を賦与する主体として見る限り，現存在の役割は，その存在了解を通じて世界像を形成することである．経済学を含む社会科学では，人間像の想定に当って，合理的個人か非合理的個人か，利己的個人か利他的個人か，埋め込まれた自我か負荷なき自我か，などをめぐって議論が行われるが，「実存範疇」としての現存在は，これらの「カテゴリー」的存在者とは次元が異なり，これらの存在者に対して存在的および存在論的に優位性を持つ．事物を対象化する存在者（現存在）と，対象化される存在者（人間および事物）とは決定的に違うのである．前者を「存在論的自我」と呼び，後者を「存在的自我」と呼ぶことができる．

「存在論的自我」としての現存在の存在は何らかの客体的な属性を表すのではなく，「可能性」の束として実存しており，人間は自己そのものを常に

選択しなければならない．この点において，現存在の存在性格は他の存在者のそれから区別される．「人格は物ではなく，実体ではなく，対象ではない．……人格は1つの意味の統一によって結ばれている志向的作用の遂行者として与えられている．……人格は作用遂行者である」（上巻，119-20ページ）．存在了解はこうした作用に属する．

「認識することは，世界内存在としての現存在の存在様式の1つであって，その存在的基礎をこのような存在構築の中に持っている」（上巻，146ページ）．「現存在は自己自身をいつも自己の実存から了解している．それは……おのれ自身の可能性から自己を了解している」（上巻，48-49ページ）．それだけではなく，「現存在に本来的に属している存在了解は，同根源的に，『世界』についての了解と，世界の内部で接しうる存在者の存在についての了解に及んでいる」（上巻，50ページ）．かくして学問を含む世界認識は，世界内存在として「被投」された現存在が行う存在「投企」の試みによって成立する．

このように，「存在論的自我」としての人間の特質は，一定の制約の下で自己や世界について問いかつ認識することのできる存在者であるということである．これはカテゴリー的に識別される人間の他の機能に優先する．世界内存在の主体として，かつ自己および世界の存在了解を行う主体として見る限り，現存在の特徴は「解釈学的主観性」である．すなわち，この主体は環境的世界と情態性の中に置かれており，存在の理解および解釈に当って，ディルタイのいう知・情・意から成る心的生の連関に基礎を置いている．

存在論の視点からは，経済学に独特の合理的個人（経済人）の想定は「存在的自我」を規定したものであって，二重の意味で相対化されなければならない．合理的個人は，第1に，客体としての「カテゴリー」的存在者であり，第2に，目的・手段の関係を判断する「理性」的存在者である．経済学における「存在的自我」がこのように対象化されることによって，「存在論的自我」の役割は消滅し，存在者と人間関心との関係が断ち切られ，客体的な「現前性」のみが支配する．論理実証主義の科学哲学は，もともとこのような客体を対象とするのである．存在論の視点からすれば，このような経済領域の存在者の規定は，後に述べる技術の「作為構造」の世界観と根源的に共

通であって，存在の意識的な問いの棄却と忘却を導く．かくして，経済学の中からは世界像への疑問や批判は生まれてこないのである．

しかし，存在論の立場に戻って考えれば，合理的個人の想定をもたらした現存在の存在了解の性質が明るみに出され，「存在的次元」の経済主体について別個の概念規定を行う可能性が意識される．「存在論的研究」は諸学問の「存在的研究」に主題を提起するものである．「存在論的次元」と「存在的次元」との間のフィードバックは「解釈学的循環」の重要な一例である．

このことの重要性は，人文・社会科学においてとくに大きい．なぜなら，これらの学問においては，対象とされる人間と観察する人間とは重複し，行為者と観察者とが二重性を持つからである．「存在論的次元」と「存在的次元」とは単に「存在論的区別」によって切り離されるだけでなく，「解釈学的循環」によって結びつけられる．存在了解を行う現存在は，了解の対象を単に「存在論的自我」に置くだけでなく，「存在的自我」にも観察の眼を向けるのである．このことが択一的な「存在的自我」を措定する可能性を与える．

ハイデガーの存在論パラダイムにそくして言えば，合理的個人の想定は過去の秩序と伝統の中に投ぜられた世界内存在であって，将来に向けての積極的「投企」に欠け，「頽落」に陥っている．それと対照的な人間像はシュンペーターによって提起された[15]．第3章第2節で述べたように，彼は経済世界の静態と動態の根拠を「快楽的人間」と「精力的人間」の類型に求めた．「快楽的人間」は所与の選好様式に従って，自己の快楽や満足を追求するタイプの人間である．それに対して，「精力的人間」は既存の秩序と伝統に挑戦し，自己の能力の限りを尽くして，新しい生き方の様式を確立しようとする革新者である．この人間類型は単に経済だけでなく，社会のさまざまな領域において妥当するものと考えられ，総合的社会科学の構想の基礎に置かれた．その意味で，存在者としての人間類型論の観念は，経済に固有な「領域存在論」ではなく，「基礎存在論」に属する．

関心・時間性・不安

第2. 現存在と世界とを結ぶものは，世界内存在としての現存在のあり方

を示す「関心」ないし「配慮」である．関心の対象としての世界は，「道具性」(Zuhandenheit) のネットワークとしての秩序を持った全体的世界であって，異なる関心との出会いを通じてさまざまな学問領域が成立する．したがって，「あらゆる研究は，現存在の存在的可能性の1つである」（上巻，63ページ）という命題が導かれ，「現存在的でない存在性格を備えている存在者を主題としているもろもろの存在論は，……現存在自身の存在的構造の中にその基礎を持ち，かつそれによって動機づけられている」（上巻，50ページ）という重要な認識が導かれる．これが，現存在分析がなぜ学問の存在論と結びつくかを説明するハイデガーの考え方である．両者を結びつけるものは「関心」である．

経済世界の構想は，現存在のどのような「関心」に由来するものであろうか．それは人間存在の生存と繁栄という根源的要請である．その要請を充たす最も直接的な要因は，物質的な財である．そして財を通じて人間の存在と繁栄を実現するためには，財の生産・分配・消費を組織する制度が必要である．経済世界は，この人間関心に対応するひとまとまりの「道具性」の体系に他ならない．この体系の性質は有用性・有効性・便利性・利用可能性・発展可能性といったものからなるであろう．

現存在の存在の意味が「時間性」であるというハイデガーの独特の命題は，経済という領域的存在論に対してどのような内容を示唆するであろうか．現存在および世界は，「過去・現在・将来」の時間的次元を賦与されている．経済についていえば，認識対象としての経済世界は，上述のように「関心」によって形成され，財の生産と処分についての秩序を持った道具的体系として成立しているから，経済世界を「関心」と「時間性」によって説明することが解釈学の課題となる．ハイデガーは現存在の存在了解をつきとめるために最も有効な戦略的方法として，「死に向かう存在」の「不安」という心的状態を設定した．この心的状態は，「時間性」によって規定された「関心」のあり方を方法的に特徴づけ，それに内容を賦与する．

この認識の社会科学的意義は大きい．主流派をなす新古典派経済学における認識の中核は，上述の合理的個人の行動に基づく無時間的な「均衡」の概念である．それと結びついて，経済過程は完全知識，完全競争，完全雇用，

最適化,合理性などの条件によって特徴づけられる.もちろん,これらの想定を緩和する試みが経済学の拡充や発展をもたらすものとして行われてきたが,実はそうした試みは主流派経済学の暗黙の存在論的前提への隠れた挑戦を意味する.現存在を条件づける「時間性」の導入は,第1に,個人の有限性と結びついて,将来の不確実性を不可避的に強調すること,第2に,世界を普遍的・超歴史的自然現象としてではなく,変化を含み個性的意味を持った歴史現象として見ること,第3に,歴史現象を類型化する制度に注目し,個々人の行動の本来的リスクを緩和する社会的約束としての制度・慣行・法律を重視すること,第4に,変化の中での人間存在の可能性を追求するための具体的形態として,革新を担う個人と,それによってもたらされる社会の発展現象に着目することを要請する.かくして,ハイデガーの存在論の観点から,無時間的・無リスク的・非歴史的・超制度的・非動態的世界とは異なる経済学の視野が展望できるのである.

世界内存在と存在の真理

　第3.人間として全幅的な諸側面を備えた現存在は,けっして孤立した自律的個人として生きているのではない.ハイデガーによれば,現存在は二重の制約の下で生きている.第1に,現存在は「世界内存在」として他の人々とともに「共同世界」(世間)を形成している.他の人々は「共同現存在」と名づけられる.その結果,たしかに現存在の関心によって世界における存在者の存在の意味が開示され,世界像がヴィジョンとして描かれるが,その際,現存在は共同世界に属する実存範疇として,他者に配慮した存在了解を行い,社会的・公共的性質を持った道徳的関心を表明せざるをえない.「それぞれの現存在は,共同存在という本質的構造を備えている限りにおいてのみ,他の人々に出会いつつ共同存在となる」(上巻,263ページ).すなわち,現存在は共同世界の中に組み込まれているという被投性・制約性を持ちつつ,将来に向けて「投企」をする.共同存在としての現存在の「投企」は,もはや利己心によって導かれた自己中心の判断に基づくものではありえない.

　そればかりではない.第2に,存在論の課題は,人間が賦与する「存在の意味」を明らかにすることではなく,むしろ人間に対して本来的に生起する

「存在の真理」を問うことであるというハイデガーの「転回」の思想によれば，現存在は存在そのものが呼びかける真理の姿を開示しなければならない．この考え方は，存在は人間が創り出したものではなく，存在の側がみずからを明るみに出されるべきものとして現存在に迫ってくることを意味する．

> 「存在の真理に基づいてこそ，存在がいかに存在するかが理解されるのである．存在というものは，人間にとっては，存在へと身を開き，そこへと没入する投企の中でこそ，みずからを開き明るくしてくるのである．けれども，このような投企が存在を創造するのではない．」[16]

ハイデガーによれば，人間が存在の真理に基づくとき，人間は存在の運命の中に立ち，そのあり方が本来的な意味で歴史的とみなされる．歴史の根底にあるものは存在の運命である．彼は運命（Geschick）と歴史（Geschichte）とを結びつけて考えている．ハイデガーのいう「転回」の鍵は，能動的な現存在の歴史的被拘束性の中に求められる．

かくして，現存在の世界の中への「被投」と，存在の真理の現存在への働きかけという二重の意味で，世界像形成における人間の超越論的主観性は著しく奪われている．具体的にいえば，ここに個人を制約する社会制度や世界観や社会倫理の重要性が浮かび上がってくる．このことは，単に個人の活動が道徳・慣習・法律の枠組みによって制約されるということにとどまらず，精神的所産としての知の認識や思考の様式そのものが社会的に形成され支持されるという社会的認識論，および知の対象そのものが社会的ネットワークであるという社会的存在論を意味するであろう．

社会科学における個人主義ないし原子論は，伝統的な認識論が認識を正当化する際に，また伝統的存在論が存在者を定義する際に用意した大前提であった．伝統的に経済学もそのような原子論的個人・孤立した個人・合理的個人の前提に立っており，異端の経済学が繰り返しその非社会性を批判してきた．これらの異議申し立ての記録は，存在の真理の呼びかけを含んでいるのかもしれない．この問題に対して材料を与えるものが，正統と異端との葛藤を含む学問の歴史である．「転回」として論じられた存在の「投企」と「被投」との相互規定関係は，社会科学的認識に対して「解釈学的循環」の観点の必要性を示唆する．

216　第4章　基礎存在論から経済存在論へ

技術論における「枠組みの構築」

　第4．それでは，個人を包む現代の社会制度や社会環境は，存在論の立場からどのように評価されるであろうか．その鍵はハイデガーの技術論の中にある[17]．彼の哲学そのものはまったく社会的文脈を欠いているが，彼の技術論だけは辛うじて社会的文脈における存在論の意義を明らかにしている．しかし，実をいえば，彼にとって，科学的知や近代的技術に象徴される存在者間の目的・手段関係（道具性）への関心は，「存在忘却」の歴史と結びついたものであって，道具性の世界像はその観点から批判の対象として取り上げられなければならなかった．

　ハイデガーによれば，技術の本質は「作為性・作為構造」（Machenschaft）にある．作為性とは，思考と計算に基づいて，対象を操作可能・管理可能・構築可能なものとみなす存在了解である．それに基づいて構築された客体が技術的な作為構造である．技術は単に機械技術を指すのではなく，科学・社会・国家・制度などの一切の作為性の体系，すなわち作為構造を指す．

　現存在が存在を与えるという存在論の能動的側面は，目的合理性に基づく近代の技術文明に端的に現れており，有用性と作為性を持った道具的体系としての近代の世界は，経済・技術システムによって典型的に表象され，かつそれによって顕著に支配されている．経済・技術システムの「存在の意味」は，人間の生存にとって有用な目的・手段関係を構築することにあり，ハイデガーはこれを「枠組みの構築」（Ge-stell, enframing）と呼ぶ[18]．逆に，「転回」を強調する「存在の生起」の観点から世界を見るならば，存在はこの近代的システムからの解放を全幅的な人間の配慮に呼び掛け，覚醒を促しているということができよう．眼前にある現在の事物のみを見て，このシステムに盲目的・慣習的に従うことは，別の存在可能性を閉ざすことである．存在者間の作為構造へのもっぱらの関心は，「存在の忘却」を招く存在了解そのものである．現存在は，みずからが受動的に投げ込まれた作為構造のありようを主体的に改変することができるだろうか．それを可能にするものは現存在の自由な「存在投企」であり，「存在の真理」はそれを求めて現存在

が存在の明るみに立つことを促している.

ハイデガーは「枠組みの構築」を国家権力による物資の徴用になぞらえ,社会全体が恒常的な円環運動への駆動の中に置かれていると見る.これが技術の本質とみなされる.重要なことは,人間がこの「枠組みの構築」体制の中に徴用され,組み込まれていることであり,環境や自然もまたこの体制に限界を画すのではなく,その内部に取り込まれている.彼は「枠組みの構築」こそが,古代・中世・近世から区別される現代の恒常的・客体的「現前性」を代表するものと考えた[19].

彼はこの議論において,自動機械のように運動し続け,すべてを併呑してやまない巨大な体制を指すものとして技術を取り上げたけれども,技術のみで世界が運行することはできない.「枠組み」体制のより適切な表現は,技術の大規模な適用を可能にする経済であり,市場であるというべきであろう.

ハイデガーの「転回」が提起する「存在の意味の投企」と「存在の真理の生起」との間の相互依存関係を具体的に理解するためには,「枠組みの構築」という社会制度的な問題について,存在の時間性および歴史性を究明しなければならない.この意味で,存在忘却と作為構造との関連を解明することは,ハイデガーの存在論の根本問題を具体的な社会的・歴史的状況にそくして展開することであると考えられる.彼は「もし『枠組みの構築』が存在それ自身の本質運命の1つであるとすれば,おそらく,この『枠組みの構築』は存在の本質的あり方の1つとして変遷していくであろう」と述べている[20].「投企」と「生起」との合致が歴史的・運命的めぐり合わせであるかのように行われ,存在了解が存在の本来的生起に従うことによって,人間の本質が歴史的に実現されるという.

それでは,存在の真理とは何であろうか.ハイデガーは言う.「存在論における現象学的真理(存在の開示態)は超越論的真理である」(上巻,99ページ).存在論は,個別科学のように存在者に関わるのではなく,それを超越する.したがってそのような次元で論述をしようとすれば,詩作や芸術に頼らざるをえないであろうと言う.これは,現象学が理解の「先行構造」ないし「プレ理論」を与えるものであり,その目的のためには,概念化された「言語」(Sprache)に先行する生きた「語り」(Rede)こそが存在の真理を

開示するということを率直に表現したものであろう．

「先行構造」としての意味・価値・意義

第5．第1章第3節で予告したことであるが，ここで改めて，ディルタイが精神的世界を特徴づける固有の性質とみなした「意味・意義・価値」の3者の関係を，解釈学における「理解の先行構造」として明らかにし，このようなアプローチが経済学にとってどのような包括的な意義を持つかを概観しておくことが必要であろう．

「意味」は現存在のみが持ちうるものであって，存在者に付着しているような属性ではない．ハイデガーは次のように言う．

> 「現存在の存在によって世界内存在者が発見され，すなわち理解されるようになったとき，われわれはそれらが意味を持つという．……意味とは，あらかじめ持つこと（Vorhabe），あらかじめ見ること（Vorsicht），あらかじめ概念すること（Vorgriff）によって構造化された投企を導く目標（Woraufhin）であり，それによってあるものがあるものとして理解可能となるのである．」（上巻，327-28 ページ）

つまり，「意味」は存在に向けた現存在の問題意識そのものである．したがって，以上で述べた現存在の存在賦与機能というものは，存在者に対して「意味」を賦与し，それを理解可能なものにすることであり，それに向けられた「投企」を通じて現存在自身の可能性を開くことである．

「先行的対象把握」（Vorhabe）は，広範な研究対象を設定する．「先行的視点設定」（Vorsicht）は，その対象に対して一定の視点から光を照射し，対象のある側面を浮かび上がらせる．「先行的概念形成」（Vorgriff）は，照射を受けた対象側面を論述し，究明するための言語を用意する．これらの3つの作業が整うことによって，ハイデガーは「解釈学的状況」が提示されたと考える．

「意味」の解明は現存在の「投企」の1つであって，第1章におけるわれわれの用語を使えば，それは科学モデルに先行するヴィジョンに含まれている．上掲のハイデガーからの引用に述べられているように，世界についてあらかじめ何を「対象」として持つか，それをあらかじめどのような「視点」

から見るか，そしてそれをあらかじめどのような「概念」の組織によって描くかは，「理解の先行構造」と呼ばれる．このような「プレ理論」としてのヴィジョンないし先入観の先行的「投企」があって初めて，世界は「意味」を持つものとして学問の対象となる．

他方，ハイデガーによれば，「価値」もまた存在者に付着した属性ではなく，それ自身明確なものでもない．新カント派のように「価値」を文化価値として外面的に位置づけるのではなく，「価値」もまた現存在の存在に基礎を置かなければならない．彼は言う．

> 「すべての価値づけの作用は，それが積極的・肯定的な価値づけを行っている場合でも，1つの主観化である．価値づけの作用は，存在者を，単にみずからの価値づけ行為の客観としてのみ妥当させて是認する．……価値に反対して思索するということは，……存在者を単なる客観へと主観化することに反対して，存在の真理の開けた明るみを，思索の前にもたらすということである．」[21]

「意味」および「価値」と並ぶ「意義」という概念は，重要性といった程度の意味であるが，「意味」と「価値」との中間にあって，両者の意味を含んでいるようである．

ハイデガーの「転回」の主張は，存在の「意味」および「価値」の基礎にある人間の一元的な主観的対象化作用から離れ，主観の被拘束性にも配慮することが，存在の「真理」をとらえることになると言う．結局において，ハイデガーにとって，意味・価値・意義・真理といった哲学の基本概念は，すべて世界内存在としての現存在の制約された存在に根ざすものであって，存在論・認識論・価値論の総体は人間の内なるものと外なるものとの相互作用という共通の力学に従っている．

以上のように，対象世界の「意味・価値・意義」が現存在の存在理解に帰せしめられるとするならば，そのことの経済学にとっての意義はどのようなものか．この問いは，経済学のパラダイムの性格全体に関わる大きな問いである．ここでは次のことだけを記しておくにとどめる．経済学は，その草創期には，モラル・サイエンスとして「精神と社会」の相互作用を扱う学問であったこと，そして19世紀末には，「主観主義」革命を経て主流派経済学が

形成されたことが想起されなければならない．次章で論ずるように，解釈学と経済学とは意外に近いところに位置しているのである．

要約と評価

以上の諸点は，われわれが経済的知の存在論的批判を試みる際，経済世界に関する領域存在論の前提として，ハイデガーの基礎存在論から導きうる重要なものの見方である．以上の5つの問題提起のうち，第1点と第5点は経済の存在論のメタ理論的性格を説明するものであるが，第2点（無時間的均衡主義批判），第3点（個人と社会の解釈学的循環），第4点（歴史的制度の枠組み）は，存在論の内容に関わる理論的アジェンダである．そしてそれらは日常的世界の眼を通ずる現象学的主張である．

かつてウェルナー・ゾンバルトは，『三つの経済学』という書物において経済学の歴史を展望し，「規制的経済学」(die richtende Nationalökonomie)，「整序的経済学」(die ordnende Nationalökonomie)，「理解的経済学」(die verstehende Nationalökonomie) の3つの体系を区別した[22]．第1のものは，道徳原理を前提とした規範的経済学であり，第2のものは，自然科学を模範とした純粋経済学である．第3のものは，精神科学・人文科学・歴史科学・社会科学としての性格を前面に出す経済学であって，ハイデガーの現存在の分析と両立する経済学体系の可能性はおそらくこの「理解的経済学」にあるといえよう．ハイデガーの存在論は，この種の経済学の基礎づけに当ってどのような役割を演ずるであろうか．

われわれは，規範経済学や純粋経済学が成立する固有の分野において，それぞれの体系が果たす役割の重要性を否定するものではない．われわれは経済学における知の体系を整理すると同時に，未開拓の分野の発展を展望するために，「理解的経済学」すなわち経済学への解釈学的接近の可能性を検討しようとする．歴史主義の車の両輪とも言うべき「社会学的類型学」と「哲学的解釈学」の地位が示唆するように，水先案内としての解釈学的接近は，第一次的に経済社会学ないし制度経済学を目指すのである．

注

1) Martin Heidegger, *Sein und Zeit*, 1927, 19. Aufl., Tübingen: Max Niemeyer, 2006.（*Being and Time*, translated by J. Macquarrie & E. Robinson, Oxford: Blackwell, 1962.）（細谷貞雄訳『存在と時間』2巻，筑摩書房，1994年．邦訳書からの引用は，上巻・下巻のページを本文中に示す．）
2) G.E. Moore, *Principia Ethica*, Cambridge: Cambridge University Press, 1903.（深谷昭三訳『倫理学原理』三和書房，1977年．）
3) アリストテレス，出隆訳『形而上学』上巻，岩波書店，1959年，112ページ．
4) Martin Heidegger, *Beiträge zur Philosophie: Vom Ereignis*, Frankfurt a. M.; Vittorio Klostermann, 1989.（大橋良介他訳『哲学への寄与論稿』創文社，2005年，120-22ページ．）
5) 山内得立『実存の哲学』全国書房，1948年，107-08ページ．
6) Martin Heidegger, *Über den〈Humanismus〉, Brief an Jean Beaufret, Paris*, Bern: Verlag A. Francke, 1947.（渡辺二郎訳『「ヒューマニズム」について』筑摩書房，1997年，56-57ページ．）
7) Ereignisというハイデガーの最重要概念は，ハイデガー研究者の間では「性起」，「呼び求める促し」，「固有化の出来事」，「本有化の出来事」などと訳されている．ここでは，本来性を充足する出来事という意味をこめて，「本来的生起」という語を用いる．
8) 鹿島徹他『ハイデガー『哲学への寄与』解読』平凡社，2006年，28ページ．
9) 木田元『ハイデガー『存在と時間』の構築』岩波書店，2000年，第3章．
10) 渡辺二郎『歴史の哲学――現代の思想的状況』講談社，1999年，26-29ページ．
11) Martin Heidegger, *Prolegomena zur Geschichte des Zeitbegriffs* (1925), Frankfurt a. M.; Vittorio Klostermann, 1979.（常俊宗三郎他訳『時間概念の歴史への序説』『ハイデッガー全集』第20巻，創文社，1988年，4-5ページ．）
12) 同上，訳，5-7ページ．
13) 同上，訳，20-21ページ．
14) Hans-Georg Gadamer, *Wahrheit und Methode*, Vorwort zur 2. Auflage, *Gesammelte Werke*, Bd. 2, Tübingen: J.C.B. Mohr, 1986, S. 437ff.（轡田収他訳『真理と方法』第1巻，法政大学出版局，1986年，xiiページ．）
15) 塩野谷祐一『シュンペーター的思考――総合的社会科学の構想』東洋経済新報社，1995年，第3章．
16) 『「ヒューマニズム」について』訳，74ページ．
17) Martin Heidegger, *Die Technik und die Kehre*, Pfullingen: Günther Neske Verlag, 1962.（小島威彦訳『技術論』理想社，1965年．）
18) ハイデガーのGe-stellという名詞には，さまざまな異様な訳語が当てられている．全-仕組み，集-立，総駆り立て体制，仕組み，立て-組，組-立，仕-

組み，巨大 - 収奪機構，立て集め，徴発性など．瀧将之「ゲシュテル（Ge-Stell）の訳語について」（加藤尚武編『ハイデガーの技術論』理想社，2003 年）を参照．ここでは「枠組みの構築」あるいは「構築の枠組み」という言葉を用いる．

19) Martin Heidegger, *Bremer und Freiburger Vorträge* (1949 und 1957), Frankfurt a. M.: Vittorio Klostermann, 1994.（森一郎他訳『ブレーメン講演とフライブルク講演』創文社，2003 年，52 ページ．）

20) 『技術論』訳，64 ページ．

21) 『「ヒューマニズム」について』訳，104-5 ページ．

22) Werner Sombart, *Die Drei Nationalökonomien: Geschichte und System der Lehre von der Wirtschaft*, München: Duncker & Humblot, 1929.（小島昌太郎訳『三つの経済学』雄風館書房，1933 年．）

第5章　経済学・主観主義・解釈学

1　経済学における主観主義

主観主義の意味と諸相

　今日，経済学において解釈学が語られるのは，主として経済学史としてのオーストリア学派研究においてである．また，解釈学的経済学という考え方が，オーストリア学派の系譜に属する一部の経済学者によって，主流派経済学とは異なる独自の研究計画として主張されている．これまでの章でわれわれは哲学としての解釈学の展開を扱ってきたが，経済学者が解釈学と取り組んでいるという事実があるとすれば，解釈学がどのような論点や契機を通じて経済学のテーマと結びつくかについて，検討に値する．

　1870年代にメンガー，ジェヴォンズ，ワルラスの3人によって始められた「限界革命」は，新古典派経済学として定着をみた．新古典派経済学の発展は，その中に少しずつ性格を異にする3つの学派——オーストリア学派，ケンブリッジ学派，ローザンヌ学派——の形成を伴った．全体としての新古典派経済学は，旧古典派経済学の客観的労働価値論に対して主観的効用価値論を唱え，ドイツ歴史学派の歴史的経済学に対して理論的経済学を擁護する点で一致していた．しかし，メンガーを創始者とするオーストリア学派は，新古典派の主流から区別される特徴を潜在的に持っていた．メンガーは最初から，ワルラスやジェヴォンズの数理的方法に対して異を唱えた．新古典派経済学が，市場の一般均衡に関する数学的体系として統一的に理解されるようになると，オーストリア学派に属するミーゼス，ハイエク，および彼らの後継者たちは，主流派を批判する立場を鮮明にした．彼らの立場のおおまか

な特徴は次のようにまとめられよう．(1)非数学的であること，(2)哲学的であること，(3)動態的であること，(4)市場を超えた社会的・政治的問題に関わること[1]．これらの特徴のうち，哲学的であるということが解釈学ととりわけ関わりを持つと予想されるが，さし当っては，オーストリア学派を特徴づける主観主義（subjectivism）から出発することが妥当であろう．

ハイエク（1899–1992年）は，かつてモラル・サイエンスと呼ばれた社会科学の特徴を，「人間の意識的ないし思考的行為を扱う」ものと規定し，自然科学が「客観的・物質的現象」を扱うのに対して，社会科学は「主観的・精神的現象」を扱うという相違を強調した[2]．彼はこのような社会科学の性格を「主観主義」と呼ぶことに同意し，それを次のように説明した．

「外部的対象に対する人間の行為だけでなく，人々の間のあらゆる関係やあらゆる社会制度もまた，人々がそれについて考えていることによってのみ理解することができる．われわれが知っている社会というものは，言ってみれば，人々が抱いている概念や観念によって作り上げられている．そして社会現象は，人間の精神の中で思考することによってのみ，われわれによって認識され，われわれにとって意味を持つことができる．」[3]

さらにハイエクの議論において注目すべき点は，主観主義の研究テーマに関わることであるが，彼が主観性のもう1つの意味として，人々の知識や信念が相違を含み，しかも断片的で不完全であるという事実を基本的とみなしたことである[4]．

本章および次章における論点の提起と理解のために，第5-1図を描いてみよう．経済学・心理学・解釈学の3者は，主観主義の観念を媒介として互いに関連を持つ．その際，主観主義は3つの学問領域に対して主観性の異なった形相を与える．経済学と主観主義との関係は，とりわけオーストリア学派が主張するものであって，「欲望の主観主義」を意味する．心理学と主観主義との関係は，認知心理学が説くように，「認知の主観主義」と呼ぶことができる．3つの学問の中で，経済学と心理学はそれぞれ異なった特定の対象を持つ個別科学であるが，解釈学はメタ理論としての哲学であって，経済学および心理学とはレベルを異にする．解釈学と主観主義との関係は「解釈の

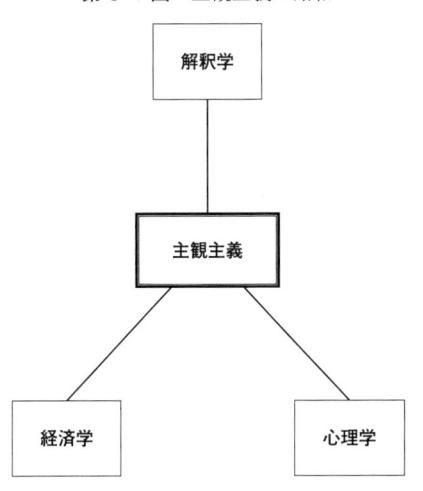

第 5-1 図　主観主義の諸相

```
         ┌─────────┐
         │ 解釈学  │
         └────┬────┘
              │
         ┌────┴────┐
         │ 主観主義│
         └────┬────┘
        ┌─────┴─────┐
   ┌────┴───┐   ┌───┴────┐
   │ 経済学 │   │ 心理学 │
   └────────┘   └────────┘
```

主観主義」と名づけられる．このように経済学・心理学・解釈学の3者のそれぞれは，いわば主観主義の異なった観念を包含しつつ，歴史的かつ思想的に相互に関連している．本章および次章の課題は，経済学と心理学と解釈学の3者が，いずれも主観主義と独特の関連を持ちながら，知の整合化と深化に向かう状況を展望することである．

本章の展望

　本章は，まずオーストリア学派の主観主義を論じ，そこにどのような解釈学的契機が見出されるかを検討する．もちろん，創始者メンガーに解釈学という観念は存在しない．しかし，主観主義および解釈学と関連するいくつかの論点を彼の特徴的な理論構造の中に見出すことができる．メンガー以後のオーストリア学派の性格づけは一様ではない．以下では，第1に，それをウェーバーの理解社会学との関連でとらえる観点，第2に，それをフランツ・ブレンターノの志向性の現象学および心理主義との関連でとらえる観点，第3に，それをアリストテレスのアプリオリズムとの関連でとらえる観点のそれぞれについて検討する．このような多面的な検討によって，オーストリア学派のみならず，主観主義や解釈学そのものの多元的な側面が明らかになる

であろう.

次に,現代のオーストリア学派経済学の理論展開を方法論的側面からごく簡単に考察する.ラックマンの解釈学的経済学のプログラムに続き,シャックル,オドリスコル,リッツォなどを取り上げる.そこで浮かび上がってくる中心的テーマは時間と知識の問題であるが,ハイデガーについて見たように,これは経済学と哲学とが交錯する重要な場面である.

解釈学を経済哲学における基礎的なアプローチとするためには,存在論を社会科学的地盤の上で展開しなければならない.ハイデガーの存在論に照らして経済学の業績を回顧するとき,この哲学的課題に最もよく答えることができるのは,他ならぬオーストリア学派に出自を持つシュンペーターであると思われる.そこで,哲学と経済学とにかかわる解釈学的命題を「ハイデガー＝シュンペーター・テーゼ」としてまとめる.

2　メンガーの存在論

経済の本質としての欲望

「限界革命」の担い手の中で,カール・メンガーは,経済現象を説明するためには,その背後にある本質を理解しなければならないと主張する点で独自であった.現象の本質を理解することは,現象の意味を解釈することであった.経済の本質とは,経済現象がそれに還元されるところのものである.メンガーの『経済学原理』(1871年,第2版1923年)によれば,経済の本質は次のような関連によって表される.すなわち,人間の欲望は経済の「究極の根拠(Grund)」であり,欲望充足の意義は経済の「究極の尺度(Maß)」であり,欲望充足の確保は経済の「究極の目標(Ziel)」である[5].

欲望を経済の本質とみなすメンガーの経済理論の中核は,財・欲望・価値の3つの概念である.彼はそれらの関係を次の1つの集約的な文章によって定義した.「価値とは,われわれの欲望の充足が具体的財ないし財の数量の処分に依存することをわれわれが意識することによって,その財ないし財の数量がわれわれに対して獲得する意義(Bedeutung)である」(訳,第1巻,

157ページ）．ここで「意義」は「重要性」と言ってもよいし，「意味」と言ってもよい．第4章での存在論の言葉を使えば，メンガーにとって，経済の本質を問うことは，経済という存在の「価値・意義・意味」を問うことである．

以下で言及するフランツ・ブレンターノの心理学の言葉を使うならば，対象の「価値・意義・意味」は心的現象としての「志向性」(Intentionalität)の中にのみ存在する．志向性とは，対象への心的作用である．メンガーの理論において，志向性を担うものは欲望である．素材としての財が外的知覚の対象として存在するとしても，人間の志向性の対象とならない限り，経済の問題とはならない．メンガーにとって，経済の本質を問うことは志向性を通じて経済学の対象を存在論的に設定することであった．

メンガーの代替的3次元構造——欲望・経済・経済学

以上のように，メンガーの諸概念は欲望論を中心とした経済理論を構成するものであるが，彼の存在論は，(A)欲望論，(B)経済の2つの形態についての議論，および(C)理論経済学の2つの方向についての議論という，3次元構造から成り立っている，と見るのがわれわれの解釈である．

(A)の欲望論に関して，2つの点に注目したい．第1に，メンガーは人間の欲望のパターンを単に与えられたものとしてそのまま受け取るのではない．人間本性は「生命と福祉の維持」（訳，第1巻，29ページ）を求めるものであるが，欲望という心的作用はそれにふさわしい調和的なものでなければならず，内面的な熟慮と認識の努力を経たものでなければならない．メンガーは多様な感情の形を取って意識にまで到達する衝動を「欲動」(Trieb)と呼び，それに基づいて行為を誘発する衝動を「欲情」(Begierde)と呼ぶ．彼はこれらの衝動は人間本性に十分に対応していないと考え，一種の理念的・規範的な概念として「欲望」(Bedürfnis)の概念を用いる．しかし，それは恣意や想像によるものではないと，メンガーは言う．

「人間の経済は，人間のいっそう複雑な心理的・身体的な組織といっそう精神的な素質とに対応して，人間的な欲望の認識，すなわち総体としての人間本性の維持と調和的発展のための必要条件の認識の中にのみ，

それにふさわしい基礎を見出すことができるのである.」(同上, 30 ページ)

「人間の欲望は恣意の所産ではなく, われわれの本性とわれわれを取り巻く事態によって与えられる. ……人間の欲望は想像の所産ではなく, それらは発見されなければならないものであり, したがってわれわれの認識努力の対象となる. こうした事情から, 誤謬や無知や激情が欲望の正しい認識に影響を及ぼし, それを曇らせ, その認識の進展を阻んだり遅らせたりする.」(同上, 31 ページ)

このような人間の生の考え方, すなわち人間本性の要請としての欲望という観念は, アリストテレスの倫理学にならっているように思われる. アリストテレスによれば,「良き生」を表す「エウダイモニア」(幸福・福祉) は, 一生の全体にわたって優れた活動を追求する生活である. 人間は固有の性質や機能を備え, それに照らして人間にふさわしい目的を持つ. このような目的論的な観念を基礎として,「徳」とは, 人間の性質や機能において優れていることの追求であり,「アレテー」(卓越) の実現を意味する[6].

メンガーは『経済学原理』第2版・第2章における「財の理論」の冒頭において, アリストテレスが人間の生命および福祉に対する手段を「財」と名づけたことに言及している.「欲望の理論」はこの「財の理論」と連結するものとして位置づけられている. これに関連した限界効用理論のアリストテレス的起源については, 後で触れることとする.

メンガーにとって, 欲望とは,「有機体に固有の本性とその正常な発展にとって必要なもの」(同上, 33 ページ) であり,「生命と福祉の維持」を志向するものでなくてはならない. しかし, メンガーは「真実の欲望」(同上, 31 ページ) が何であるかについては, 深く立ち入っていない. 人間の認識が進歩するにつれて, 欲望の認識や判断は理性にかなったものになるとみなしているにすぎない (同上, 32 ページ).

第 2 に, メンガーは『経済学原理』の初版では, 財と欲望との関係を「因果関係」として論じたが, 第 2 版ではそれを誤りとし,「目的論的関係」として論述を書き改めた[7]. もちろん, 財と欲望充足との間には, 人間と外界とをつなぐ因果関係ないし依存関係が存在するが, それは人間が設定した目

的・手段関係を前提とした上で,目的を達成する手段としての財の適性の判断を意味する.したがって,経済における財と欲望充足との関係は,目的および目的設定者の主観性を強調するだけの目的論哲学から区別するために,また外界において因果的に生起する自然現象の認識から区別するために,「目的論的因果関係」の認識と呼ぶのが適当であろう.経済における主観性は,単に欲望が心の作用であるということにとどまらない.目的および手段を設定し選択すること自体が,主観的な認識と判断に依存するのである.

かくして,メンガーにとっては,経済理論は人間精神の恣意的な構築物ではなく,経済世界に存在する欲望の本質的構造と目的・手段の諸関連を発見し,読み取り,記述するものでなければならない.しかし,経済現象の基礎はありのままの人間心理や感情ではなく,「真実の欲望」を基礎とする経済はいわば理念型に他ならない.経済現象を惹き起こすものは,人間の目的論的行動であって,単に観察可能な諸要因の相互依存関係を叙述するだけの数学形式によっては把握することができない.中山伊知郎はそれをワルラスの一般均衡理論の「相関説」に対して「因果説」と呼び[8],カウダーはそれをアリストテレスに結びつけて,「哲学的実在主義」と呼び[9],ハチソンはポパーに従って,それを「方法論的本質主義」と呼んだ[10].メンガーの経済学の基礎的部分におけるこの三重の特徴――すなわち,「目的論的因果主義・実在主義・本質主義」――は,メンガーにおける主観主義の独自性を哲学的に表現したものである.科学哲学が実証主義への傾向を強める時代の中で,このメンガーの立場は,形而上学的であるとして経済学者の間で長く忌避されることとなった.

メンガーの主観主義は,上述のように,理念型としての「真実の欲望」を対象とするものであって,それに基づく経済像は特定の理念型的形態をとる.これが,メンガーによって(B)経済の2つの形態と呼ばれた次元である.メンガーは経済の代替的な2つの方向として「技術的資源配分」と「効率的資源配分」とを挙げた.後者の経済は,「真実の」欲望充足を目的として,経済的効率性・合理性によって導かれた資源配分である.それに対して,前者の経済は,技術を使用して生産をするけれども,「誤謬,無知,意志の欠如,そしてとりわけ,人間が経済的営為と結びつけて追求する非経済的な目的」

によって導かれている[11]．ここでの「誤謬，無知，意志の欠如」などは，先に「真実の欲望」を見つけるために，「欲動」や「欲情」に属するものとして排除されなければならなかった攪乱要因である．メンガーは「技術的資源配分」をネガティヴにのみ位置づけているが，ここに効率性一辺倒の資源配分を超える経済の可能性が与えられている．

そしてこのことは，経済学の研究のあり方と関連を持つ．これが，(C)理論経済学の代替的な2つの方向が議論される次元である．メンガーは『社会科学方法論』(1883年) の中で，理論経済学を精密的研究と現実的・経験的研究との2つに分類し，両者を混同してはならないと主張した．混同とは，両者の異なった研究目的を無視して，精密的研究の結果を経験的研究の結果によって検証するような考え方を指す．

「精密的経済学はその性質上，経済性の法則をわれわれに意識させなければならないが，それに反して，経験的・現実的経済学は，人間経済の現実の現象 (それは「完全な経験的現実性」の中で非経済性の多くの要素を含んでいる！) の継起と共存の中の規則性をわれわれに意識させなければならない．」[12] (傍点はメンガーによる)

すなわち，経験的・現実的経済学は，明確な理論的抽象と演繹的定式化を経ないで，多側面の現実を記録するものであり，したがって希少性・経済性のパラダイムの外にある諸現象を対象とすることができる．この叙述が示すように，(A)(B)(C)の3次元について，「真実の欲望」・「経済性に基づく資源配分」・「精密経済学における経済性の法則」からなる主要系列と，「攪乱的欲望」・「非経済性に基づく資源配分」・「経験的・現実的経済学」からなる従属系列とが区別される．メンガーが『経済学原理』において取り扱ったのは，前者の主要系列における理念的欲望を前提とする効率的資源配分の精密経済学であった．効率性の要求は合理性に基づく計算を必要とする．それに対して，ロマン主義や歴史主義，さらには現象学や解釈学が関心を持ってきたのは，理性への偏向に基づく理論世界ではなく，生活世界における全幅的な心的生の多面的な働きの帰結であり，後者の従属系列であった．

主流派経済学がその後，心理過程との関わりを避ける方向を取ったとき，メンガーの代替的思考の枠組みは，オーストリア学派を主流派とは異なる系

列の研究方向として解釈する余地を与えた．この枠組みを拠りどころとして，その後のオーストリア学派自身が主流派経済学の関心の外にあった従属系列のパラダイム化を目指したからである．この点こそが，他の初期新古典派経済学者と異なるメンガーの主観主義の独自性であった．その独自性は，3次元の知的枠組みにおける隠された両義性である．

現実の経済学の発展においては，主流派経済学はメンガーの主要系列を採用しながら，(A)「真実の欲望」という目的論的意味を深く問うことなく，単に「所与の欲望」を前提として，(B)「経済的効率性に基づく資源配分」と(C)「精密経済学の方法」との結びつきのみに専念することになった．これは目的意識と方向感覚を失った経済知の暴走を導くことになる．メンガーの選択肢を含んだ異色の3次元構造にもかかわらず，彼自身が「効率性原理」と「精密経済学」との関連にとらわれて，「真実の欲望」に関するアリストテレス的徳の観念が経済において本質的位置を占めるという観点を強く押し出すことができなかった．このことが新古典派のパラダイムを導く一助とさえなった．この点は，第9章第2節で再び触れるであろう．

ポランニーによる展開

不毛に終わったかに見えたメンガーの代替的構造の区別のうち，経済の2つの基本的方向の考え方に再生の光を当てたのは，経済人類学者のカール・ポランニー（1886-1964年）であった[13]．彼の解釈によれば，メンガーは『経済学原理』初版の改訂に当って，経済の概念を市場経済における「経済化の方向」に限定することなく，「技術的方向」という言葉によって，歴史学・人類学・社会学が対象とするような非市場経済をも含むように一般化することに努めた．ポランニーはこれをさらに一歩進めて，非市場経済を「互酬性」(reciprocity)と「再分配」(redistribution)という2つのパターンによって定義した．「市場交換・互酬性・再分配」は，それぞれ固有の社会統合のパターンであって，人々の行動を方向づける制度である．

一方で，資源の希少性に基づく経済的効率性の要請と，他方で，生活維持のための技術的必要性の要請とは，必ずしも等しくはない．人間が生きていくためには，まず第一次的に財の獲得・生産が必要である．経済理論におけ

るように，財の生産・消費を希少性条件の下での極大化パターンに従うものと見るのは，二の次の話である．この区別は経済の現実状態とその論理的定式化との違いではない．ともに現実状態における違いである．人々は所与の社会的・文化的パターンの下で財の生産・消費を行うからである．市場経済の下では，経済の「形式的」意味（希少性下の合理的選択）が「実体的」意味（生存の確保）の経済を組織化する原理となったために，両者は融合した．しかし，非市場経済の下では，希少性と生存の確保とは分裂する．「互酬性」と「再分配」は，そのような非市場的制度の経済的側面を表す．

　経済を希少性概念によって定義することは，主流派経済学の伝統となった．しかし，メンガーの存在論的考察は，経済と経済化との間にギャップを発見し，それによって市場経済とは別個の経済社会制度，および主流派経済学とは別個の経済社会学を位置づけようとした．3次元構造にそくして言えば，代替的な経済概念に対応して，代替的な欲望概念および代替的な経済学が位置づけられるのである．

3　オーストリア学派主観主義と解釈学

オーストリア学派の基本教義——個人主義・主観主義・自生的秩序

　オーストリア学派の主観主義は，経済現象の究極的な説明の根拠を心理的事実の上に置くことを主張するものであって，ブレンターノに始まるオーストリア心理学および価値哲学から大きな影響を受けたと考えられる．オーストリア経済学およびオーストリア哲学は，ともに経済行為の本質を財による欲求充足の中に求めた．経済学における主観主義の基本原理は，効用極大原理と限界効用逓減の法則であった．主観主義が現象の背後にある本質として，必要・欲望・満足といった心理的要因を考え，それらに基礎を置いた経済価値の究極的説明を主張する限り，その認識論的立場は本質主義である．同時に，主観主義はこれらの概念・構造・過程が実在すると主張する点において，実在主義とみなされる．オーストリア学派主観主義は仮説というものを許容しなかった．理論は実在する本質をとらえるものでなければならず，そのこ

とは内観によって確証され，正当化されるものと考えられた．このような認識論を共有することから，経済学および哲学の両学派をアリストテレスのアプリオリズムと結びつける解釈が導き出される．

今日，オーストリア学派経済学を特徴づける際には，かつての流行語であった「心理主義」ではなく，「主観主義」という言葉が好んで使われ，しかも実在論的主張から離れようとするためか，「方法論的」主観主義という言葉が使われることが多い．(i) 主観主義は，(ii) 個人主義と並んで，オーストリア学派経済学の方法論的前提とみなされ，その上で理論的関心は，(iii) 市場の均衡状態の叙述よりも変動・調整・創造を含む市場過程ないし自生的秩序に向けられる[14]．この3点はこの学派の基本的教義を構成する．方法論的個人主義は，すべての経済現象を究極的に個人の行動に帰着させることができると見るものであり，したがって，個人の行動は経済理論の基本的構成要素として取り扱われる．一方，方法論的主観主義は，個々人は外界に現れる事物や行動に対して主観的意味を賦与し，それに基づいて判断し，計画を立て，それを実行に移しており，期待・予想・意図・計画・選択・知識・価値などは個々人の精神の内部でつくられるものと見る[15]．

メンガーの経済学の内容を特徴づけるものは，『経済学原理』における個人主義・主観主義に基づく価値論と，『社会科学方法論』における理論経済学の概念および自生的秩序の観念である．後者の書物の中で自生的秩序という言葉は使われていないが，その書物は歴史学派に対する挑戦の書であって，精密科学のアプリオリな根拠を擁護すると同時に，歴史学派が主張する社会現象の有機体的・全体論的解釈を否定し，市場・競争・法律・貨幣などの多くの社会現象は，市場内部における資源配分および価格形成と同じように，個人行動の意図されざる社会的帰結であると論じた．個人主義，主観主義，および自生的秩序は，メンガーが主流系列とみなした理論経済学において結びついていた．

主観主義と行動主義

オーストリア学派が新古典派と相違する点が主観主義にあると主張されている以上，主観主義が単にミクロ経済理論における効用関数の導入を意味す

るものではないことは明らかである．20世紀に入ってからの新古典派の数学的形式主義においては，個々人の効用や選好が理論体系の与件として考慮されているものの，合理的行動の想定に基づいて所与の効用関数の極大化が論じられるにすぎない．

ヴィルフレド・パレート（1848-1923年）は，ローザンヌ学派においてワルラスの後を継ぐ数理経済学者であり，同時に社会学者でもあったが，彼の経済学の主著『経済学提要』の中には次のような表現がある．「消費無差別曲線は，パンとワインについての個人の嗜好の完全な表現を与える．これは経済的均衡を決定するのに十分である．この個人が彼の嗜好を写したこの写真をわれわれに残していってくれるならば，彼は消え去ってもかまわないのである．」[16]

ここには，効用理論の歴史上重要な2つのステップが関連している．第1に，初期の限界効用理論は基数的効用概念を用いたが，やがてそれはパレートの序数的効用概念によって取って代わられた．第2に，直接観察することのできない効用や選好を前提する代わりに，観察される消費者選択のデータから出発し，選好は理論的に推論しうると考えるサムエルソンの顕示選好理論が展開された．与えられた条件の下で，ある個人が対象xよりも対象yを選ぶということは，xよりもyを選好していること，すなわちxの効用よりもyの効用が大きいことを意味する．したがって，この最後の段階では，消費者はデータとして「嗜好を写した写真」をすら残すことなく，選択行為の結果さえ残せば，経済学の舞台から消え去ってもかまわないのである．こうして経済学は心理的基礎を必要としないとみなされた．このような経済学の変形は，20世紀前半の哲学および心理学における「行動主義」（behaviorism）の風潮を反映したものである．

心理学における行動主義は，心理学でありながら，心理学は意識の学問ではなく，行動の学問であると主張し，心理状態や精神現象に関わることを拒否した．行動主義によれば，心理的概念は科学から排除されなければならず，観察可能な行動の概念によって置き換えられなければならなかった．論理実証主義の影響の下で，心理学は自然科学との統合が図られた．

オーストリア学派主観主義は，主観的心理との関わりを消去するパレート

以後の経済学の大勢とは違って,あくまでも行為者としての人間の心理や信念や判断を経済事象の中心に置くことに固執した.それは行動主義に対する抵抗である.オーストリア学派においては,個々人の行為は心理作用に基礎を置いた主観的な意味を担い,主観的な評価基準に基づき,多様な行為相互間の関連・調整・変化によって,意図されざる帰結が制度や慣行として形成される.この過程では不確実性が支配し,期待や憶測が作動し,知識が獲得され,計画が改訂されていく.このように主観性の範囲は,単なる嗜好から期待や計画や知識へと拡大される.そして最後に,主観主義は経済学の部分的な構成原理ではなく,経済学を含む社会科学の方法論的基礎原理として主張されるに至る.急進的主観主義と呼ばれる立場では,経済は必ずしも均衡に落ち着くのではなく,始めも終わりもなく,継続的に進行するプロセスであって,主観的評価に応じて常に変幻自在なものとみなされる.このような状態をジョージ・シャックルは「万華鏡的」(kaleidic)と呼んだ[17].

オーストリア学派は,第2次世界大戦の前後からオーストリアを離れてアメリカに移り,師弟関係を通じて現在もなお存続していると考えられている.創始者メンガーに続いて,2代目はベーム・バヴェルク(1851-1914年)とヴィーザー(1851-1926年),3代目はミーゼス(1881-1973年)とマイヤー(1879-1955年),4代目はハイエク,ハバラー(1900-95年),モルゲンシュテルン(1902-77年),マハループ(1902-83年),ロゼンシュタイン・ロダン(1902-85年),5代目はラックマン(1906-91年),ロスバード(1926-95年),カーズナー(1930年-),6代目はラヴォア(1951-2001年)とリッツォ(1948年-),7代目はベトケ(1960年-)などである[18].オーストリア学派の特異性が強調され,その復活が1つの運動となったのは5代目以後である.

この学派の主観主義的アプローチの中で,とりわけ広く受け入れられている著名な業績は,ハイエクの仕事である.彼によれば,社会組織は人間の意図的な構築物ではなく,人々の行動の相互作用がもたらす意図せざる結果としての「自生的秩序」(spontaneous order)であり[19],また制度としての市場は,あらかじめ所与とされた知識の下で,需給が結果的に均衡するだけの形式的な場ではなく,知識や選好が発見され,創造され,利用され,普及す

るという動態的な過程である[20]．さらに，これらの考え方の応用問題として，ハイエク，ミーゼス，オスカー・ランゲらを含む「社会主義経済計算論争」の整理も貴重な収穫と言えるであろう[21]．これらの業績は，いずれも方法的前提としての個人主義・主観主義と，研究テーマとしての「市場過程」への関心から生まれたものである．

　これらの業績は，新古典派経済学とは違って，数学的体系や実証分析に先行する構造的な洞察であり，ほとんど日常的な言葉によって現象を解釈するものに他ならない．その洞察や解釈の重要さからいえば，それを経済学の理論と呼ぶかプレ理論と呼ぶかは，それほど本質的なことではなかろう．その認識は演繹によって得られるものでもなく，また帰納によって得られるものでもない．オーストリア学派の中で使われている言葉ではないが，それはチャールズ・パースの「仮説形成」（abduction）と見ることができるのではないか．パースによれば，「演繹はあるものがそうでしかありえないことを論証し，帰納はあるものが現に作用していることを示し，仮説形成はただ，あるものがそうであるかもしれないことを示唆する．」[22]（傍点はパースによる）

　ここでわれわれの主題に立ち帰って，主観主義は解釈学とどのように関連するのかを問わなければならない．現代オーストリア学派の中で，解釈学という言葉を意識的に使ってこの学派を特徴づけ，その発展方向を論じているのは，ラックマン，ラヴォア，エーベリングなどである．

ラックマンの主観主義における解釈学的契機

　メンガー以後，オーストリア学派の5代目に数えられるルードヴィッヒ・ラックマンは，1870年代の「主観主義革命」について，オーストリア学派が行った寄与は「解釈学的転回」であったと主張する．それだけではなく，現代経済学が今後その方向をいっそう発展させることが，無味乾燥な新古典派経済学のパラダイムに取って代わる道であるという[23]．彼によれば，新古典派経済学の欠点は，それが自然科学を模倣した数学的形式主義に陥っており，生活世界における人間的心と経験的知が覆い隠されてしまっていることにある．理論の機械的な構造のために，これまで光が当てられなかった次元に，理論化されるべき問題が眠っている．彼の解釈学の主張は次のようにま

とめることができよう．

(1) 観察される経済現象は，人々が意味を賦与する行動の連鎖として理解されなければならない．人間行為は，自然現象とは異なって，行為者の精神が行う意味賦与に依拠し，それによって動機づけられているからである．

(2) 人間行為をとらえる上で，時間的視野が不可欠である．精神は休止のない無限の流れであり，知識は個々人の行為の相互作用を通じて時間とともに変化し，個々人はそれに応じて期待や計画を改訂する．経済現象は知識の時間的展開に応じて変化するものであって，理論が将来を予測することは不可能である．

(3) テクストと社会現象とはともに精神の所産・表現であり，したがってともに解釈の対象となる．行為者が賦与する意味の解釈は，生活世界における間主観性の文脈で行われる．経済現象の解釈学は，これを可能にする意味の地平の上で行われなければならない．

(4) 間主観性の文脈は制度の概念を必要とする．制度は，個々人の行動の動機・誘因に働きかけることによって，個々人の計画を可能にする枠組みであって，計画をポジティヴに誘導し，ネガティヴに規制する．制度は，いわば人々の間をつなぐ間主観的意味のネットワークである．制度の存在の意味と人間の志向の様式とはパラレルであって，社会現象の解明は制度の意味を人間の精神の動きの中から取り出すことである．制度を人間行為の単なる外生的条件と見るのは誤りである．

以上のような解釈学の主張においては，「意味・時間・期待・知識・解釈・制度」といった独特の概念が強調されている．このような考え方は，ディルタイの全幅的人間本性を前提とした解釈学と部分的に類似している．ここにはディルタイの「思惟・感情・意志」や「体験・表現・理解」といった定型化された概念の道具立ては見られないが，外面的な社会事象を心的生のタームと共同体世界観のタームで解釈するという方法は，まさに解釈学といってよいであろう．しかし，ディルタイの解釈学が，精神の外部的な「表現」として固定した文献や作品や制度や組織を対象としたのに対して，経済学における解釈は，個人の主観的評価から出発して，事象の動態的な自己展開を対象としなければならないという大きな相違がある．その意味で，少な

くとも,個々人の計画の展開を統括するものとして,制度的枠組みと社会的メカニズムの概念が不可欠とされるであろう.

さらに,単なる「嗜好」の概念から「期待・憶測・計画・知識・意味・理解」といった概念への主観主義の視野の拡大は,連続的にとらえられがちであるが,そこには方法論的に区別されるべき主観主義の2層がある.それは「欲望の主観主義」と「解釈の主観主義」との区別である[24].前者は,行為者が意思決定に当って,欲求や嗜好などの主観的要因に依存するとみなすものであり,通常の経済理論のレベルを表している.後者は,観察者が非決定論的な理論の枠組みの中で,行為者の行動や帰結を人間存在の理解に照らしてとらえるものである.「解釈の主観主義」は1つの存在論的立場を示すものであって,社会過程に関する先行構造として,時間,不確実性,期待,合理性,企業者精神などの人工的概念に基づく主観主義的解釈を生み出す.

前章において(第4章第4節),われわれは,ハイデガーの存在論と経済学との関係を議論した際,「存在論的自我」と「存在的自我」とを区別した.それは,事物を対象化する現存在と対象化される存在者との間の区別である.「解釈の主観主義」と「欲望の主観主義」は,「存在論的自我」と「存在的自我」との区別に相当する.主観主義における解釈学的契機としての「解釈学的主観性」は,存在論的(ontologisch)メタレベルにおける存在の理解を意味するのであって,存在的(ontisch)レベルにおいて結果的に,「欲望の主観主義」とは異なる「存在的」研究のテーマを導くのである.

ラックマンは解釈学の思想を,ディルタイ,ハイデガー,ガダマーという哲学潮流から学んだのではなく,もっぱらウェーバーの理解社会学から学んだように思われる.そのことは彼のウェーバー研究から確証することができる[25].ラックマンは1950年代から,オーストリア学派の独自性に注目していたが,はじめは解釈学(hermeneutics)でなく,もっぱら理解(Verstehen)という言葉を使っている.彼が解釈学という言葉を使うようになったときでも,ガダマーの理論を知らなかった[26].

先に見たように(第3章第2節),ウェーバーの理解社会学は,行為者が社会的行動に対して賦与する主観的意味を解釈によって理解するという方法をいう.この理解概念は方法論的個人主義と主観主義とに依拠し,理念型概

念と結びついて，歴史主義の社会学的再構築の方法として用いられた．その概念が，歴史主義を拒否するオーストリア学派の解釈にまで遡って，新しいパラダイムの基本概念として活用されたということは，大いに興味深い．「存在的」研究としての経済学の中で言えば，理論重視の新古典派と歴史重視の歴史学派との対立的両極に対して，ラックマンはオーストリア学派を生活世界重視の理論として第3の極に位置づけるものと言えるかもしれない．

しかし，ウェーバーの方法論に特徴的に見出されるものを，そのままオーストリア学派，とりわけメンガーに当てはめることができるだろうか．われわれがディルタイ，ハイデガー，ガダマーというドイツ哲学思想の系譜にそくして理解してきたドイツ解釈学を，オーストリア学派にただちに結びつけることができるだろうか．「解釈学としてのオーストリア学派」という一見異様に思われる観念に遭遇するとき，われわれはオーストリア学派の哲学的起源や基礎を検討する必要に迫られる．これはかねてよりバリー・スミスが，最近のオーストリア学派経済学への関心の高まりにもかかわらず，オーストリア哲学との関係が理解されていないと批判してきた問題である[27]．

ラヴォアのガダマー的主張

一方，解釈学的経済学の主唱者の1人であったドン・ラヴォアは，もっぱらガダマーの解釈学を援用する．ガダマーは解釈学的理解と対話とを同一視する．すなわち，解釈学的理解は，対象がテクストであれ，他者の理解であれ，文脈と対話を通ずる学習経験によって相互理解（合意）に到達することであるという．このガダマーの考えはコミュニケーション論者のハバーマスの挑戦を受け，過去の伝統を重視するガダマーの対話概念では，支配的なイデオロギーに取り込まれるにすぎないと批判された[28]．いまここではこの論争には立ち入らない[29]．上述したように（第3章第3節），ハバーマスはディルタイの解釈学について，「独白」的体験や理解を超えて「対話」的次元が必要であると批判したが，今度はガダマーの解釈学について，「対話」のイデオロギー性を問うのである．われわれの観点から見れば，この論争は，解釈という行為を，ガダマーのように伝統の圧力の下でとらえるか，ハバーマスのように実践的批判に向けてとらえるかの重点の置き方の相違と考えら

れる．両者はともに解釈にとって必要な要素である．ハイデガーの構図に従えば，解釈主体は歴史的・イデオロギー的伝統の中への「被投」と，それから離脱して新しいヴィジョンを掲げる「投企」との接点に置かれているからである．ガダマーとハバーマスの間の論争は，解釈学と批判理論との対比として，第7章第1節で取り上げることとなろう．

ここでの論点は，むしろラヴォアが経済学との関連において，ガダマーの対話プロセスをオーストリア学派のいう「自生的秩序」の1ケースであるとみなし，「自生的秩序」の観念を市場や理解や貨幣などを包摂する一般的概念として位置づけたことである[30]．しかし，理解を対話というプロセスで考えることに一定の理があるとしても，ラヴォアの議論は，理解と対話を「自生的秩序」という別のブラック・ボックスの中に抛りこんでいるにすぎないように思われる．このような議論は「自生的秩序」概念の批判にはなるものの，解釈学の説明に資するものとは思われない．

オーストリア学派経済学の重要なテーマである自生的秩序の観念は，果たして解釈学と両立するものであろうか．解釈学が主体の意図に照らして意味を解明するものであるとするならば，意図せざる帰結は意図に照らしてどのように理解されるのであろうか．これはラヴォアが提起した問題でもある[31]．彼は上述のように，自生的秩序をガダマーの対話と結びつけて，解決を図ったつもりでいるようである．これらの問題を検討しなければならない．その手掛かりとして，ラックマンが注目したウェーバーを検討することから始めよう．

ウェーバーの解釈学とオーストリア学派経済学

ウェーバーは方法論争をめぐる議論において，メンガーの方法論的立場を批判した．ウェーバーは，理論が実在の正確な把握を目的とするというメンガーの立場に賛同せず，理論の手段性を主張した．ウェーバーの社会科学についての考え方は，つきつめて言えば，「客観性」論文（1904年）における次の文章によってほぼ言い尽くされている．

「(1) 社会的諸法則の認識は，社会的実在の認識ではなく，むしろこの目的の下に，われわれの思考が用いるさまざまな補助手段のうちの1つに

すぎない. また(2)いかなる文化事象の認識も, 常に個性的な性質を備えた生活の現実が, 特定の個別的関係において, われわれに対して持つ意義を基礎とする以外には考えられない.」[32]

(1)の部分は, 理念型を用いる法則的認識の定式化が道具主義に基づくことの表明であり, (2)の部分は, 認識の対象や根拠が価値理念との関係にあることの表明である.

このような方法論的思考の上に立てられたウェーバーの理論の内容にそくして言えば, 彼の理解社会学は, 行為者の社会的行為を解釈によって理解するという方法であって, オーストリア学派経済学に見られるような経済現象の心理学的解釈は, 彼にとっては, 心理学的観察や法則を基礎にして社会の制度や現象の分析に進もうとするものではなく, 逆に, 制度の文化的意義を精神的に理解しようとするものにすぎないとみなされた[33].

ウェーバーには, オーストリア学派効用理論を直接に検討した論文がある. それは「限界効用理論と精神物理学的基礎法則」(1908年) という論文であり, 効用理論を E. H. ウェーバー＝フェヒナーの精神物理学法則の上に基礎づけるというルヨ・ブレンターノの解釈を論破するものであった[34]. その法則は, 外界からの「刺激」に反応して, 心理状態における「感覚」が発生すると論ずる心理学研究である. それに対して, ウェーバーによれば, 経済学において最初に来るものは精神の内面にある「欲望」であって, これが外界に対して主観的評価とそれに基づく行動を導くと考えられる. 経済行為は, 物理的「刺激」と感覚的「反応」との間の自然科学的関係とは無関係である. ウェーバーによれば, 主観的価値論は, 研究活動の目的・手段の適切性に根拠を置くプラグマティックな道具にすぎない.

ウェーバーは次のように述べた.「経済理論は, 日常経験の内的体験を心理的あるいは精神物理学的『諸要素』(刺激・感覚・反作用・自動作用・感情など) に分解するのではなく, 人間の外部にある特定の存在諸条件に対する人間の外的行動の特定の『適応』を『理解』しようとするのである.」[35] ここで「特定の『適応』」とは, 目的合理的行為である. もちろん, これはすべての現実の姿を示すものではない. 彼は社会的行為の種類として, その他に「価値合理的行為・感情的行為・伝統的行為」を区別しているからであ

る[36]．それにもかかわらず，彼は経済理論の狭隘さを批判するマンネリズムに陥ってはいない．彼は次のように言う．

> 「資本主義時代の歴史的特質，したがってこの時代の理解にとっての限界効用理論（およびあらゆる経済学の価値理論）の意義は次の点にある．すなわち，過去の多くの時代の経済史を『非経済性の歴史』と名づけるのは不当ではないし，今日の生活諸条件の下では，現実が理論的命題に絶えずますます接近してきている．……限界効用理論の発見的な意義は，この文化史的事実に依存するのであって，ウェーバー＝フェヒナーの法則によるその表面的な基礎づけに依存するのではない．」[37]

これは世界の経済史を視野に入れたウェーバー独特の命題である．今日，反主流の経済学者が批判の対象とする「合理的経済人」の概念はあまりにも狭隘であるが，それに基づく経済理論は，その価値関係性における文化価値的前提の意義を明らかにする上で，道具的にきわめて有効である．なぜならば，近代資本主義に向かう歴史的現実は「非合理的非経済性の時代」から「合理的経済性の時代」へと進化し，狭隘とみなされる経済理論の前提に接近しているからである．前近代資本主義の時代を記述するためには，彼が『経済と社会』（1922年）や『一般社会経済史要論』（1923年）で扱ったように，人間行動および社会制度について，合理性の範疇を超えた広範な社会学的諸概念を用意しなければならない．しかし，近代資本主義の時代を特徴づけるためには，合理性の経済学は有効であるというのである．

ウェーバーの社会科学の方法は「理解」と「理念型」によって特徴づけられることから，彼の社会学は「理解社会学」または「類型的社会学」と呼ばれる．彼にとって，理解社会学は，利己的個人（経済人）の仮説に基づく新古典派経済学に取って代わるものであり，類型的社会学は，歴史派経済学の段階的発展法則に取って代わるものである．彼の解釈学は世界史的地平を持ち，経済学はその地平の中に位置づけられている．このような広範な枠組みの中に取り入れられることによってのみ，経済学はその限定された有効性が認識されるのである．

すでに第3章第2節で述べたところであるが，ウェーバーの『経済と社会』で展開された社会学的枠組みの主要な構成要素は，(1)秩序（Ordnung），

(2)組織（Verband），(3)秩序の制度化性向（ゲゼルシャフト結合 Vergesellschaftung およびゲマインシャフト結合 Vergemeinschaftung）とみなすことができる[38]．ここで，これらの社会学的カテゴリーを，新古典派経済学の狭い枠組みと比較してみよう．この社会学の枠組みとの対比でいえば，新古典派経済学の構成要素は，(1)市場均衡，(2)孤立的経済主体，(3)効用・利潤の極大化性向である．社会学と経済学との2つの概念的枠組みは，全体と部分との関係として両立しながら，相互に対照的な形で自己展開する．新古典派理論の狭隘さを批判することは日常茶飯事のように行われるが，その批判を受け止める何らかのより広い枠組みを欠くときには，批判は建設的ではないし，批判を通じて何が積極的に求められるべきかが明らかでない．ウェーバーにおける経済学と社会学との関係は，部分と全体との間の解釈学的循環を形成し，それを支える基礎となるものは，範囲を異にする個人および集団の主観的性向（制度化性向と極大化性向）である．オーストリア学派が「自生的秩序」と呼ぶことによってブラック・ボックスに投じた制度形成のメカニズムを，ウェーバーはこのような性向に遡って主観主義的に説明しようとしたのである．

　ウェーバーの接近方法は，理解社会学という方法論的個人主義および主観主義の方法と，経済と社会の対応関係（解釈学的循環）の構築とによって，解釈学的であると考えられる．ただし，以下で見るように，メンガーに始まるオーストリア学派の哲学的基礎は，実在主義的心理主義であって，ウェーバーのプラグマティックな道具主義とは相容れない．ラックマンはメンガーの主観主義が未完成に終わったことについて，2つの時代的障壁があったことを指摘している[39]．第1に，メンガーはマッハやポアンカレの道具主義的科学哲学の洗礼を経ることのないアリストテレス的実在論者であり，人間の欲求充足を客観的実在とみた．第2に，メンガーは，経済学について精密的方法によって確定的な法則を獲得することを重視し，利己心・完全知識・完全競争などの前提条件からの演繹過程にのみかかわり，後にケインズやシャックルが展開したような期待や不確実性を含む現実の経済について経験的観察や推論を導くことをしなかった．ただし，上述のように，方法論の議論において，メンガーは市場内部の資源配分現象と並んで，有機的社会現象とし

ての慣行や制度（自生的秩序）を研究対象とみなしており，また精密的分析方法と並んで，現実的・経験的観察方法を認めており，このような範囲と方法の二重の拡張の余地は，新古典派経済学の主流を超える可能性をオーストリア学派に残すものであった．

　したがって，ウェーバーの理解社会学を解釈学の作品と見た場合，それはオーストリア学派の主観主義と重なりつつ，メンガーの2つの障壁を克服する方向を示したということができる．なぜなら，ウェーバーにおいて，第1の障壁は道具主義方法論によって対処され，第2の障壁は経済社会学によって対処されたからである．ウェーバーに依拠するラックマンもまた，そのように修正され，ねじりを加えられたオーストリア学派を「解釈学的経済学」の方向として考えていたのであろう．これが「解釈学としてのオーストリア学派」という観念の理解可能な意味である．解釈学として解釈された仮想のオーストリア学派経済学は，もはやメンガーが主張した精密科学としての経済学ではない．メンガーの場合には，精密科学における対象や前提や方法そのものが経済の普遍的な本質を理解するためのものであったが，彼の本質への執着は20世紀科学哲学の下では簡単に否定されてしまい，彼の精密科学の観念は新古典派経済学の形式主義の中に吸収されてしまうものであった．

　ミーゼスのプラクシオロジーは，ハイエクによって主観主義の一貫した実践と評価されたものであるが，人間行為の一般理論としての包括性・普遍性と，アプリオリに真な公理による基礎づけとを主張するものであって，人間行為の本質的実在に関する精密科学というメンガーの理論経済学の観念をいっそう押し進めたものである[40]．その意味で，ミーゼスはメンガーが直面した障壁を超えていないし，オーストリア学派をウェーバーが切り開いた生産的な方向に導くものでもなかった．

4　オーストリア学派の哲学的基礎

オーストリア経済学とオーストリア哲学との接点——ブレンターノ

　以上のように，主観主義経済学に適用されたウェーバーの理解社会学の方

法によって，オーストリア学派主観主義における「理解」の側面に光を投ずることができたが，その光の下では，オーストリア学派から実在論的基礎が排除されると同時に，欲求・予想・期待・知識・価値といった拡張された一連の主観概念が，一斉に理論的テーマとして登場する事態を理解することができた．しかし，オーストリア学派主観主義における解釈学的契機を確かめるためには，ウェーバーの社会学に代わって，哲学的観点から検討することが必要であろう．そこで示唆される問題は，心理主義をめぐるオーストリア経済学とオーストリア哲学との関係である．

ハプスブルク帝国の知的後進性のおかげで，19世紀のオーストリアにはドイツ観念論は深く浸透しておらず，形而上学に対して敵対的な経験主義の思想がこの知の空白地帯を席巻し，やがて20世紀初めにはウィーンは論理実証主義の拠点となる．バリー・スミスは，カント以後のドイツ観念論哲学と対比して，ボルツァーノ，ブレンターノ，マッハ，マイノング，エーレンフェルズ，フッサール，ウィトゲンシュタイン，カルナップ，ポパーその他を含む一群の哲学者の特徴を，オーストリア哲学として総括している[41]．オーストリア哲学はドイツ哲学とは対照的に，総じて経験主義・実在主義・客観主義の傾向を持ち，新興の心理学を通じて，社会科学を含む経験科学と哲学との関連を維持した．

オーストリア経験主義哲学には2つの方向が含まれていた．1つは，マッハによって代表され，やがて論理実証主義に結実するような数量的・自然科学的な方向であり，もう1つは，ブレンターノのように，心的現象と物的現象とを「志向性」の有無によって区別し，構造化された全体としての心的対象に普遍的・質的法則性を想定する方向である．ここでオーストリア経済学対オーストリア哲学として比較されるのは，それぞれの学派の創成期におけるメンガー，ベーム・バヴェルク，ヴィーザーの経済学者世代と，ブレンターノ，マイノング，エーレンフェルズの哲学者世代とである[42]．両派は「価値論に関する2つのオーストリア学派」と呼ばれる[43]．

2つのオーストリア学派は個人的交流を含めて，同時代の思想として密接な関係を持った．オーストリア哲学とオーストリア経済学とを結ぶ結節点は価値の理論であり，それを支えるものは人間精神を扱う学問としての心理学

であった．価値の理論は，哲学においては「善」（Gut, good）の倫理学であり，経済学においては「財」（Güter, goods）の経済理論であった．前者は目的としての内在的善であり，後者は手段としての外在的善であり，両者は目的・手段の関係によって結合する．両派を通じて，価値の理論は，個人の評価行為の心理学に基礎を置き，価値と心理学的現象との関係を解明するものと考えられた．

フランツ・ブレンターノ（1838-1917年）はドイツ生まれであるが，ウィーン大学で教え，フッサールを含む有能な研究者を数多く育成したことで有名である[44]．彼は主著『経験的立場からの心理学』（1874年）において，科学的な哲学の基礎として，新しい型の経験的な心理学を構築することを企図した[45]．しかし，彼は自然科学的な心理学を哲学に適用するのではなく，心的生の本質にふさわしいアプローチを求めた．彼はアリストテレスを哲学研究の起点と考えていたために，知識の経験的な基礎と同時に，「理念的直観」という言葉によって，心的事象の本質的特徴を把握する可能性をも考慮に入れ，この直観的洞察を認識論的基礎とした．彼は現代における「アリストテレス主義の再興者」と呼ばれている[46]．上で触れた経済学者ルヨ・ブレンターノは，彼の弟である．

フランツ・ブレンターノの特徴的な寄与は，心的作用を何らかの対象に対する「志向性」として定義し，「志向性」の相違に応じてそれらを区別するというものであって，従来の心的作用の型である「表象・感情・意志」の分類を改訂して，「表象・判断・愛憎」という型を提起した．愛憎（Liebe und Hass）の概念は，感情と意志の双方を1つのカテゴリーにまとめたものである．感情と意志，あるいは情動と欲求とは，ともに対象に対する肯定または否定の判断作用を意味する点で同じである．そうだとすると，真偽の判断や善悪の判断も，対象に対する好き嫌いの感情と類同のものとなる．対象に向かう志向性の作用によって，まず対象が精神の中に「表象」として現れ，「判断」および「愛憎」はこの表象に対する肯定または否定の作用を意味する．理性的な表象作用を除く感情・意志・価値判断に適用される肯定・否定の心理的作用一般は，今日の経済学では，形式的に「選好」および「選択」と呼ばれている．ブレンターノはこれらの価値的行為には，自己明証性を持

った明確な経験が伴うことを主張した.

　要約すれば，彼の貢献は，経験的素材の本質的構造を非帰納的に洞察することによって経験論を拡張したこと，新しい記述心理学を展開したこと，志向性概念を提起したこと，価値の自己明証性を主張したことにある[47].

　ディルタイが精神科学の基礎に置こうと考えたのは，同時代人であったブレンターノの心理学であった．ブレンターノの志向性は対象に対する主体の心的作用を表し，哲学および経済学の双方の主観主義における中核的概念となり，現象学および経済学を新しく基礎づける契機となった．現象学の歴史の書物が常にブレンターノから始まっているように，彼の志向性概念はフッサールおよびハイデガーの現象学の礎石となった．ハイデガーの「関心」概念は，現存在における存在の根本構造を表すものであって，フッサールを介してブレンターノの志向性概念に遡る．しかし，志向性は断片的な心的作用の表出であり，ハイデガーにおいては，現存在の持つ時間軸上の「関心」によって取って代えられた．

　オーストリア学派経済学の哲学的背景としては，アリストテレスが指摘されることが多いが，オーストリア学派経済学は，むしろもっと直接的な形でブレンターノ学派の心理学から影響を受けている．アリストテレスの影響は，同時代のブレンターノを介してオーストリア学派に及んだものであろう．初期のオーストリア学派の経済学者3人の中では，ベーム・バヴェルクが最もはっきりとオーストリア学派心理学への依拠を明示している．彼は主著『資本の積極理論』(1889年)の第2巻全体を第1巻への補論としたが，そこで第1巻の主要な命題について，詳細な説明や依拠文献などを挙げている[48].そこでは，ブレンターノ，エーレンフェルズ，クラウス，マイノングなどの哲学者の著作が頻繁に参照されている．

　ベーム・バヴェルクが心理主義の文献への依拠を示しただけであったのとは異なり，心理主義の方法論的基礎を固めたのはヴィーザーであった．オーストリア学派に学びながら，オーストリア学派を超えたシュンペーターが，処女作『理論経済学の本質と主要内容』(1908年)において，マッハ的道具主義の立場からオーストリア学派の心理主義を批判したとき，ヴィーザーは長い書評論文を書き，シュンペーターに反論した[49].次の文章は，メンガー，

ベーム・バヴェルク，ヴィーザーらの主観主義経済学の方法論的基礎を鮮明に表したものとして重要である．

「シュンペーターとは違って，心理学派によって用いられる仮定はすべて経験的なものである．どんなに多くの仮定があろうと，それらはすべて事実に基礎を置かなければならない．……もし理論が経験的性格を失うべきでないとすれば，すべての仮定は経験から取られなければならない．仮定として，仮説的なものが許されるべきでないだけでなく，恣意的なもの，形式的なものも許されるべきでない．仮定の有用性や利便性はその真理性に依存している．……経験から取られた事実は孤立的に観察されたり，必要に応じて理念的に変形されたりする．心理的方法に対して，その仮定の内容を提供するものは事実である．心理的方法は，多様な普遍的な経済的経験を吸収するに十分なほど広範な体系を構築するために，これらの仮定を段々に築き上げていくのである．シュンペーターは経済学において仮説を用いようとしている点で誤っていることが明らかにされたと思う．仮説というものは未知なものについての仮定である．それに対して，われわれの理念化された仮定は，既知なものの意識的変形である．いまや，私は，このような仮定の全体系は事実に基づかなければならず，この体系の中には仮説の占める余地はないという上述の主張を繰り返し強調することができる．心理的方法は仮説を許容しない．」[50]

理論が仮説であるならば，検証が必要であるが，理論はすでに心理的経験に基礎を置くものであるから，妥当性をすでに獲得しているというのである．オーストリア学派の心理主義は，ここに見られるように，内観の経験的性格を主張するけれども，それはほとんど直覚的・先験的自明性への信念に近いものである．オーストリア学派経済学者が依拠したブレンターノも，内的知覚の経験性を強調したが，自然科学的な実験心理学には反対であり，むしろアリストテレス主義の主唱者であった．

アリストテレスにおける解釈学的契機

ジョーゼフ・スーデックによれば，オーストリア学派経済学の起源をアリ

ストテレスに求めたのは，19世紀末および20世紀初めのヨハン・ズマヴィックおよびオスカー・クラウスの諸論文であるという[51]．上述したカウダーはクラウスに依拠している[52]．クラウスはブレンターノの「愛憎」による価値の肯定的・否定的評価の考えに基づいて，アリストテレスの「即自的・内的善」と「第2次的・外的善」を含む倫理学を解釈し，それを価値の主観主義的理論として確認した．アリストテレスによれば，内的善は別として，外的善（財）は多ければ多いほど良いというものではなく，財の数量の増加につれて，価値の限界的増分は逓減する．また外的善の価値は人によって異なる評価を受ける．アリストテレスは，欲求の充足および価値の評価に当っては，財の限界的単位の増加ないし減少に注目することが必要であると論じた．これは限界効用理論の基本的な考え方である．アリストテレスのこのような議論は，社会的事象が論じられている『ニコマコス倫理学』や『政治学』ではなく，弁証術を論じた『トピカ』（場所について）においてなされているというのが，クラウスの説である[53]．

ここでの問題は，アリストテレスとオーストリア学派経済学との間の経済思想の類同性だけではなく，アリストテレスと2つのオーストリア学派との間の哲学的思想の類同性である．今日，バリー・スミスらによって主張されている議論は，2つのオーストリア価値学派の性格をアリストテレス主義と規定し，ドイツ観念論におけるカント的伝統から区別するというものである．この立場からすれば，アリストテレスを限界効用理論の先駆とする考えは，部分的・皮相的なものとみなされる．

アリストテレス主義の主要な命題は次のようなものと考えられている[54]．
(1) 世界はわれわれの思考とは独立に存在する．(2) 世界には単純な要素ないし本質，およびこれらを支配する普遍的な法則や構造や関連が実在する．(3) われわれの世界経験は，常に個別的側面と一般的側面とを含む．理論認識は，経験主義と本質主義とが両立する形で，流動する現実の中に一般的な構造をとらえる．(4) 経験の一般的側面の把握は無誤謬ではない．(5) われわれは常識または科学によって，世界が何であるかを大筋で知ることができる．(6) われわれは客観的な観点から，本質および本質的構造を普遍的な知として知ることができる．(7) 単純な要素ないし本質は全体の構造の構成因であ

り，それらの結合から現象の全体がえられる．(8)価値の理論は，人間の精神的行為としての主観性の上に構築されなければならない．(9)社会的全体ないし社会的有機体なるものは存在しない．(10)歴史の発展法則なるものは存在しない．

このようにまとめられたアリストテレス主義は，知の対象としての世界の状態や構造や過程が知りうるものとして存在することを主張する．それは存在論の主張である．一方，オーストリア学派にしばしば結びつけられるアプリオリズムは，非帰納的方法によってアプリオリな知識を獲得することができると主張する．それは認識論の主張である．アプリオリには異なる2つの立場がある．カントにおけるアプリオリズムは，対象についての経験的認識を可能にする条件を与えるものであり，この意味でのアプリオリな知識は，人間の精神が世界に対して「読み込む」(read in) ものである．それに対して，アリストテレス主義におけるアプリオリズムでは，アプリオリな構造は精神から独立して世界の中に実在すると考えられ，試行錯誤的に「読み取る」(read off) ことが求められる．

カント的アプリオリズムは，カントの言葉では「超越論的」(transzendental) 条件であり，ある表象が経験に起源を持つのではなく，経験の対象に対して無条件で適用されるというものである．「超越論的」認識は，経験を可能にする条件として働く限りにおいて，「アプリオリ」な認識である．カントの「コペルニクス的転回」という言葉に象徴されるように，ここに主観の能動性の統一された姿を示すものとして「超越論的主観性」が成立する．

それに対して，オーストリア学派に帰せしめられるアリストテレス的アプリオリズムは，対象認識のレベルにおいて経験的認識と対比されるものである．対象認識のレベルとは，ハイデガーの言葉でいえば，存在論的レベルではなく，存在的レベルのことである．「超越論的」と「経験的」とのカント的区別は，対象認識に先行するレベル，すなわち認識批判のレベルでの比較であるのに対して，オーストリア学派では「アプリオリ」（先験的・超越的 transzendent）と「経験的」とが対比される．世界の中から「読み取られる」ものとしてのアリストテレス的アプリオリは，カントの言う「超越論的」認識ではない．

対象認識のレベルにおける「アプリオリ」(先験的)と「経験的」との区別は，オーストリア学派経済学においては，認識の「先行構造」としてとらえられるものと，「理論構造」によって確かめられるものとの違いということができよう．そうであれば，アプリオリズムを強調するミーゼスでさえ承認せざるをえなかった「可謬的アプリオリズム」という名辞矛盾の言葉も理解可能となる．世界における本質的要素は，意味を求める解釈の対象に他ならない．「先験的」な本質は存在するとしても，またその直覚的把握が可能であるとしても，その解釈は試行錯誤とならざるをえないからである．

オーストリア学派経済学はオーストリア学派哲学との接触を通じて，アリストテレス主義ないしアプリオリズムに染まっていたと考えられる．ウェーバーによるオーストリア学派経済学の解釈は，シュンペーターのオーストリア学派批判と同じように，アプリオリズムを排除するものであったが，アプリオリズムは解釈学にとってどのように評価されるのであろうか．それは解釈学の本質的契機であろうか．ここでハイデガーに戻って考える必要があろう．

ハイデガーの『アリストテレスの現象学的解釈』

アプリオリズムが「読み込む」および「読み取る」という対照的な言葉によって区別される2つの立場を含むとすれば，われわれはこのことを基礎にして，アプリオリズムの中に解釈学的契機を見出すために，さらに検討を進めることができる．ハイデガーの現象学について見たように(第4章第2節)，存在の「意味」をとらえることが存在論の課題であった．そしてその課題は，一方で，現存在の「投企」を通ずる「存在の賦与」と，他方で，「被投」を通ずる「存在の生起」という方向を異にする二極的作用の中で，現存在の存在了解を解釈することによって果たされる．二極的作用の間には「解釈学的循環」があり，能動的な「投企」と受動的な「被投」との相互作用を通じて，存在するはずの本質的なものを隠れた状態からあらわにし，明るみに出すことが求められる．

解釈学によれば，解釈はテクストを「読む」ことによって始まる．「読む」ことは「読み込む」ことと「読み取る」こととの双方を必要とする．「読み

込む」ことは主体の側からの新たなものの主観的「投企」であり,「読み取る」ことは与えられた客観的枠組みの中への「被投」である.アリストテレス的アプリオリズムを,ハイデガーの現存在の存在論に照らして解釈することは意味を持つであろう.

通称『ナトルプ報告』と呼ばれるハイデガーの草稿がある.これは1922年に大学への就職目的のために,彼が最近の研究成果を報告する資料（マールブルク大学のナトルプ宛の報告）として書いたものであるが,1989年になって初めて公表された.それは『アリストテレスの現象学的解釈——解釈学的状況の提示』と題し,「事実性の解釈学」というハイデガーの問題設定の下で,アリストテレスの哲学を批判的に評価したものであって,『存在と時間』の執筆構想を示すものとして注目されてきた[55].

この題名にある「解釈学的状況」という言葉はハイデガーのテクニカル・タームであって,われわれが注目したように（第1章第3節）,それは後に『存在と時間』において,解釈における「先行構造」の3つの契機——「先行的対象把握（Vorhabe）・先行的視点設定（Vorsicht）・先行的概念形成（Vorgriff）」——として論じられたものである.したがって,上記の報告書はアリストテレスを解釈するに当っての先行条件を明示したものである.ただし,この『ナトルプ報告』では,「解釈学的状況」として,「視座」(Blickstand),「着眼」(Blickhabe),「視線方向」(Blickrichtung),「視野」(Sichtweite) などの概念が用いられており,『存在と時間』における3つの概念とは一致しないが,解釈に当っては,対象をどのようにとらえるかについての先行的ヴィジョンが不可欠であり,解釈はこのような「解釈学的状況」に対して相対的であることを主張する点では同じである.

この報告書は2つの点で注目される.第1.『存在と時間』は最初の構想に反して,第1部しか書かれなかったが,そこでは,現存在の「関心」を中心とする詳細な実存論的記述が大部分を占め,存在論的概念的枠組みとしての「解釈学的状況」はその中に埋没した感があった.しかし,短い分量の『ナトルプ報告』では,基本的枠組みのみが論じられ,それを支える思考のみが扱われている.中心的思考は,現存在の世界内頽落を招く伝統への隷従に対抗する方途を提起することである.第2.書かれることのなかった『存

在と時間』の第2部は，存在論の歴史（カント，デカルト，アリストテレス）を分析する予定であったが，『ナトルプ報告』はまさにこの中のアリストテレスの現象学的解釈を行ったものである．ハイデガーは，哲学の出発点であるアリストテレスに遡ることによって，生の根本構造への根源的な洞察を獲得し，それ以後の哲学的伝統の頽落を批判する立場を見出すことができると考えた．ハイデガーにとっては，ヘーゲルと同じように，哲学することは哲学史を解釈することであった．

ハイデガーは『ナトルプ報告』の中で次のように論じた．

「従来伝えられてきて，今では世間で支配的となっている解釈を，その隠された動機，不明確な傾向，釈意方法に関して解きほぐし，解体的な遡行を行いつつ，解明の根源的な動機源泉にまで突き進むことが求められている．解釈学は，唯一，解体（Destruktion）という方法によってのみその課題を成し遂げる．」（『アリストテレスの現象学的解釈』訳，45ページ）

「解釈において手引きとなる問いは，人間存在，すなわち『生の中にある存在』は，いかなる存在性格を持ったいかなる対象性として経験され，釈意されているのか，というものでなければならない．」（同上，52ページ）

このような問題提起は，従来の哲学史研究において，少なくとも4つほどあるアリストテレス解釈の1つを代表するものと考えられる[56]．ハイデガーによれば，アリストテレスの「関心」によって光を当てられた主要な対象領域は，「制作（poiesis）されたもの」である．すなわち，「存在するということは，制作されているということである」（同上，53ページ）．制作したり，仕事をしたり，使用したりする運動や活動との関わりにおいて遭遇する世界が，根源的な存在経験の目指す「目標」（Woraufhin）である．ハイデガーは，存在を表すousiaというギリシャ語をAnwesenheit（現前性）という言葉に訳し，伝統的なSubstanzという言葉を退けたが，このギリシャ語の日常的な用法は，元来，「家や財産や周りの世界において使用に供しうるもの」を指すものであって，これらのものへの関心や配慮はそれらが製作されているというあり方（被制作性）にあるという．かくして，「存在＝現前性＝被

制作性」という存在概念がアリストテレスに帰せられるのである[57]．

総括——オーストリア経済学派の哲学的レレバンス

以上で，われわれはオーストリアのアプリオリ哲学を介してアリストテレス哲学に遡り，それに照らしてオーストリア経済学派の哲学的レレバンスを問うことを試みた．いくつかの結論を引き出すことができよう．

第1に，アリストテレスは『ニコマコス倫理学』においてさまざまな種類の知——技術（techne），学知（episteme），思慮（phronesis），智慧（sophia），直知（nous）——を類型化したが，これらの中で特に重要なのは「直知」である．直知は直観である．ハイデガーは直知を現象学的に把握することによってのみ，現象間の構造連関を理解することができると考えた．アリストテレスは，直知は論理の関知しないところで，知の最初に来る諸定義を与える役割と，知の最後に来る実践の目的を与える役割とを持つと論じている（第6巻第11章）．ハイデガーによれば，これは真理を隠れなきものとして与えるという直知ないし直観の志向的作用をとらえたものである．いいかえれば，知の先行的「解釈学的状況」を設定するものは直観である．この点は，オーストリア哲学が受容したアプリオリズムの認識論的主張と重なるものであろう．

第2に，ハイデガーは現存在の関心の概念をアリストテレスに適用し，「被制作性」という存在理解を導いたが，ここには人間存在を見る観点の二重化が行われている．一方で，制作は動きであるが，存在は究極的に「制作が完成し，運動が終極に到達した姿」としてとらえられる．他方で，制作は動きであり，存在はあくまでも「それ自身で進行し経過する動態性（Bewegtheit）として見られる」（同上，74ページ）．ここから，「存在＝現前性＝被制作性」という存在概念と並んで，「存在＝将来＝生成」というもう1つの存在概念を読み取ることができる[58]．

後者の見方は，前者に見られる伝統的なアリストテレス哲学観に対する批判を意味する．ハイデガーは「純粋な動態性という最高の理念を充たすのは，純粋な観想としての直覚しかない」という（同上，76ページ）．逆説的ではあるが，そのような運動の完成態はもはや時間性を喪失した静態的なもので

ある.経済学についてみると,オーストリア学派の「存在的」主観主義は,無時間的・機械論的な「市場均衡」の代わりに,時間的視野と主観的志向性を持った「市場過程」を対象とし,この点で新古典派と対比して独特の体系を持つと主張するが,そのことは,「存在論的」主観主義の次元では,「存在＝現前性＝被制作性」という存在概念の代わりに,「存在＝将来＝生成」というもう1つの動態的存在概念を取ることを意味する.

　第3に,現存在の存在理解としての関心が「被制作性」という「現前性」にとらわれ,「頽落」に陥りがちであるとすれば,それに対抗する生のあり方が主観性の側から提起されなければならない.ハイデガーにおいては,それは「存在＝将来＝生成」という存在概念を「不安」という心の状態と結びつけることである.「頽落」は,「死に向かう存在」という将来的事実の直視を避けることから生まれる.このようなハイデガーの考え方がアリストテレスに見出されるわけではない.ハイデガーにとって,アリストテレスは克服されるべき伝統の起源であった.オーストリア学派が解釈学的経済学を志向するとすれば,一方で,完全競争や完全知識の想定の代わりに,主体にとっての将来の不確実性や期待の要因を考慮に入れると同時に,他方で,主体を取り囲んでいる制度・過程による拘束を念頭に置かなければならない.哲学における「不安」に類比されるものは,経済学における「不確実性」であろう.「不安」も「不確実性」も,ともに将来という時間概念と結びついている.それに対して,「頽落」は,客観的な既定事実としての過去および現在への執着に対応する.歴史学派と違って,オーストリア主観主義は将来の時間軸を強調しがちである.

5　時間・期待・不確実性

シャックルの時間論

　みずからは解釈学的経済学の旗を振ることはなかったが,その名に最も相応しい仕事をした先駆者はG.L.S.シャックル（1903-92年）であろう.彼は英国人であり,ロンドン・スクール・オブ・エコノミックスでハイエクの

指導を受けたこと以外には，オーストリア学派と関係はない．彼は景気変動論の研究の中で独自の思索を進め，そのライトモチーフは「時間・期待・不確実性」というものであった[59]．彼と同じ世代に属するラックマンは，早くからシャックルのこれらの問題に関する研究に注目し[60]，後にはシャックルとオーストリア学派主観主義との共通性をはっきりと主張した[61]．逆に，シャックルは主著とも言うべき『認識学と経済学 ── 経済学説批判』(1972年)の冒頭において，ラックマンの文章を引用し，後者が「独特の力強さと鋭利さ」を持って，自分と同じ問題を長年にわたって追求してきたと記している[62]．ここでのわれわれの課題はシャックルの経済理論の諸著作を検討することではなく，彼の主流派経済学批判の基礎にある哲学的思想を吟味することである．

前章の最後で，ハイデガーの存在論が経済学に対して示唆するいくつかの問題点を挙げたが，シャックルおよびオーストリア学派の系譜に属する経済学者が新古典派批判として取り上げたテーマは，主として「時間・期待・不確実性」であった．そしてこれはハイデガーの存在論の内容をなす中心的なテーマでもある．ここに，時間をめぐる経済学と哲学との重要な接点が見出される．

シャックルによれば，時間の概念，とりわけ将来の概念を欠いていることが，主流派経済学の致命的な欠陥である．均衡分析を中核とする主流派経済学は，時間と関わりを持つあらゆることがらを無視することによって，その合理性と精密性を保持することができる．なぜなら，将来は本質的に不確実であり，したがって現実には，人々は期待や憶測を働かすことによって行動するしかない．期待や憶測は理性の及ばない領域である．したがって，合理的で精密な理論体系は無時間的となり，完全知識や完全予想の想定を導入することによって，諸変数の確定値を求めることに専念せざるをえない．しかし，それは現実とはまったくかけ離れた状況を想定することである．

シャックルの時間観は，行為者にとって，時間とは「存在している瞬間 (moment-in-being)」としての現在に限られるというものである[63]．「過去・現在・将来」の時間局面の中で，現在のみが現実的である．将来は「予想」という心的作用によってのみ経験することができ，過去は「記憶」という心

第 5-2 図　経済学と時間軸

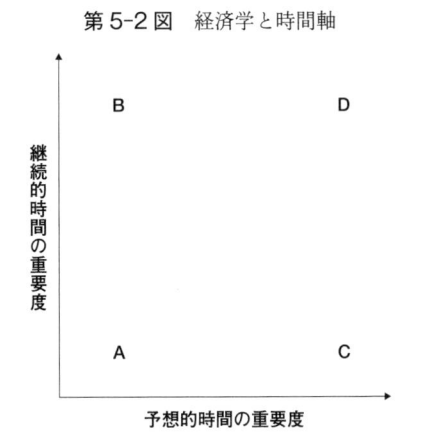

```
継続的時間の重要度 ↑
        B           D


        A           C
                          → 予想的時間の重要度
```

的作用によってのみ経験することができる．現在における行為の帰結は将来に属するが，将来は不確実であって，期待や憶測を持って将来に臨まざるをえない．しかし，期待や憶測は，「理性」と並ぶ人間能力である「想像」に依存し，将来を創造する機縁を与える[64]．

「予想」は「想像」に依存するけれども，すべての「想像」が「予想」となるわけではない．「想像」が「予想」となるためには，可能性によって支持されなければならない．さらに，すべての「予想」が現実に「実現」されるわけではない．「予想」と「実現」との差を表すために，シャックルは「驚き」(surprise) という概念を導入する[65]．

シャックルは経済学における時間の取り上げ方について，2つの基準を掲げる．1つは，現在時点において生起する事象の動態的継起を測定するための「継続的時間」であり，もう1つは，現在時点における予想を通じて将来を展望する「予想的時間」である．これに基づいて，経済学のタイプとしてA〜Dの4つが分類される．Aは無時間的な均衡経済学であり，Bは予想要素を含まず，経済変動論や経済成長論のように「継続的時間」の目盛を持つ経済学であり，Cは「継続的時間」の要素を含まず，ケインズ理論のように将来への予想を変数として重視する経済学であり，Dは「継続的時間」と「予想的時間」との双方を含む経済学である．「継続的時間」と「予想的時間」のそれぞれの重要度を座標軸に取ると，第5-2図のような配置が得られ

る[66]．Dは不確実性の動態理論であって，シャックルが目指すものはこの種の理論であろうが，むしろCのタイプの比較静学理論によって，まず予想の理論化の方法を考えるべきであろう．

Cタイプの理論の課題は，将来に関する不確実性の状況下にあって，経済主体はどのようにして意思決定を行うかということである．このような場合，行為がもたらす諸帰結の生起確率を考慮し，行為の数学的期待値，すなわち確率の確実性等価（certainty-equivalent）を求める方法がある．シャックルも多くの人々と同じように，この方法を拒否する．その理由は，確率概念においては，すべての帰結が可能であると考えられているが，行為の選択は1回限りであり，生ずる帰結は1つしかないからである．1つが正しければ，他はすべて誤りである．諸帰結は相互に排他的である．意思決定は，明確に特定される諸原因が惹き起こす確定的な結果に基づいて行われるものではない．そこで，彼は確率概念の代わりに可能性という概念を用い，結果のどれか1つに信頼を置くことを可能性の評価と呼ぶ．確率という言葉を使うとすれば，可能性概念は客観的確率ではなく，主観的確率である[67]．可能性の評価尺度としては，完全に可能性が実現する場合を「不信（disbelief）がゼロ」あるいは「潜在的驚き（potential surprise）がゼロ」と名づける[68]．予想していなかった事象が起こり，行為者の予想が外れたとき，人々は何らかの程度の意外感を抱くが，これが「驚き」である．予想である限り，行為の現実の帰結には潜在的に驚きの可能性がつきまとうものだが，その主観的評価値をあらかじめ小さくするような行為計画が採用されなければならないという．

確率論に関する限り，シャックルの議論は，社会科学における確率概念としては，客観的概念よりも主観的（あるいは認識論的）概念の方が適切であるという主張に属する[69]．しかし，彼の理論はいわばロビンソン・クルーソー・モデルに基づいており，経済主体間の相互調整や経済全体についてのマクロ的帰結を扱っていない点で，著しく不十分である．また時間的座標軸において，過去の影響が単に記憶という心的作用としてのみとらえられている点も，不十分である．過去の経験は現在の自己を形成する上で大きな役割を果たしており，過去の知識は単なる記憶の対象ではなく，現時点の主体の存

在そのものを制約する制度的要因である．ただし，「時間・期待・不確実性」というシャックルの中心的問題設定が日常的世界の観察から発していること，そして経済行為にとって将来への展望が不可避であり，しかもそのことを通じて想像力やインスピレーションという主観的作用が経済世界に導入されることの認識は，現象学的解釈学の一要素として評価されるであろう．

Dタイプの理論を構想することは，時間と不確実性とを同時に論ずることである．この場合には，時間概念の定義が本質的に重要となる．

時間をめぐる経済学者の通俗的見解

存在了解が将来・現在・過去の時間軸に応じて異なるということは，ハイデガーの洞察であった．ここでハイデガーに立ち返ってみると，シャックルおよび多くの経済学者の時間概念の特徴が明らかとなる[70]．シャックルが論じたような現在優位の時間論は，第4章で見たように，ハイデガーによって「通俗的見解」として批判されたものであった．ハイデガーにおいては，時間の流れを現在の連続としてとらえるのではなく，将来に対して先駆すること（Vorlaufen, anticipation）が本来的時間性である．再度ハイデガーを引用するならば，「根源的・本来的時間性は，[1] 本来的な将来から出発し，[2] 将来的に既往しつつ，[3] そこで初めて現在を喚起する．根源的・本来的時間性の第一義的現象は将来である」（『存在と時間』訳，下巻，220ページ，角カッコは引用者がつけたもの）．本来的時間性の優位構造は，[1] 将来＞[2] 過去＞[3] 現在というものであり，始発的に将来を形成するものは，「投企」による将来への先駆すなわち予想である．

「通俗的見解」によれば，第1に，時間は「無限」に続く現在の継続である．「通俗的時間解釈の主要な命題は，時間は『無限』であると説いている」（同上，400ページ）．しかし，人間は有限であって，「通俗的見解」に従って人間行動を論ずることは否定されなければならない．

第2に，通俗的時間観の下では，現存在が「頽落」に沈み，本来的実存から逃避する結果，時間はすべての人にとって与えられた「公示性」ないし「共通性」の時間（die öffentliche Zeit）となる．「人々はただ共通の時間しか知らない．それは平板化されて，すべての人に属し，いいかえれば誰にも

属さない」(同上, 403 ページ). このことは, 時間が主観性ないし主体性を喪失することを意味する.

シャックルは将来に関する予想と, 予想の持つ主観性を強調しながらも, 実際には, 彼の考え方の基礎にある時間概念は, 現在の優位性, 時間の無限性, および時間の公示性の想定に基づいている. ハイデガーの時間論は, 解釈学的現象学に立って, これに代わるアプローチを提起する. 現在時点の連続としての時間概念を拒否し, 将来に優位性を与えるこのアプローチを, 経済学は受け止めることができるだろうか.

経済学における代表的時間概念は, 将来の効用・満足・価値を現在のそれに比して低く評価するというものである. 上述のように, 不確実性下の経済行為の将来的帰結は数学的期待値として計算されるが, その将来値はさらに時間割引率(利子率)によって現在値に還元される. これは現在優位の通俗的時間観に属する. これに対する批判は可能である. 哲学者シジウィックは, 慎慮(prudence)すなわち合理的自愛心の公理として,「将来それ自身は現在と比べて同等に配慮されるべきである」と主張した[71]. また厚生経済学者ピグウは, 現在優位の時間選好を「望遠能力の欠陥」と呼び, 非合理的な選好とみなした[72]. ピグウによれば, このような近視眼的時間選好によって, 新しい資本創造が阻害され, 比較的に小さい現在の利益のために比較的大きい将来の利益が犠牲にされるのである. しかし, このような批判がわれわれをどこに導くかはあまり論じられたことはない.

一見したところ, 経済学における現在優位の時間選好は人間の有限性に基づいて理解することができ, ハイデガーのいう「死に向かう存在」の認識, すなわち本来的時間性の観念と調和的であるように見える. しかし, 時間選好に基づく将来の割引計算は, 将来が有限であろうと無限であろうと, 将来を現在の基準によって保守的に評価するものであって, 将来への「投企」によって新しい価値基準の創造を試みるという本来的時間性の観念とは基本的な哲学を異にする. それはむしろ将来への頽落的接近である.

時間軸の上でのハイデガー的「投企」とは, 経済社会的文脈では, シュンペーターが唱えた革新による伝統的軌道からの離脱に他ならない. シュンペーターの経済発展理論は, 静態に利子は存在しないという刺激的な命題を含

むが,彼の言い分の本質は,そのことよりも,既存技術の下での資本の限界生産力や時間選好に基づく利子とは異なった性質の動態的利子が,革新と発展の下で現れるということである[73]. 彼によれば,利子は動態的な企業者利潤から発生する.「本来的時間性の第一義的現象は将来である」というハイデガーの形而上学的な命題は,シュンペーターにおいて,革新という社会的事象にそくして展開されているといえよう.

オドリスコル=リッツォの動態的主観主義

オドリスコル=リッツォの『時間と無知の経済学』(1985年) は,オーストリア学派の先行者の諸概念を援用しつつ,主観主義の中心問題と取り組んだ著作である[74]. 彼らはオーストリア学派の関心を「主観的意味の領域」と定義し,研究プログラムの中心問題は,日常生活における意味を担った行為を社会的相互作用のパターン全体と関連づけることであるとみなす. その際,主観主義の2種の形態を区別し,静態的主観主義および動態的主観主義と呼ぶ. 静態的主観主義は新古典派モデルであり,そこでは精神は与件を知覚する受動的フィルターの役割しか持たず,意思決定はすべて無時間的に確定する. 一方,動態的主観主義はオーストリア学派が本来目指したものであり,そこでは,精神は創造的・自律的存在であり,意思決定は経験の習得および予想の形成の両面において,非決定論的であり,予測可能性を充たしていない. 動態的主観主義は,演繹可能ではないが理解可能な望ましい関連性 (favorable relevance) を持った意思決定の説明を求めるという.

この議論において注目に値するのは,静態的主観主義と動態的主観主義とが排他的ではなく,両立するものと考えられていることである. すなわち,意思決定が主観的であるといっても,まったくの空想や願望が実現されるわけでもなく,また意思決定の確実性が求められるといっても,心理的選好と外的与件から自明の結果が演繹されるわけでもない. 意思決定の静態的形態は,創造的意思決定にとって必要な経験的・慣行的基礎であるとみなされる. このような基礎を緩やかな決定論の基盤として,何らかの意味で限定された創造的意思決定が論じられるのである. この認識は重要である.

彼らは動態的主観主義の具体的な論題として,不確実性に対する対応とし

ての「企業者精神」（創造性）および「ルール遵守」の解明を提起している[75]．以下で見るように，この2つの概念は，「投企と被投」というハイデガーの基礎的対概念に相当し，また「創造的反応と適応的反応」というシュンペーターの基礎的対概念に相当するものであって，過去と将来とを媒介する解釈学的メカニズムを含意するものと理解できる．価格が必要かつ十分な情報を含むと想定する新古典派モデルとは異なって，企業者的革新は情報を創造し，ルール化された秩序は情報を代替し節約する．

　オドリスコルとリッツォの書物は，静態的主観主義と動態的主観主義との対比を重要視しているが，2つの主観主義は，上述の言葉を使えば，「欲望の主観主義」の範囲と方法を静態から動態へと拡張するものにすぎず，「解釈の主観主義」に移行したものではない．「解釈の主観主義」は存在論の哲学としての解釈学である．

6　経済世界における投企と被投

解釈学的問い

　以上で取り上げたような経済学者の意思決定理論は，オーストリア学派が主張する解釈学的経済学の姿を完全な形で展開したものではない．その方向を思い思いにさらに追求することは，もちろん，経済学として意味があろう．しかし，すでに述べたように，存在論としての解釈学においては，現存在の存在了解のあり方は，時間軸への基本的姿勢に依存しているのであって，われわれはむしろ時間軸の観点から，経験的世界，なかんずく経済世界について基本的な解釈学的問題を提起すべきであろう．

　第1．もともと将来を予測することはできない．われわれは将来についてほとんど無知である．なぜなら，将来というものは知覚的に存在しないからである．しかし，今何もしないでいて，将来を予測することは無意味である．したがって，問題は，将来に関する不確実性の下で，今どのように意思決定が行われるかを問う代わりに，逆の見方をして，個々人の意思決定が相互作用の過程を通じて初めて将来を形成すると考えることである．現在の意思決

定と行動は，将来を可能性を持った現実として開示し展開する．これが，ハイデガーの「死への先駆」としての本来的実存の「投企」という行為の役割である．「投企」は将来に対する光の照射であり，将来に関する知識の形成である．外生的な知識や情報が先にあって，それを調べ，窺いながら意思決定をするのでなく，意思決定と行為遂行が知識を生むと考えるべきではないか．

ハイデガーは次のように述べ，「投企」が将来に対して自己および世界の可能性を切り開いていくという先導性を論じている．

「投企するということは，ある計画をことさら考え出して，それに合わせて現存在が自分の存在を整えていくというような，計画への身構えとはまったく異なったものである．……それに反して，投企は投げることにおいて可能性を可能性として自己に先投し，どこまでも可能性として存在させるのである．了解とは，投企であるがゆえに，現存在が自己のさまざまな可能性を可能性として存在しているという，現存在の存在様式である．」(『存在と時間』訳，上巻，315ページ)

第2．それでは，「投企」の動機は何か．ハイデガーは次のように言う．

「われわれは，行為するということの本質を，まだとても十分明確に考え抜いているとは言えない．世間の人は，行為することを，ただある結果を惹き起こすこととしてしか，とらえていない．結果の現実性はその結果の効用いかんによって評価されている．けれども，行為することの本質は達成することである．達成するということは，何かをその本質の充実へと展開してやり，充実に至るように大切に見守りながら導いてやることである．……あらゆるものに先立って存在しているものは，存在である．思索というものは，その存在の，人間の本質に対する関わりを達成するのである．」(『「ヒューマニズム」について』訳，17ページ)

ここでハイデガーは，人間には行為の結果の効用を計算する以外に，もっと重要なことがあるのではないかと言っているのである．たとえ，それが計算の枠組みに入らないものであるとしても，日常的な感覚に根ざした行為の動機づけが存在するはずである．これは，経済学に見られるような合理的意思決定論への執着に対する批判を意味している．彼は自己の可能性を先駆す

る決意こそが，行為の動機であると言うのであろう．

　第3．不確実性の下で，将来における結果の効用を考慮することができないとすれば，行為者は前後の思慮もなく，やみくもに行動するのだろうか．そうではない．ここで過去という時間が意味を持ち，過去の行動の経験が導きの指針となる．人間は世界内存在として歴史・伝統・慣行・規則の拘束の下に置かれており，その下での行動によって，自己・他者・世界に関してすでに一定の経験と知識を獲得している．過去の与件が一定のままで持続する限り，過去の行動は多かれ少なかれ現在においても踏襲されるであろう．

　新古典派経済理論は，一定の与件の下で均衡が成立することを論ずる無時間的な体系であるとして，批判の対象とされる．しかし，与件が不変にとどまり，いったん実現した過去の行動様式がそのまま維持されるならば，新古典派理論は非現実的な虚構ではなく，静態的な現実を描写するものとなる．

　シュンペーターは新古典派理論を叙述するに当って，静態的経済を無時間的「均衡状態」として描くという方法をとらず，年年歳歳，同じ規模で同じ活動が繰り返される「定常循環」（Kreislauf, circular flow）の過程として描いた[76]．これは，時間軸を持った現実的静態世界における意思決定を示すものとして，マルクスの単純再生産表式と並ぶ卓抜のアイディアである．オーストリア学派の特徴の1つとして，市場均衡ではなく市場過程を関心の対象とするという点が挙げられるが，シュンペーターは独自の形でこれを実践した．経済の静態世界では，経済主体は定常循環の中にいわば「被投」されている．シュンペーターは，この「被投」的個人と対比するという観点から，慣行的軌道を破壊する「投企」的企業者を位置づけた．これは上述のハイデガーの問いに対する明確な回答であった．

　第4．行為者は，ハイデガー流に言えば，将来への「投企」と過去からの「被投」との接点にあり，シュンペーター流に言えば，「革新」と「慣行」とのはざまに置かれている．2人が使う対立項は類同の意味合いを持つ．ハイデガーにとって，主体が世界内存在として「被投」の中に甘んじて，将来の「不安」と真摯に直面しないとき，それは日常性への安住ではあるものの，非本来的な生としての「頽落」を意味した．シュンペーターにとっては，主体が「定常循環」の中に甘んじて，将来の不確実性の世界にあえて挑戦しな

いとき，それはマクロ的には，資本主義にとって非本来的な「静態」を意味し，ミクロ的には「適応」的心性を持った「平均人」の支配を意味した．しかし，「慣行」の世界を脱却することは超人的な努力を必要とする．このことは，不確実性下の意思決定の問題にそくしていえば，革新の試みを支持する予測的根拠が皆無に等しいことを意味する．

第3章第2節で述べたように，シュンペーターは静態的経済秩序と対比される経済発展の世界を展開した際，「快楽的人間と精力的人間」という対照的な人間の存在了解から出発した．精力的人間の革新の動機は，確実性等価に還元された利潤・効用・快楽の計算ではなく，未知の世界に向けての自己の能力の発揚，野望や夢想や意志の実現にある．それは可能性の束としての存在の意味を実現することである．その動機は，利潤や効用の極大原理が意味する合理性とは異なるものである．

シュンペーターは一方の人間類型を肯定し，他方の人間類型を否定するというのでなく，それぞれを「秩序化の機能を持つ適応」と「創造的破壊の機能を持つ革新」とを具現するものとして，相補的な関係に置いた．第3章第2節では，われわれは歴史主義およびロマン主義の思想を経済社会学の枠組みの中に定着させるという目的で，シュンペーターをそれらの担い手として取り扱ったが，現在の文脈では，存在論を基礎にして，彼を経済学における解釈学の数少ない実践者として理解する．われわれは彼の思想全体の基礎に社会科学の存在論への契機を見出すことができる[77]．

第5．「投企と被投」あるいは「革新と慣行」という存在論的・体系構成的概念の対置は，「主観と客観」という伝統的な認識論的対立を無効にする．「投企と被投」などの対置は「主観と客観」の対立の背後にある存在論的対置を意味するからである．「認識論から解釈学へ」というスローガンは，存在論的内実によって説明される．存在論的にみれば，「投企」と「被投」とは，ともに存在への先入見ないし前理解を与える．「投企」として新しく世界を見るのも先入見であるし，「被投」としてこれまでどおりに世界を見るのも先入見である．ハイデガーのいう「先行構造」はこのように両義的であると理解しなければならない．キュンメルはこれを「慣行的前理解」(mitgebrachtes Vorverständnis) および「先行的前理解」(antizipierendes Vorverständnis) というぎこちない言葉で呼んだ[78].

第6. 認識論から存在論への転回にもかかわらず，やはりその認識論的帰結が問われなければならない．シュンペーターは創造的活動の本質的な特徴として，これらの現象が認識論に課す3つの問題点を挙げている[79]．第1に，創造的活動は，既存の事実から既存の推論の手続きに従って予測することはできない．それらはユニークであるので，その作用様式ないしメカニズムは個々に考察されなければならない．第2に，創造現象は，事後的に見れば，事態の長期的過程に恒久的な影響を与え，それ以前の事態とのつながりを断ってしまう．変化の前後には，いわゆる「通約不可能性」があって，橋渡しはできない．第3に，創造的行為は社会の中の人間の問題であり，人間の才能・役割・リーダーシップとかかわりを持つ．シュンペーターは，創造的活動を惹き起こすエネルギーの源泉とそれがもたらす社会的メカニズムこそが問われるべき社会科学の課題であり，おそらく特定の領域に関する社会学的研究がその課題に答えることができるだろうと述べている．そして創造の基本問題は「革新性（novelty）・不確定性（indeterminacy）・不連続性（discontinuity）」の関連であると総括している[80]．

これらの問題点は，ハイデガーの哲学的思考が立ち入りえなかった「投企」の社会的側面と認識論的側面とに光を投ずる．哲学者は芸術的創造を認知的知の枠外にあるものとして扱ってきたが，経済的革新や経済的発展もまた，知的に未開拓の問題にとどまっている．ここに引用したシュンペーターの見解は，1930‐40年代のものであるが，半世紀以上経過した今日でも，その「プレ理論」としての意義は変わっていない．

第7. ハイデガーには革新の概念はないが，「飛躍ないし跳躍」（Sprung）という概念が使われている[81]．ハイデガーによれば，

「飛躍とは，次のような意味において，存在の本質の極限的な投企である．すなわち，われわれがわれわれを（自分を），その投企において開き明けられたものの中に立て，内的に緊迫した状態に置き，本来的生起（Ereignis）によって初めてわれわれ自身になるという意味においてである．」（『哲学への寄与論稿』訳，246-47ページ）

これを見ると，飛躍の問題は，すでに論じた彼の「転回」（Kehre）問題

への鍵を与えるものであることが分かる．転回とは，「存在の投企」による存在の賦与と，「存在の本来的生起」による存在の真理の実現との関係である．「飛躍」は，少数の者たちだけがこの存在の真理の中へと突き進むことをいう．それは，文化・理念・価値・意味といったものを存在の真理にそくしてとらえる「投企」である．存在論を構成するものは，このような「存在の投企」と「存在の生起」との間の「解釈学的循環」である．「飛躍ないし跳躍」は，単なる将来への「存在の投企」ではなく，伝統による「存在の被投」の中で「存在の本来的生起」とめぐり合うための決断であるといえよう．上述した時間性の優位構造――[1] 将来＞[2] 過去＞[3] 現在――において，「将来的に既往する」（zukünftig gewesen, having been futurally）という言葉の意味は，将来への「投企」が過去との「被投」的連関を通じて，ガダマーの用語である「地平の融合」を達成することをいうのである．

ハイデガー＝シュンペーター・テーゼ

以上の議論から，われわれは解釈学に関する「ハイデガー＝シュンペーター・テーゼ」ともいうべきものを要約することができる．このような名称を与えるのは，解釈学への哲学的貢献をしたのは，言うまでもなくハイデガーであるが，社会科学の領域において解釈学に実体的内容を取り入れたのはシュンペーターであると考えられるからである．

(1)「異種同型的二元性」．ハイデガーとシュンペーターには，次のような共通した人間存在の二元的把握がある．「投企と被投」，「躍動と頽落」，「革新と適応」，「創造と伝統」，「ヴィジョンとイデオロギー」．これらの対立項は，芸術・思想・歴史・制度など，およそ理解と解釈を必要とする社会生活のさまざまな領域において，形相を変え，名称を異にして，繰り返し現れる．これを存在論における「異種同型的二元性」（isomorphic duality）と名づけることができよう．

(2)「被投的投企者としての現存在」．「投企と被投」の対立項は，「過去・現在・将来」の時間軸に臨む世界内存在としての現存在，すなわち「被投的投企者」である現存在の「存在了解」によって媒介され，対立項の間の双方向の影響作用が「解釈学的循環」を形成する．解釈の対象はテクスト・作

品・思想・体験・制度など多岐にわたるが，解釈は常に人間存在の実存論的ないし類型論的特徴と関係づけられる．シュンペーターはそれを「快楽的・精力的人間」という類型によって表現し，ハイデガーは「本来的・非本来的人間」という概念を用いた．

(3)「存在了解の基礎としての全幅的人間」．存在了解の主役である現存在は，抽象化された単なる合理的個人ではなく，歴史的に制約づけられ，「思惟・感情・意志」の諸要素を備えた「全幅的人間」である．現存在の「存在了解」は，このような幅を持った人間存在の可能性を「地平の融合」を通じて将来に向けて「投企」することである．このような「融合」は，「過去・現在・将来」という歴史的地平の間で行われるだけではなく，異なる社会的諸領域の地平の間でも行われる．解釈学は，異種のパースペクティヴの融合・統合の観点から，社会科学の対象領域と主要課題を先行的に設定する．歴史的相対性・多元性の世界は，「全幅的人間」のタームによる理解と解釈を要請している．

(4)「存在了解の社会科学的契機」．人間がその中に投ぜられている世界は，抽象的に言えば，自者と他者とを統合する総括的な「枠組み」(Ge-stell) であるが，社会科学的に言えば，「制度」および「理念」からなる．それらは世界の歴史的・社会的地層であり，間主観的な意味のネットワークを構成する．「精神と社会」の関連を問う社会科学においては，「制度」は「社会」を類型化したものであり，「理念」は「精神」を類型化したものである．そして「制度」は「理念」の社会的定着物であり，「理念」は「制度」からの社会的抽出物である．このような「制度」と「理念」との関係は「解釈学的循環」を形成する．「投企と被投」はこの体制的地層の上で行われる．「被投」の効果は「制度」の秩序化という保守的機能に依存し，「投企」の創造的な成果は新しい「理念」による「制度」の変革を意味する．「投企と被投」という「存在了解」の作用は「基礎存在論」の中核をなすが，その作用を「制度と理念」との連関という社会科学的地盤の上に置くとき，「領域存在論」が始まる．「領域存在論」によって指示された「存在的次元」において，経済学は「制度と理念」の相互依存的な進化の過程を扱う制度経済学（ないし経済社会学）の資格を与えられる．これが現代オーストリア学派によって望

まれている解釈学的経済学の姿であろう．

　(5)「知の先行構造としての存在了解」．「投企と被投」のはざまに置かれた「現存在」の「存在了解」は知の「先行構造」を与える．「先行構造」は「先行的対象把握・先行的視点設定・先行的概念形成」からなる．これらの「先行構造」ないし「プレ理論」の全体によってイメージされる解釈の「目標」が，諸科学の根底に置かれるべき「存在の意味」に他ならない．

　(6)「投企の性質」．「投企」ないし「革新」は，将来に対する光の照射であり，可能な将来を現実としてあらわにするものであって，将来に関する知の形成である．その動機は自己の可能性を先駆する決意であり，その本質は達成である．いいかえれば，自己の能力の発揚，野望や夢想や意志の実現である．それは可能性の束としての存在の意味を実現することである．「投企」は，結果の効用計算に基づかない非功利主義的行為である．将来の不確実性の下で，「投企」や「革新」を支える予測的根拠は皆無である．創造行為の特徴は「革新性・不確定性・不連続性」にある．

　(7)「被投の性質」．「被投」は，「現存在」が与えられた世界内存在としてとどまることである．歴史・伝統・慣行の拘束の下で，適応的・平均的人間は同じ生活を繰り返す．これは「静態」ないし「頽落」の世界である．人間にとって，慣行の制約から離脱することは巨大なエネルギーを必要とし，少数の者だけがそれをなしうる．しかし，「被投」や「静態」は否定されるべきものではなく，「投企」や「動態」と同じように，不可欠の社会的機能を演ずる．創造的破壊と秩序維持とは補完的である．いいかえれば，2つの人間類型は三次元の時間軸を統合するための必要な行為主体である．

　(8)「科学史の役割」．ハイデガーのいわゆる「転回」(Kehre) は，「現存在」の「投企」による「存在の賦与」と，存在の「本来的生起」(Ereignis) による「存在の真理の実現」との関係を指す．「転回」によれば，「現存在」の能動性に依拠する「投企」を制約する形で，過去の一連の存在賦与に基づく「被投」の中から存在の真理があらわになる．「投企」はその呼びかけに呼応しなければならない．シュンペーターにおいては，歴史上の理論の全体は新たな生命を吹き返す可能性を持っており，前向きのヴィジョンが過去の理論と結合するとき，「科学的観念の継承的発展」(filiation of scientific ideas）が生まれる．こうした理論の「継承的発展」の発見によって，科学は連続性を獲得する．外見的には非連続的な科学革命にもかかわらず，知の連続性は知の全体性と体系性を再構築する契機であって，真理は歴史的視野における「全体性」と「体系性」において成立する．解釈学の舞台は知の歴史である．

　(9)「残された課題」．存在の「投企と被投」を社会過程の中で分析するための中心的課題は，「時間と合理性」の再検討である．近代の伝統的学問は，無時間的・現在中心的観点の下で，手段合理性を前提として発展してきた．生活世界を視野に入れた両概念の再構築は，解釈学が提起する戦略的テーマである．「合理性と時間」というテーマは，ハイデガーの『存在と時間』の題名に対応するものである．存在の意味が「存在論的」時間軸に応じて異なるのと同じ意味で，合理性の意味は「存在的」社会過程における時間軸に依存するといえよう．

　以上の諸命題を「ハイデガー＝シュンペーターの解釈学的テーゼ」と呼びたい．ハイデガーの存在論をシュンペーターによってパラフレーズしたのは，解釈学と経済学との距離を近づけるための試みである．経済学者シュンペーターにとっては，存在論哲学ないし「基礎存在論」のレベルから経済の「領域存在論」のレベルに移ることによって，彼独自の経済発展論，経済社会学および経済学史が始まることになる．

　本章の議論は，オーストリア学派主観主義を媒介として，経済学と解釈学との関連を追求するものであった．次章では，精神科学の基礎としてこれまで絶えず顧みられてきた心的生の研究，すなわち心理学を経済学に適用する新しい試みを検討する．これは今日行動経済学という名前で呼ばれ，新古典派経済学のパラダイムへの批判として現れたものである．この議論を通じて，われわれは再び主観主義を媒介として，経済学と心理学との関連を取り扱う．

注

1) Peter J. Boettke, "Introduction," in Peter J. Boettke (ed.), *The Elgar Com-*

panion to Austrian Economics, Cheltenham: Edward Elgar, 1994, p. 2.
2) Friedrich von Hayek, *The Counter-Revolution of Science: Studies on the Abuse of Reason*, 2nd edition, Indianapolis: Liberty Press, 1979, pp. 42-43.（佐藤茂行訳『科学による反革命』木鐸社，1979 年，23 ページ．）
3) Ibid., pp. 57-58.（同上，訳，34 ページ．）
4) Ibid., p. 49.（同上，訳，28 ページ．）
5) Carl Menger, *Grundsätze der Volkswirtschaftslehre*, 2. Aufl., Wien: Hölder-Pichler-Tempsky, 1923, S. 1.（八木紀一郎他訳『一般理論経済学』第1巻，みすず書房，1982 年，27 ページ．）原書初版は，同じ題名で 1871 年に Wilhelm Braumüller（Wien）社から出版され，その邦訳書は安井琢磨他訳『国民経済学原理』（日本経済評論社，1999 年）として別個に存在する．ここでは第2版を用いる．
6) アリストテレス，高田三郎訳『ニコマコス倫理学』岩波書店，1971-73 年．
7) 『一般理論経済学』訳，第2巻，訳者解説，536 ページ．
8) 中山伊知郎「限界利用説の二形態——オーストリア学派とローザンヌ学派」『商学研究』1926 年 7 月．『中山伊知郎全集』第二集，講談社，1973 年に所収．
9) Emil Kauder, "Intellectual and Political Roots of the Older Austrian School," *Zeitschrift für Nationalökonomie*, 1957, S. 414.
10) T. W. Hutchison, *The Politics and Philosophy of Economics: Marxians, Keynesians and Austrians*, Oxford: Basil Blackwell, 1981, p. 178.
11) Menger, *Grundsätze der Volkswirtschaftslehre*, 2. Aufl., S. 79.（訳，第1巻，127 ページ．）
12) Carl Menger, *Untersuchungen über die Methode der Socialwissenschaften, und der politischen Oekonomie insbesondere*, Leipzig: Duncker & Humblot, 1883, S. 59.（福井孝治他訳『経済学の方法』日本経済評論社，1986 年，64 ページ．）
13) Karl Polanyi, "Carl Menger's Two Meanings of Economic," in *Studies in Economic Anthropology*, 1971.（玉野井芳郎訳「メンガーにおける『経済的』の二つの意味」『エコノミーとエコロジー——広義の経済学への道』みすず書房，1978 年．）
14) Boettke, "Introduction," p. 4.
15) Steven Horwitz, "Subjectivism," in Peter J. Boettke（ed.）, *The Elgar Companion to Austrian Economics*, Cheltenham: Edward Elgar, 1994, p. 17.
16) Vilfredo Pareto, *Manual of Political Economy*, translated by A. S. Schwier, NY: Augustus M. Kelley, 1971, p. 120.
17) G. L. S. Shackle, *Epistemics and Economics: A Critique of Economic Doctrines*, Cambridge: Cambridge University Press, 1972, p. 428.
18) Peter J. Boettke and Peter T. Leeson, "The Austrian School of Economics, 1950-2000," in Warren J. Samuels et al.（eds.）, *A Companion to the History of*

Economic Thought, Oxford: Blackwell, 2003, pp. 445-47.
19) F. A. Hayek, *Law, Legislation and Liberty, vol. 1: Rules and Order*, London: Routledge & Kegan Paul, 1973.（矢島鈞次他訳『ルールと秩序——法と立法と自由I』春秋社, 1987年.）
20) F. A. Hayek, "The Use of Knowledge in Society," *American Economic Review*, September 1945.（「社会における知識の利用」田中真晴他編訳『市場・知識・自由』ミネルヴァ書房, 1986年, 所収.）
21) Don Lavoie, *Rivalry and Central Planning: The Socialist Calculation Debate Reconsidered*, Cambridge: Cambridge University Press, 1985.（吉田靖彦訳『社会主義経済計算論争再考——対抗と集権的計画編成』青山社, 1999年.）
22) 伊藤邦武『パースのプラグマティズム』勁草書房, 1985年, 191ページ.
23) Ludwig M. Lachmann, "Austrian Economics: A Hermeneutic Approach," in Don Lavoie (ed.), *Economics and Hermeneutics*, London: Routledge, 1990, p. 135.
24) Ludwig M. Lachmann, "The Role of Expectations in Economics as a Social Science" (1943), reprinted in *Capital, Expectations, and the Market Process*, Kansas: Sheed Andrews and McMeel, 1977, p. 73.
25) Ludwig M. Lachmann, *The Legacy of Max Weber*, London: Heinemann, 1970.
26) Don Lavoie, "Introduction," in Don Lavoie (ed.), *Expectations and the Meaning of Institutions: Essays in Economics of Ludwig Lachmann*, London: Routledge, 1994, pp. 18-19.
27) Barry Smith, "On the Austrianness of Austrian Economics," *Critical Review*, Winter-Spring 1990.
28) Jürgen Habermas, *Zur Logik der Sozialwissenschaften*, Frankfurt a. M.: Suhrkamp, 1970.（清水多吉他訳『社会科学の論理によせて』国文社, 1991年.）また次を参照. Georgia Warnke, *Gadamer: Hermeneutics, Tradition and Reason*, Oxford: Basil Blackwell, 1987.（佐々木一也訳『ガダマーの世界——解釈学の射程』紀伊國屋書店, 2000年, 第4章.）
29) この論争については次を参照. 塚本正明『現代の解釈学的哲学——ディルタイおよびそれ以後の展開』世界思想社, 1995年, 第4章.
30) Don Lavoie, "Understanding Differently: Hermeneutics and the Spontaneous Order of Communicative Processes," in Bruce J. Caldwell (ed.), *Carl Menger and His Legacy in Economics*, Durham: Duke University Press, 1990, pp. 372-75.
31) Ibid., p. 364.
32) Max Weber, "Die „Objektivität" sozialwissenschaftlicher und sozialpolitischer Erkenntnis" (1904), *Gesammelte Aufsätze zur Wissenschaftslehre*, Tübingen: J. C. B. Mohr, 1922, S. 180.（富永祐治他訳, 折原浩補訳『社会科学と社会政策にかかわる認識の「客観性」』岩波書店, 1998年, 92ページ.）

33) Ibid., S. 189.(同上, 訳, 109 ページ.)
34) Max Weber, "Die Grenznutzlehre und das „psychophysische Grundgesetz""(1908), *Gesammelte Aufsätze zur Wissenschaftslehre*.
35) Ibid., S. 369.
36) Max Weber, *Wirtschaft und Gesellschaft*, Tübingen: J. C. B. Mohr, 1922, Kapitel I. Soziologische Grundbegriffe, S. 12.(清水幾太郎訳『社会学の根本概念』岩波書店, 1972 年, 39 ページ.)
37) Weber, "Die Grenznutzlehre," S. 371.
38) Yuichi Shionoya, *The Soul of the German Historical School: Methodological Essays on Schmoller, Weber, and Schumpeter*, New York: Springer, 2005, p. 40.
39) Ludwig Lachmann, "Carl Menger and the Incomplete Revolution of Subjectivism," in Don Lavoie (ed.), *Expectations and the Meaning of Institutions: Essays in Economics of Ludwig Lachmann*, pp. 216-17.
40) Ludwig von Mises, *The Ultimate Foundation of Economic Science*, Kansas City: Sheed Andrews and McMeel, 1978.(村田稔雄訳『経済科学の根底』日本経済評論社, 2002 年.)
41) Barry Smith, *Austrian Philosophy: The Legacy of Franz Brentano*, Chicago: Open Court, 1994, pp. 2-3.
42) Reinhard Fabian and Peter M. Simons, "The Second Austrian School of Value Theory," in Wolfgang Grassl and Barry Smith (eds.), *Austrian Economics: Historical and Philosophical Background*, London: Croom Helm, 1986.
43) Nicholas Rescher, *Introduction to Value Theory*, Englewood Cliffs, NJ: Prentice-Hall, 1969, p. 50.
44) William M. Johnston, *The Austrian Mind: An Intellectual and Social History 1848-1938*, Berkeley, CA: University of California Press, 1972.(井上修一他訳『ウィーン精神——ハープスブルク帝国の思想と社会 1848-1938』みすず書房, 1986 年, 第 2 巻, 第 20 章.) Victor Velarde-Mayol, *On Brentano*, Belmont, CA: Wadsworth, 2000.
45) Franz Brentano, *Psychologie vom empirischen Standpunkt*, Leipzig: Duncker & Humblot, 1874.(*Psychology from an Empirical Standpoint*, translated by A. C. Rancuello et al., London: Routledge, 1973.)
46) 村田純一「ブレンターノ」野家啓一編『哲学の歴史』第 10 巻, 中央公論新社, 2008 年, 58-60 ページ.
47) Herbert Spiegelberg, *The Phenomenological Movement: A Historical Introduction*, 2nd ed., vol. 1, The Hague: Martinus Nihhoff, 1976.(立松弘孝監訳『現象学運動』上巻, 世界書院, 2000 年, 115-16 ページ.)
48) Eugen von Böhm-Bawerk, *Kapital und Kapitalzins*, Abt. 2, *Positive Theorie des Kapitales*, Bd. 2, *Exkurse zur "Positive Theorie des Kapitales,"* 4. Aufl., Jena: Verlag von Gustav Fischer, 1921.

49) 塩野谷祐一『シュンペーター的思考——総合的社会科学の構想』東洋経済新報社, 1995 年, 第 5 章.
50) Friedrich von Wieser, "Das Wesen und der Hauptinhalt der theoretischen Nationalökonomie: kritische Glossen," *Schmollers Jahrbuch*, 1911, S. 406-9.
51) Josef Soudek, "Aristotle's Theory of Exchange: an Inquiry into the Origin of Economic Analysis," *Proceedings of the American Philosophical Society*, 1952, p. 66.
52) Oskar Kraus, "Die aristotelische Werttheorie in ihren Beziehungen zu den Lehren der modernen Psychologenschule," *Zeitschrift für die gesamte Staatswissenschaft*, 1905.
53) 村治能就訳『トピカ』『アリストテレス全集』第 2 巻, 岩波書店, 1970 年.
54) Barry Smith, "Aristotle, Menger, Mises: An Essay in the Metaphysics of Economics," in Bruce J. Caldwell (ed.), *Carl Menger and His Legacy in Economics*, Durham: Duke University Press, 1990; "Aristotelianism, Apriorism, Essentialism," in Peter J. Boettke (ed.), *The Elgar Companion to Austrian Economics*, Cheltenham: Edward Elgar, 1994.
55) Martin Heidegger, *Phänomenologische Interpretationen zu Aristoteles*, Stuttgart: Reclam, 2002.(高田珠樹訳『アリストテレスの現象学的解釈——『存在と時間』への道』平凡社, 2008 年.)
56) Jean Brun, *Aristote et le Lycée*, Paris: P. U. F., 1961.(有田潤訳『アリストテレス』白水社, 1962 年, 33-34 ページ.)
57) 木田元『ハイデガー『存在と時間』の構築』岩波書店, 2000 年, 176-77 ページ.
58) 同上, 182-87 ページ.
59) J. L. Ford, "G. L. S. Shackle (1903-1992): A Life with Uncertainty," *Economic Journal*, May 1993, p. 688.
60) Ludwig Lachmann, "Professor Shackle on the Economic Significance of Time" (1959), reprinted in *Capital, Expectations, and the Market Process*, Kansas: Sheed Andrews and McMeel, 1977.
61) Ludwig Lachmann, "G. L. S. Shackle's Place in the History of Subjectivist Thought," in Stephen Frown (ed.), *Unknowledge and Choice in Economics*, New York: St. Martins Press, 1990.
62) Shackle, *Epistemics and Economics: A Critique of Economic Doctrines*, pp. vi and ix.
63) G. L. S. Shackle, *Time in Economics*, Amsterdam: North-Holland, 1958, pp. 13-14.
64) Shackle, *Epistemics and Economics*, pp. xi-xii.
65) Shackle, *Time in Economics*, p. 60.
66) G. L. S. Shackle, *Uncertainty in Economics and Other Reflections*, Cambridge:

Cambridge University Press, 1955, p. 225.
67) Shackle, *Epistemics and Economics*, p. 20.
68) Shackle, *Time in Economics*, pp. 42-46.
69) Donald Gillies, *Philosophical Theories of Probability*, London: Routledge, 2000.（中山智香子訳『確率の哲学理論』日本経済評論社，2004年，第9章．）
70) Stephen D. Parsons, "Time, Expectations and Subjectivism: Prolegomena to a Dynamic Economics," *Cambridge Journal of Economics*, December 1991.
71) Henry Sidgwick, *The Methods of Ethics*, London: Macmillan, 1874, 7th ed., 1907, p. 381.
72) A. C. Pigou, *The Economics of Welfare*, London: Macmillan, 1920, 4th ed., 1932, pp. 25-26.（永田清監訳『厚生経済学』I，東洋経済新報社，1953年，30-31ページ．）
73) 塩野谷祐一『シュンペーター的思考――総合的社会科学の構想』180-81ページ．
74) Gerald P. O'Driscoll, Jr. and Mario J. Rizzo, *The Economics of Time and Ignorance*, London: Basil Blackwell, 1985.（橋本努他訳『時間と無知の経済学』勁草書房，1999年．）
75) G. P. O'Driscoll, Jr. and M. J. Rizzo, "Subjectivism, Uncertainty, and Rules," in I. M. Kirzner（ed.）, *Subjectivism, Intelligibility and Economic Understanding: Essays in Honor of Ludwig M. Lachmann on his Eightieth Birthday*, London: Macmillan, 1986.
76) J. A. Schumpeter, *Theorie der wirtschaftlichen Entwicklung*, Leipzig: Duncker & Humblot, 1912, 2. Aufl., 1926.（塩野谷祐一他訳『経済発展の理論』岩波書店，1977年，第1章．）
77) Yuichi Shionoya, "Schumpeter and Evolution: An Ontological Exploration," in Y. Shionoya and T. Nishizawa（eds.）, *Marshall and Schumpeter on Evolution: Economic Sociology of Capitalist Development*, Cheltenham: Elgar, 2008.
78) Friedrich Kümmel, *Verständnis und Vorverständnis: Subjektive Voraussetzungen und objektive Anspruch des Verstehens*, Essen: Neue Deutsche Schule, 1965.（松田高志訳『現代解釈学入門』玉川大学出版部，1985年．）
79) J. A. Schumpeter, "The Creative Response in Economic History," *Journal of Economic History*, November 1947.（「経済史における創造的反応」清成忠男編訳『企業家とは何か』東洋経済新報社，1998年に所収．）
80) J. A. Schumpeter, "Development," *Journal of Economic Literature*, March 2005, pp. 113-15.
81) Martin Heidegger, *Beiträge zur Philosophie*（*Vom Ereignis*）, Frankfurt a. M.: Vittorio Klosterman, 1989, S. 227-42.（大橋良介他訳『哲学への寄与論稿』創文社，2005年，243-58ページ．）

第6章　心理学と解釈学

1　心理主義をめぐる「回転木馬」

心理主義の概念

　前章において，われわれはオーストリア学派経済学の主観主義を中心として，経済学と解釈学との関係を見たが，心理学そのものには簡単に触れるにとどめた．本章では，心理学の役割を主張する経済学の最近の試みを解釈学の観点から取り上げる．行動経済学ないし実験経済学と呼ばれるものがそれである．そのためには心理学の潮流を包括的に取り上げなければならない．行動経済学では解釈学的契機は明示的に意識に上ってはいないが，合理的経済人像を超えた人間の全幅的側面への配慮は，解釈学の観点から検討に値しよう．本章は，行動経済学における主観主義を媒介として心理学と解釈学との関連を問い，それを踏まえて，心理学と解釈学が経済学に対して持つ方法的な意義を明らかにする．

　心理学は単に諸科学の1つであるだけではない．それはかつて哲学の一部であり，哲学から独立した後でも，哲学と基礎的学問としての地位を競うほどの存在であった．われわれは経済学への心理学的知識の導入を単に奇矯な試みとみなすのではなく，モラル・サイエンスとしての経済学の基本的テーマを改めてとらえ直すものとみなし，主観主義の復活および発展の1つの形と見る．行動経済学の方法論的基礎の検討は，オーストリア学派主観主義の研究と並んで，経済学における解釈学的契機の存在を示唆する．そこでの中心テーマは合理性概念の再検討である．また，ここで主観主義を超えた心理主義の概念を取り上げることは，オーストリア学派の主観主義の特異な性格

をはっきりさせる上でも重要である．

われわれは，19世紀末から20世紀初頭にかけてドイツ語圏で行われた一種の異様な論争から始めなければならない．それは「心理主義」(psychologism)をめぐる論争である．当時のドイツ・オーストリアではさまざまな哲学上の流派が割拠したが，それらのすべてがこの論争に参加した．論争であるから批判と反批判の応酬があるのは当然であるが，奇妙なことに，ほとんどすべての学派が他の学派を心理主義であるとして攻撃すると同時に，みずからが心理主義であるとして他から攻撃されるという堂々巡りの様相を呈した．この時代の哲学について徹底した知識社会学的研究を行ったマーティン・クッシュは，これを「心理主義論争の回転木馬（merry-go-round）」と名づけた[1]．

心理主義という概念には実にさまざまな定義があって，意見の一致がみられなかったが，大まかな定義としては，認識の根拠を心理学的な判断に求める立場をいう．議論の焦点は，論理学と心理学との関係であって，端的に言えば，論理学したがって認識論は心理学の一部かという問いであった．ドイツ観念論の崩壊後，実証科学の興隆に伴い，哲学界において形而上学は人気を失い，哲学を経験科学の上に再建しようとする機運が高まった．とりわけその任務を負ったのは，哲学から分離独立したばかりの心理学であった．その際，心理主義という言葉は，論理的命題の妥当性が心理的判断に依拠するという「規範」を意味する場合もあれば，論理的命題は心理的判断の進化に還元されるという「記述」を意味するだけの場合もあった．クッシュの調査によれば，大部分の哲学者は，いずれの意味においても心理主義は重大な誤謬であるとみなした．論理的認識は心理的観察によって定義されたり，説明されたり，正当化されたりするものではないというのが，大方の見解であった．この批判の先鋒となったのがフレーゲとフッサールであった．

フレーゲは分析哲学の祖であり，フッサールは現象学の祖である．やがて対照的な思想体系となる2つの哲学運動は，その起源においては，心理主義批判の点で一致していた．両者は，水源をドイツ南部に持ち，しばらく並行して流れながら，遂には別々に北海と黒海に注ぐライン川とドナウ川に譬えられた[2]．

ブレンターノの独自性

　心理主義をめぐる論争点は，論理主義と心理主義との争いであって，哲学における論理的・言語論的立場と自然科学的・心理学的立場との対立であった．フッサールの反心理主義の主張の骨子は次のようなものである[3]．もし論理のルールが心理法則に基づくものだとすれば，それは漠然とした曖昧なものとなり，アプリオリな妥当性を失い，常に心理的存在に依拠しなければならないことになる．しかし，論理のルールはそうしたものではない．そして，何よりも，論理によって基礎づけられなければならない心理法則が論理を基礎づけるというのは，循環論法に他ならない．

　この論争において，みずから心理主義支持を唱えてはばからなかったのは，ブレンターノとその学派であった．少なくともメンガーを含む初期オーストリア学派の3人は，ブレンターノ派の心理学と密接な関連を持ち，経済学は究極的説明の根拠を心理的事実の上に置かなければならないと主張する点で，「心理主義」とみなしてよいであろう．彼らは単に経済学が主観的要因を扱うというにとどまらず，経済現象の背後にある「本質」として必要・欲求・満足という心理的作用を考え，これらの理論的概念・構造・過程が心理学的経験に基づいて「実在」すると考えた．この意味で，彼らの主観的経済価値論は認識論的正当化を含むものであった．初期オーストリア学派が単に「方法論的」主観主義を主張するのでなく，「存在論的」本質主義および「認識論的」実在主義を主張したことの独自の意義が，ここに見出されるのである．

　このような論争的文脈に置かれた心理主義の概念を背景にして，経済学・心理学・解釈学の関係を明らかにすることが必要であろう．行動経済学による心理学への関心は，経済学にとって心理主義の「回転木馬」の再度の一巡を意味するのである．

2 行動経済学とは何か

行動経済学と認知科学

　行動経済学（behavioral economics）と呼ばれるものは，心理学の観点から人間の経済行動における意思決定を観察し，合理的経済人の想定に立つ新古典派経済学とは異なる理論を構築しようとする新しいアプローチである．それは第2次世界大戦後の「認知科学」（cognitive science）の発展に基礎を置いており，さまざまな意思決定の仮設的問題例について人々の態度を問う実験的方法を適用し，心理学的に妥当性を持ったもっともらしい前提の上に経済理論を構築しようとする．新古典派経済学が一定の効用関数と効用極大化原理からの演繹体系であるのに対して，行動経済学は現実の経済行動を適切に説明する経験法則を発見し，理論の予測力を高めることを目的とし，それによって新古典派経済学の諸想定からの乖離をもたらしている心理的・社会的諸要因を特定しようとする．

　20世紀半ばに始まった認知科学は，人間の認知活動（知覚・理解・判断・推論・記憶・意識・感情・学習など）の全体を情報処理システムとみなし，広範な学問領域にいわゆる「認知革命」を惹き起こした．心理学について言えば，論理実証主義の1つの応用例であった「行動主義」は，客観的に観察される行動のみが心理的過程を解明する唯一の方法であるとして，意識や心理や内観といったような曖昧な内面的主観のタームによる接近を拒否していた．認知心理学はこのような「行動主義」の観念を一掃し，コンピュータ言語の論理を使って内面的心理過程への接近を復活させた．それによれば，コンピュータ・システムに模せられた人間は環境からの情報を「入力」として受け取り，その情報を処理し貯蔵し，これに基づいて目標に向けての行動を「出力」として導く．したがって，「行動主義」に反対して内観的な心理学に基礎を置く接近を行動経済学と呼ぶことは，パラドキシカルな命名あるいは誤った命名である．その名称が思想史的に意味する「行動主義」とは矛盾しながらも，行動経済学は，現実の行動をよりよく説明するという意図を持って，経済学と心理学との密接な連関の復活に乗り出している．

2 行動経済学とは何か

行動経済学の発展についての E. M. セントのサーヴェイ論文は, 1950 年代に始まるハーバート・サイモンの限定合理性 (bounded rationality) のアプローチや, ジョージ・カトーナの消費者行動分析を「旧行動経済学」と呼び, 1970 年代のカーネマンおよびトヴェルスキー以後の一群の業績を「新行動経済学」と呼んでいる[4]. 行動経済学は現実の経済行為のさまざまな側面について実験的観察を試みるものであって, その成果は急速に多様な方向に拡大しつつある[5]. そのアプローチは, 新古典派理論の合理性モデルからの乖離や変則が見出されるたびに, アドホックな仮説を立てており, 必ずしも統一的な理論体系にまとめられているものではない. 例示的に, カーネマンおよびトヴェルスキーに帰せられる 2 つの研究計画に触れておく.

2 つの研究計画

(1) ヒューリスティックスとバイアス (heuristics and bias)[6]. ヒューリスティックスとは, 不確実性下の意思決定の手掛かりとして, 人々が問題解決の仕方を発見するためにとっているさまざまな簡便法をいう. それは主観的確率や見込みを求める際に, 複雑な計算や合理的な思考に伴うコストを避けるために, 意識的ないし無意識的に, 安直な簡便法によって答えを出そうとする一種の帰納法的手続きであって, 当然に判断にバイアス (偏り・歪み) を伴う. ヒューリスティックスは「(i) 利用可能性, (ii) 代表性, (iii) アンカリング効果」という 3 つの代表的なカテゴリーを含むとされる. これらの 3 つは, (i) 求められている判断にとって関係ある利用可能な情報, (ii) 求められている判断と類推的にリンクすることのできる代表的な情報, (iii) 求められている判断の問題設定に含まれている参照的情報のそれぞれによって, 判断が左右されがちであることをいう. ヒューリスティックスに伴うバイアスの研究によって, 判断や意思決定を改善することが企図されている.

(2) プロスペクト理論 (prospect theory)[7]. プロスペクトとは, 予想や見込みを意味する. 前述のヒューリスティックスは判断に当っての情報の性質に関わるものであったが, プロスペクト理論は不確実性下の判断の内容に関わる. この点において, プロスペクト理論は標準的な経済学の期待効用仮説に代わるものとして提起されている. それは, 行為の帰結についての「価値

関数」と，確率の主観的評価についての「確率加重関数」とからなり，期待効用仮説とは違う考え方がここに盛り込まれる．「価値関数」については，第1に，ある参照点からの変化に依存すること（変化依存性），第2に，同じ規模の変化については利得よりも損失の方を重視すること（損失回避性），第3に，利得または損失が大きくなるにつれて感応度が逓減すること（感応度逓減性）が主張される．「確率加重関数」は，確率をそのまま受け取るのではなく，それにウェイトをつけて主観的確率値に変換するものであって，確率が小さいときは過大に評価し，大きくなると過小に評価する（確率評価の逓減性）ことが見出されている．

カーネマンは行動経済学プロジェクトの成果を心理学の立場から総括し，修正されるべき経済学の基礎的想定を次の3つの項目にまとめている[8]．(i) 利己心の動機，(ii) 合理性に基づく意思決定，(iii) 選好基準の不変性．(ii) は，サイモンの限定合理性によって取って代わられる総論的テーマであるが，(i) については，対人関係の取引において，極端な利己心ではなく，他者をおもんぱかる公正の意識が常に働いていること，(iii) については，上述のプロスペクト理論のさまざまなタイプが代替策として挙げられる．実験に基づく心理的事実が次々と見出され，経済学者の注目を集めている．

ここでは，われわれは行動経済学の個々の理論内容に立ち入るのではなく，その研究の基礎的観念を検討することを主題とする．われわれの意図は，経済学，モラル・サイエンス，主観主義，心理主義，解釈学といった一連の諸概念をつなぐシナリオの中で，この新しい運動を解釈することである．もちろん，行動経済学の解釈そのものがわれわれの目的ではなく，オーストリア主観主義に続いて行動経済学を取り上げることによって，哲学的解釈学の議論を解釈学的経済学の議論に接続することが意図されるのである．いいかえれば，われわれは，孤立的な世界の殻の中で自律性と整合性を高めてきた経済学の構造を解体し，より広範な視野を設定するために，経済学自身の内部からこの殻を打ち破る契機を現存在の主観性の中に見出すのである．行動経済学がわれわれの考察の対象となるのは，その心理学的関心のためである．

3 限定合理性と反新古典派的契機

サイモンの限定合理性

　行動経済学の議論をハーバート・サイモン（1916-2001年）の限定合理性概念から始めよう．彼はみずからの研究テーマが新古典派経済学から基本的に区別される点を「限定合理性」(bounded rationality) という単一の言葉によって表し，その後の行動経済学の多彩な展開に対して包括的な枠組みを用意した[9]．それだけでなく，以下で見るように，彼は新しいアプローチの方法論的・哲学的考察にも深くかかわっている．

　限定合理性とは，合理的選択に当って，意思決定者が知識および計算能力に関して認知的制約を持つことに着目し，その制約の下で許される限りでの合理性をいう．新古典派経済学モデルにおける効用最大化としての合理性は，完全競争や完全知識の想定と同じように，極限の理想状態を表しているだけでなく，他の社会科学や日常生活において用いられている合理性概念とは違って，特殊なものである．現実の意思決定の説明のためには，限定合理性を想定しなければならない．限定合理性は非合理性ではない．限定合理性は，日常的な合理性を概念化したものである．

　サイモンによれば，経済学が経済主体について想定している合理性は，次の諸点において極端に厳格である．(ⅰ) 目的を実現すると考えられる代替的選択肢がすべて分かっていること，(ⅱ) 各選択肢がもたらす結果が確実に推測されること，(ⅲ) 効用のタームによる一定の価値尺度に照らして，最適の結果をもたらす選択肢が選ばれること──経済学はこれらの想定が充たされることを前提として，演繹体系を構築している[10]．しかし，現実には情報収集能力には限界があるために，すべての代替的選択肢を集めることは不可能である．また思考・計算能力の限界のために，代替案の将来的結果を確実に推測することは不可能である．そして，効用のタームによって最適の結果を選ぶことを可能にする首尾一貫した価値尺度が，錯綜したあらゆる目的・手段関係の諸階層を通じて存在すると考えることは無理である．

　サイモンは研究のベンチマークとして，新古典派の合理性モデルを設定す

る．そのことによって，合理性モデルからの乖離の性質や方向や規模が明らかとなり，新しいアプローチにおける「反新古典派的契機」ともいうべきものが浮き彫りとなる．サイモンは，全知・全能の下での合理性に代えて，情報収集能力および認知能力の限定という制約下の合理性（限定合理性）という控え目な仮定を置いたが，これはいわば「残差的カテゴリー」としての定義にすぎない[11]．むしろ，限定合理性のメカニズムを積極的に定義することによって，さまざまな現実的意思決定の状況を掘り起こすことが必要である．完全な合理性の下では，意思決定の解法は形式的に1つしかないからである．サイモンにおける「反新古典派的契機」の積極的定義として，(1)「満足化原理」，(2)「手続き的合理性」，および(3)「注意」の3つを挙げよう．

満足化原理・手続き的合理性・注意

(1) サイモンの限定合理性は「満足化原理」(principle of satisficing) に依存する．彼によれば，現実の意思決定は，何らかの一貫した目的関数の最適化 (optimizing) を図ることではなく，当面している問題の解決にとって満足のいく結果を充たすこと（すなわち satisfice = satisfy + suffice）である．すなわち，「最適化原理」の代わりに「満足化原理」が提案される．満足のいくものを選ぶということは，「願望」(aspiration) という心理過程に基礎を置くことであり，「願望」のレベルは論理的な「最適」のレベルと違って，固定的ではなく，状況に応じて主観的に変化する．一義的な最適化を求める合理性アプローチと違って，経験に基礎を置く意思決定論は，願望のレベルに応じて多様な結論を生み出してくれるのである．

他方で，サイモンは新古典派経済学のパラダイムを一切否定するのではない．不確実性や不完全認知能力が問題とならないような状況，すなわち安定的で，競争的均衡からあまりかけ離れていないような状況では，新古典派経済学およびその変種は十分に役に立つという[12]．先に指摘したように（第5章第6節），シュンペーターは「静態均衡」の概念を「定常循環」という概念に翻訳したが，それは，静態経済における経済主体の行動は，認知能力の意識的行使を必要としない慣行に他ならないことを意味した．さらに，シュンペーターは，動態的人間の行動の動機は，合理的経済人の効用極大原理と

は異なると論じた(第3章第2節).それは「私的帝国を建設しようとする夢想と意志,闘争意欲,および創造の喜び」であった.これらの動機はシュンペーターにおいて「反新古典派的契機」とみなされ,静態的合理性概念の外にあるものとされたが,非合理性を意味するものではなかった.それは別種の合理性,すなわち「限定合理性」の具体例である.

哲学的(存在論的)に言えば,完全合理性のモデルから限定合理性のモデルへの移行は,「被投」モデルから「投企」モデルへの移行であって,単に情報を収集し計算し推論する能力の制約によるだけではなく,最適化原理に依拠する代わりに,道徳的規範や共同体的コミットメントに注意し配慮する「願望」水準の高さにも依存するのである.限定合理性の概念は,「投企者」の意思決定の実存論的分析に対応した社会科学的分析を加えようとするものである.前向きの「投企」の世界において具体的な問題解決を図るという解釈学のモデル設定は,限定合理性の概念に適合するであろう.

(2) サイモンが限定合理性概念によって導入した「反新古典派的契機」として注目すべきものは,上述の「満足化原理」と並んで,「手続き的合理性」の概念である.彼は合理性を「実体的合理性」(substantive rationality)と「手続き的合理性」(procedural rationality)とに分ける[13].目的関数の最大化を図る新古典派経済学は,最適解の結果を命題(たとえば,限界収入が限界費用に等しいといったような)の形で重視するのであって,これを「実体的合理性」と呼ぶ.それに対して,心理学は問題に応じた適当な(reasonable, appropriate)思考方法をとることを合理的とみなすのであって,結果に先立つ認知過程・思考過程の性質を重視する.これを「手続き的合理性」と呼ぶ.上述の「満足化原理」も,解決すべき問題に応じて,情報や計算をある手頃な水準に限定することによって,満足のいく判断や決定を導くものであって,「手続き的合理性」に基づいている.手続き的過程には,(i) 学習,(ii) 試行錯誤,(iii) 概念形成といったカテゴリーが含まれる.

このような合理性概念をめぐる経済学と心理学との相違は,経済学・心理学・解釈学の連関を論ずる上で重要な論点である.経済学が「手続き的合理性」を扱うことができないというのではない.メンガーが精密理論から区別した経験的・現実的研究方向は,現実的規則性の中にある合理性を求めるも

のであるし，その後のオーストリア学派が「市場均衡」よりも「市場過程」を重視するのは，それが主流派経済学のパラダイムと違って，「手続き的合理性」の思考を実践するからに他ならない．ハイエクの「発見の過程としての市場」という考え方は，個人の意思決定と市場機構との関係について「手続き的合理性」を明らかにしたものである．また第3章第3節でハバーマスを取り上げた際に述べたように，彼は3つの対象世界に応じて3種の合理性を定義し，さらにそれらを統合するものとして「コミュニケーション的合理性」を概念した．これは結果の「実体的合理性」を問うのでなく，対話という「手続き的過程」の合理性を問うのである．さらに，視野をいっそう広げるならば，われわれが定義したような「ヴィジョン・レトリック・イデオロギー」を含む「プレ理論」のレゾンデートルは，「理論」の真理性に先立つ「手続き的合理性」にあると考えることができる．

　(3)「注意」(attention) は認知科学の用語である[14]．それがこの文脈に現れるのは，「手続き的合理性」の過程にさらに一歩踏み込んで，そのメカニズムを解明するためである．人間は情報を効率的に獲得し行動するために，特定の空間や対象に向けて「注意」を払うという機能を持つ．集中的注意，選択的注意，分割的注意，受動的注意，能動的注意などのパターンが生ずる．多様な心的活動をするに当っては，「注意」の総量が有限であるために，その最適な配分が要求される．カーネマンは注意容量のモデルを提起した[15]．訓練と学習によって，日常的行為は次第に「注意」を必要としなくなり，行為は自動化する．サイモンは，希少資源としての「注意」の配分的管理とそれがもたらす行動への帰結を研究することが，「手続き的合理性」の基本的問題であると述べた[16]．

　このアプローチの意義をハイエクとハイデガーに照らして考えてみる．ハイエクは希少資源としての「情報」という観念を提起し，情報の効率的利用をもたらすことが市場の働きであると主張した．これは，主流派の「市場均衡」の考えからオーストリア学派の「市場過程」の考えへの移行を意味した．それに対して，「限定合理性」の理論は，情報は必ずしも希少ではなく，人々の情報の受容可能性に照らすならば，むしろ過大であると言う．希少なのは人間の側における認知能力としての「注意」である．「注意」への注目

は，主流派経済学批判の次元を「市場過程」から「心的過程」に移すものである．

ハイデガーには，「注意」に関連したものとして，現存在の「関心・気遣い」の概念がある．現存在の実存のあり方は，ハイデガーにおいては，「関心」の「過去・現在・将来」の時間性によって規定されるものであるが，これは認知科学の立場から見れば，希少資源としての「注意」の時間的配分のパターンを表すものといえよう．経済学への解釈学的アプローチは「注意」概念を中軸とするという指摘もなされている[17]．

4 経済学と心理学——歴史的背景

「精神と社会」の観念

われわれは以上において，新古典派経済学が19世紀末から20世紀半ばにかけて実証主義と形式主義の傾向を強める中で，オーストリア学派の主観主義が独自の「心理主義」の立場を主張したことに注目した．このように新古典派内部に限っていえば，オーストリア学派の特異性はたしかに顕著であるが，しかし，経済学の全体，すなわち経済学の過去と現在，および経済学の正統と異端を含めた全体を見れば，経済学と心理学との関係はけっして偶然ではないし，この時代だけに特有のものではない．しかも，問題は，それぞれ別個のものとして存在する経済学と心理学とを意図的に結びつけることではなく，起源的に両者は1つの構造に属していたということである．両者を包摂する総合的知は「モラル・サイエンス」ないし「モラル・フィロソフィー」という根源的な観念である．第1章第1節で述べたように，それは「精神と社会」(mind and society)の相互作用に関する知を意味する．

古典派経済学の草創期に先立って，イギリス道徳哲学は，人間の学としての道徳原理を理性と感情を含む人間本性の上に基礎づける広範な試みであった．道徳哲学は人間の行動や制度を評価する規範としての道徳原理の研究であるが，具体的には，現実世界において台頭を始めた市民社会と市場経済に対して，記述的かつ規範的な基準を与えるものであった．専門的個別科学と

しての経済学の1つの源は，古代ギリシャにまで遡る道徳哲学を主題とする哲学者の思想であり，もう1つの源は，市場経済および公共経済における実践的経済問題についての評論や提言であった[18]．

古典派経済学の完成に貢献したジョン・スチュアート・ミル（1806-73年）は，人間の知識分野を物理的科学（physical science）とモラル・サイエンスないし心理的科学（moral or psychological science）とに区分し，経済学はモラル・サイエンスに属するとみなした[19]．この区別は物質と精神という研究対象の区別に基づくものではない．人間と外界にかかわるあらゆるものは，物質の法則と精神の法則との共同作用から成り立っているからである．経済学も両種の法則に関連する．そこでミルは経済学の一応の定義として，次のように言う．経済学は「人間本性の法則に依存する限りにおいて，富の生産および分配を論ずる科学である．あるいは，富の生産および分配の道徳的または心理的法則に関する科学である」と[20]．

ミルの役割はこれに尽きるものではない．彼は『論理学体系』(1843年)や『ハミルトン哲学の検討』(1865年) において，経験論哲学の立場から，「モラル・サイエンス」およびそのドイツ語訳である「Geisteswissenschaft（精神科学）」の方法論として論理学と心理学との関連を論じた．彼と心理主義との関係は思想史上の論争的テーマであるが，理性的思考の規範的ルール（アート・技術）としての論理学は，精神の経験科学としての心理学に基づかなければならず，前者は後者の一部であると主張する点で，ミルは疑いもなく心理主義者であった[21]．その典型的証拠となるのは彼の次のような文章である．

「論理学が科学である限りにおいて，それは心理学の一部分あるいは一分野である．論理学が心理学と異なるのは，一方で，部分が全体と異なるのと同じであり，他方で，技術が科学と異なるのと同じである．論理学の理論的基礎は完全に心理学から借りてきたものであり，技術のルールを正当化するのに必要とされるだけの心理学を含んでいる．」[22]

限界革命以後

限界革命による新古典派経済学の成立後，イギリスの伝統の中で経済学方

法論を書いたジョン・ネヴィル・ケインズは，モラル・サイエンスは「人間を主観的能力を持つものとして，すなわち感覚し，思考し，意志する存在として取り扱う個々の科学をすべて含む」と定義したが[23]，経済学はモラル・サイエンスと呼ぶよりも，社会科学と呼ぶほうがよいと述べた．その理由は，経済学は実証的かつ社会的な学問であって，モラル・サイエンスという曖昧な言葉は規範的かつ心理的知識を意味しがちであるということにある．このような見解は，半世紀後の新古典派経済学の支配的な方向を予知するものであった．

かつてモラル・サイエンスないし精神科学と考えられた経済学は，新古典派経済学の成立とともに主観的効用概念の上に基礎づけられることとなった．意識の状態としての効用は主観的であるけれども，初期の新古典派経済学においては，心的現象についての知識を得るための内観（introspection）の方法が一般に受け入れられた．しかし，20世紀初頭，この新しいパラダイムにおける経済学と心理学との関係をめぐって，経済学者，心理学者，社会学者，制度派経済学者などを巻き込んだ論争が展開された[24]．この論争は，古典派および新古典派経済学と今日の行動経済学との間のリンクとして，重要な位置を占めている．そこでの経済学批判は，第1に，経済学が行為者の効用の最大化という快楽主義的動機を前提としており，もっと広範な社会的・制度的・慣習的背景を無視しているということ，第2に，経済学が効用や選好や意識といった観察できない形而上学的なものを前提としているということであった．2つの論点は，それぞれ経済学の範囲と方法に関わる基本問題を意味した．

この論争を通じて，経済学はもっぱら第2の論点に対処することに努め，測定可能な基数的効用からパレートの序数的効用へ，さらにサムエルソンの顕示選好へと基本概念を変形することによって，1930年代には心理的基礎の放棄を宣言するまでになった．これは，一方で，新古典派経済学における快楽主義的心理学への批判に答えるものであり，他方で，時代精神としての論理実証主義科学哲学，行動主義心理学，および反心理主義の影響とみなされるであろう．顕示選好の理論によって再生を図った経済学は，第2の論点については，行動主義心理学および反心理主義の主張に呼応する形になった

けれども，第1の論点については，依然として「合理的経済人」のパラダイム，すなわち効用の最大化というパラダイムに執着した．皮肉なことに，行動主義心理学の主張に同調することは，経済学が心理学から独立であり，心理学とは無縁であると宣言することであって，そのことによって，快楽主義・利己主義批判をも平然と無視することとなった．

しかし，経済学が心理学から脱却しようとする努力は，一見したところ，経済学を科学的基礎の上に置くように見えながら，その実，経済学を日常世界から最も遠く離れたところへ導くものとなった．そして経済学は，人間は欲するものを選択し，選択されたものは欲するものであるというトートロジーに陥ったのである[25]．

ロビンズの経済学の定義

今日に至るまで，経済学の標準的な定義としての栄誉を与えられてきたライオネル・ロビンズ（1898-1984年）の経済学の定義は，次のようなものである．「経済学は，諸目的と代替的用途を持つ希少な諸手段との間の関係として，人間行動を研究する科学である．」[26] ロビンズはこの定義によって，古典派の富の増大に焦点を置く「物質主義的定義」（materialist definition）を否定し，新古典派のための方法論として「希少性定義」（scarcity definition）を主張した．その意味は，経済行動は財の物質性を根拠とするのでなく，メンガーが明確に論じたように，財と欲望との間の希少性の主観的評価に基づいているということである．

ロビンズの定義によれば，経済学は生産・交換・分配・支出そのものに関わるのではなく，あらゆる人間行為の一局面（希少性）に関わるものである．希少性の根拠は主観性であるから，ロビンズの定義は，「物質主義的定義」と対比するのであれば，「主観主義的定義」（subjectivist definition）というべきであろう．希少性概念の理解において見過ごされがちな点は，それが主観的価値評価であるということである．希少性概念はただちに合理性を含意するものではないが，ともすれば，狭い意味での合理的選択の概念を導くものと考えられがちである．しかし，彼の定義において強調されるべきものは，むしろ「経済分析の基本概念は相対的評価という観念である」（『経済学の本

質と意義』訳,143ページ)という命題である.

それでは,ロビンズは経済学と心理学との関係をどのように考えたのであろうか.経済学においては主観的評価のみが問題であって,快楽主義などの特定の心理学を前提としない,というのが彼の答えである.彼は,希少性の価値評価が主観性に基づくものである限り,経済学の命題が心理的・精神的要素を含むことは明白かつ当然であると言い,経済学における行動主義の主張を断固として排撃する.彼は次のように述べている.

「最大限の厳密性の要求にとって好ましいことであろうとなかろうと,われわれが事実において,選択・無差別・選好などのような言葉を内的経験のタームで理解するということはまったく確かなことである.経済的というわれわれの観念にとって根本的である目的という概念は,単に外面的な行動のタームのみでは定義することはできない.」(同上,133ページ,傍点はロビンズによる)

この考え方は,オーストリア学派から影響を受けたとみなされるロビンズの立場をはっきりと示していると言えるであろう.

しかし,ロビンズは,サイモンが問題としたように,完全合理性や完全予見の仮定を積極的に取り外そうとするのでなく,より複雑な事態を説明するための比較と参照のベンチマークとして,これらの仮定を擁護することに終始している.合理的経済人の仮定も,単に説明のための道具にすぎないと言う.このような擁護の仕方は,彼の個人間効用比較の不可能性の主張とあいまって,彼を主流派経済学の傀儡とみなす偏った解釈を生み出した.しかし,経済学がオーストリア派主観主義の枠組みを維持する限り,限定合理性の研究を推し進める道は開かれている.人間の行動が利己的でないとしても,また将来が不確実であるとしても,また選好尺度が一貫性を欠くとしても,希少性の枠組みは維持されるからである.

ロビンズのオーストリア学派的な主観主義的定義に含まれる2つの論点を指摘しておきたい.第1に,経済学の主題が与件としての心理的・評価的要素を含むということは,経済学者による価値判断を意味するものではない.彼はウェーバーの客観性の議論に言及しながら,次のように言う.

「このような与件自体が価値判断の性質を持つという事実は,それらが

そのようなものとして評価されるべきであるということを意味しない.それは観察者による価値判断ではない.社会科学にとって関連があるのは，個人の価値判断が価値哲学の究極的な意味において正しいかどうかということではなく，それがなされているかどうか，そしてそれが因果的説明の連鎖において不可欠な環であるかどうかということである.……答えはイエスでなければならない.」(同上，137 ページ，傍点はロビンズによる)

要するに，経済学は「事実としての価値」を扱わなければならないのである[27]．

第2に，「事実としての価値」の性質について，彼は次のように書いている．

「われわれの経済主体は純粋な利己主義者であってもよいし，純粋な利他主義者であってもよいし，純粋な禁欲主義者であってもよいし，純粋な官能主義者であってもよいし，あるいははるかにありそうなことだが，これらのすべての衝動の束であってもよい．相対的評価の尺度は，現実にあるがままの人間の恒久的な特徴を示す便利な形式的方法に他ならない．」(同上，144 ページ)

ハイデガーの現象学が日常世界における現存在の実存論的分析であったことと比較すれば，ロビンズの経済学の主観主義的定義は，潜在的にそれと同じ次元で人間の行動と心理を想定したものであると言えよう．ロビンズの定義が経済学から他の社会科学にも移転され，経済学帝国主義と揶揄されることがあるが，それが日常世界における人間行動一般に内在する主観性をとらえている限り，普遍的に通用するのである．

行動経済学への視点

20 世紀の半ばにいたるまで，新古典派経済学が方法的かつ方法論的に形式化される過程は，経済学の主流がロビンズのオーストリア学派的方法論の含意に反して，実証主義および行動主義に傾斜し，多様な心理的背景を理論体系から消去し，市場における価格と数量の観察のみに関わる精神なき経済学に向かう過程であった．行動経済学の登場によって，経済学と心理学との

関連が改めて問われるようになったとき,「精神のない経済学」(mindless economics)か「精神のある経済学」(mindful economics)かという争点が提起されているが,これをモラル・サイエンスという視野に置いて見るとき,経済学の基本的あり方が哲学的に問われているのである[28]．

新しく出現した「行動経済学」は,経済行動の動機や様式について,行動主義心理学とは異なる立場から積極的に経済学への心理学的貢献を意図している．行動経済学は,演繹的公理よりも心理的現実にコミットする立場を取ることによって,現実の人間の行動をよりよく説明することを目指すのである．

経済学にとっての行動経済学の意味を論ずる際,パレートの「序数論的転回」は画期的な意義を持つ[29]．初期の新古典派経済学のどの学派も,モラル・サイエンスの伝統の中で,おおらかに心理学的要素を包摂していた．パレート以後の主流派経済学は,それらの要素を排除し,心理学とは無縁の合理的選択の公理に基礎を置くものとなった．行動経済学はこれに対して反革命を試みる．それに対する主流派からの抵抗もある．かくして,一方で,パレート以前の新古典派経済学と今日の行動経済学とは,心理学的要素の継承をめぐって共通し,他方で,かつてのパレート的転回と今日の行動経済学による反革命への主流派の抵抗とは,合理性概念の継承をめぐって共通している[30]．

現在の論争に関して,思想史的観点から2点を指摘すべきであろう．第1に,先に言及したE. M. セント,レビン,今ここで言及したブルーニ=スグデンなどの議論においては,新古典派経済学としてのオーストリア学派の特異性と有意義性がまったく取り上げられていない．オーストリア学派は初期新古典派および主流派経済学の双方への批判という点において,行動経済学に先行していた．先に見たように,オーストリア学派経済学は,主観主義・心理主義を拠点として,単なる効用概念を超えて,期待・予想・意図・計画・選択・知識・価値などの一連の認知的概念が意思決定に当って個々人の精神の内部で形成されると見た．第2に,心理学的要素の継承をめぐる現在の論争においては,初期オーストリア学派経済学と同時代のドイツ語圏における「心理主義論争」がまったく取り上げられていない．この論争は経済学

者をも巻き込みながら，主として哲学と心理学との認識論的関係について行われた．行動経済学の登場はこうした根源的な動力の再来である．

　オーストリア学派は，認知心理学のような実験的方法によって広範な心理過程にまで立ち入ることはなかった．オーストリア学派の独自の価値は，今日行動経済学が取り上げている心理的・認知的過程に固執し，心理現象に対する哲学的意味づけないし基礎づけを維持したことに求められるであろう．その哲学的立場とは，心理学を経由して解釈学にいたる心理主義のオーストリア哲学である．今日の行動経済学に欠如しているものは，この方向への考察である．

5　心理学から解釈学へ

心理学の歴史

　社会科学が心理学をどのように扱うかは，ディルタイに始まる精神科学への解釈学的接近の基本問題の1つである．心理学と解釈学との関連をディルタイ的な視点から論ずることは，本書のこれまでの議論を現代の学問状況の下で集約する意味で不可欠であろう．そこでまず簡単に心理学の歴史を回顧する．

　長い間，人間の心や魂や精神は哲学のテーマとして扱われ，また宗教的教義の拘束の下に置かれてきたが，18世紀半ばには，人間活動によって形成された社会や歴史や文化を研究対象として，社会科学としての経済学が道徳哲学から独立を果たした．同じように，道徳哲学の中から心理学が独立の学問として成立したのは，それから100年ほど遅れた19世紀半ばのドイツにおいてであった．感覚問題の研究に対して，経験主義に基づく生理学の実験的方法を導入することが，心理学成立の基本的な契機であった．E. H. ウェーバー，G. T. フェヒナー，H. ヘルムホルツ，W. ヴントの4人のドイツ人が新しい心理学の成立に画期的な貢献をした[31]．

　ウェーバー＝フェヒナーの法則と呼ばれる精神物理学（Psychophysik），あるいは精神生理学（Psychophysiologie）の構想は，身体と精神との関係

を物理的「刺戟」と身体的「反応」との関係によって数量的・機械的にとらえる点で画期的であった．それは，デカルトが提起した「心身問題」に対する無謀ともいうべき大胆な解答であった．物質と精神との区別を解消し，精神を機械論的に論ずることは，自由意思や道徳感情の役割を無視するものだからである．1879 年のライプツィヒ大学におけるヴントの実験心理学演習の制度的確立は，心理学が内観的自己省察の方法に加えて，実験的生理学の方法に基礎を置くことを象徴するものであった．こうして心理学は哲学から独立するが，ヴントは，認識の根拠を心理的な判断に求めるという立場を維持した．この意味で，近代心理学の出発点は並行的な心身二元論であった．その後の心理学は，意識的内観と生理的客観との両極の間に不安定な位置を模索することになる．

　ディルタイが活動したのはちょうどこのころであった．彼は精神現象を自然科学的に扱うヴントらの「説明的・構成的心理学」に対して批判的であって，みずからが精神科学の基礎として提唱する心理学のタイプを「記述的・分析的心理学」と呼んだ[32]．ディルタイによれば，「説明的・構成的心理学」は仮説・演繹的方法を用い，限られた数の要素から神経過程と精神過程との関係を説明しようとするものであって，われわれが意識する多くの心的過程を無視している．それに対して，「記述的・分析的心理学」は，内的経験を通じて生きた連関として与えられた心的生の構造を記述し分析する．そして心的連関は認識過程の連関の基底をなしているという．精神科学のみならず，認識論そのものが心理学的基礎を必要とすると主張する点において，彼の立場は「心理主義」であった．しかし，心的連関を基礎にして文化や社会の構造を解明するためには，心理学を超えた解釈学の枠組みを必要とした．かくして彼の解釈学は心理学と認識論を含むものであった．

　ディルタイ，ヴント，ブレンターノの 3 人は 1830 年代に生まれた同世代人であった．ヴントとブレンターノは専門の心理学者であり，前者の主著『生理学的心理学綱要』と後者の主著『経験的立場から見た心理学』とは同じ 1874 年に出版された．両者の心理学は著しく異なっていた．ヴントの「実験心理学」あるいは「内容心理学」が，心的要素を感覚要素を通ずる生理的現象によって説明するのに対し，ブレンターノの「記述心理学」ないし

「作用心理学」は,「表象・判断・愛憎」という心の機能を経験にそくして明らかにしようとする．両者はそれぞれ固有の学派集団を形成し,ヴントに連なる集団はライプツィヒ学派,ブレンターノに連なる集団はヴュルツブルク学派と呼ばれ,両者の間に論争が惹き起こされた．ブレンターノとヴントとの間に妥協の成立する中道はないと評された[33]．

ブレンターノを特徴づける「志向性」の概念は,対象の内容から切り離された抽象的な志向作用が心理的現象として人間に内在するというのではなく,何よりも「対象への指示関係」を意味するものであった．すべての心的現象は外界の何ものかに働きかける心的活動であるという意味で,彼の心理学は「作用心理学」と呼ばれる．ディルタイにとって,生とは,心的構造を持った自己と外界との相互作用に他ならなかった．その限りにおいて,ディルタイの心的連関の心理学はブレンターノの志向性の心理学と共通する．ディルタイは,精神科学は外的なものの中に隠されている内的なものを探すことを目的とすると言う．しかし,この内的なものを知るために,心理学だけに頼ることは誤りであると言う[34]．心的生の構造の把握は,心理学的認識によって得られるものではなく,むしろ客観的なものに外部化され,固定化された精神の創造物の解釈に基づかなければならないからである．

その後の20世紀における心理学の代表的立場として,行動主義心理学・ゲシュタルト心理学・精神分析の3派が挙げられるが,アメリカ的思想である行動主義心理学がひととき支配的となった．哲学において論理実証主義が支配的であった時期に,心理学ではそれに並行して行動主義が流行したのである．J.B.ワトソンおよびB.F.スキナーが行動主義の強力な推進者となった．「意識から行動へ」をスローガンとする行動主義の特徴は,内観的心理主義の拒否であり,心的過程について補助的仮説を置くことも禁じられた．行動主義心理学は,研究対象を「刺戟」と「反応」という観察可能な関連に限定し,行動とリンクした性向にのみ関わるべきであると主張し,曖昧な内観や認知の心理的過程に立ち入ることを拒否した．この新しい局面に対応して,「論理主義対心理主義」というかつての論争は,「行動主義対現象学」という形をとって現れた[35]．ブレンターノの心理主義の系譜は心理学の領域を超えて,フッサール,ハイデガーらの現象学となったからである．

行動主義の方法は著しく制約的であって，複雑な人間行動を生理的過程を通ずる「刺戟」と「反応」との連合という単純な図式によって説明することはできず，理論的に実りが乏しく，行動主義は哲学においても心理学においても破綻したといわれる[36]．『心理学史』の著者 T. H. リーヒーは，行動主義心理学の破綻の原因として，理論の自閉性と曖昧性，原子論的見方，研究対象からの人間の消失を挙げている[37]．また論理実証主義の論客の１人であったカール・ヘンペルは，次のように述べて，行動主義からの離反を宣言した．「心理学的用語が表している行動のパターン，性向，あるいは能力を特徴づけるためには，……われわれは適切な行動に関する言語ばかりでなく，心理的用語をも必要とする．」[38]

　人間行動が人間の内面に関する心理的概念なしに，外面的な行動のタームのみで説明できると考えるのは，誤りである．実証主義および行動主義における理性の過度の強調がもはや支持されていない今日では，反行動主義の考え方は哲学および心理学を通じて共有されているといってよいであろう．上で行動経済学の登場の背景として触れたように，認知心理学は行動主義心理学に対する批判を踏まえて，情報処理モデルとしての認知過程を全幅的に扱うことを意図している．内観主義と行動主義の両極の失敗を克服することを求められている．

　認知心理学の出現とあいまって，認識論の側における革命をもたらしたものは，クワインの「認識論の自然化」という企てである[39]．彼は，科学に先立って科学的知識の基礎づけを求める伝統的認識論の試みは失敗に終わったと宣言し，知識・言語・科学の全体がネットワークとして整合性を持つというホーリズムの考えをとる[40]．クワインは次のように言う．

　　「認識論ないしそれに類したものは，端的に心理学の１章，したがって自然科学の１章に位置づけられる．それは自然現象すなわち物理的人間主体を研究するのである．……この相互関係［認識論と心理学との間の］は，循環論ではないかという古い恐怖を思い出させるが，われわれが科学を感覚与件から導き出そうと夢想するのを止めた今では，その心配はまったくない．」[41]

ここにかつての心理主義は完全な復活を遂げたのである．

ディルタイ再論

　以上のような振幅を含む心理学の歴史を踏まえた上で,「精神と社会」との相互関係を問う精神科学の基礎を求めて, 心理学を経由して解釈学に到達したディルタイの構想に立ち返ることにしよう.

　ディルタイにとって, 生の哲学は,「思惟・感情・意志」からなる「心的生の連関」を生の統一体としてとらえることを目的とする. ここで生とは, 人間の個別性ではなく共通性であり, 孤立的な主観性ではなく自己と世界を含む包括的連関の全体性であり, 流動する無秩序ではなく歴史的に展開する秩序と考えられている[42]. 目的を設定し, 価値を策定し, ルールを形成するために行動する人間について, 彼らを取り巻く精神世界の構造をとらえることは, とうてい心理学によってなしうるものではない. この課題に答えるのが解釈学である.

　生の統一体は, 外界との接触を通じてはじめて,「思惟・感情・意志」からなる心的機能の相互作用を生み出し, それらは「体験・表現・理解」からなる「解釈学的連関」としてまとめられる. これが解釈学の次元であって, 客体化された「表現」の世界を「体験」を通じて「理解」することが解釈学の方法である. 解釈学は, 社会科学の対象である表現的世界としての歴史的・社会的現実を「意識の事実としての存在」としてとらえる. かくして解釈学は一方の内的世界（「精神」）と, 他方の外的世界（「社会」）との間の相互交渉を媒介する地位にある. この相互交渉は, 時間軸にそくして言えば, ハイデガーの「存在投企」と「存在被投」との間の関係を含むものである. ディルタイが構想した経済学（社会科学）・解釈学・心理学の3者の関係は, 先の第5-1図のような一般形ではなく, 第6-1図のように書くことができよう. 3者の関係は「解釈学的循環」である.

　解釈学はメタ理論であって, 人文・社会科学を基礎づけるプレ理論である. それは人間本性の学であると同時に, 歴史的社会の学でもあるような包括性を持たなければならない. それは心的生のレベルと社会的関連のレベルとをつなぎ, 主観と客観, 個人と社会, 個性と類型を相互循環的に理解する媒介装置である. 第6-1図において, 心理学と経済学とを直接にリンクさせよう

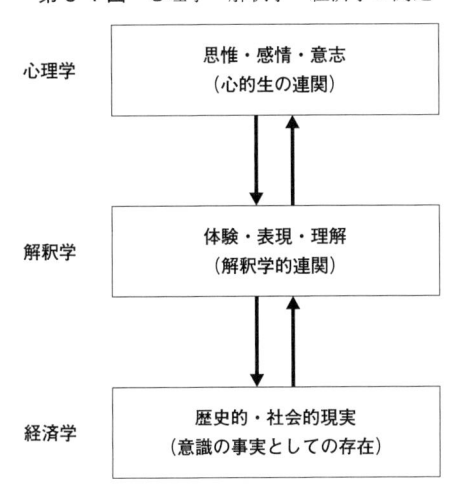

第 6-1 図　心理学・解釈学・経済学の関連

```
心理学      ┌─────────────────────┐
            │  思惟・感情・意志      │
            │  （心的生の連関）      │
            └──────────┬──────────┘
                       ↕
解釈学      ┌──────────┴──────────┐
            │  体験・表現・理解      │
            │  （解釈学的連関）      │
            └──────────┬──────────┘
                       ↕
経済学      ┌──────────┴──────────┐
            │  歴史的・社会的現実    │
            │（意識の事実としての存在）│
            └─────────────────────┘
```

とする行動経済学は，解釈学的視点を欠いている．心理学と経済学とを「存在的」次元において直接に結びつける議論は，外的知覚によって与えられる行動や事象を心的生の全体的な連関に引き戻すものであるが，「存在論的」次元においてそのダイナミックな連関を保証する装置が解釈学である．ディルタイにおいては，解釈学は「類型化」に基づく「精神と社会」の知に関する方法論であったが，ハイデガーにおいては，「精神と社会」の「存在の意味」を問う存在論であった．

結　語

　経済学は心理学ではないから，心理過程を説明する学問ではない．経済学が伝統的な合理的選択のパラダイムから離脱して，心理学の概念や観察事実と接触するとき，行動経済学の成果が示すように，新しい経済知の認識が可能となるであろう．その認識は，メンガーの代替的 3 次元構造における「従属系列」とわれわれが呼んだものの素材を提供するものであろう．
　一方，解釈学は経済学でも心理学でもなく，存在論の哲学であって，存在を扱う個別の諸学問に対して，存在の意味を明らかにする．われわれは，経済学および心理学の双方に関連する「主観性」という多元的な意味の場を用

意することによって，「時間と合理性」という2つの観念を経済学における解釈学的契機として摘出した．伝統的経済学において，「時間」は現在の優位性を意味し，「合理性」は実体合理性を意味する．経済的存在の意味を問いなおすためには，この2つの観念が相対化されなければならない．

注

1) Martin Kusch, *Psychologism: A Case Study in the Sociology of Philosophical Knowledge*, London: Routledge, 1995, p. 115.
2) Michael Dummett, *Origins of Analytical Philosophy*, London: Duckworth, 1993.（野本和幸他訳『分析哲学の起源』勁草書房，1998年，32ページ．）
3) Kusch, *Psychologism*, pp. 45-47. "Psychologism," in Edward N. Zolta (ed.), *Stanford Encyclopedia of Philosophy*, http://plato.stanford.edu/, 2007, pp. 10-11.
4) Esther-Mirjam Sent, "Behavioral Economics: How Psychology Made Its (Limited) Way Back into Economics," *History of Political Economy*, Winter 2004.
5) Richard H. Thaler, *The Winner's Curse: Paradoxes and Anomalies of Economic Life*, New York: Free Press, 1992.（篠原勝訳『セイラー教授の行動経済学入門』ダイヤモンド社，2007年．）Colin F. Camerer, George Loewenstein, and Matthew Rabin (eds.), *Advances in Behavioral Economics*, New York: Russell Sage Foundation, 2004. Morris Altman (ed.), *Handbook of Contemporary Behavioral Economics*, New York: M. E. Sharpe, 2006.
6) Amos Tversky and Daniel Kahneman, "Judgment under Uncertainty: Heuristics and Biases," *Science*, 1974, Reprinted in Daniel Kahneman, Paul Slovic, and Amos Tversky (eds.), *Judgment under Uncertainty: Heuristics and Biases*, Cambridge: Cambridge University Press, 1982.
7) Daniel Kahneman and Amos Tversky, "Prospect Theory: An Analysis of Decision under Risk," in Daniel Kahneman and Amos Tversky (eds.), *Choices, Values, and Frames*, Cambridge: Cambridge University Press, 2000.
8) Daniel Kahneman, "A Psychological Perspective on Economics," *American Economic Review*, May 2003.
9) Herbert A. Simon, "Bounded Rationality," in John Eatwell et al. (eds.), *The New Palgrave: A Dictionary of Economics*, vol. 1, London: Macmillan, 1987.
10) Herbert A. Simon, *Administrative Behavior*, New York: Macmillan, 1945.（松田武彦他訳『経営行動』ダイヤモンド社，1965年．）
11) Herbert A. Simon, "Rational Decision Making in Business Organizations," Nobel Prize Lecture 1978, *American Economic Review*, September 1979, p. 502.

12) Ibid., p. 497.
13) Herbert A. Simon, "From Substantive to Procedural Rationality," in Spiro J. Latsis (ed.), *Method and Appraisal in Economics*, London: Cambridge University Press, 1976.
14) 西川泰夫他『認知科学の展開』日本放送出版協会，2008年，140-55ページ．
15) Daniel Kahneman, *Attention and Effort*, Englewood Cliffs: Prentice-Hall, 1973.
16) Herbert A. Simon, "Rationality as Process and as Product of Thought," *American Economic Review*, May 1978, p. 13.
17) Lawrence A. Berger, "Economics and Hermeneutics," *Economics and Philosophy*, October 1989.
18) J. A. Schumpeter, *Epochen der Dogmen- und Methodengeschichte*, Tübingen: J. C. B. Mohr, 1914, S. 21-38.（中山伊知郎他訳『経済学史——学説ならびに方法の諸段階』岩波書店，1980年，9-64ページ．）
19) John Stuart Mill, *Essays on Some Unsettled Questions of Political Economy* (1844), *Collected Works of John Stuart Mill*, vol. IV, London: Routledge & Kegan Paul, 1967, p. 316.（末永茂喜訳『経済学試論集』岩波書店，1936年，167ページ．）
20) Ibid., p. 318.（同上，訳，171ページ．）
21) Kusch, *Psychologism*, pp. 2-3.
22) John Stuart Mill, *An Examination of Sir William Hamilton's Philosophy* (1865), *Collected Works of John Stuart Mill*, vol. IX, London: Routledge & Kegan Paul, 1979, p. 359.
23) John Neville Keynes, *The Scope and Method of Political Economy*, 1890, 4th ed., 1917, Reprint of Economic Classics, New York: Augustus M. Kelley, 1963, p. 87.（上宮正一郎訳『経済学の領域と方法』日本経済評論社，2000年，63ページ．）
24) Shira B. Lewin, "Economics and Psychology: Lessons for Our Own Day from the Early Twentieth Century," *Journal of Economic Literature*, September 1996.
25) Ibid., p. 1317.
26) Lionel Robbins, *An Essay on the Nature and Significance of Economic Science* (1932), London: Macmillan, 3rd ed., 1984, p. 16.（辻六兵衛訳『経済学の本質と意義』東洋経済新報社，1957年，25ページ．）
27) 塩野谷祐一『価値理念の構造——効用対権利』東洋経済新報社，1984年，8-9ページ．
28) Andrew Caplin and Andrew Schotter (eds.), *The Foundations of Positive and Normative Economics: A Handbook*, Oxford: Oxford University Press, 2008.
29) Luigino Bruni and Robert Sugden, "The Road Not Taken: How Psychology Was Removed From Economics, And How It Might Be Brought Back," *Eco-

nomic Journal, January 2007.
30) Ibid., p. 148.
31) 岩下豊彦『心理学』金子書房, 1999年, 45-52ページ.
32) Wilhelm Dilthey, "Ideen über eine beschreibende und zergliedernde Psychologie" (1894), *Gesammelte Schriften* V, Leipzig: B.G. Teubner, 1924.（丸山高司訳「記述的分析的心理学」『ディルタイ全集・第3巻, 論理学・心理学論集』法政大学出版局, 2003年.）
33) Liliana Albertazzi, *Immanent Realism: An Introduction to Brentano*, Dordrecht: Springer, 2006, pp. 83-121.
34) Wilhelm Dilthey, *Der Aufbau der geschichtlichen Welt in den Geisteswissenschaften*, 1910.（尾形良助訳『精神科学における歴史的世界の構成』以文社, 1981年.）
35) T. W. Wann (ed.), *Behaviorism and Phenomenology: Contrasting Bases for Modern Psychology*, Chicago: University of Chicago Press, 1964.（村山正治編訳『行動主義と現象学——現代心理学の対立する基盤』岩崎学術出版社, 1980年.）
36) Tyler Burge, "Philosophy of Mind: 1950-2000," in Constantin V. Boundas (ed.), *Columbia Companion to Twentieth-Century Philosophies*, New York: Columbia University Press, 2007, pp. 210-11.
37) T. H. Leahey, *A History of Psychology: Main Currents in Psychological Thought*, Englewood Cliffs, NJ: Prentice-Hall, 1980.（宇津木保訳『心理学史——心理学的思想の主要な潮流』誠信書房, 1986年.）
38) Carl Hempel, *Philosophy of Natural Science*, Englewood Cliffs, NJ: Prentice-Hall, 1966, p. 110.（黒崎宏訳『自然科学の哲学』培風館, 1967年, 184ページ.）
39) W. V. Quine, "Epistemology Naturalized," in *Ontological Relativity and Other Essays*, New York: Columbia University Press, 1969. Reprinted in E. Sosa and J. Kim (eds.), *Epistemology: An Anthology*, Oxford: Blackwell, 2000.（伊藤春樹訳「自然化された認識論」『現代思想・特集クワイン』青土社, 1988年7月.）
40) 戸田山和久『知識の哲学』産業図書, 2002年, 170ページ.
41) Quine, "Epistemology Naturalized," in *Epistemology*, p. 297.（訳, 57ページ.）
42) Otto Friedrich Bollnow, *Dilthey: Eine Einfürung in seine Philosophie*, Stuttgart: Verlag W. Kohlhammer, 1936.（麻生建訳『ディルタイ——その哲学への案内』未来社, 1977年, 92ページ.）

第7章　解釈学の拡充

1　社会科学方法論と現代解釈学

本章の課題

　解釈学は哲学であって，具体的な知の対象領域を特定していない．しかし，ディルタイが解釈学を精神科学の基礎として位置づけるプロジェクトを企図して以来，それは人文・社会科学の方法論的基礎を提起するものとみなされてきた．われわれは以上において，とりわけ経済学と解釈学とを関連づけることに配慮を払ったが，ここで人文・社会科学方法論としての解釈学の問題点に留意しながら，解釈学の総括を図ることにする．また以上においては，解釈学の系譜をロマン主義や歴史主義に遡り，主としてディルタイやハイデガーといった古典的な思想について論じたが，ここで「解釈学的転回」と呼ばれている現代の状況に言及することにする[1]．本章の第1の課題は，「解釈学的転回」を通じて展開された社会科学の哲学としての解釈学の性質の解明である．その際，社会科学の哲学として考慮すべき他の代表的接近との対比が行われる．

　解釈学は，ハイデガーによって存在論の哲学として定義され，認識論および価値論という哲学の他の2部門の問題を直接に含んではいない．序章第4節で述べたように，解釈学は，論理実証主義に同調する認識論や方法論を排除するものであって，そこに「認識論から解釈学へ」という主張が成立した．しかし，科学主義的認識論が排除された空間に，解釈学と両立する形の認識論を考えることは可能であるし，不可欠でもある．それは論理実証主義およびその変種とは異なったものである．また価値論については，論理実証主義

によって放逐された価値論の空間に，解釈学と両立する規範の体系を考えることが可能である．目標を持ち，評価を行い，判断を下すという日常的実践の文脈における人間精神を前提とする限り，解釈学は当然のこととして価値の観点を含まなければならない．

ハイデガーによる「存在論的転回」の衝撃によって，哲学における認識論および価値論の影が薄くなった感は否めない．しかし，存在論を支えるものとしての認識論および価値論のあり方が究明されなければならない．これが解釈学の拡充のための第2および第3の課題である．

テイラーの解釈学の意義

社会科学と解釈学との関係を論ずる際，英語圏においてきまって参照されるのはチャールズ・テイラー（1931年-）の古典的論文「解釈と人間の科学」である[2]．彼は，ヘーゲル研究を別とすれば，大陸の思想家の著作や命題にそくして議論を展開してはいないが，自覚的に解釈学の伝統に従っており，英語圏に大陸哲学を導入するという役割を果たした．彼が保つ哲学的姿勢と彼がカヴァーする思想範囲は，かつてのディルタイを想起させ，同世代のハバーマスに匹敵するものである．彼のそこでの議論の焦点は，ディルタイやハバーマスと同じく，自然科学と社会科学との方法論的差異に置かれている．彼はディルタイ以来の問題意識に基づき，自然科学が説明と予測を行い，検証にパスする仮説的演繹理論であるのに対して，社会科学にとって自然科学的接近は不適切であり，社会科学は対象に含まれる意味の解明を本質的な目的とすると考える．社会科学への自然主義の適用は，意味の世界を無意味の世界に変えることである．彼の議論の基礎は，人間は「自己解釈的動物」（self-interpreting animals）であるという命題であるが，これとてもハイデガーの「現存在の存在了解」の考えと異なるものではない[3]．

テイラーは，解釈学の対象は3つの特徴を持つと言う[4]．第1に，社会科学の対象である制度や慣行や状態は「意味」を持つ．第2に，その「意味」は対象そのものの「表現」から区別される．第3に，対象の「意味」は，対象に関与する行為者としての「主体」にとっての意味である．この特徴づけが彼の主張の全体を構成している．「意味」とは，対象の外面的な「表現」

の客観的な性質ではなく，対象に対して主体が帰せしめる観念である．行為の当事者は，社会科学者によって賦与される「意味」を知らないかもしれない．しかし，人間は目標や欲求を持ち，それらを現実の実践において行為によって実現しようとしている．対象世界との関係における目標・欲求・行為の体系は，人間の生き方全体の「意味」を表したものであって，人間のアイデンティティを定義するものである．

　テイラーは人間とは何かを論ずるに当って，ハリー・フランクフルトの有名な「第1次欲求と第2次欲求」の区別から出発している[5]．フランクフルトによれば，人間が欲求や快楽を持ち，選択行動を行うという点では，他の動物と変わらない[6]．人間が動物と異なる点は意志の構造にある．人間は第1次欲求を持つだけでなく，第1次欲求自身を反省と評価の対象とし，それを改訂しようとする第2次欲求を持つことができる．喫煙の欲求は第1次欲求であり，禁煙の欲求は第2次欲求である．このような二重の欲求構造に基づいて反省的自己評価を行う能力が，「自己解釈的動物」としての人間の特徴である．人間が単に欲求を持ち，それによって動機づけられるのではなく，欲求を「良き生」の観念に照らしてみずから評価し改訂する能力を持つという認識は，功利主義的善の理論を批判する現代倫理学の共通の基礎となっている．

　たとえば，正義の理論を展開したジョン・ロールズは，善の観念と正の感覚，ないし合理性（rational）と公正性（reasonable）の2種類の能力を持つものを「道徳的人格」と名づけた[7]．また卓越主義（徳）の倫理学を展開したトマス・ヒル・グリーンは，自己だけでなく，他者の善をも配慮する「道徳的主体」の概念から出発した[8]．このように「自己解釈的人間」の概念は新奇なものではなく，「利己的合理的人間」の概念を相対化することを可能にする．

　「自己解釈的人間」にとっての「意味」の特異性は二重である．第1に，対象の「意味」は，人間から独立に客観的に与えられるものではなく，主観的に賦与されるものである．このことは，「意味」とは，「主体」にとっての意味であるという上述の説明からすでに明らかである．重要なのは，次の点である．第2に，対象の「意味」は，主観から対象への一方的な志向性を通

じて賦与されるのではなく，歴史的背景を持った対象と人間との双方向的な影響関係の中で形成される．解釈とは，社会的制度の下での実践によって形成される対象の間主観的かつ歴史的な意味を明らかにすることである．かくして，社会科学の対象は客観化され固定化されているのではなく，対象世界の意味は，人間の目標・欲求・行為の体系に関する「自己解釈的人間」の自己理解と自己解釈に応じて変貌する．社会科学の対象や問題はこのことに応じて変化する．自然科学の対象には，人間との関係を通じて自己を解釈し変貌するという性質はない．これがケインズの林檎とニュートンの林檎との相違である（序章第1節）．

人々の間で解釈が一致しない場合，解釈の妥当性を検証する客観的な手続き的方法はない．対話を通ずる解釈を続けるのみである，とテイラーは言う[9]．同一の表現についてもさまざまな解釈が可能であり，解釈は直観や洞察に依存し，さらに直観や洞察は人々の倫理的価値やイデオロギーに依存する．意味の背後には，人生計画の改訂を試みる「自己解釈的人間」が存在する．解釈の妥当性に関わる唯一の論拠は，さまざまな問題やパースペクティヴの間の「解釈学的循環」を通じて得られる整合性である．このようにして，テイラーの独自の論点は，哲学的解釈学が明示的に語らなかった解釈学の認識論的および価値論的帰結に注目したことにあると言えるであろう．このような帰結は，自然科学に適合的な論理実証主義を社会科学に適用することを改めて否定するものである．しかし，テイラーは「解釈学的循環」のブラック・ボックスに甘んじて，ハバーマスの「コミュニケーション的合理性」のような概念構築を行っていない．

社会科学と自然科学

社会科学において，解釈学的考察が対象の意味を明らかにし，社会科学の先行構造を与えるとしても，テイラー論文の批判者たちが言うように，そのことは社会科学が他の諸問題（制度の機能，因果関係，影響，起源，発展など）の解明に当ることを排除するものではない[10]．社会科学における解釈学的接近の意義は，論理実証主義に従う社会科学によって無視されてきた問題，すなわち社会事象の存在論的問題を，上述のような認識論および価値論に関

するリスクを冒しながら取り上げようとすることにある.また,批判者たちが言うように,社会科学に「解釈学的循環」が含まれるとしても,同じことは自然科学にも見られる.最も大規模な形の循環論法は,ハンソンの言う「観察の理論負荷性」(theory-ladenness of observations)であって,観察データはあらかじめ与えられた理論による現実の構築に依存するというものである[11].そうであるならば,観察と理論とを峻別し,観察が理論を検証するという実証主義の基本原理はトートロジーに帰する.しかし,このことは,理論負荷的観察の枠組みの中で,特定の観察値が特定の理論を客観的に検証したり反証したりすることが不可能だということにはならない.

「解釈学的循環」は「プレ理論」として理論の「先行構造」を設定するものであって,解釈学が構築する知の枠組みは,その中で「説明」が行われるための一定のパラダイムを用意し,対象の存在の意味をあらかじめ「解釈」するのである.自然科学的接近に対する解釈学の批判は,ディルタイ以来考えられてきたように,因果関係の「説明」に反対して,それに取って代わるものとして意味連関の「解釈」を提起するというのではなく,「説明」に先行して,意味を問う知の枠組みを用意することにある.「説明」と「解釈」とは別次元の話である.

解釈学の適用をめぐる社会科学と自然科学との相違は,クーンのパラダイムおよびパズル解きの概念を用いることによって明らかとなろう.クーンはテイラーが解釈学を社会科学にのみ適用可能であるかのように論じていることに異を唱えた[12].自然科学の諸概念といえども,社会科学におけるのと同じように,人間による解釈から独立ではないからである.すべての科学における対象の概念は文化依存的,パラダイム依存的である.そしてその依存関係は常に「解釈学的基底」に基づいている.自然科学者が社会科学者と異なる作業をしているように見えるのは,多くの場合,彼らが特定のパラダイムの下で,そのパラダイムが包含する「問題」と「方法」に従ってパズル解きに従事しているからである.そうした作業が結果的に現行のパラダイムと背馳する結果を生み,新しいパラダイムを導くのである.それに対して,社会科学においては,安定したパラダイムの下でのパズル解きも原理的に可能ではあるが,解釈学的研究の方が顕著である.局所的・偶発的な社会的・政治

的事象を対象とする学問の場合には，思考の枠組みと個別事象とが混在する形で論じられ，その総体の理解・解釈を行わざるをえないからである．経済学では，正統派・異端派を問わず，パラダイムの概念を適用することは可能であり，その下でのパズル解きは自然科学のように日常的である．

認識論的利点

テイラーの解釈学に対する批判は，主としてその認識論に関するものである．多くの批判は，彼の立場は認識論的懐疑主義ないし認識論的主観主義であるとして，知の客観的・合理的基礎が欠けていることを非難する．解釈学論者であるニコラス・スミスは，このような批判に反対して，競合する解釈の間でどちらが優れているかという「認識論的利点」を見出すことができるのではないかと論じている[13]．たしかに，解釈の違いを直観の違いに帰着させるだけでは，不十分であるといわざるをえない．「認識論的利点」とは何かについて，別個の議論が必要である．ここでは何らかの絶対的な真理基準が問題になるのではなく，既存の解釈の間での相対的なもっともらしさの程度や，相対的な知的生産性の程度が問題とされる．事実，テイラーにおいて，直観の違いは究極的な要素ではなく，その背後には，望ましい社会のあり方を目指す実践的志向の違いが存在するとみなされている[14]．

人間の実践的志向の理論は倫理学である．したがって知のテストとは，人間から独立した形の理論と事実との機械的な合致ではなく，人間の志向性を織り込んだ現実と，その意味の解釈の上に立つ理論とが，「自己解釈的人間」を媒介として，「解釈学的循環」による整合性を達成することを意味するのである．「認識論的利点」とは，究極において，人間と社会の変革を通じて「倫理的価値の実現」をもたらすことに他ならないであろう．

解釈学を文字通りに存在の意味を解明する存在論としてのみ取り扱うことは，解釈学を哲学として未完結の形に置くものである．解釈学をそれにふさわしい認識論と価値論によって補強することが求められる．このような意味における解釈学の拡充の要請は，哲学固有の視点からではなく，むしろ社会的制度や実践の中に埋め込まれた人間を扱う社会科学の視点から，真剣に提起されるであろう．解釈学を社会科学の哲学として考えるとき，このことが

いっそう強く示唆されるのである．とりわけ，テイラーの哲学研究のスタイルは，体系構築型ではなく，問題指向型であると言われる[15]．解釈学にとっての体系化の問題点は，彼の論述がわれわれに与えるネガティヴな印象の中に見出されるであろう．彼は政治学や社会学や人類学の例を用いているが，経済学には触れるところがない．そのために，彼の哲学論集2冊の書評を書いたある経済学者は，テイラーの社会科学の哲学は経済哲学には何のインパクトも与えないだろうと論じた[16]．しかし，インパクトを感知するかどうかは経済学者自身の問題意識によるであろう．

解釈学と批判理論

　論理実証主義およびその変種は「分析哲学」の中核をなすが，今日，それに対立する「大陸哲学」は一般に解釈学と批判理論の2つの系統を含むとみなされている[17]．第3章第3節で扱ったように，批判理論は，フランクフルト学派に連なるハバーマスの社会理論・社会哲学によって代表される．彼は『認識と関心』(1968年)において，認識を主導する関心ないし利害の違いに基づいて3つのタイプの学問——(1)経験的・分析的科学，(2)歴史的・解釈学的科学，(3)批判的社会科学——を区別している[18]．認識関心に基づく一定のパースペクティヴの下で，現実は対象化され，特定のタイプの学問が成立する．その骨格は第7-1表のとおりであって，ここに含まれる諸概念は，ハイデガーの「先行構造」におけるトリアーデ——すなわち，「先行的対象把握」・「先行的視点設定」・「先行的概念形成」——を念頭に置けば理解できるであろう．

　(1)は，論理実証主義に基づく自然科学および社会科学であり，その認識関心は目的・手段の関係に基づく道具的行為を対象にして，その因果関係の説明によって対象の予測と統御を行うことである．ハバーマスは経験的・分析的科学については，その統一科学的主張には賛成しないが，限定された対象側面に関して法則的説明の可能性を承認する．(2)の解釈学は，生活実践的な認識関心によって導かれ，人々の行動の方向を規定する間主観的意味の理解を求めて，相互行為とコミュニケーション行為を研究対象とする．ここでの言明の妥当性の基準を与えるものは，解釈学の規則である．(3)は，第3

第7-1表 認識関心と学問のタイプ

学問のタイプ	対象としての行為の局面	認識関心
(1) 経験的・分析的科学	道具的行為	対象の予測と統御
(2) 歴史的・解釈学的科学	相互行為・コミュニケーション行為	意味の理解
(3) 批判的社会科学	支配・権力	人間の解放

章第3節で述べたように，社会的・制度的システムが「システム的合理性」の強制力によって，「生活世界の植民地化」をもたらすという支配・権力の局面に着目し，強制的隷属からの人間解放を求める批判理論である．批判的言明の妥当性の基準は自己反省であるという．第4章第4節で述べたハイデガーの「枠組みの構築」(Ge-stell)は，解釈学の命題というよりも，批判理論において取り上げられた「システム的合理性」の暴力を指摘したものといえよう．

ハバーマスはこれらの3種の認識関心に基づく3つのタイプの知を総括して，「(1)技術的な処理能力を拡大する情報，(2)共通の伝統の下での行動の方向づけを可能にする解釈，(3)意識を基底にして力への従属から解放する分析」と呼ぶ[19]．そして3種の関心はそれぞれ「労働・言語・支配」という社会的媒体によって形成されるという．

ハバーマスの社会理論は，「コミュニケーション的合理性」の過程を理解の対象とすると同時に，解放という実践的認識関心によって導かれた批判的社会科学でもあり，その意味で(2)解釈学と(3)批判理論の双方の認識関心を兼ね備えている．ハバーマスは批判理論を包括的な枠組みと考えているが，実は，彼は社会科学方法論に解釈学的次元を導入した先駆者であって，ここからも彼の立場を「批判的解釈学」と呼ぶことが理解されるのである[20]．彼にとって，3つの学問の基礎にある関心の重要度は，(3)＞(2)＞(1)のように，批判理論が最上位に来る．

このように考えるならば，ハバーマスが批判理論の立場からガダマーに対して加えた解釈学批判の論点は，けっして批判理論か解釈学かという二者択一を意味するものではないといえよう．ポール・リクールがハバーマス・ガダマー間の論争点を整理し，批判理論と解釈学との融和を試みているのは注

目に値する[21]．リクールは，ハバーマスによって申し立てられている両者の対立点を次の4つにまとめる．

(1) ガダマーはロマン主義哲学から先入見の概念を借用し，それを先行的理解というハイデガーの概念によって再解釈したのに対し，ハバーマスはフランクフルト学派によって解釈されたマルクス主義から導かれる利害およびイデオロギーの概念を用いた．

(2) ガダマーは歴史的現在における文化的伝統の解釈としての精神科学に関わるのに対し，ハバーマスは制度的物象化に対抗する批判的社会科学に関わる．

(3) ガダマーは理解に内在する障害として誤解を問題にするのに対して，ハバーマスはコミュニケーション行為が暴力によって組織的に歪曲されるというイデオロギー理論を展開する．

(4) ガダマーは存在論を解釈学の課題とみなすのに対し，ハバーマスは制限も拘束もない自由なコミュニケーションを解放の規制理念として設定する．

ハバーマスは，ガダマーの解釈学が歴史意識の強調を通じて，先入見・伝統・権威といったものの復権を意図していることを嫌う．彼は，ガダマーの解釈学の最大の欠陥は，解釈学を所与の伝統を基礎とした存在論としてしまったことにあるという．ハバーマスによれば，伝統を基礎とした解釈ないしコミュニケーション的合意は，暴力的なイデオロギーによって支配されたものであって，解釈学はイデオロギー批判と結びつかなければならない．批判理論は，イデオロギーによって歪曲された存在そのものを否定する規範的立場を取る．

しかし，このハバーマスの議論は解釈学についての一面的な評価であろう．論争点は，表面的には，知の形成における「伝統」対「革新」の対立にあるが，われわれが先に「ハイデガー＝シュンペーター・テーゼ」に要約したように，解釈学は「投企と被投」の2局面を持ち，ガダマーにとっても，過去は与えられた過去ではなく，現在の立場から解釈者によって再構築された過去である．解釈学は伝統の中への「被投」の局面のみを持つのではなく，創造に向けての「投企」の局面をも持つ．認識を主導する「利害」（Interesse）というハバーマスの批判理論の観点は，ハイデガーやガダマーの解釈

学の観点からは，認識を主導する「関心」(Interesse) として表現されるのである．またガダマーが反論しているように，社会的媒体としての言語の普遍性から見て，「言語」が解釈学のみに割り当てられ，「労働」や「支配」の分析に適用されないということも，一方的な議論であり，納得的ではない[22]．

リクールが，解釈学と批判理論とは果たして排他的なものか，二者択一的なものかと問い，2つの立場の融合を論じているのは公平である．彼は，一方で，(イ)解釈学の中に，批判的契機，そして解放のための自由なコミュニケーションの契機は存在しうるか，他方で，(ロ)批判理論はいかにして解釈学でありうるかと問う．

(イ)について，リクールは次のように述べ，解釈学は可能性の「投企」を通じてイデオロギー批判を可能にすると論じている．

「批判の主題は潜在的には，ハイデガーの了解の分析の中に含まれていた．ここで想起されるのは，ハイデガーが了解と『自己自身の可能性の投企』とを結びつけていることである．それが意味することは，テクストによって開かれた世界の存在様態は，可能性の様態あるいは存在可能性の様態であるということである．そこにこそ，創造的なものの革命的な力が存在している．……したがって，この存在可能性の解釈学がイデオロギー批判へと向かうのである．この解釈学が最も根本的なイデオロギー批判の可能性を形成するのである．」[23]

(ロ)については，リクールは次のように述べ，規制理念としての批判は解釈学を必要とすると論ずる．

「人間が解放を意図し，束縛も制限もないコミュニケーションを予想することができるのは，文化遺産の創造的再解釈を基盤としてである．このことをイデオロギー批判に向けて喚起するのが，伝統の解釈学の課題である．」[24]

すなわち，イデオロギーによる歪曲とは，まさに解釈学が関与するコミュニケーション能力の歪曲である．そうだとすれば，批判理論における解放のための「利害」は，歴史的解釈学の「関心」と連結していなければならない．

かくして，以上の二重の意味において，解釈学における「投企と被投」ないしは「革新と伝統」という構成は，解釈学が「批判的解釈学」でなければ

ならず，批判理論が「解釈学的批判理論」でなければならないことを意味している．まさにその意味において，解釈学は認識論と価値論の支えを必要とするのである．これに応えることが以下の課題である．

2 道具主義とレトリック

循環・折衷・弁証

論理学は，正しい推論や誤った推論の仕方を教える学問である．しかし，正しい論理か誤った論理かを判定する立場は必ずしも1つではない．形式論理学が排撃する種類の論理の中には，別の立場から見れば，誤りとは言えない重要な考え方が含まれていることがある．そのような軽蔑的論理とされている「循環・折衷・弁証」の3つを取り上げ，それらが再考されなければならない理由を考えてみよう．

「循環論法」とは，論理学のテクストでは，論点先取の虚偽と定義されるものであって，結論をあらかじめ先取りする形で前提を立て，前提と結論とが堂々巡りをする議論をいう．循環論法を非難されるべきものとは考えず，堂々とその正当性を主張するのは解釈学である．

第1章第3節で見たように，解釈学の基本的な原則として，いわゆる「解釈学的循環」がある．テクストにせよ人間行動にせよ社会制度にせよ，その理解に当っては，部分は全体を通じてのみ理解することができ，逆に全体は部分からのみ理解することができる．部分と全体，個人と社会，自者と他者はそれぞれ他方の理解を前提としなければならない．形式論理学から言えば，「解釈学的循環」は循環論法として非難されるが，しかし，日常世界における理解というものは，このような相互性に基づく理解から成り立っている．部分と全体のどちらかから出発しなければならないという単線思考は現実的ではない．あらゆる知がただ1つの自明の基礎公理によって基礎づけられているということはありえない．基礎づけ主義は説得力を失っている．フィードバックを含む複線思考こそが現実的である．さまざまな知は，相互に持ちつ持たれつの相互性と整合性の関係によって説得力を得る．たとえば，社会

の理解に当って，個人主義と全体主義とを対立させるのは，思考の遊戯にすぎない．一方だけで論理が貫徹することはありえない．必ず他方の論理を考慮に入れなければならない．

次に，「折衷主義」とは，対立する思想体系がある場合，相互に妥協できる考えだけを取捨選択して，綜合を図るというアプローチである．折衷思考に対しては，その無原則性が批判される．しかし，生の全体性を背景として，和洋折衷，文武両道，文化的多元性の承認といった現象がいたるところに見られるように，魅力的な綜合を拒否する態度は狭量と言わざるをえない．

基本的な思考の次元で考えれば，普遍的な論理性と個別的な歴史性とを対立的にとらえる考え方が綜合への道を閉ざし，綜合への努力を安易に折衷と呼ぶのではないか．たしかに，思想は異なる時代や場所を背景として現れる．普遍的な論理性は相対的な歴史性を嫌い，個別的な歴史性は一般的な論理性を忌む．しかし，異なる思想は単に対立抗争を目的として生み出されるのではない．それらは既存の思想の一面性を補うものとして，違う視点から新しい視野を開くために提案されるのではないか．このように見るならば，思想の多元性は生の可能性の拡大を求める思想の現象形態にすぎない．多元性は思想の自由の結果として尊重されなければならないが，それが思想の究極の姿ではない．ガダマーの「地平の融合」という言葉は，思想の歴史的相対主義と多元主義を克服するための解釈学のキーワードである．多元性を超えて綜合を求める努力こそが推奨されるべきである．もちろん，綜合に当っては，折衷という非難を回避できるような原理的試みがなされなければならない．

最後に取り上げるのは「弁証」（dialektike）である．「弁証」とは，本来，日常的な対話の術を意味し，古来，さまざまな形で使われてきた．アリストテレスによれば，「弁証」的推論は日常的な信念・臆見（doxa）に基づくものであって，真なる知識（episteme）から出発する「論証」的推論に比べて正確さにおいて劣るものとされた．対話の術は，相手を説得することを目的とするものであって，レトリック（弁論術ないし修辞学）と呼ばれる．プラトンは，レトリックは詭弁を弄するものであるとして激しく攻撃した．しかし，レトリックは虚偽によって相手を丸め込むだけのものではなく，豊かな想像と文彩の力によって，新しい知のヴィジョンを先行的に問題提起するた

めの道具でもある．

　弁証法が新しい考え方を含むようになったのは，ドイツ観念論においてである．それは「正」と「反」と，それらを綜合する「合」という3要素からなる思考様式である．とりわけ，ヘーゲルは矛盾とその克服を現実世界の運動・変化の論理とみなした．彼の弁証法論理は，形式論理の原理である矛盾律を逆転し，正と反の矛盾の共存を許容し，その矛盾を解くものとして静的論理とは異なる動的論理を提起した．矛盾律は矛盾を排除する原理であり，矛盾の存在するところに真理は存在しないと見る．それに対して，弁証法は矛盾を不可欠の動的論理として包摂する．

　「弁証」の思考は，上述の「循環」の思考と「折衷」の思考を包括したものと見ることができる．「解釈学的循環」は，対立する要素の間をぐるぐると同じ軌道の上で回帰するのではなく，螺旋状の循環軌道を取ることによって，「正」および「反」の次元とは異なる「合」の次元にいたる．また「折衷」は，対立物の無原則な野合ではなく，対立関係や矛盾関係を排除して，対立物を不可欠の構成要素として含むようなより高次の地平における綜合を志向することである．一定の「合」に対しては，再び別の「反」が現れ，弁証法的運動が惹起される．対立する要素は，新しい拡大された体系の中で位置を与えられる．

　このように見るならば，同一律・矛盾律・排中律からなる形式論理は，完成した段階にある知を説明する静的論理にすぎない．完成した知がまだ存在しない分野においては，いわば「先行的知」ないし「プレ理論」を獲得する努力が必要である．「循環・折衷・弁証」の欠陥を恐れていたのでは，知の完成への努力を始めることはできない．われわれが完成した知を手にしたと断言することができない以上，「循環・折衷・弁証」を完成した知を獲得するための現実の道具として評価し活用することが必要である．解釈学がそのような道具性を持つことに対応して，知の認識論としての道具主義および言語使用の技術としてのレトリックを位置づけたい．

道具主義の中心的および副次的主張

　道具主義（instrumentalism）とは，理論は記述ではなく，有益な結果を

導くための道具であって，それ自体は真でも偽でもないと主張する見解である．道具主義は実在主義（realism）と対立する．実在主義によれば，科学の対象は実在し，理論は対象についての記述であり，したがって理論について真偽を問うことができる．

現代の科学哲学において広く知られている道具主義の概念は，皮肉なことに，道具主義の批判者であるカール・ポパーによって作られた．彼はマッハ，キルヒホフ，ヘルツ，デュエム，ポアンカレ，ブリッジマン，エディントンといった物理学者たちを道具主義者と呼んでいる[25]．彼は次のように定義した．

「道具主義とは，科学的理論は将来事象の予測の導出（とくに測定）およびその他の実際的適用のための道具であり，道具以外の何ものでもないと理解すべきであると主張する学説である．もっと具体的に言えば，道具主義によれば，科学的理論は世界の構造に関する真正の推測であるとか，あるいはわれわれの世界のある側面を記述する真正の試みであると解釈してはならない．道具主義の意味するところによれば，科学的理論は多かれ少なかれ有益でありうるし，多かれ少なかれ効果的でありうるが，記述的言明と違って，真でも偽でもありえない．」[26]

ファイヤーベントも道具主義の批判者であるが，道具主義を「科学的理論は予測の道具であり，記述的意味を持たないと主張する見解」と簡潔に定義している[27]．ボーランドは，以下で取り上げるフリードマンの1953年の論文を経済学における道具主義と解釈した人物であるが，彼も同様の定義をとっている．すなわち，

「道具主義によれば，理論は真の（あるいは成功的な）予測ないし結論を（論理的に）生み出す便利で有益な方法である．……かくして，理論は世界の性質に関する真の言明と見る必要はなく，すでに『真の』結論として知られているものを体系的に生み出す便利な方法とのみ見るべきである．」[28]

以上の3つの引用は，どれも理論の2つの側面について規定を行っている．すなわち，理論の「役割」（理論は予測を生み出す道具であること）と，理論の「認知的身分」（理論は真でも偽でもないこと）とがそれである．ここ

で重要なことは,この定義では,理論の道具的「役割」が「予測」に限定されており,「説明」ができないとされていることである.これが道具主義に対する常套的批判の根本にある.

しかし,初期の道具主義者たち——マッハ,デュエム,ポアンカレなど——は理論の役割をこのように狭く解釈してはいなかった.現代の科学哲学者の中では,ネーゲルが広義の定義をとっている.彼は次のように述べている.

「道具主義の主張によれば,理論は主としてわれわれの経験を組織化し,実験的法則を秩序づけるための論理的道具である.理論はこれらの目的を達成する上で有効性の違いを持つけれども,理論は言明ではなく,したがって言語による表現としては言語とは違ったカテゴリーに属する.……それゆえ,理論を真偽によって有効に特徴づけることはできない.」[29]

また,モーゲンベッサーも道具主義の見解における理論の「役割」として,「説明」および「予測」を認めており,この立場を「弱い非認知的道具主義」と呼び,理論に「予測」の機能しか認めない「強い非認知的道具主義」から区別している[30].「非認知的」とは,言明の真偽を識別できないということであり,道具主義は,理論は真偽を識別できる性質を持たない道具であると主張するのである.

ポパーなどの道具主義批判者は,道具主義における理論の役割を故意に「予測」に限定し,理論の戯画像を描いている嫌いがある.初期の道具主義者にとっては,そのように狭く定義する必要はなく,「弱い形の道具主義」は,理論は観察される現象を分類し,組織化し,説明し,予測し,したがって行動のガイドとなるルールないし道具であると主張する.本質的なことは,どのような目的を持つにせよ,理論は道具であること,したがって真でも偽でもないことという2つの主張である.これが道具主義の中心的主張である.

これに加えて,道具主義者はしばしば3つの関連した主張を行っている.ところが非道具主義者もこれらの主張をしており,またすべての道具主義者がこれらの主張をしているのではないので,これらを道具主義の中心的主張から区別する必要がある.これらを道具主義の副次的主張と呼ぶ[31].

第1に,道具主義は,理論の真理性ではなく理論の有用性に着目することによって,「帰納主義」の主張を却下する.帰納主義は観察による知識の検証を主張するが,一定の観察事象を説明する複数の仮説がある.道具主義は,理論の道具性に基づくことによって帰納問題を回避する.

第2に,道具主義は「本質主義」に反対する.本質主義によれば,理論は現象の本質あるいは観察事象の背後にある実在を記述する.道具主義は,究極的原因や究極的説明を形而上学として拒否する.帰納主義と本質主義を否定する立場は,道具主義だけでなく実在主義にも共通する.

第3に,道具主義は「実在主義」に反対する.それは理論を世界に関する言明とは見ないから,理論概念や理論構造について実在的地位を否定する.しかし,道具主義者の中には,理論は真でも偽でもないという主張を維持しながらも,若干の理論概念の実在性を認める人もいる.このような事情のために,実在主義への反対は道具主義の副次的主張とみなすのがよい.

経済学における道具主義——シュンペーターとフリードマン

経済学には2つの道具主義の理論がある.一般に有名なのは1953年のフリードマン(1912-2006年)の論文であり,多くの経済学者によって信奉されている[32].それは上述の「強い非認知的道具主義」に属する考え方をとっているが,理論構成に欠陥がある.私の考えでは,それよりももっと早く,1908年にシュンペーターによって道具主義が完全な形で経済学に適用されている[33].それは「弱い非認知的道具主義」である.簡単に両者の検討を行う.

シュンペーターは,主としてマッハの影響の下で道具主義を経済学に適用した.彼の処女作『理論経済学の本質と主要内容』は道具主義方法論の著作である[34].彼の議論を命題として再構築すれば,次のとおりである[35].

S_1:仮説は存在論的に実在するものではなく,人間の精神の恣意的創造物である.

S_2:理論は現実世界の記述的言明ではなく,したがって理論について真偽を判断することはできない.

S_3:理論は記述のための単なる道具にすぎない.

第7-1図　道具主義の構造

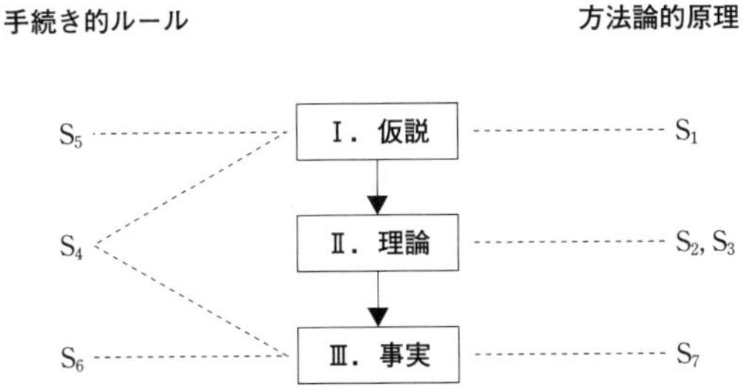

手続き的ルール　　　　　　　　　方法論的原理

```
S₅ ┄┄┐    ┌─────┐   ┄┄ S₁
      └┄┄┤ Ⅰ. 仮説 │
         └──┬──┘
            ▼
S₄ ┄┄┄┄┄┄┤ Ⅱ. 理論 │   ┄┄ S₂, S₃
         └──┬──┘
            ▼
S₆ ┄┄┄┄┄┄┤ Ⅲ. 事実 │   ┄┄ S₇
         └─────┘
```

S_4：理論は事実をできるだけ単純かつ完全に記述するものである．
S_5：仮説が真であることを確立するために，仮説そのものを正当化することは必要ではない．
S_6：仮説の目的は，事実に適合した理論を生み出すことであり，したがって仮説はその実際上の成功によって評価される．
S_7：観察される事実は，理論と独立に存在するが，任意の観察事実に対して，いくつもの異なった理論が存在する．

シュンペーターの道具主義の構造を解釈するために，第7-1図を描いてみよう．この図において，第Ⅰレベルの「仮説」から第Ⅱレベルの「理論」が演繹され，第Ⅲレベルの「事実」と対比される．このようなレベルの相違と並んで，「方法論的原理」と「手続き的ルール」（狭義の方法論）とが区別されなければならない．上記の7個の命題は図のように配置されよう．

S_1 は仮説の性質に関する約束主義的見解を表しており，第Ⅰレベルに置かれる．S_2 は理論の認知的身分を規定しており，理論の真偽の身分を否定する．S_3 は理論の道具性を表す．S_2 と S_3 は第Ⅱレベルに置かれ，上述のように道具主義の中心的主張を表す方法論的命題である．

S_4 は，マッハのいわゆる「思惟の経済性」としての理論の性質と同じものであり，仮説の効率性の基準を与える．S_5 は，仮説を直接に正当化する必要性を否定し，S_6 は，仮説からの結論としての理論は観察に適合しなければならないと述べる．理論の役割に関する方法論的原理（S_3）に対応して，理論の事実への適合は，理論が事実の重要な側面を記述しなければならないことを意味する．最後に，S_7 は観察事実が必ずしもすべて理論負荷的では

ないことをいう．理論負荷性は道具主義か実在主義かの差異とは関係がない．

以上のような構造を持つシュンペーターの方法論を，S_2 と S_3 とに着目することによって，道具主義と解釈することができる．しかも，彼にとって，理論の目的（S_6）は，単なる狭義の予測ではなく，現実を分類し，組織化し，説明し，予測し，解釈し，したがって行動のためのガイドを与えることと考えられている．その意味では，プラグマティズムの道具主義に近い．

一般に道具主義と解釈されているフリードマンの論文は，仔細に検討すると，驚くことに，上で哲学者の見解によって識別した道具主義の中心的主張について何の言及もないのである．彼の論文において明瞭に述べられていることは，次の4点である．

F_1：仮定の現実性は問題ではない．（S_5）

F_2：理論の妥当性は，その予測能力によって判断されるべきである．（S_6）

F_3：観察は理論を確証することはできず，ただ反証することができるにすぎない．（S_7）

F_4：理論の選択は，理論の単純性とか有益性といった補足的基準に依存する．（S_4）

これらを道具主義とみなすことができるだろうか．カッコの中のSの記号は，シュンペーターの命題と対応することを示す．まず，F_1 は明らかに反実在主義であり，F_3 は反帰納主義である．両者はともに道具主義の副次的主張に属する．しかし，F_1 は道具主義以外の立場を含みうるものであって，それだけで道具主義ということはできない．また F_3 は，反道具主義者であるポパーの反証主義によっても主張されているものであり，これを道具主義ということはできない．F_4 は直接に道具主義とは関係はない．一見したところ，F_2 のみが道具主義の命題と考えられるかもしれない．しかし，F_2 は理論が単なる道具であるということを必ずしも意味しない．さらに重要なことは，フリードマンは理論が真でも偽でもないという非認知的命題を述べていないことである．彼は「仮説が重要であるためには，仮説はその仮定に関して記述的には偽でなければならない」と述べており，仮定の真偽を判定しうることを認めていることになる．

このように，フリードマンの論文は，道具主義の中心的主張である理論の「道具性」の命題と「非認知的身分」の命題を含んでいない．彼を道具主義者とみなす解釈は，F_1 と F_2 からの誤った憶測や先入見によって導かれたものである．たとえば，次のような議論がそれである．「フリードマンの最も論争的な言明，すなわち科学の目的は予測であり，仮定の現実性は問題ではない，という言明は道具主義のものである．」[36] しかし，この2つの言明は，哲学者が認める道具主義の主張ではない．フリードマンのこれらの言明は「手続き的ルール」に属するにすぎない．科学哲学は，「手続き的ルール」を正当化する「方法論的原理」を明らかにする哲学的研究である．彼にはそれが欠如している．

もう1つの道具主義

西ヨーロッパに起源を持つ道具主義とは別に，アメリカ哲学としてのプラグマティズムが一種の道具主義の思想を発展させた．代表者はジョン・デューイ（1859-1952年）である．思考は生活における問題解決の道具であり，認識は疑念を信念に変える「探求」(inquiry) の過程であるという．彼の「探求」の定義は次のような晦渋なものである．

> 「探求とは，不確定な状況を，管理され指図された仕方で，確定的な状況に変換することである．確定的な状況とは，それを構成している特徴や関係に関してきわめて確定的であって，もとの状況の諸要素は統一的な全体へと転化させられるのである．」[37]

「探求」は，問題の設定，仮説の提示，仮説からの推論，推論結果の検証，検証によって保証された言明（信念）の獲得といった一連の過程からなる．観念の意味や価値は，それ自体またはそれと外界の事象との関連で決まるものではなく，その観念に基づく人間行為の結果との関連でとらえられなければならない．知的「探求」の成功は，人間の問題解決活動にとっての道具的有用性によって決まる．あるいは，上記の「探求」の定義に従えば，状況の非確定性を確定性へと「変換・転化」させることが成功の基準である．これがプラグマティズムにおける道具主義の考えであって，「予測」能力のみを重大視する道具主義観とは異なる．

マッハ＝シュンペーターの道具主義は，強い形の道具主義とは違って，知的活動の成功基準を「予測」に限定することなく，さまざまな知的観点に対して開いている．そのため，われわれは新古典派経済学から経済社会学（ウェーバーおよびシュンペーター）までの幅のある学問に対して，道具主義による解釈を適用することができる[38]．しかし，道具主義の視座をマッハ＝シュンペーター型からデューイ型にまで拡大するならば，歴史主義を支柱とする解釈学は道具主義に対していっそうの親近性を持つであろう．なぜなら，デューイの道具主義は制度派経済学の哲学的基礎と考えられるからである[39]．

伝統的な科学主義哲学の根源はデカルト的合理主義にある．プラグマティズムの創始者であるチャールズ・パース（1839‐1914年）は，反デカルト主義の思想を展開し，知性と感覚の代わりに，性向と慣習を知の基礎とみなした．性向と慣習は信念を形成する．信念の社会的共有という形を通じて行われる知の探求は，行動にとって役立つものであるならば，十分に意義のあるものとみなされる．反デカルト主義は，デカルトの基礎づけ主義への批判でもあって，プラグマティズムは知識の有用性をめぐる人々の間の合意をもって真理とみなした．こうしてプラグマティズムは，一方で道具主義，他方で反基礎づけ主義ないし整合主義を主張する．

新古典派経済学がヨーロッパのデカルト的科学哲学に対応するものだとすれば，ドイツ的思想に想源を持ち，アメリカに生まれた制度派経済学はプラグマティズムの科学哲学に対応するといえよう．制度派とプラグマティズムとの間には密接な関係が見出される[40]．科学は知的共同体による「探求」の過程であり，既定の方法的規則の機械的適用ではない．「探求」の方法は，演繹や帰納に加えて，何よりもアブダクションに依存する．「探求」の成功は，制度としての「探求」共同体の世界観に依存する．社会活動も科学活動と同じく，学習・調整・交渉・進化の過程であり，単なる合理的選択の結果ではない．人間行動は制度としての習性・慣習・本能に基礎を置き，経済的合理性の内容は社会的・文化的に規定されている．したがって科学と歴史とは切り離しがたい．多様な知識と活動は「探求」の共同体を共通の基盤としており，各構成要素は相互に浸透し合い，解釈学的循環を形成し，道具主義的判定基準に従う．

制度・類型・解釈

このような「探求」の実践のためには，共同体としての「制度」が認識論的概念として確立されなければならない．一般論として言えば，従来，社会を扱う学問において，方法論的個人主義と方法論的全体主義の概念が対立する両極として用いられてきたが，個人と社会との相互関係を視野に入れるならば，「制度」という媒介概念が不可欠である．アガシはそれを用いて，「制度的個人主義」と「制度的全体主義」を定義した[41]．解釈学も道具主義も，哲学の次元では「制度」概念を要求することはないが，それらの立場から歴史や社会を扱う段になると，制度派経済学とプラグマティズムとの関係に見られるように，「制度」の概念が不可欠となる．われわれは第3章第1節において，歴史主義の再構築の道として「類型学的歴史主義」と「解釈学的歴史主義」とを導出したが，「類型」と「解釈」を結ぶ共通の認識論的概念が「制度」である．「制度」は歴史における個性記述を類型化すると同時に，社会における「探求」遂行の共同体的基礎を特定するという二重の役割を持つ．

この「制度・類型・解釈」の連関は，歴史主義の思考を解釈学の基底に定着させる上での基本的な構図である．ここで「制度」は「類型」と「解釈」とを媒介する基点である．一方で，「制度」としての「類型」ないし「理念型」概念は，「個性と発展」を統合し，歴史主義的思考を再構築する基礎であった．「個性・類型・発展」の連関は，類型学のタームによる歴史主義の再構成であり，具体的には，経済社会学として展開される．他方で，プラグマティズムの道具主義は，科学社会学の立場から，この「制度」概念を知的探求の行われる科学者共同体として把握する．科学者共同体を支配する「制度」は，クーンの言うパラダイムであり，ディルタイの言う世界観である．

経済社会学が，人々の経済行為や動機や性向を制度的枠組みとの関連において説明するものだとすれば，科学社会学は，同じように，なぜ一群の研究者が一定の問題と方法に従って，パズル解きに専念するのかを，パラダイムという枠組みの支配によって説明する．事実，パラダイムは，解釈学における先入見や先行理解に比すべきものとされている[42]．経験論的・合理論的科学哲学を批判するクーンが，最終的に求めたのは「歴史的科学哲学」であっ

て，それは解釈学に等しいものであった．

レトリックの機能

ここで話題を転じてレトリックを取り上げる．序章第3節において経済哲学の概念的枠組みを提起した際，「プレ理論」のレベルにおいては，哲学を構成する「認識論・存在論・価値論」のそれぞれは「レトリック・ヴィジョン・イデオロギー」として展開されるだろうと述べた．ヴィジョンとイデオロギーについては，存在了解における「投企」と「被投」の関係としてしばしば言及された．ここで初めて解釈学におけるレトリックの役割を論ずる運びとなった．レトリックの技法は，「プレ理論」において，事実上理論の展開を促進する先行的・道具的役割を担うのであって，レトリックと道具主義とは，認識論の観点から密接な関係を持つ．

解釈学は，解釈の伝達媒体としての言語の重要性をたえず強調してきた．理解や解釈は言語共同体の枠組みの中で行われ，解釈学的考察は個別科学と生活世界との間の橋渡しをするものと考えられてきた．その橋渡しの技法がレトリックである．技法としてのレトリックは，哲学としての解釈学とどのように関係するのであろうか[43]．

『ウェブスター英語辞典』（1988年）によれば，レトリック（修辞学）は「話したり書いたりする際に，言葉を有効に用いる技術」と定義されている．言語は対話・弁論・叙述を通ずる思想・情報伝達の道具であって，それによって，思想・情報の内容を他の人々に対して明瞭かつ納得のいくように伝えることができなければならない．言語にはこのような目的があるために，それを有効に使うためのレトリックという技法が検討されるのである．

レトリックには軽蔑の対象となるようなネガティヴな側面もある．上記の『辞典』は上掲の定義と並んで，レトリックについて「人工的な雄弁法．派手で凝ってはいるが，概して明確な思想や実直な感情を欠いた言葉」という意味を挙げている．たしかに，単なるレトリックとか，美辞麗句とか，詭弁と呼ばれる側面はある．しかし，世界には論理の上でも事実の上でも，証明できないことがらが多い．そのようなことがらについては，人々を説得することしかできない．われわれにとっては，文章のレトリック——すなわち，

文彩とか文章の綾（figure）——ではなく，むしろ思考のレトリックが問題である．文章のレトリックは文章の装飾に終わるが，思考のレトリックは大きな構想を担い，思考を創造し構築するための方法である．古典的レトリックの体系は弁論の話術として出発し，「構想・配置・修辞・記憶・所作」という5つの要素を含むといわれるが，われわれはその中の「修辞」よりも「構想」の要素を重視する[44]．

　もちろん，レトリックの知は科学の知ではない．アリストテレスは『弁論術』の中で，レトリックは「それぞれの場合において，可能な説得の手段を発見する能力である」という有名な定義を与えた[45]．科学の知が「認識」のための「必然と証拠に基づく知」であるのに対して，レトリックの知は「説得」のための「思弁と討論に基づく知」である．アリストテレスは「認識ないし論証の学」と「説得ないし弁証の学」とを区別した．弁証による推論から論証による推論へ進むことが，学問の理想である．

　現代におけるレトリック論者であるカイム・ペレルマンは，論証と弁証の2つの知について，次のように言う[46]．問題の解決が必然的な場合に，あえてレトリックによって思弁する必要はないし，証拠がある場合に，あえてレトリックによって討論する必要もない．レトリックを使って思弁や討論をするのは，経験的証拠も数学的確実性も存在しない世界においてである．そのような場合，ただの非合理性が支配すべきであろうか．むしろ，できるだけ理性を働かせ，説得と合意を図る余地があるのではないか．これがレトリックの働く場面である．

　経済学においてレトリック論を提起したのは，ドナルド・マクロスキーである[47]．彼は，現代の経済学者はモデルの数式化と計量化に専念し，論理的・実証的科学を実践しているように見えるが，実際に彼らがやっていることは，レトリックによる説得にすぎないという．しかし，彼は，レトリック的弁証がやがて論証に結実する過程を問題にするわけでもなく，またレトリックを正当化する方法論を論ずるわけでもない．不明確な問題提起である．

　われわれは，レトリックは「プレ理論」としての理論の先行構造を構想する方法であると考える．「プレ理論」自体については，その認知的地位を尋ねる必要はない．理論構築に先行して，それに役立つための道具だからであ

る．したがってレトリックと道具主義とは深い関係を持ち，両者があいまって解釈学に対して方法的基礎を提供する．両者の支えがない場合，解釈学はその妥当性の根拠を主張することは不可能となる．

レトリックの型

われわれはレトリックについて文章のレトリックではなく，思考のレトリックを問題にし，文体の綾ではなく，構想の綾を取り上げようと考えるので，言語レトリック論が分類する詳細な型のすべてを必要とするのではない．構想の綾を展開するための思考法としては，「対立」のレトリック，「隠喩」のレトリック，「逆説」のレトリックの3つの型に注目すればよい[48]．

「対立」（antithesis）の概念は，A対Bというように，2つの対立項を設定する．これは次のように定義される．「2つの観念の間に対照関係を設けて，両者が互いに引き合うようにする言葉の綾．」[49]たとえば，主観と客観，精神と身体，理論と実践，事実と価値，など．「対立」を設ける意図はさまざまである．第1に，文字通り両者を峻別し，混同を避けること，第2に，既存の対立を止揚して，新しい次元での綜合を図ること，第3に，既存のAの支配に対抗して，新たにBを創造することなどが意図される．このように対立・対比のレトリックは，区別，綜合，創造の機能を持つ．最も壮大な対立は，学問や思想における主流派のパラダイムに対して新しいパラダイムの創出を訴えるものであろう．「対立」のレトリックはしばしば誇張され，論争を免れない．

次に，最もよく用いられるものは「隠喩」（metaphor）のレトリックである．それは「あるものごとを言い表す際に，それと類似しているがまったく別種のものごとを本来表すための表現を，代理に用いること」と定義される[50]．「隠喩」は，より広義の概念である「比喩」（analogy）の一種である．「比喩」には，「隠喩」と並んで，「直喩」（simile），「諷喩」（allegory），「換喩」（metonymy），「提喩」（synecdoche）などが含まれる．

「直喩」は，あるものを表現するために，それと類似していると作者が考える他のものによって記述する方法である．「彼は獅子のように勇猛である」は「直喩」の例であり，彼と獅子とが勇猛さの点で類似していることが意味

される.「彼は獅子のようである」は「隠喩」の例であり,彼と獅子との類似点が直接に記述されず,彼の勇猛さという性質は隠されている.隠喩にとどめることによって,「勇猛である」といった陳腐な表現を避け,読者を広い連想の世界に誘うのである.

「隠喩」は孤立した語または文によって表現されるが,「諷喩」は,比喩が行われる特定の次元において,同系列の一連の「隠喩」を連続的に展開し,1つのまとまったシステムないし構造を作り上げたものである.それは寓喩,寓話,譬話とも呼ばれる.科学モデルは,現実を「隠喩」の系列によって表現した寓話といえよう.科学モデルでは,現実そのものの性質は明示的にはあらわにされず,現実はモデルによってたとえられるにすぎない.

思想の創造性にとって重要なものは,「直喩」,「隠喩」,「諷喩」である.とくに「隠喩」は,対象とするものごと X を適切に表現することができないために,すでに知られている別のものごと Y に基づいて,X について類推を行い,認識を獲得しようとする.X と Y の性質がすでに分かっていて,両者の間で言葉の代替をする「直喩」と違って,「隠喩」は,X と Y との類似性を想定することによって,既知の Y の知識を基にして未知の X の性質を発見するような問題設定を行うのである.ここに「隠喩」の創造性が見出される.経済学には,力学的隠喩を使うべきか,生物学的隠喩を使うべきかという大きな問題がある.

最後に,「逆説」(paradox) または「対義結合」(oxymoron) のレトリックは,「ある1つのものごとについて,相反する2つのことがらをともに肯定する,あるいはともに否定する綾」と定義される[51].X と非 X とをともに肯定したり,ともに否定したりすることは論理に反する.しかし,字義的には矛盾であっても,それによって何らかの意味を生み出すのが「逆説」の機能である.「逆説」のレトリックは,「対立」のレトリックを前提としながら,対立を別個の次元において結合し,新しい認識を生む企てである.「対義結合」は論理学における同一律および矛盾律と衝突する.その一例は弁証法論理である.

レトリックの代表的な型である「対立」・「隠喩」・「逆説」のレトリックのそれぞれは,対立する知識の場を包摂する立場を探求したり,新しい知識の

創造に向けて類似性の想像力を膨らましたり，一見して矛盾する局所的な知識の綜合化を図る試みを意味する．これらのレトリックは，過去の知の伝統の下に組み込まれる常識や偏見の「存在被投」を乗り越えて，創造に向けての「存在投企」を行う新しい着想の担い手である．

3　価値の体系化と経済倫理学

すでに述べたように，解釈学が「批判的解釈学」たりうるためには，倫理的価値理念の体系と接点を持たなければならない．その接点は解釈学を方向づける目標（Woraufhin）である．Woraufhin は，「何のつもりで」，「何の目的で」，「何を意図して」を問う言葉である．アルキメデスは，足場となる場所と長い梃子が与えられるならば，地球を動かして見せようと言ったが，その梃子の支点となるのが「アルキメデスの点」である．倫理は解釈学にとっての「アルキメデスの点」である．以下では，倫理学の体系的整理を行い，「正（正義）・徳（卓越）・善（効率）」という価値理念のヒエラルキーを論ずる．倫理的価値の実現にとって，経済世界は手段的素材を提供する立場にあることから，経済と倫理との関係を定式化し，経済倫理学の課題を明らかにすることが必要である．

倫理的価値の整合化

倫理思想の歴史を振り返ってみると，倫理的・道徳的評価の対象として，次の3つのものが取り上げられてきた．(1)個々人の行為，(2)個々人の存在ないし性格，(3)社会のルールないし制度．これらに対応して，倫理学には3つの価値言語と，そのうちの1つに力点を置く3つの主要な接近が成立した．(1)人間行為の「善」に関する功利主義倫理学，(2)人間存在の「徳」に関するアリストテレス（またはグリーン）の倫理学，(3)制度・ルールの「正」に関するカント（またはロールズ）の倫理学，がそれである．実際には，これらの体系は相互に整合的ではなく，対立を含んでいる．各体系はあらゆる道徳判断に妥当する包括的な理論として主張されてきたが，価値の整合的体系を得るためには，これらの理論の適用範囲を分割化・局所化することが必

要である．また倫理概念の用法を整理する必要がある．とくに「善」の概念は，各理論がそれぞれ望ましいと考える異なったものを意味しており，混乱のもととなっている．

整理の仕方は，さまざまな概念を「基本的価値言語」・「操作的価値言語」・「究極目的」の3つの部類に区別することである．まず「行為・存在・制度」という3つの評価対象に対して，それぞれ「善（good)・徳（virtue)・正（right)」という「基本的価値言語」が適用される．社会的に望ましい行為が善であり，そうでないものは悪である．社会的に望ましい人間存在は徳であり，そうでないものは悪徳である．社会的に望ましい制度は正であり，そうでないものは不正である．

次に，「操作的価値言語」と名づけるものは，以上の価値言語が抽象的にすぎるので，道徳理論や社会理論と連携するためにいっそう操作的な価値概念を指す．「善・徳・正」に対して，それぞれ「効率（efficiency)・卓越（excellence)・正義（justice)」という言葉を帰属させる．

最後に，「行為・存在・制度」という評価対象を評価する際，それらの判断の基礎となるものが究極目的であり，それぞれ「効用（utility)・能力（capability)・権利（rights)」である．これらは各倫理学体系の理論構築のための道具主義的基礎前提として置かれ，究極目的の間の整合化を図ることによって，理論の構成要素が互いに整合的に組み合わされる．第7-2表は諸概念の要約である．

第1行目について，効率的な「行為」は，個々人の「効用」を極大にするという究極目的に照らして定義され，その関係を評価するものが「善」の観念である．第2行目について，人間「存在」の望ましいあり方は，人間の持つ「能力」あるいは人間本性を最大限に育成・発揮することに求められ，その「卓越」した生き方を評価するものが「徳」の観念である．第3行目については，「制度」を評価するものは「正」の観念であり，その操作的概念としての「正義」は，個々人の平等な「権利」を基底としてその実現を図るものである．かくして，第1に，人間「行為」を評価する効用基底的な「善」（効率）の理論，第2に，人間の「存在」を評価する能力基底的な「徳」（卓越）の理論，第3に，社会の「制度」を評価する権利基底的な「正」（正義）

第7-2表　倫理学の体系

価値概念＼評価対象	基本的価値言語	操作的価値言語	究極目的
行為	善	効率	効用
存在	徳	卓越	能力
制度	正	正義	権利

の理論が成立するのである[52]．

　人間の福祉（welfare），幸福（happiness），良き生（well-being）などは，単一のスカラー値によって表されるものではなく，(1)行為の善（効率），(2)存在の徳（卓越），(3)制度の正（正義）の多元的なベクトル値によって規定される．

　それでは，3つの基本的価値の間の関係はどうか．われわれはカント倫理学の発展と考えられるジョン・ロールズ（1921－2002年）の正義論に基づいて，「正」の「善」に対する優位を受け入れる[53]．その考え方はこうである．人々は利己心を前提として，自分が望ましいと考える多様な善の観念を追求するが，希少性の支配するこの世界では，個々人の善の追求は対立を免れることはできない．そこで社会が人々の協働の仕組みとして成立するためには，個々人の善の追求が互いに共存しうるような条件を設定しなければならない．それが正義の観念である．それは，人々が自分のアイデンティティを知らないという公正な条件（いわゆる「無知のヴェール」）の下で，誰もが納得する社会制度を社会契約によって選択するというものである．ここではロールズの「公正としての正義」の原理の内容には立ち入らないが，その基礎前提は，道徳的人格としての人々が善の観念（合理性）と正義の感覚（公正性）を備え，平等な尊敬と配慮を受ける権利を持つという想定である．「公正としての正義」の原理は，功利主義のように善の社会的総量の極大化を指図するものではなく，個人間における善の公正な分配のルールを規定するものであって，「正」は「善」に優位する．

　次に，「徳」と「善」との関係については，われわれは功利主義批判の上に立つトマス・ヒル・グリーン（1836－82年）の徳の倫理学を受け入れる[54]．

「徳」の理論は，道徳的人格の存在特性としての人間本性ないし能力によって達成される「善」の性質を問う．「善」の価値は総量ではなく，その卓越性にある．「徳」は「善」の質的内容を批判的に評価するものであり，「徳」は「善」に優越する．

最後に，「正」と「徳」との関係はどうか．「正」は，社会における人々の共生と彼らの行為の共存を図る基本的手続きルールであるから，人々の「善」の追求に対して優越するのと同じように，人々の「徳」の育成に対しても優越する．その制約の下で，「徳」は「正」の前提として想定された道徳的人格——善の観念と正の感覚——そのものを陶冶する．

かくして，整合的な倫理的価値の体系は，「正」＞「徳」＞「善」というヒエラルキーからなる．上述の説明では，「正」・「徳」・「善」の価値を「制度」・「存在」・「行為」の対象にそれぞれ一対一の関係として割り当てたが，それは本質的な関係を規定したものであって，副次的な関係としては，たとえば，「行為」が「善」によって主として評価されるだけでなく，「行為」に含まれる「徳」や「正」の要素によって副次的に評価されることも可能である．また「善」の価値は主として「行為」に適用されるだけでなく，「存在」や「制度」の性質を副次的に評価することも可能である．ただし，すべては上記のヒエラルキーの制約の下にある．誤った市場至上主義のように，「善」が「制度」の主たる評価基準とみなされてはならない．

経済世界と倫理世界との接合

倫理学の体系を以上のように構想した上で，次にそれが経済学の体系とどのように関連するかを論じよう．一般に，経済学は資源管理の過程（資源の配分・分配・利用），および物質的・制度的手段による人間福祉促進の条件に関連する学問であると考えられている．経済学におけるさまざまな学派の違いにもかかわらず，広義の経済学が(A)経済静学，(B)経済動学，(C)経済社会学（あるいは制度経済学）の3つの分野を含むことには合意が得られるであろう．それぞれの内容をどのように考えるかは問題であるが，形式的に言えば，各分野はまず内生および外生変数を特定化することによって定義され，次に経済静学→経済動学→経済社会学へと移行するにつれて，外生的に与え

られた条件が順次に内生化される.

主流派経済学の静学は,一定の選好・技術・資源量の下での静態均衡の決定に焦点を置き,動学は選好・技術・資源量の変化の帰結を問題とする.経済社会学は,静学および動学において所与とされた社会制度の変化を主題とし,経済活動と社会的・制度的条件との関係を考察する.

しかし,シュンペーターは主流派経済学の動学概念を批判し,選好・技術・資源量の外生的変化は,人間の「適応」行動を扱う静学の方法に属するとみなし,「革新」行動を動学のメルクマールとした.ここに伝統的な「合理的経済人」とは異なるダイナミックな人間像が導入された.そしてこの観点は,経済学と倫理学との間の重要な連結環を形成する.なぜなら,この人間類型は人間存在の評価としての「徳(卓越)」の価値と関係するからである.これは資本主義という制度条件の下での個人の創造性を強調しながらも,方法論的個人主義を維持するという意味で,ユニークなロマン主義的遺産である.新古典派経済学の確立以後,20世紀前半の経済学者は静学から脱して動学の建設を目指したが,多くの試みは,貯蓄・投資関係,貨幣的攪乱,期間分析,不均衡分析,期待などを手掛かりにした.これらは人間や倫理と何の関係もない.その中にあって,シュンペーターの企業者精神の動学理論は異彩を放つものであった.それは「理性・感情・意志」の表明として経済行動をとらえたものである.ここでは,経済動学をシュンペーターにそくして理解する.

経済学は「技術的・自然的」次元において,「財」(goods)の生産・分配・支出に関わるが,「財」は,倫理的な意味での望ましさとしての「善」(good)の手段に他ならない.もちろん,「善」は「心理的・倫理的次元」の観念である.経済と倫理はこのような2つの次元にわたる目的・手段関係によって結ばれている.経済が人間の「生」のための資源管理であるとすると,倫理は人間の「良き生」とは何かを問うものである.したがって,経済倫理学は,目的・手段関係の異なった局面についての規範的知識を提供しなければならない.上述したように,目的を扱う倫理学は(1)行為の善(効率),(2)存在の徳(卓越),(3)制度の正(正義)からなる.それに対応して,資源管理に関する経済学の3分野は,(A)経済静学が資源の「効率的」配分(effi-

3 価値の体系化と経済倫理学　333

第7-3表　経済学と倫理学との接合

経済学の分野	経済倫理学の課題	倫理学の分野
(A) 経済静学	効率的配分	(1) 善（効率）
(B) 経済動学	卓越的利用	(2) 徳（卓越）
(C) 経済社会学	公正な分配	(3) 正（正義）

cient allocation) を扱い，(B)経済動学が資源の「有徳的ないし卓越主義的」利用 (virtuous or perfectionist utilization) を扱い，(C)経済社会学が「公正な」分配 (just distribution) のルールを扱うと考えることができる．まとめて示せば，第7-3表のとおりである．

「効率的」資源配分は，経済学にとって周知の考え方である．「公正な」分配は，「行為」から区別された「規則」のタームで道徳原理を論ずる倫理学にとって知られた考え方である．しかし，資源の「有徳的ないし卓越主義的」利用という考え方は，経済学にとって知られていない発想である．経済学はこの問題をどのように扱うことができるだろうか．

存在の経済倫理学——必要と卓越

　経済的資源の「卓越的利用」という観念は，通俗的には，人間のための経済とか生活の質と呼ばれる問題に近いのであって，けっして新奇なものではない．事実，偉大な経済学者は折りに触れて，卓越の問題を経済学のフロンティアとして訴えてきた．2人を挙げよう．マックス・ウェーバーはフライブルク大学就任講演の中で，次のように語った．

> 「われわれ自身の世代が墓場に入った後も，われわれの心を惹く問題は，将来の人々がどのような暮らしをするかということではなく，彼らがどのような人間になるかということである．これこそは，あらゆる経済学の根底にある問題である．われわれは，将来の人々の福祉を高めることを願うのではなく，人間本性の偉大さと崇高さをなす資質を育て上げたいと願うのである．これまで経済学は，財の生産に関する技術的経済問題か，財の分配すなわち『社会的正義』の問題のどちらかを価値判断の

基準とみなしたり，あるいは両者を単純に同一視したりしてきた．しかし，それとは異なった考えが，半ば無意識に，しかし強力な形で繰り返し現れてきた．それは，人間の科学——経済学はそれに他ならない——が何にもまして問題とするのは，経済的・社会的な生活条件の中で育てられる人間の資質であるという認識である．」[55]

アーサー・セシル・ピグーは，恩師アルフレッド・マーシャルの逝去に際して，次のように述べた．

「彼［マーシャル］にとって，経済学は倫理学の侍女であって，それ自体が目的ではなく，それ以上の目的のための手段であった．それは道具であって，それを完成させることによって，人間の生活の条件を改善することができるのである．もの，組織，技術は付随的なものにすぎない．重要なものは，人間の資質である．」[56]

さて，最初の倫理学体系であったアリストテレスの倫理学は，優れて卓越の倫理学であった．彼の徳の定義は次のとおりである．

「すべての徳や卓越とは，それを有するものの良き状態を完成し，そのものの機能を良く展開させるものである．……人間の徳とは，人をして良き人間たらしめるような，そうした状態でなければならない．」[57]

ドイツ観念論を背景にして卓越主義の倫理学を展開したトマス・ヒル・グリーンは，そのような徳や卓越の状態とはどのようなものかと問うた．彼によれば，卓越の観念は，道徳的理想が実現した静的状態ではなく，道徳的進歩の動的過程を意味している．われわれは，人間能力の完成としての卓越の状態がどのようなものかを知ることはできないが，われわれの生はそれを達成することに向けられているという[58]．人間生活を主導する究極的な倫理的「志向性」が重要だというのであろう．経済学にとっては，このような「志向性」を支える経済的・社会的条件が問われるのである．そのような条件として，「共同体」の観念と「基本財」の概念が不可欠であろう．

人間存在が持つ機能・能力・性格は，単に個人の内面的性質にとどまらず，むしろ社会的な実践の場において行使され，発揮され，陶冶されるものである．社会生活の諸領域における実践は，何らかの共同体を通じて行われ，徳の倫理学は共同体を支配する「共通善」を通じて個々人に対して道徳律を賦

与する．共同体主義（communitarianism）の主唱者の1人であるマッキンタイアによれば，

> 「徳とは，獲得された人間の性質であり，それを所有し行使することによって，われわれは実践にとって内的な善を達成することができ，またこれを欠如することによって，そのような善の達成を実際に妨げられるのである．」[59]

実践活動を通じて，固有の「内的善」および「外的善」が実現する．たとえば，絵画を描くという実践において成功することは，「外的善」として，名声・地位・報酬・権力などを生み，「内的善」として，成果の卓越性への評価と人生の素晴らしさの実感を受け取る．

実践に当っては，人々は「卓越性の基準と規則への服従」を強いられる．実践は歴史を持ち，当該領域の権威，しきたり，ルールに従って初めて成果を挙げることができるからである．ここに，実践を通ずる「存在投企」と「存在被投」との軋轢がある．卓越性の持つ創造性は伝統的規範との戦いである．これは存在論の核心であり，人間存在の倫理学としての「徳」（卓越）の理論は，存在論哲学に還元され，「存在了解」を再現することになる．

能力の発揮という実存的状況において，能力の最善の発揮が卓越，繁栄，自己実現をもたらすとすれば，その逆は劣等，貧賤，屈辱といったものであろう．能力発揮の積極面と消極面とは隣り合わせである．能力の消極面については，「基礎的人間ニーズ」（basic human needs）の概念があるが，存在の経済倫理学は，「卓越」の理論と「必要」の理論の双方を存在論として統合するものである．

このような認識は，ロールズの次のような考え方に基づく．彼は，正義原理の補助概念としての「基本財」（primary goods）の理論はシティズンのニーズの理論であると解釈する[60]．「基本財」は，「道徳的人格」が自己実現を図るために，善と正の能力にとって必要とされるものであり，「基礎的人間ニーズ」の諸カテゴリーを含む．「基本財」の享受，すなわち基礎的ニーズの充足は，能力の発揮としての卓越達成の制度的基礎である．

アマルティア・センの倫理学は「潜在能力」アプローチ（capability approach）として知られている[61]．彼は福祉概念の把握に当って，人間

「存在」の持つ機能に注目する．人間がどのような人生を送るかは，彼らがどのような機能の組み合わせを選択するかに依存すると同時に，その機能の選択に際して持つ自由度に依存する．その自由度は，所得や財の制約の下で達成しうる機能の組み合わせの集合としての「潜在能力」によって示される．潜在能力の拡大は選択の機会の拡大，すなわち自由の拡大を意味する．卓越の倫理学を経済哲学の平面に導入した卓抜のアイディアである．われわれにとっては，人間の可能性の束としての潜在能力は，「徳」を中核として「制度と理念」の複合を「存在投企」したものに他ならない．

注

1) Fred R. Dallmayr and Thomas A. McCarthy (eds.), *Understanding and Social Inquiry*, Notre Dame: University of Notre Dame Press, 1977. Paul Rabinow and William M. Sullivan (eds.), *Interpretive Social Science: A Second Look*, Berkeley: University of California Press, 1987.
2) Charles Taylor, "Interpretation and the Sciences of Man" (1971), in *Philosophy and the Human Sciences: Philosophical Papers 2*, Cambridge: Cambridge University Press, 1985.
3) Charles Taylor, "Self-interpreting Animals" (1977), in *Human Agency and Language: Philosophical Papers 1*, Cambridge: Cambridge University Press, 1985.
4) Taylor, "Interpretation and the Sciences of Man," p. 187.
5) Charles Taylor, "What is Human Agency?" (1977), in *philosophy and the Human Sciences: Philosophical Papers 2*.
6) Harry Frankfurt, "Freedom of the Will and the Concept of a Person," *Journal of Philosophy*, January 14, 1971.
7) 塩野谷祐一『価値理念の構造――効用対権利』東洋経済新報社，1984年，246-47，258，395ページ．
8) T. H. Green, *Prolegomena to Ethics* (1883), *Collected Works of T. H. Green*, vol. 4, ed. by Peter Nicholson, Bristol: Thoemmes Press, 1997.
9) Taylor, "Interpretation and the Sciences of Man," p. 207.
10) Michael Martin, "Taylor on Interpretation and the Sciences of Man," in M. Martin and L. C. McIntyre (eds.), *Readings in the Philosophy of Social Science*, Cambridge, MA: MIT Press, 1994.
11) N. R. Hanson, *Patterns of Discovery*, Cambridge: Cambridge University

Press, 1958.（村上陽一郎訳『科学的発見のパターン』講談社, 1986年.）
12) Thomas S. Kuhn, "The Natural and the Human Sciences," in *The Road since Structure: Philosophical Essays, 1970-1993, with an Autobiographical Interview*, Chicago: Chicago University Press, 2000.（「自然科学と人間科学」佐々木力訳『構造以来の道』みすず書房, 2007年, 第10章.）
13) Nicholas H. Smith, *Charles Taylor: Meaning, Morals and Modernity*, Cambridge: Polity, 2002, pp. 124-27.
14) Charles Taylor, "Social Theory as Practice" (1981), in *Philosophy and the Human Sciences: Philosophical Papers 2*.
15) Smith, *Charles Taylor*, p. 9.
16) D. Wade Hands, "Book Review of Charles Taylor's *Human Agency and Language: Philosophical Papers 1* and *Philosophy and the Human Sciences: Philosophical Papers 2*," *Economics and Philosophy*, April 1987.
17) Gerard Delanty and Piet Strydom (eds.), *Philosophies of Social Science: The Classic and Contemporary Readings*, Maidenhead: Open University Press, 2003.
18) Jürgen Habermas, *Erkenntnis und Interesse*, Frankfurt a. M.: Suhrkamp, 1968.（奥山次良他訳『認識と関心』未来社, 1981年, 415-16ページ.）
19) Jürgen Habermas, *Technik und Wissenschaft als >Ideologie<*, Frankfurt a. M.: Suhrkamp, 1968.（長谷川宏訳『イデオロギーとしての技術と科学』平凡社, 2000年, 186ページ.）
20) J.B. Thompson, *Critical Hermeneutics: A Study in the Thought of Paul Ricour and Jürgen Habermas*, Cambridge: Cambridge Univeristy Press, 1981.（山本啓他訳『批判的解釈学――リクールとハーバマスの思想』法政大学出版局, 1992年.）
21) Paul Ricoeur, "Herméneutique et critique des ideologies," Paris: Aubier-Montaigne, 1973.（「解釈学とイデオロギー批判」久米博他編訳『解釈の革新』白水社, 1985年, 所収.）
22) Hans-Georg Gadamer, *Kleine Schriften*, I, Tübingen: J.C.B. Mohr, 1967.（斉藤博他訳『哲学・芸術・言語』未来社, 1977年, 104ページ.）
23) 『解釈の革新』訳, 334ページ.
24) 同上, 訳, 339ページ.
25) Karl Popper, *Conjectures and Refutations: The Growth of Scientific Knowledge*, London: Routledge & Kegan Paul, 1963, p. 99.（藤本隆志他訳『推測と反駁』法政大学出版局, 1980年, 729ページ.）
26) Karl Popper, *Realism and the Aim of Science, From the Postscript to The Logic of Scientific Discovery*, edited by W. W. Bartley, III, London: Hutchinson, 1983, pp. 111-12.（小河原誠他訳『実在論と科学の目的』上巻, 岩波書店, 2002年, 159ページ.）

27) Paul K. Feyerabend, *Realism, Rationalism and Scientific Method: Philosophical Papers*, Vol. 1, Cambridge: Cambridge University Press, p. 17.
28) Lawrence A. Boland, "A Critique of Friedman's Critics," *Journal of Economic Literature*, June 1979, pp. 508-9.
29) Ernst Nagel, *The Structure of Science: Problems in the Logic of Scientific Explanation*, New York: Harcourt, Brace & Co., 1961, p. 118.
30) Sidney Morgenbesser, "The Realist-Instrumentalist Controversy," in S. Morgenbesser, P. Suppes, and M. White (eds.), *Philosophy, Science, and Method*, NY: St. Martin's Press, 1969, p. 202.
31) 塩野谷祐一『シュンペーター的思考——総合的社会科学の構想』東洋経済新報社，1995年，116-17ページ．
32) Milton Friedman, "The Methodology of Positive Economics," in *Essays in Positive Economics*, Chicago: University of Chicago Press, 1953.（佐藤隆三他訳『実証的経済学の方法と展開』富士書房，1977年．）
33) Yuichi Shionoya, "Instrumentalism in Schumpeter's Economic Methodology," *History of Political Economy*, Summer 1990.
34) Joseph Alois Schumpeter, *Das Wesen und der Hauptinhalt der theoretischen Nationalökonomie*, Leipzig: Duncker & Humblot, 1908.（大野忠男他訳『理論経済学の本質と主要内容』2冊，岩波書店，1983-84年．）
35) 塩野谷祐一『シュンペーター的思考——総合的社会科学の構想』第5章．
36) Bruce J. Caldwell, *Beyond Positivism: Economic Methodology in the Twentieth Century*, London: George Allen & Unwin, 1982, p. 178.（堀田一善他監訳『実証主義を超えて——20世紀経済科学方法論』中央経済社，1989年，244ページ．）
37) John Dewey, *Logic: The Theory of Inquiry*, New York: Holt, 1938, pp. 104-105.（魚津郁夫訳『論理学——探求の理論』『世界の名著48，パース・ジェイムズ・デューイ』中央公論社，1968年，491-92ページ．）
38) 塩野谷祐一『シュンペーター的思考——総合的社会科学の構想』第5章および第8章．
39) James R. Wible, "The Instrumentalisms of Dewey and Friedman," *Journal of Economic Issues*, December 1984.
40) Philip Mirowski, "The Philosophical Bases of Institutional Economics," *Journal of Economic Issues*, September 1987.
41) Joseph Agassi, "Institutional Individualism," *British Journal of Sociology*, June 1975. 塩野谷祐一『経済と倫理』東京大学出版会，2002年，113ページ．
42) 野家啓一『パラダイムとは何か——クーンの科学史革命』講談社，2008年，289ページ．
43) Alan G. Gross and William M. Keith (eds.), *Rhetorical Hermeneutics: Invention and Interpretation in the Age of Science*, Albany, NY: State University of

New York Press, 1997.
44) Jule Senger, *L'art oratoire*, Presses Universitaires de France, 1967.（及川馥・一之瀬正興訳『弁論術とレトリック』白水社，1986年.）
45) 戸塚七郎訳『弁論術』岩波書店，1992年，31ページ.
46) Ch. Perelman, *L'Empire Rhetorique*, Paris: Librairie Philosophique J. Vrin, 1977.（三輪正訳『説得の論理学』理想社，1980年.）
47) Donald N. McCloskey, *The Rhetoric of Economics*, Madison: University of Wisconsin Press, 1985.（長尾史郎訳『レトリカル・エコノミクス』ハーベスト社，1992年.）
48) 塩野谷祐一『シュンペーターの経済観——レトリックの経済学』岩波書店，1998年，67-74ページ.
49) 佐藤信夫『レトリック認識』講談社，1981年，122ページ.
50) 同上，195ページ.
51) 同上，160ページ.
52) 塩野谷祐一『経済と倫理』第1章-第3章.
53) John Rawls, *A Theory of Justice*, Cambridge, Mass: Harvard University Press, 1971.
54) Green, *Prolegomena to Ethics*.
55) Max Weber, *Der Nationalstaat und die Volkswirtschaftspolitik*, Akademische Antrittsrede, Freiburg, 1895.（田中真晴訳『国民国家と経済政策』未来社，2000年，31-32ページ.）
56) Arthur Cecil Pigou, "In Memoriam: Alfred Marshall," in A. C. Pigou (ed.), *Memorials of Alfred Marshall*, London: Macmillan, 1925, p. 82.
57) 高田三郎訳『ニコマコス倫理学』上巻，岩波書店，1971年，68-69ページ.
58) Green, *Prolegomena to Ethics*, p. 206.
59) Alasdair MacIntyre, *After Virtue*, Notre Dame, Ind.: University of Notre Dame Press, 2nd ed., 1984, p. 191.（篠崎栄訳『美徳なき時代』みすず書房，1993年，234ページ.）
60) John Rawls, *Political Liberalism*, New York: Columbia University Press, 1993, pp. 187-90.
61) Amartya Sen, *Commodities and Capability*, Amsterdam: North-Holland, 1985.（鈴村興太郎訳『福祉の経済学——財と潜在能力』岩波書店，1988年.）

第 8 章　思想史のパノラマ゠シナリオ・モデル

1　経済学と経済学史

問題の設定

　われわれは本書を始めるに当って，経済理論と存在論とを結ぶ位置にシュンペーターの「ヴィジョンとイデオロギー」という先行的知を示す一対の概念を置き，存在論の素朴な形態を導入した．次いで，啓蒙および反啓蒙，ロマン主義・ドイツ観念論・歴史主義および基礎存在論を中心とする背景的知識の説明を終えた後，それらの概念を社会科学的視野の下で「ハイデガー゠シュンペーター・テーゼ」と呼ぶ解釈学的枠組みによって総括した．さらに，前章では，認識論および価値論の観点から解釈学そのものの拡充を図った．本章は，経済学が解釈学によって具体的に展開される場を，思想史研究の枠組みとしての「パノラマ゠シナリオ・モデル」によって設定することを目的とする．これは，知の歴史の解釈を通じて知の存在論に迫るという解釈学の方法の具体化を意味する．思想史は解釈学の舞台である．

　解釈学の方法は，現存在の時間性に基づいて，歴史の中に「被投」された学問の理念を存在論的に将来に向けて「投企」することに他ならない．それは，「投企」と「被投」との関連の下で学問の主題化について論ずることである．学問の現在にとって，学問の伝統ほど大きな影響力を持つものはないであろう．同時に，学問の将来は，学問がこれまでに何を達成してきたか，また何を達成してこなかったかという学問の歴史性に照らしてしか考えられない．経済学史という場を設定することなしには，「存在と時間」にかかわるハイデガー゠シュンペーター・テーゼを経済学に適用することはできない．

以下の議論は，本書におけるこれまでの哲学の議論から経済学の議論への移行を完結する最後の環である．経済学と存在論とを形式的に媒介するものはヴィジョンであるが，内容的に媒介するものは経済学史の「パノラマ＝シナリオ・モデル」である．本章は，このモデル構築のために，ヘーゲル，ニーチェ，ハイデガーなどの議論を援用するが，経済学にとって経済学史の定式化が死活的に重要であることを主張する．

経済と経済学を規定する歴史性

経済学の認識対象は，人間活動によって構成された歴史的事象としての経済であって，自然科学が対象とするような自然現象ではない．人類の歴史の中で，経済を特徴づける制度や構造は明らかに変化してきた．対象が歴史的なものであるばかりでなく，それを扱う経済学および経済学者自身も歴史的なものである．スミスとケインズとの間には，対象と方法に関して，150年を超える歴史的時間の差が存在する．経済学の外側にある研究対象と内側にある理論体系とは，ともに歴史的なものであり，両者の歴史性は別々のものではない．認識対象としての経済と認識主体としての経済学（あるいは経済学者）とが，ともに1つの歴史的世界に属しているからである．ハイデガーに倣って言えば，経済と経済学とは「世界内存在」である．

この歴史的世界に属する経済と経済学を人間（現存在）の視点から考えると，経済活動を担うのは経済主体であり，経済学を担うのは研究者としての経済学者である．自然科学と違って，人文・社会科学においては，観察対象と観察主体とが同じ人間である．経済と経済学の歴史性は，人間存在の歴史性に帰着する．歴史性の意味についての現象学的な問いは，人間の存在についての問いであるというハイデガーの存在論の命題がここに成立している．そして，歴史についての知が世界と人間活動の把握にとって不可欠であると見るのが，歴史主義の基本的な考え方である．

これまでの章で明らかにしたように，歴史主義は歴史的事象を「個別性・類型性・発展性」においてとらえるが，その事象の背後に，「思惟・感情・意志」を含む全幅的生の能力の可能性を持った人間存在を想定していた．ハイデガーは事象の歴史性を人間存在の時間性および歴史性に根ざすものとし

て説明した．これは歴史主義と存在論との明示的な統合を意味する．われわれが経済および経済学を考える際，主体の内面性に基礎を置く歴史性を無視することができないのは，このような観点においてである．

それでは経済および経済学にとって，歴史とは何か．経済学にとって外側にある対象としての経済の変遷を記録したものが「経済史」であり，経済学の内側にある理論体系の変遷を記録したものが「経済学史」である．すでに触れたように（第4章第3節），歴史概念には「出来事としての歴史」（Geschichte）と「記述としての歴史」（Historie）との2つがある．「出来事としての歴史」は，「記述としての歴史」なしには，混沌とした事象の集積にすぎない．歴史上の事象は掘り起こせば無限であって，事象の観察・理解・説明を可能にするのは，何らかの概念的操作や筋書きに基づく「記述としての歴史」である．「経済史」および「経済学史」はどちらも歴史であって，「記述としての歴史」の手法を必要とする．

研究対象の「理論負荷性」の議論が教えるように，経済学の体系的立場からまったく独立に経済や経済史を語ることはできない．すなわち，経済を見る一定のパースペクティヴや概念的枠組みや筋書きの下で初めて，経済の歴史が物語として描かれるのである．この場合の「記述としての歴史」のための手法は，経済学の理論とりわけ発展現象を扱う理論を用いるものでなければならない．また厳密な経済理論の代わりに，経済思想と呼ばれるもの（プレ理論）も十分に経済を主題化し叙述する手法となることができる．経済史の書き方としては，伝統的に制度的視点からの叙述が多いが，事象の説明のためには理論的・概念的枠組みが不可欠である．最も極端な形では，事象の説明は出来事を法則によって覆うことであるという「被覆法則モデル」（covering-law model）の考え方がある．それによれば，出来事の説明は，普遍法則と初期条件とから論理的に演繹可能な形で導かれるものでなければならない．数量経済史ないし計量経済史はこのような考え方に立つ．

一方，経済を対象化する立場にある経済学は，異なったパースペクティヴや概念的枠組みや研究テーマを採用するために，多元的なパラダイムが成立するのが常である．経済を見る見方は理論の多元性に応じて多様である．それが経済学史の多彩な内容を構成する．重要なことは，経済学史の書き方そ

のものが多元的だということである．経済学の歴史もまた，「出来事としての歴史」と「記述としての歴史」との2つからなると考えることができるから，経済学の歴史にとって単なる素材にすぎないさまざまな「出来事」としての経済学説（著書・論文・手稿・書簡などの資料）を，体系的に収集し，整理し，記述する組織化の手法を必要とする．この手法は多様であって，一義的な経済学史というものはありえない．この場合の手法は，経済学およびその歴史そのものを概念的に対象化するものであって，経済学の次元を超えるものである．それは「理論」を対象とする「メタ理論」である．過去の経済学者の著作を年代別に並べても，経済学史にはならない．経済学の知識だけで経済学史を書くことはできない．この認識が経済学史の研究において欠如していることが多い．このことが1つの原因ともなって，経済学と経済学史との間に亀裂が生じている．

経済学と経済学史との分裂

　広義の経済学教科の中で経済学史あるいは経済思想史の占める地位の低落が語られている[1]．これは，啓蒙主義の科学哲学としての論理実証主義（あるいはその変種）の教義から当然に導かれる結果である．この科学観の下では，経済学は演繹と実証の方法に基づいて経済事象の分析を行い，理論の洗練度と実証の精密度を高めることによって累積的に進歩すると考えられている．過去の理論は現在の理論に比して劣ったもの，誤ったもの，あるいは過去の経済制度や経済事情によって制約されたものとみなされ，そのようなものを考慮することは好事家の趣味にすぎず，最先端の経済学にとっては不必要とされる．アメリカなどでは，経済学史は過去の歴史や文化を扱う歴史学部に移すべきだという議論も現れている．

　経済学にとって過去の経済学の歴史は無関係であり，不必要であるという考えは，支持できるものであろうか．20世紀の科学哲学の通説に対するさまざまな批判が支配的となった現在でも，通説以外の考え方を知らない人は多いけれども，客観的に見て経済学史不要論の旗色は悪く，時代遅れである．そればかりではない．存在論の立場からは，経済学そのものにとって，経済学の歴史は不可欠の役割を演ずる．存在論と経済学とを架橋し媒介するもの

は，経済学の歴史である．このような立場から見ると，経済学と経済学史との分裂状況は経済学の発展にとって不幸なことである．

経済学と経済学史との関係についての以下の議論は，単純化して言えば，次の3人の哲学者の主張をめぐるものとなろう．

> ヘーゲル：「哲学史の研究は哲学そのものの研究であり，それ以外ではありえない．」[2]
>
> ニーチェ：「生が歴史の奉仕を必要とするということは，歴史の過剰が生けるものを害するという命題と同じようにはっきりと理解されなければならない．」[3]
>
> ハイデガー：「歴史の本質的な重要性は，過ぎ去ったものにあるのでもなく，今日にあるのでもなく，それと過ぎ去ったものとの関連にあるのでもなく，現存在の将来から発する実存の本来的歴史にある．歴史は，現存在の存在様相として，その根を本質的に将来のうちに持っている．」[4]

われわれはここに引用したヘーゲルの主張，すなわち哲学と哲学史との関係についての主張を類推的に経済学に適用し，経済学史の研究は経済学そのものの研究であり（逆もまた同様），それ以外にはありえないと主張することから始める．

2 ヘーゲルの歴史主義的命題

知の全体化・体系化としての歴史

なぜヘーゲルから始めるのか．もちろん，哲学＝哲学史という彼の命題は事実の記述ではなく，事実の背後にあるべきものについての形而上学的な主張である．彼によれば，彼以前には哲学史は存在せず，哲学史と称するものは，さまざまな哲学者のさまざまな学説の年代記にすぎなかった．彼は哲学史を学問として確立するために，哲学史の概念を初めて提起するのだと言う．経済学史の研究は経済学そのものの研究であるというわれわれの主張に進む前に，ヘーゲルが彼の命題によって何を意味したかを検討することが必要で

あろう．とりわけ，今日，経済学史家が経済学にとって経済学史や経済思想史が重要であると主張し，経済学と経済学史との協同を訴えていることに鑑み，その確かな根拠を知ることが重要である．

われわれは先に（第2章第4節および第3章第1節），ヘーゲルが「哲学の歴史化」と「歴史の哲学化」を図り，歴史主義の思想に対して「弁証法的歴史主義」というパラダイムを提起したことを論じた．彼の歴史主義の特異な点は，非歴史的理性の代わりに，歴史を哲学の方法として位置づけ，哲学を歴史化し，それを社会的文脈の中に置いたことである．彼にとって，哲学は人間精神の自己発見・自己認識であり，哲学の歴史は時間・空間における自己認識の発展の過程であり，発展する総体としての哲学に他ならなかった．かくして哲学とその歴史はパラレルである．こうして，「哲学史の研究は哲学そのものの研究である」という上掲の命題が導き出された．

『精神現象学』において，ヘーゲルは精神の発展の過程を，意識が自己展開する論理的過程——自己意識・理性・精神・宗教を経て絶対知の段階に至る——とみなした．哲学は知を対象とする理論，すなわちメタ理論であるから，経済学を含む個別科学は，この意識の自己展開に関する哲学研究が終了した最後の段階において成立する．そしてこの精神の論理的発展は，『哲学史講義』で論じられた思想の時間的発展とパラレルであると主張された．彼にとって，歴史はあたかも「理性の狡智」によって導かれる精神の自己展開に他ならないからである．要点は，哲学体系の歴史的継起は主として思想の基本論理によって決定されるということにある．哲学の歴史は，現象の背後にある論理の発展の体系として理解されない限り，学問に値しない．いいかえれば，組織化の原理を持たない歴史的素材の集積は学問ではない．

ヘーゲルは，従来の哲学史の接近を組織化・体系化の原理に欠けるものとして批判した．多くの学史家たちは，過去の歴史についての博識を誇示するかのように，諸学説を骨董品のコレクションのように陳列しているにすぎない．彼はそうした哲学史を「痴呆の画廊」（die Galerie der Narrheiten）と呼んだ[5]．過去の学説は将来何かの役に立つかもしれないという理由で，保蔵しておくことに意味があるという考えにも，彼は反対であった．そうなれば，哲学史は博物館の収納術に堕落してしまうからである．哲学史叙述にお

ける問題意識の欠如に対するこうした批判は，現在の経済学史の一部にも当てはまるであろう．

哲学の歴史化の結果として，ヘーゲルは哲学史の概念に関して重要な結論を導いた．これは経済学史についても大いに関わりのある結論である．歴史主義に従えば，思想の多元性は思想の発展の本質をなすものであるから，過去に生み出された異なった思想や概念の個別性は，思想体系全体の部分を構成する契機と考えられる．したがって，哲学の歴史において提起された見解はいかなるものであっても，十分な検討を通じて，体系の全体性における不可欠の契機として収集され，位置づけられなければならない．思想の歴史における知識の多様性を，歴史的相対性や思想的対立を生む厄介な源泉と見るのではなく，それを知の全体系を構成するための豊富な建築素材とみなさなければならない．これまでの章において論じたように（第1章第2節，第2章第4節，第3章第1節），この考え方は歴史主義の危機から哲学や科学を救う1つの方途であった．

ヘーゲルの哲学史は，宗教史や芸術史と並んで，彼の歴史哲学の一部であったから，それは，すべての歴史が最終目標に向かって進行するという大前提に基づいている．彼によれば，歴史の目的は自由の自己認識である．哲学史研究と哲学研究との同格性についての彼の信念は，彼の哲学的および政治的体系に通ずる基本的原理に基づいている．それは彼の次の言葉によって表すことができる．「真理とは全体である（Das Wahre ist das Ganze.）．しかし，全体とは，本質が発展して完成したものに他ならない．」[6] そして「真理は体系としてのみ現実的である（Das Wahre ist nur als System wirklich）．」[7] すなわち，歴史は，知が「全体性」と「体系性」を獲得する現実の場である．扱う知の素材が「全体」であって初めて，知の「体系」を作ることができる．

ヘーゲルにとって，哲学史は矛盾を含むものであった．なぜなら，哲学の目的は真理であるが，真理は普遍的なものであって，歴史を持たないからである．これに対する彼の解決策は，歴史は完成に向かって進行する連続的過程であり，完成において全体が確立されるという考えであった．したがって，哲学史の全体は，確定的な目標を持った体系を目指して，発展していくもの

として理解されなければならない．いいかえれば，歴史上の個々の哲学は，変化しつつある哲学体系全体における特定の契機を具体化したものとして解釈されなければならない．

パノラマ＝シナリオ・モデル

　ヘーゲルの哲学史の命題には，「歴史の全体性」と「歴史の体系性」という2つの重要な主張が含まれている．第1に，「歴史の全体性」という彼の概念は，知の体系を構築するための基礎として，まともに受け取られるべきである．多様な知識の歴史は，知識の全体性としての真理が発見される唯一の現場である．このことから，われわれは，歴史から知識を獲得するに当っては，歴史の「パノラマ的」（あるいは全体的）把握が必要であると主張する．第2に，個別的な知の包括的組織化によって「歴史の体系化」を図り，その意味を明らかにすることは，知の歴史が「痴呆の画廊」に堕することを避け，全体としての知の体系を構築するために不可欠である．「出来事としての歴史」を「記述としての歴史」によって表現することなしには，知の歴史は成立しえない．このことから，われわれは，歴史の「シナリオ的」（あるいは物語的）構成が必要であると主張する．

　われわれはヘーゲルに固有の形而上学的・目的論的歴史哲学に加担することなく，哲学と哲学史との同格性の命題をいわば作業仮説として受け取り，その2つの中核的主張を経済学の歴史に適用し，経済学史のための「パノラマ＝シナリオ・モデル」という枠組みを考える．われわれは，彼の歴史哲学の代わりに，当該学問の範囲と方法に関する開放的なヴィジョンを置き，知識の歴史的発展に関する前理論的なヴィジョンの必要性を論ずることができると考える．この枠組みの中で，当面の課題として経済学史への接近方法を検討するだけでなく，経済学そのものへの解釈学的接近を具体化することが期待される．

　ヘーゲルの議論に従って，個々の思想は思想史全体の一部として存在するのであって，全体の思想状況を離れては意味がないと考えるならば，過去の思想を取り上げる際には，たとえ1人の思想家や1つの学派を論ずる場合であっても，思想の歴史を「パノラマ」のように一望する立場に立たなければ

ならない．個々の思想はそれ自身で独立した存在ではなく，したがって他の思想と競争する立場にもない．個々の思想は全体の発展の中の一契機として，全体と結びついているからである．

パノラマは「全景」と訳されるが，その起源は，18世紀末，スコットランドの画家ロバート・バーカー（1739－1806年）が発明した絵画的装置であると言われている．円環状の壁面に風景を描いたり，立体模型を配置したりして，観覧者が全体像を一望できるようになっている．パノラマは博物館や美術館に見られるが，これは額縁の中に収められた個々ばらばらの絵画の展示と対照的である．名画の陳列といえども，それはヘーゲルの言う「痴呆の画廊」に他ならない．

「パノラマ的」思想史観は，全体の思想の配置に当って，当然のことながら何らかの脚本を用意しなければならない．ヘーゲルは，自由の発展過程としての歴史という形而上学的な歴史哲学を持ち込んだが，歴史の物語は自然発生的，客観的に展開するものではなく，主観的，作為的に描かれなければならない．この点を強調するのが，「シナリオ的」思想史観である．シナリオはパノラマを前提とし，短編のエピソードや小話の類いではなく，長編の脚本からなる．したがって，パノラマはシナリオによって構成される．「パノラマ＝シナリオ・モデル」は，パノラマとシナリオとの間の「解釈学的循環」を体現したものである．

忠実なヘーゲル原理主義者は，おそらく，われわれがヘーゲルの深遠な命題を換骨奪胎することに異議を申し立てるかもしれない．ヘーゲルの命題から形而上学的・目的論的内容を取り除いて，なおかつ経済学と経済学史とのヘーゲル的同格性を主張することは，内容矛盾であると言うかもしれない．たしかに，われわれの議論は歴史主義の思潮の中で，知の歴史に関するヘーゲルの思想から大いに示唆を得ているが，「パノラマ＝シナリオ・モデル」をヘーゲル的と主張するつもりはない．経済学の歴史の全体を見廻し，その歴史を物語として構築することが，経済学の研究そのものであると考えることは，それ自身として理解可能であろう．その際，ヘーゲル的背景を知っていれば，理解が深まるというにすぎない．モデルの形式の中にヘーゲル的内容を組み込むことも，非ヘーゲル的内容を組み込むことも可能である．「個

別性・類型性・発展性」を重視する歴史主義の思考法は,「パノラマ=シナリオ・モデル」において展開可能であり,このモデルは1つの歴史主義的思想史モデルということができる.

歴史的再構成・合理的再構成・全体的再構成

われわれの立場は,アーサー・ダントーの「分析的歴史哲学」を引き合いに出すことによって説明することができよう[8].彼はそれをヘーゲルやマルクスの「実体的歴史哲学」から区別する.ダントーは,「出来事としての歴史」をあるパースペクティヴから組織化する「物語としての歴史」という概念を提起する.彼はその概念と対比すべきものとして,「理想的年代記」(Ideal Chronicle) という概念を立て,それによって実際に起きたことの完全な記述を意味するものとする.もちろん,そのような記述を行うことは実際には不可能であるが,そうした年代記が歴史の生の素材であり,思想史について言えば,ヘーゲルの言う「痴呆の画廊」を無限に大規模にしたものであろう.物語ないしシナリオは「理想的年代記」の上に賦課される解釈であって,リチャード・ローティが文献の「歴史的再構成」および「合理的再構成」と呼んだものの双方を含む[9].この2つの概念は,クェンティン・スキナーが作品の理解に当って,「コンテクスト」によるか「テクスト」によるかの相違として提起したものであり,思想史研究の基本概念となった[10].

しかし,歴史の「パノラマ=シナリオ・モデル」はそれ以上のものを含んでいる.なぜなら,ヘーゲルの命題の含蓄は「歴史的再構成」および「合理的再構成」によっては尽くされないからである.その2つに加えて,「全体的再構成」ともいうべきものを指摘したい.ダントーの物語の概念は,少なくとも2つの時間的に離れた出来事を関連あるものとして結びつけるためのものであって,歴史上の全出来事を必ずしも視野に入れていない.これは,彼が歴史の哲学を問題にし,知の歴史の哲学を問題にしていないことと関係があろう.われわれが経済の存在論を構想する目的を持って,経済学の研究と経済学史の研究との関係を問う限り,歴史に対して断片的・局所的な接近のみでなく,歴史を俯瞰するパノラマ的接近を必要とするのである.いいかえれば,われわれは壮大な物語のための「全体的再構成」を必要とする.

経済学の発展の時間的継起は偶然であって，研究活動の内面的および外面的要素の双方に依存する．経済学の歴史は，論理的ないし弁証法的自己発展の問題であるよりは，むしろ知識社会学にふさわしい問題である．「理想的年代記」の中の歴史的事象を再構成する際，パノラマ的歴史像は，知の断片についての「歴史的または合理的再構成」ではなく，歴史的時間性にそくした「全体的再構成」を志向する．

「歴史的再構成」および「合理的再構成」は，過去の学問的所産をそれぞれ「過去」または「現在」の立場から解釈するものであるが，「全体的再構成」はそれを「将来」のために解釈するものであるといえよう．われわれはこのハイデガー的な時間性の観点を重視する．それは知への存在論的接近を可能にするからである．「全体的再構成」は，知の全体的歴史の中に知の「意味・意義・価値」を発見し，その将来を構想する．歴史の「全体的再構成」は，「歴史的再構成」のように，過去の明示的な文脈にそくして過去の作品の詳細な説明を与えるのでなく，また「合理的再構成」のように，現代の演繹的パラダイムを過去の作品の解釈に適用するのでもなく，過去の成果に照らして，当該知の重要な主題は何か，そして将来実現されるべき可能性の主題は何かを発見する方法である．知の歴史的文脈化と脱文脈化に続いて，全体の体系化が必要である．

ローティは，知の歴史への接近として，「歴史的再構成」および「合理的再構成」に加えて，第3のものを提起し，それを「精神史的（geistesgeschichtlich）接近」と名づけた[11]．これはヘーゲルを範型としたものである．ローティの精神史的接近はわれわれの「パノラマ＝シナリオ・モデル」における「全体的再構成」に近いものである．彼は(1)「合理的再構成」，(2)「歴史的再構成」，(3)「精神史的接近」の3つの系列の中に，ヘーゲルの弁証法の3要素（悟性的側面・否定的理性の側面・肯定的理性の側面）が生起する例を見出した．ローティは通俗的な学説年代記を"doxography"と呼び，それを無用かつ有害なものとみなした．「精神史的接近」はそれに代わり，筋書きに応じて当該知の領域における主人公のリストを一新するものであって，通俗的な学説史に比べて，より長い時間的スパンとより広い知の領域を持つ．

要約しよう．知の歴史は，哲学の歴史であれ経済学の歴史であれ，過去の

業績についての「パノラマ」的視野を研究対象とし，当該知の構造および発展を特定化するための主観的「シナリオ」に依存する．哲学であれ経済学であれ，その研究の意義は，その歴史がこのように描かれた後に，その指針の下にはじめて確定するのである．経済学について言えば，経済学のいかなる体系も，いかなる学派も，それ自身で完結したものではなく，それらは経済のメカニズムや構造の特定の局面に焦点を置き，特定の方法・概念・モデルに依存しており，したがって経済学の全体系の中の一構成因であるにすぎない．対立的思想を含む全体としての体系は，広範な展望的視野と構成的物語とに基づく歴史の「全体的再構成」の努力によってのみ構築することができる．

経済学の歴史を書くことは，過去の思想の中に「被投」されているという制約の下で，多様な接近の可能性を将来に向けて「投企」する創造の試みである．ヘーゲルは哲学史を哲学と同一視し，思想の対立を目的論と弁証法によって解決し，知の歴史を絶対知に至る過程とみなした．それと類同的に，経済学の歴史は，全体としての経済の知の発見に向けての多様な接近の展開と見ることができるが，その展開はヘーゲル的な「理性の狡智」によるのではなく，研究者による歴史の意識的・解釈学的再構成によるのである．

経済学史は経済学であるのか

以上において，われわれはヘーゲルの命題をいわば換骨奪胎することによって，経済学の歴史についての「パノラマ＝シナリオ・モデル」を構想した．それを経済学に適用する前に，果たして経済学史の研究は経済学の研究と同一視することができるかどうかを改めて検討しておく必要がある．経済学と哲学との間には，学問の地位や性質の相違があるために，哲学と哲学史との関係と，経済学と経済学史との関係とがパラレルに考えられるかどうかが問題となるからである．この問いは，2つの文脈において検討される．第1は，理論（経済学）とメタ理論（哲学）との相違であり，第2は，実在的学問（経済学）と理念的学問（哲学）との相違である．第1の文脈は，2つの学問の異なる地位・機能にかかわり，第2の文脈は，2つの学問の異なる対象の性質にかかわる．

そこで2つの学問の歴史を考えよう．序章第2節で述べたように，知の歴史は，知の哲学および知の社会学と並んで，メタ理論に属する．哲学は精神の自己認識であるというヘーゲルの考えからすれば，哲学の歴史は，メタ理論のレベルで行われる哲学の自己認識の展開過程であって，メタ理論に関するメタ理論である．哲学と哲学史の同格性についての彼の命題は，2つの学問はメタ理論のレベルにおいて同格であるということを意味するが，実際には，2つの学問は円環状・螺旋状に相互連関的に影響を受容し，理解と前理解という形で「解釈学的循環」を形成する．すなわち，哲学と哲学史との相互作用は，哲学という閉鎖的な枠内で行われる思想の「解釈学的循環」の大きな部分を占めるのである．

　それに対して，経済学はメタ理論ではなく，それ自身の理論的伝統に基づきながら，経済という変貌する外的世界を取り扱う．その結果，経済学史は，科学の内的世界の歴史と実在する外的世界の歴史との絡み合いに直面する．したがって，われわれが経済学は経済学の歴史であるという仮説的命題を扱う場合には，経済学の発展は論理的定式化と，現実の経済からの挑戦に対する対応との両面に依存するという意味で，経済学は内面史と外面史との2つの回路を通じて展開するということができる．さらに，経済学史はメタ理論であるから，経済学と経済学史との間には知識の地位に関する相違がある．経済学の歴史がメタ理論として，経済学をシナリオ化し，批判的に評価し，そのことを通じて経済学研究の方向に影響を及ぼすことができるのは，経済学史の独自の機能である．それはどのようにしてであろうか．

　経済学史は歴史研究であって，歴史的資料を記録するための一定のルールや手続きに従うが，さらに「痴呆の画廊」の非難を避け，「理想的年代記」から意味のある資料を選ぶことができるための道具を用いなければならない．一般に，知の歴史の研究者が，当該知識の領域についての知識に加えて必要とする道具は，知の哲学と知の社会学の2つである．知の哲学は科学哲学とも呼ばれているものであって，歴史に適用された場合，知の内面史にかかわる．学説史家は，知識社会学的考察に従事することが多く，作品や著者が置かれていた社会経済的環境，学派，大学，イデオロギー，出自，個人的性格などを含む著者の伝記的側面に関心を払う．それによって，過去の業績を社

会史の一部として,時代のコンテクストに照らして理解しようとする.そのようなアプローチは,時代の社会学的側面に重点を置くために,ともすれば精神史のパノラマ的視野に欠けることが多い.他方,平均的な学説史家は,著作の哲学的考察には弱く,認識論・存在論・価値論からなる哲学を経済学に全く関係のない別の領域の知とみなしている.しかし,思想史や学説史の哲学的研究によってのみ,過去の知的活動を単に記述し解釈するだけでなく,規範的に批判し指示することができるのである.

哲学が理念的学問であるということから,哲学に対して外的世界が影響を及ぼすことは少ないように見えるかもしれない.とくに論理実証主義の科学哲学においては,科学的知識の論理性のみが問われるので,そのように考えられがちである.しかし,外的世界の影響は実在的学問の場合よりも強く,基本的ですらある.なぜなら,ヘーゲル的哲学や大陸哲学一般においては,生活世界における世界観や時代精神が,歴史的な活動や制度の全体的連関を反映し,哲学の実体的な内容を規定するからである.ここにもう1つのヘーゲルの歴史主義的命題が成立する.それは「哲学はその時代を思想のうちにとらえたものである」という彼の言葉によって象徴される[12].事実,世界および時代に関する彼の哲学的観念は単なる外面史に属するのではなく,精神の自己意識によって展開される内面的シナリオの一部である.哲学的世界観の例は,実証主義・歴史主義・ロマン主義・現象学などであって,経済学史の哲学的考察はこれらを抜きにしてはありえないであろう.

要約.経済学史は経済学であるか.答えは,イエスであり,ノーである.第1に,答えはイエスであり,経済学史は経済学である.経済学者は経済学の歴史において提起されたすべてのアプローチを,経済学の正当な主題として考慮に入れるべきである.経済学の歴史は,内面史においても外面史においても,経済学が「全体化」され「体系化」されるための現場に他ならないからである.同時に,経済学史家は経済学の現状にも大いに通じていなければならない.教育的観点から言えば,両者を同一視することは経済学史の実りある将来にとっての第1の要請である.

第2に,答えはノーであり,経済学史は単なる経済学ではなく,それ以上に経済学のメタ理論である.経済学史はメタ理論であることによって,経済

学とは異なる地位と機能を持つ．経済学史は過去の経済学の著作の年代記や陳列室ではない．それはメタ理論の道具としての知の歴史学，社会学，および哲学を用いて，思想の「パノラマ的」景観を解釈し，評価するための「シナリオ」を提示しなければならない．これが経済学史に対する第2の要請である．

　経済学史のこの二重の性格を示すために，「パノラマ＝シナリオ・モデル」の概念が提示された．それは，文字通りに読めば，歴史上に現れた多元的思想の全体性（パノラマ）と，歴史記述のための物語の主観性（シナリオ）とを強調するものであるが，その狙いは，経済学史を梃子として，現存在の将来への存在「投企」によって経済学を動かすことである．経済学史の「パノラマ＝シナリオ・モデル」は，第1に，精神が理論的構築物にまで自己発展する過程を定式化するだけでなく，外的世界との相互作用を考慮に入れなければならない．第2に，そのモデルは，内面的および外面的に実現される経済学の歴史的発展を単に記述するだけでなく，規範的に評価しなければならない．規範的評価の問題は，歴史的知の効用という論点につながる．

3　ニーチェの反歴史主義的命題

生にとっての歴史の利害

　「パノラマ＝シナリオ・モデル」は歴史主義的観念に基づいているが，ここでニーチェの反歴史主義の立場から検討を加えておこう．ニーチェ（1844-1900年）は，ヘーゲル的歴史主義を，歴史に対する過剰な傾倒と耽溺の危険を含むものであるとして批判した．彼は言う．もしわれわれが過去の歴史に魅了されたり，歴史そのものにあまりにもとらわれたりするならば，われわれは歴史の重圧によって現在を生きていく力を失ってしまう．哲学の役割は，生の創造的な力を歴史の中に見出し，それを現在において再び創り出すことである．過去そのものの中に客観的な真理があるのではなく，現在の生の立場からのみ過去を解釈することが許される．したがって，過去はそれ自身で珍重されるべきではなく，われわれの生のための効用によって評価

されるべきである．

　このような立場に立って，ニーチェは『反時代的考察』の第2論文「生にとっての歴史の利害」（1874年）において，歴史は生に奉仕すべきであって，生が歴史に奉仕すべきではないという命題を提起した．これによって彼は歴史と生とを比較考量する見地を提起し，歴史を物語る「シナリオ」の内容に焦点を当てたのである．彼は具体的に歴史が生に奉仕しうるものとして，次の3種類のアプローチを挙げた．(1)記念碑的歴史，(2)骨董的歴史，(3)批判的歴史．彼は歴史的事象一般を念頭に置いているが，われわれは知の歴史としてこれを理解する．

　「記念碑的歴史」のアプローチは過去の偉大な業績を称賛し，「骨董的歴史」のアプローチは過去の諸局面を崇敬し，追憶の中にとどめる．どちらも過去を現在の中に蘇らせようとするものではあるが，生との関連では回顧的であり保守的である．それに対して，「批判的歴史」のアプローチは過去を現在の「法廷」に引き出し，生のために役立つ新しいヴィジョンとなりうるかどうかを問う．「人間は生きていくことができるためには，過去を破壊し解体する力を持ち，この力を時に応じて使わなければならない．」[13] この方法が「批判的歴史」である．

　ニーチェによれば，過剰な歴史への関心はわれわれからエネルギーとイノベーションを奪い，生に対して著しい害悪をもたらす．過去を忘却しなければ，生きていくことはできない．「力への意志」という彼のいっそう大きな思想の枠組みに照らして言えば，強靱な力と個性を持った人格のみが過去を解釈することが許され，弱者は歴史の圧力によって消されていく．歴史はそれ自身で生を支配し指導するのでなく，このような生の力によって支配され指導されるときにのみ，有益なものとなる．

　本章の初めに引用したヘーゲルとニーチェの文章の原文では，ニーチェは歴史について語るとき，「記述としての歴史」（Historie）という言葉を用いているのに対して，ヘーゲルは「出来事としての歴史」（Geschichte）という言葉を用いている．もちろん，2人はともに歴史哲学における両概念の区別をわきまえている．ヘーゲルは『歴史哲学講義』（1837年）の中で，国家共同体の成立とともに2つの概念が同時に現れたと論じ，2つの概念の統一

について説明している[14]．しかし，認識論の立場から見れば，歴史の出来事と歴史の記述との間には「解釈学的循環」が存在し，それを通じて歴史概念の統一が生まれると考えるべきであろう．出来事がなければ，歴史を記述する動機は失われるし，記述がなければ，歴史の出来事は確認できない．ヘーゲルの場合には，彼の弁証法が，ダントーの言う「実体的歴史哲学」における形而上学的なシナリオを提供している．それに対して，ニーチェの場合には，彼の生の哲学が，ダントーの言う「分析的歴史哲学」のためのシナリオの基礎を与えるのである．歴史の物語は自然発生的・客観的に展開するのではなく，主観的・作為的に描かれなければならない．

ニーチェが「歴史」の利害，「歴史」の過剰，「歴史」の生への奉仕，3種の「歴史」へのアプローチなどを語る場合には，「記述としての歴史」(Historie)の語を使っている．彼は，生の哲学の視点から「出来事としての歴史」を加工して，「記述としての歴史」に再構成する際の歴史学のあり方を問うているのである．それに対して，無限の生の事象を示す「出来事としての歴史」(Geschichte)の語は，ちまちまとした「骨董的歴史」を語るにふさわしいものとされている．彼は「もし出来事としての歴史が純粋な学問と考えられ，至上のものとなったなら，それは人類にとっては一種の生の終焉であり，幕引きであろう」とまで書いている[15]．

ニーチェは以上の3種のアプローチを歴史家の異なる精神的性向と結びつけている．これは客観的な歴史の存在を否定し，歴史記述における生の主観的な立場を表現したものである．「記念碑的歴史」は崇高・壮大への渇仰によって駆られた人々に属し，「骨董的歴史」は伝統を崇敬し維持したいとする人々に属する．そして「批判的歴史」は，過去からの桎梏に苦悩し解放を求める情熱の人々によって担われる．

ヘーゲルの命題は哲学をただちに哲学の歴史と同一視するが，ニーチェは両者を切り離し，生の哲学が哲学の歴史を選択的に記述し構成すると考える．ニーチェにとっては，歴史研究の要点は永遠の真理を発見することではなく，われわれが創造的な生を送ることができるように，過去を解釈することである．彼は生を生産的にし，創造的にするような歴史の主題を選択するための原理を提起した．われわれの「パノラマ＝シナリオ・モデル」は，ヘーゲル

的歴史哲学のブラック・ボックス・モデルではないから，歴史叙述における主題選択の原理を「シナリオ」として明示的に特定化しなければならない．

ここで再び，ヘーゲル原理主義者は，われわれがニーチェの生の哲学を「パノラマ＝シナリオ・モデル」における歴史記述の指導原理とみなしたことを，内容矛盾と批判するかもしれない．ヘーゲルの論理学によれば，思惟は，悟性・否定的理性・肯定的理性という3つの異なった作用を含む．理性は弁証法の複雑な過程で作用し，質的に悟性とは異なる．したがって，批判者は，ニーチェ的な批判には弁証法的歴史の観念に向けられる資格はないと言うであろう．ここでも，われわれのモデルはヘーゲル的な歴史哲学から離脱して，開放的な主題選択の原理を採用することができると答える．

以上で見たように，「パノラマ＝シナリオ・モデル」は，2人の哲学者の代表的な思想に照らして説明された．第1に，知の研究と知の歴史の研究との同一性の命題を念頭に置き，知の全体性こそが真理であり，それは知の歴史の中にこそ見出されるというヘーゲルの主張が「パノラマ」の語によって表されている．第2に，知の歴史的景観を構築し，体系化するものは主体の側からの「シナリオ」であり，その内容は開かれている．われわれは，モデルにおける「シナリオ」の方法論として，ヘーゲル的弁証法とニーチェ的生の哲学を取り上げたにすぎないが，歴史の客観的価値を相対化するニーチェの立場は受容できるものである．

ハイデガーによる総合

興味深いことに，ハイデガーは『存在と時間』における時間性と歴史性の分析に際して，ニーチェの歴史研究の3類型を取り上げている[16]．その議論は，現存在の歴史性を基礎として，歴史学（およびその他の学問）の実存論的根源を解明しようとする文脈の中で行われている．

ニーチェは，上述のように，生に奉仕しうる歴史研究の3類型を挙げ，それらを歴史記述に当っての人間の精神のありようと結びつけた．しかし，彼はそれ以上に存在論的考察を進めることはなかった．またニーチェは，あるのは事実のみという実証主義に反対し，あるのはただ解釈のみということを信じていた．しかし，「世界を解釈するもの，それはわれわれの欲求であ

る」[17]ということ以上に存在論的考察に立ち入らなかった．ハイデガーが指摘したのは，まさにこの点であった．ハイデガーは，ニーチェが3類型の必然性と統一性の根拠を示していないと批判する．彼は次のように言う．「歴史記述（Historie）の三重性は現存在の歴史性の中に前もって描かれている．このことから，本来的な歴史記述がいかなる意味で，この3つの可能性の事実上具体的な統一態でなければならないか，ということも理解される．ニーチェの分類は偶然のものではない．」[18] ハイデガーは，ニーチェの「記念碑的歴史」「骨董的歴史」「批判的歴史」の3分類を現存在の時間性によって次のように説明する．

　現存在は，一方で，世界の中に投げ込まれることによって，過去のもろもろの要素によって制約されており，「被投」という受動的な関係の中にある．他方で，現存在は自分の可能性を「投企」することによって，自分を将来に向かって開き，世界に対して能動的関係に立つ．こうして現存在は過去と将来とを統一しながら，現在に対処する．ニーチェの歴史記述の3類型は，記念碑的であれ，骨董的であれ，批判的であれ，いずれも生に奉仕する可能性を持つものとされている．しかし，ハイデガーには本来的歴史性の概念があり，「本来的歴史性こそが，3つの歴史記述の様式の可能的統一態の基礎である」と結論する[19]．本章の初めに，ヘーゲルおよびニーチェと並んで引用したハイデガーの文章から明らかなように，歴史的事象はすべて過去のものであるけれども，過去の中への「被投」によって示された可能性を将来に向けた「投企」と結びつけることこそが本来的とみなされるのである．「記念碑的歴史」や「骨董的歴史」も本来的なものである限り，現代に対する「批判的歴史」たりうるのである．

　経済学と存在論との間に経済学史の「パノラマ＝シナリオ・モデル」を位置づけると，経済学とモデルとの関係については，「全体性」を求める知の歴史の「パノラマ」が「被投」の下に置かれた現存在によって構築される．次に，モデルと存在論との関係については，主体的なパースペクティヴの下で，「体系性」を求める知の歴史の「シナリオ」が現存在の「投企」によって描かれることになる．「パノラマ＝シナリオ・モデル」が単なる経済学史の枠組みにとどまるのではなく，経済学の存在論的構築に役立つためには，

ニーチェが強調した生の哲学のシナリオを，ハイデガーが主張した現存在の歴史性によって基礎づけることが必要であった．ハイデガーにおける現存在の存在「投企」の概念は，ヘーゲルやニーチェにおける知の歴史のモデルに欠けていた基礎を提供するという意味で，全体を総合する役割を果たす．かくして，思想史研究の「パノラマ＝シナリオ・モデル」は，経済学の主題化を現存在の「投企」と「被投」によって基礎づけるのである．

以上では，ハイデガーの時間性の議論はニーチェの3類型の歴史記述に向けられたが，「歴史的再構成・合理的再構成・全体的再構成」という別の歴史記述の類型にも適用できる．この類型は明示的に時間性と関連づけられている．「歴史的再構成」と「合理的再構成」は，過去をそれ自身の文脈において理解するか，それとも過去を現在の知の枠組みによって理解するかの違いであって，直接に将来への存在「投企」と結びつくものではない．その結果，「歴史的再構成」と「合理的再構成」との二者択一にとらわれている経済学史研究は，将来に向けての経済学との連携の視点を欠く．「全体的再構成」は知の全景（パノラマ）を用意することによって，かつて実存していた実存の可能性を知の将来への投企へと結びつけることができる．どのような「投企」が行われるかを示すものは筋書き（シナリオ）である．

4　経済学史へのアプローチ

4つの研究態度

それでは，実際の学史研究はどのような形で行われているのだろうか．以上の「パノラマ＝シナリオ・モデル」の説明を背景にして，経済学および経済学史におけるいくつかの典型的な研究態度を検討しよう．

第1に，理論および実証に携わる大部分の経済学者は，経済学の歴史を経済学における不可欠の研究分野とはみなしていない．なぜなら，彼らは経済学の最先端にあって，最も進んだ分析用具を駆使しており，過去の理論は誤ったものか，すでに古くなったものであり，現行の理論によって取って代わられていると信じているからである．彼らは経済学史を経済学の個別的部門

としても認めていないから、いわんやヘーゲル的命題が主張するように、それを経済学と同格のものとは夢想だにしないであろう。したがって、実際に経済学史と呼ばれる学問や学科があるとすれば、それは経済学を研究しているのではなく、あるいは二流の経済学をやっているにすぎないというのである。

このような考え方は簡単に論破することができる。もし過去の理論が現在の理論によって取って代わられたということが事実であるとすれば、現在の理論はやがて価値のないものとなり、将来の理論によって取って代わられることになろう。学問の発展はこのような直線的かつ累積的な過程ではない。あらゆる理論部門において、過去のあらゆる理論が現行の主流派理論の中に収斂しているわけではない。主流派の形成は、理論の真偽の問題であるよりも、多分に学界における知識社会学的契機に基づいている。たしかに研究関心の高まった分野において、新旧の理論の交替があったり、新しい領域の開拓があったりするものの、実際には、過去の理論と現在の理論とはともに、拡大する経済学の思想体系や道具体系の要素部分として同時に存在し、変貌する経済の認識に向けられているのである。過去の理論は過去の環境の下で作られたものであっても、簡単に消滅することのない不朽の理論的洞察を含んでいるはずである。

もし哲学の研究が、ヘーゲルの言うように、精神の自己発展を含む論理的必然に従うならば、最新の哲学は「最も発展した、最も豊かな、最も深遠な理論である」[20]ということになろうが、ヘーゲルはその場合においても、すべての理論は全体の中の必然的な要素として保持されると考えた。現実には、学問の発展は論理的必然性に従うものではなく、経済学者の経済学史に対する否定的態度を正当化するものではない。過去から現在までのすべての理論は、思想史のパノラマ的構成の素材を提供する。

もちろん、累積的発展観は自然科学においても疑問視されてきた。極端な論理実証主義の哲学が支配的となる以前に活躍したオーストリアの物理学者エルンスト・マッハ（1838-1916年）は、現行の理論は必然的・不可避的なものではなく、歴史上の重要な考え方をもれなく含むものでもないと主張し、みずからの『力学史』の中で次のように警告した。

「ある科学を歴史的に理解するためには，後の人によって受け入れられ，発展させられた思想を知ることだけが重要なのではなく，研究者の受け入れられなかった思想や，未完の思想や，さらには明らかに誤った思想ですら，非常に重要で非常に教訓的なことがある．科学の中に蓄積された原理が一知半解な規範の体系になったり，先入見の体系になることのないようにするためには，科学の発展過程の歴史的研究がどうしても必要である．歴史的研究は，現にあるものの理解を助けるだけでなく，現にあるものは大部分約束事にすぎず，偶然にすぎないことを示すことによって，新しいものの出現を可能にする．」[21]

　第2に，それでは，多くの経済学史家が取っている接近方法はどのようなものか．もちろん，彼らは経済学史の価値を否定したりはせず，過去の特定の学者や学派や時代の「歴史的再構成」や「合理的再構成」に没頭しているが，主題とする学問の「パノラマ」的全景とその発展の「シナリオ」を必ずしも明示することがない．いいかえれば，「全体の再構成」を欠くのである．彼らがなぜ特定のトピックを選んだかの理由が必ずしも明確でない場合，「痴呆の画廊」や「骨董的歴史」といった批判から免れることはできないであろう．

　多くの学史研究が，経済学史全体の中の特定の対象や局面に限定されているのは当然であるが，個別研究の意味や意義を明示するものは全体についての「シナリオ」である．さらに，以上のことの結果として，これらの個別研究は現行の経済理論への言及──肯定的にせよ否定的にせよ──を欠いている．こうしたことは経済学と経済学史との分裂に拍車を掛けるばかりである．おそらく，多くの学史研究の動機となっているものは，過去の主要な人物や学派についての「記念碑的」評価であろう．スミス，マルクス，ケインズといった巨人については，学史家は改めて研究の意図を表明する必要から免れていると考えるのであろうか．

　経済学の教育・研究における経済学史の地位低下が憂慮される一方で，経済学史の領域は異常なほどの活況を呈している．だから結構だというわけにはいかない．ニーチェが言うように，「われわれにはまだ最も必要とするものが欠けており，そして過剰なものが必要の敵なのである．」[22] 人間にとって

の時間と資源の制約に照らしてみるとき,歴史の過剰は生への桎梏を意味する.

「パノラマ＝シナリオ・モデル」による歴史の「全体的再構成」とは,経済学の年代記風の通史を意味するのではない.そのようなものはヘーゲルの「痴呆の画廊」に他ならない.歴史の「全体的再構成」は,あたかも理論家が対象としての現実をモデル化するのと同じように,対象としての諸学説を材料として,経済的経験の全体像をモデル化することである.そこには一貫したシナリオがなくてはならない.

第3および第4の接近方法として,マルクーゾとロッセリが論じている2つの対照的な接近を取り上げることにしよう[23].彼らは伝統的な英米流の「ウィッグ的」接近と,1970年代のスラッファの古典派研究に見られるイタリア的接近とを挙げる.「ウィッグ的」接近とは,現行の主流派経済学の正当化を図るために,その先行者を辿るというものである.それは「主流派理論の優位性の探求」である.もう1つのイタリア的接近とは,忘れられた学者や,著名な学者の忘れられた側面に光を当て,主流派経済学において失われているものを過去に見出そうとするものであり,主流派に代わる「もう1つの道の探求」を目的とし,経済学を新しい方向に発展させようとする.これらの2つの接近は必ずしも経済学の全歴史についてパノラマ的展望を与えるものではないが,経済学の発展に関する新しいシナリオ——主流派に向けての発展というシナリオ,あるいは反主流派の形成に向けての発展というシナリオ——に基づいて,テーマを選択しているように思われる.その意味で,これらはハイデガーの本来的歴史性に基づいた存在了解である.

第4の接近は無視された過去の理論の積極的評価であるが,それとは逆に,「もう1つの道の探求」への序説として,過去の理論系列が主流派に収斂するとみなすシナリオに反対する学史研究がある.これも第4の接近の部類に入るであろう.その例は,ベーム・バヴェルクの『資本利子理論の歴史と批判』(1884年)[24]やマルクスの『剰余価値学説史』(1905-10年)[25]である.1人の学者が批判的経済学史と積極的経済理論とを統一的に完成するという見事なケースである.

第3と第4の接近のうち,どちらが優れているかを論ずることはできない.

両者はともに，経済学の歴史の研究は経済学の研究であるという命題の実践であって，ともに創造的な仕事である．しかし，その命題の趣旨から言えば，「もう1つの道」を探求する方が「主流派理論の優位」を確認することよりも実りが多く，刺激的であるように思われる．

ニーチェの3類型との比較

第1の接近，すなわち経済学者の経済学史に対する典型的態度は，歴史の価値を全く無視するものであって，一見してニーチェの反歴史主義と合致するように見えるかもしれない．しかし，ニーチェは歴史が生に奉仕すべきであると考えていたから，知の歴史の効用を全く否定したのではない．ハイデガーの存在論に照らして言えば，このような態度をとる経済学者には「現前性」のみがあって，「時間性」が欠如しており，過去や将来という時間軸が機能を持たないのである．

第2の接近，すなわち学史の特殊研究の大部分はニーチェの「記念碑的歴史」および「骨董的歴史」を含むが，第3および第4の接近に相当する「批判的歴史」に比べて，経済学に対する貢献は少ないであろう．なぜなら，そのような学史の特殊研究が今日の経済学とどのように接触するかが明らかでないからである．経済学者が学史研究に価値を置かないのは，過去の理論の解釈が過去の理論の解明に終わって，経済学の前進のための直接的なインパクトを持たないためである．ニーチェの「批判的歴史」は過去の理論の肯定的評価および否定的評価の双方を含み，それぞれ「主流派理論の優位性の探求」および「もう1つの道の探求」を支える．彼の命題——歴史は生に対して奉仕すべきであって，その逆ではない——は，現在の主流派の支配を正当化する「ウィッグ的」歴史解釈だけを排他的に意味するのではない．むしろ，彼の命題は，現行理論の批判を通じて，将来の経済学に「もう1つの道」を創造するために歴史を使うことを推奨するのである．ニーチェの観点からすれば，生は歴史を支配し指導する機能を持つのであって，経済学史の積極的価値は，「パノラマ＝シナリオ・モデル」が生のこの機能を高める上での生産性に依存する．

5 シュンペーターのパノラマ゠シナリオ・モデル

科学哲学と科学社会学との相互作用

シュンペーターは歴史の理論的定式化を「概念化された歴史」(histoire raisonnée) と呼び，それを社会経済的発展への接近として唱道した[26]．したがって，歴史が経済の歴史であれ，経済学の歴史であれ，歴史研究の理論的枠組みを作ることが彼の野心的な課題であった．「概念化された歴史」とは，経済学の歴史を定式化する概念的枠組みをも意味した．

彼は大著『経済分析の歴史』(1954年)において科学を定義した際，一方で，科学は一定の手続きのルールに従うという意味で，科学哲学の対象であり，他方で，科学は専門家の集団によって担われ，社会的に条件づけられているという意味で，科学社会学の対象であると述べた[27]．歴史記述は主観的であり，誰にでも受け入れられる客観的な歴史記述のシナリオは存在しない．したがって，歴史記述の基礎となるシナリオが明示されなければならない．シュンペーターの経済学史へのアプローチを特徴づける基本的な考えはどのようなものか[28]．それは「パノラマ゠シナリオ・モデル」の1つの典型を与える．

彼は (1) 1組のメタ理論（科学哲学・科学史・科学社会学），(2) 1組の経済理論（経済静学・経済動学・経済社会学），(3) 1組の分析用具（理論・歴史・統計・制度）の3つを経済学の歴史を描くために必要な構成要素とみなす．ここでは，彼の「パノラマ゠シナリオ・モデル」の性質を明らかにするためにメタ理論の組に注目しよう．すなわち，科学史を記述するに当って，科学哲学と科学社会学とがいかに作用し合うかが彼の問題である．次のようなパラドキシカルに見える彼の言明によって，この問題を説明しよう．

(A)「まともな経済理論の内部には，『学派』とか原理の相違といったものは存在しない．近代経済学における唯一の根本的な区別は，良い仕事と悪い仕事との間にしか存在しない．基本的な路線はあらゆる国，あらゆる学者において同一である．」[29]

(B)「科学の歴史は，人間の精神の作用を明らかにする素晴らしい学問で

ある．それに隣接して徐々に発展しつつある研究分野［訳者注：科学社会学］があるが，これはおそらくいっそう素晴らしい学問である．……このような研究においては，われわれが科学的学派と呼ぶ集団の現象が第一義的重要性を持っている．」[30]

(A)と(B)との間には，矛盾はない．シュンペーターは，科学哲学の究極的な理想としては学派というものはありえないが，学派は科学社会学の主題としては重要であると言うのである．そこで，彼はこの2つの言明がいかにして統合されるかという問題に直面する．科学の世界では，明らかに協力・妥協・調和の代わりに，抗争・対立・不調和が支配的である．しかし，彼によれば，創造性を追求する激動の学問活動の深層においては，科学の基本的性格に関する共通の認識の下で，統一の取れた姿での発展が作り出されていくという．科学発展の過程は熱帯のジャングルの中の木々のように錯綜しているけれども，科学の歴史は，科学があたかも論理的に整合性のある建築物であるかのように書くことができる．そこで，彼は科学における混沌の組織化について次のような哲学的命題を提起し，それを科学史の中心テーゼの1つとして説明しようとする．

「このようなことは，人類の歴史のあらゆる領域において非常にしばしば見られる事例の1つである．すなわち，現実の個々の現象の持つ『恣意』・『偶然』・『不可測性』などは，歴史の観察者の側において把握される全体の持つ『合法則性』・『統一性』・『必然性』などの明白な印象と対をなして結びついているのである．」[31]

シュンペーターは，一方で，科学社会学によってとらえられるような学派の活動はあまりにも近視眼的であって，秩序立った科学史を形成することはできず，他方で，科学哲学によって記述されるような論理はあまりにも非現実的であって，実際の科学の歴史を表すことはできないと言う．それにもかかわらず，彼は科学の論理的な方向は，あたかもヘーゲル的な「理性の狡智」によって導かれるように，大体において実現されると考える．「すべてのものは――およそ妥協の余地などないと思われるようなものでさえ――結局は，1つの大きな全体の中に組み込まれて整序されるのである．」[32]ここに，真理は全体において実現するというヘーゲルの命題のこだまを聞くことがで

きるかもしれない．しかし，シュンペーターはこのような科学発展の姿を形而上学としてではなく，理論的・実証的に説明できると言う．

そのような信念はいかにして可能か．彼は，研究者が「変えることのできない所与の事実」の存在を強調する．それは歴史的に与えられた科学の対象と科学の道具である．科学の生命であるイノベーションは，このような伝統や所与と戦わなければならない．遅かれ早かれ，新しいものは古いものと関連づけられ，新しい均衡や秩序を達成する．不可避的な力によって，個々の対立や差異は全体にまとめ上げられて，ある方向への発展が形成される．シュンペーターはこの過程を「事物の論理」(Logik der Dinge) と呼ぶ[33]．

この議論は，経済発展における静態・動態の相互作用という彼の独自の観念を科学発展に適用したものである．これは単なる類推による適用ではない．経済や科学の分野を超えた彼のいっそう基本的な観念は，人間における「適応」と「革新」との区別に基づく静態的および動態的人間類型であって，これが彼の総合的社会科学の方法論をなしている．「事物の論理」は，経済学史のシナリオに対してそれを動かす作用様式を与える．彼は経済学の歴史における「古典的状況」という概念を設定し，それを「長期にわたる闘争と論争の末に到達される実質的な意見の一致状態であり，先行する革新的で独創的な研究が整理・統合される状態である」と定義した[34]．経済における技術革新の導入に対する適応が，景気循環というメカニズムを通じて達成されるのと同じ意味で，経済学における「古典的状況」の確立は「事物の論理」とみなされるのである．

パノラマ＝シナリオ・モデルの内容

シュンペーターの経済学史のシナリオの範囲は，経済学の3分類（経済静学・経済動学・経済社会学）を含む．事実，彼の『経済分析の歴史』はこれらの3種の経済学の発展を追跡することから成り立っている．ここに，経済学史は経済学であるというヘーゲル的命題の実践を目の当たりにすることができる．

シュンペーターによれば，経済静学は，18世紀および19世紀を通ずる古典派および新古典派の活動を経て，レオン・ワルラスによってはじめて完成

された.経済静学に関する限り,ワルラスは最大の経済学者である.これは彼が下したユニークな学史上の評価の中で最も著名なものである.

　次いで,20世紀の前半は経済動学の追求に当てられ,新古典派理論に取って代わる理論の確立をめぐって,ケインズとシュンペーターとの間で競争が展開された.もっとも,『経済分析の歴史』においては,シュンペーターの名前は伏せられているのだが.彼はみずからの経済発展理論が経済動学に対する真の貢献であることを確信していた.しかし,彼にとって残念なことに,不況と失業の時代において受け入れられやすいケインズの理論がただちに勝利を収めた.シュンペーターは,ケインズ経済学の発展は,彼が「リカードの悪弊」と名づけたものへの逸脱を招くと非難した.ニーチェの「批判的歴史」が示すように,思想史のシナリオは,過去の思想の肯定や否定の評価を含むことなしには成り立ちえないのである.

　第3の分野に関しては,シュンペーターは静態論および動態論の範囲を超えて,経済社会学,統一的社会科学,普遍的社会科学などの名前を持った壮大な理論を好意的に評価する構えを示した.とりわけ,ヴィーコ,コント,マルクス,シュモラー,パレート,ウェーバーなどの学者が,彼の総合的社会科学の観念に照らして検討された.経済静態論・経済動態論・経済社会学の3つの分野は異なる軌道を異なる速度で発展し,社会学的理由から「相対的成熟」と「相対的未成熟」を経験した[35].20世紀の前半における科学の専門化の趨勢の下で,経済社会学の包括的視野は魅力を失い,時とともに,経済社会学は衰退の方向を辿った.しかし,シュンペーターにとっては,「永遠の相の下で」(*sub specie aeternitatis*)見れば,短期における科学の浮沈は些細なことである.「一世紀といえども,短期である.」[36] 1980年代以後,彼の動態理論や経済社会学への関心が高まりつつあることは,彼の経済学史のシナリオに内在する「事物の論理」の貫徹を物語るものといえよう.このようにして,経済学の全歴史のパノラマ的景観は,「事物の論理」に基礎を置くシナリオに従い,経済学の3部門の構築材料によって時間差を伴いつつ構築されたのである.

　『経済分析の歴史』は経済学史の研究として卓越した作品であった.出版後50年を経て,それに取って代わるものは現れず,それに比肩するものも

現れていない.しかし,経済学史家はこの書物の全巻を貫くシナリオに注目することなく,取り上げられている個々の著作家についての記述を調べることに終始している.多くの研究者はこの書物をあたかも百科事典か辞書のように用いて,シュンペーターの権威を彼らの個別研究のために借用しているにすぎない.

マーク・パールマンは『経済分析の歴史』のラウトレッジ版の「序文」の中で,この書物のヴィジョン——私がシナリオと呼んだもの——は何かを追求している.彼は次のように述べた.「シュンペーターが実際に追い求めたヴィジョンは,神学的パラダイムに似たようなものから成り立っていて,それは,基本的で変わることのない倫理的・社会的価値と進化的経済の動態的作用とを統合するものであった.」[37] そしてパールマンは,シュンペーターは両者を包摂するヴィジョンを見出すことに失敗したと結論した.私の解釈では,シュンペーターの書物は,一方で,知識の基準としての科学哲学に基礎を置き,他方で,ジグザグの形で進む歴史的動態を科学社会学によって叙述したものである.このようなメタ理論の構成が彼のシナリオである.パールマンはこれらが整合的でないと言う.しかし,そのように結論する必要はない.なぜなら,科学は完成を求めて永遠に続く未完の仕事だからである.

結語——経済学史の解釈学

解釈学における解釈の対象は,主として(i)テクスト,(ii)行為者の行為,(iii)社会・制度・ルールの3つのレベルを含むが,経済の存在論を考えるに当って,(i)の経済学のテクストの解釈は最も大きな役割を演ずる.事実,経済学者が文字通りに解釈に携わるのは経済学のテクストに関してである.そして(ii)や(iii)のレベルも,実際には何らかのテクストの中で論じられてきた.したがって,経済学の解釈学のパースペクティヴは経済学のテクストの歴史そのものであると言うことができる.そのパースペクティヴの下で,経済学史は,経済学のその時々の歴史的「被投」状況を論ずるだけではなく,経済学の将来に向けての「投企」の機会を保証している.もちろん,「投企」を担うのは経済学者の活動であるが,プレ理論の構想によってそれに先駆けるのは,知の全体性を構築するパノラマ=シナリオ・モデルである.

学問の歴史は，当該学問の対象の可能な全体が議論されるべき場である．正統も異端も知の包括的全体の中で，シナリオに応じてしかるべき構成要素として位置づけられる．学問史の目的は，与えられたテクストの陳列を考えたり，その顕微鏡的画像を描いたりすることではなく，まだ与えられていない全体の構想をめぐって，将来に向けた実践に意味を与えることである．パノラマ=シナリオ・モデルは，部分と全体との間，過去と将来との間，「被投」と「投企」との間の「解釈学的循環」を包括するものである．

注

1) たとえば，次を参照．Mark Blaug, "No History of Ideas, Please, We're Economists," *Journal of Economic Perspective*, Winter 2001. E. Roy Weintraub (ed.), *The Future of the History of Economics*, Durham: Duke University Press, 2002. Heinz Kurz, "Whither the History of Economic Thought? Going Nowhere Rather Slowly?," *European Journal of the History of Economic Thought*, December 2006.
2) G. W. F. Hegel, *Vorlesungen über die Geschichte der Philosophie* (1817), Werke 18, Frankfurt a. M.: Suhrkamp, 1986, S. 49. (長谷川宏訳『哲学史講義』上巻，河出書房新社，1992年，35ページ．)
3) Friedrich Nietzsche, "Vom Nutzen und Nachteil der Historie für das Leben," *Unzeitgemässe Betrachtungen* (1873-76), Frankfurt a. M.: Insel Verlag, 1981, S. 107. (小倉志祥訳『反時代的考察』筑摩書房，1993年，134ページ．)
4) Martin Heidegger, *Sein und Zeit* (1927), 19th ed., Tübingen: Max Niemeyer Verlag, 2006, S. 386. (細谷貞雄訳『存在と時間』下巻，筑摩書房，1994年，328ページ．)
5) Hegel, *Vorlesungen über die Geschichte der Philosophie*, S. 29. (『哲学史講義』訳，上巻，17ページ．)
6) G. W. F. Hegel, *Phänomenologie des Geistes* (1807), Werke 3, Frankfurt a. M.: Suhrkamp, 1986, S. 24. (長谷川宏訳『精神現象学』作品社，1998年，12ページ．)
7) Ibid., S. 28. (同上，訳，15ページ．)
8) Arthur C. Danto, *Narration and Knowledge*, New York: Columbia University Press, 1985. (河本英夫訳『物語としての歴史——歴史の分析哲学』国文社，1989年．)
9) Richard Rorty, "The Historiography of Philosophy: Four Genres," in R. Rorty,

J. B. Schneewind, and Q. Skinner (eds.), *Philosophy in History*, Cambridge: Cambridge University Press, 1984.（富田恭彦編訳『連帯と自由の哲学』岩波書店，1988年に収録.）
10) James Tully (ed.), *Meaning and Context: Quentin Skinner and His Critics*, Princeton: Princeton University Press, 1988.（半沢孝麿他編訳『思想史とはなにか——意味とコンテクスト』岩波書店，1990年.）
11) 『連帯と自由の哲学』訳，120ページ.
12) G. W. F. Hegel, *Grundlinien der Philosophie des Rechts* (1821), Werke 7, Frankfurt a. M.: Suhrkamp, 1986.（藤野渉他訳『法の哲学』『世界の名著35，ヘーゲル』中央公論社，1967年，171ページ.）
13) 『反時代的考察』訳，148-49ページ.
14) G. W. F. Hegel, *Vorlesungen über die Philosophie der Geschichte* (1837), Werke 12, Frankfurt a. M.: Suhrkamp, 1986.（長谷川宏訳『歴史哲学講義』上巻，岩波書店，1994年，108-9ページ.）
15) 『反時代的考察』訳，133ページ.
16) 『存在と時間』訳，下巻，347-49ページ.
17) Friedrich Nietzsche, *Der Wille zur Macht*, 1901.（原佑訳『権力への意志』下巻，筑摩書房，1993年，27ページ.）
18) 『存在と時間』訳，下巻，348ページ.
19) 同上，訳，下巻，349ページ.
20) 『哲学史講義』訳，上巻，44-45ページ.
21) Ernst Mach, *Die Mechanik in ihrer Entwicklung: Historisch-kritisch dargestellt* (1883), 9. Aufl., Wiesbaden: Verlag F.A. Brockhaus, 1933, S. 251.（伏見譲訳『マッハ力学——力学の批判的発展史』講談社，1969年，239ページ.）
22) 『反時代的考察』訳，119ページ.
23) M. C. Marcuzzo and A. Rosselli, "Economics as History of Economics: The Italian Case in Retrospect," in E. R. Weintraub (ed.), *The Future of the History of Economics*, Durham: Duke University Press, 2002.
24) Eugen von Böhm-Bawerk, *Geschichte und Kritik der Kapitalzins-Theorien*, Jena: Gustav Fischer, 1884.
25) Karl Marx, *Theorien über den Mehrwert*, Karl Kautsky (hrsg.), 3 Bde., Stuttgart: Dietz, 1905-10.（長洲一二抄訳『剰余価値学説史』2巻，国民文庫社，1953-54年.）
26) 塩野谷祐一『シュンペーター的思考——総合的社会科学の構想』東洋経済新報社，1995年，第8章.
27) J. A. Schumpeter, *History of Economic Analysis*, New York: Oxford University Press, 1954, p. 7.（東畑精一他訳『経済分析の歴史』上巻，岩波書店，2005年，10-11ページ.）
28) 塩野谷祐一『シュンペーター的思考』第10章.

29) J. A. Schumpeter, "The Instability of Capitalism," *Economic Journal*, September 1928, p. 363.
30) J. A. Schumpeter, "The Present State of Economics or on Systems, Schools and Methods," *Kokumin Keizai Zasshi*, 1931, pp. 7-8.
31) J. A. Schumpeter, *Vergangenheit und Zukunft der Sozialwissenschaften*, Leipzig: Duncker & Humblot, 1915, S. 94.（谷嶋喬四郎訳『社会科学の未来像』講談社，1980年，132ページ.）
32) Ibid., S. 93.（同上，訳，131ページ.）
33) Ibid., S. 102.（同上，訳，142ページ.）
34) Schumpeter, *History of Economic Analysis*, p. 51.（『経済分析の歴史』訳，上巻，86ページ.）
35) Ibid., p. 463.（同上，訳，中巻，164ページ.）
36) J. A. Schumpeter, *Capitalism, Socialism and Democracy*, 3rd ed., New York: Harper & Brothers, 1950, p. 163.（中山伊知郎他訳『資本主義・社会主義・民主主義』上巻，東洋経済新報社，1951年，288ページ.）
37) Mark Perlman, "Introduction," in Schumpeter, *History of Economic Analysis*, London: Routledge, 1994, p. xxxiv.（塩野谷祐一訳「シュンペーターの『経済分析の歴史』」『思想』2004年8月，126ページ.）

第9章　経済の概念 ── 経済世界像の存在論史

1　経済的知の「先行構造」

基礎存在論と領域存在論

　ハイデガーの「基礎存在論」は，存在者一般について存在の意味を問うものであって，「投企と被投」からなる「存在了解」の作用を叙述することに終始する．存在論がこのような抽象の次元にとどまる限り，現実的であろうとすれば，現存在の実存的状況の細目記述に埋没しかねない．事実，彼の『存在と時間』は，意図に反して，実存主義の著作として受け取られることがあった．われわれが社会科学のための「領域存在論」を手にするためには，「制度と理念」という実体的な社会現象の地盤の上で，「存在了解」を展開することが必要である．われわれはこれまでそうした考え方を随所に提起してきた．第3章第1節で，歴史主義の再構築に当って解釈学と並んで類型学を位置づけたこと，第5章第6節で，社会科学の解釈学のためにハイデガー＝シュンペーター・テーゼを定式化したこと，第7章第2節・第3節で，解釈学の拡充のために認識論および価値論との接合を試みたことなどは，すべて「基礎存在論」から経済の「領域存在論」へ，すなわち存在の形而上学から存在の経済哲学へと進むためであった．

　存在の経済哲学の課題は，経済世界の存在の意味と本質は何か，そしてそのような意味と本質を実現するものとして，経済という世界はどのような主題として構成されるかを問うことである．したがって経済存在論は，経済という存在者を存在者たらしめる存在の意味を問うことによって，経済的知の範囲と方法を根拠づけるのである．

経済に関する既成観念を除いて考えると，経済という世界があらかじめ判然とした境界によって画され，自明のメルクマールを持つものとして確立しているわけではない．渾然一体の社会事象の中から，モデルとしての経済世界像を構成し，その構成要素である経済的諸概念を構想するのは，人間の主観性，すなわちシュンペーターの言う「研究者の秩序を立てる腕」，ハイデガーの言う「現存在の存在投企」である．経済学が経済世界の法則性についての「存在的研究」であるのに対して，経済存在論は経済世界について存在の意味を問う「存在論的研究」である．「存在的研究」と「存在論的研究」との関係は，理論とメタ理論，あるいは理論とプレ理論との関係であり，両者の区別はハイデガーによって「存在論的区別」と名づけられた．

経済に関する観念は，あくまでも現実の経済意識や経済活動や経済制度を対象とするものであるから，普遍的・抽象的な時間・空間の中で形成されるものではなく，歴史的に存在し変化するものであり，またパラダイムの対立を含むものである．したがって，経済存在論の試みは，時間・空間によって制約された経済を超えた存在の意味を志向するものであるけれども，歴史的かつ社会的に拘束された「制度と理念」の状況下で形成される経済世界像を経由しなければならない．その意味で，本章は経済世界像の存在論史であり，前章で述べたパノラマ＝シナリオ・モデルの一例である．

「先行構造」としての経済世界像——対象・視点・概念

ハイデガーは哲学の伝統を批判的に検討するために，哲学的知の根源を古代ギリシャにまで遡るという方法をとった．経済学の根源もまたギリシャに見出される．もっとも，経済学における根源への意識は，一般に言われているところに従えば，経済学（economics）という言葉がギリシャ語の家計（oikos）に関する管理（oikonomia）に発するというにすぎない．われわれはもっと重要な3つの観念をアリストテレスに見出すことができる．それは，第1に，アリストテレスにおける「実体と属性」との関係であり，第2に，「質料と形相」との関係であり，第3に，「経済と倫理」との関係である．アリストテレスは取り立てて経済存在論を論ずることはなかったが，われわれはこれらの関係についての観念からアリストテレス的経済存在論を構築する

ことができる．これは経済学の存在論史をとらえるための「先行構造」とみなすことができよう．

　ハイデガーに倣って言えば，われわれの「先行構造」の全体は，次のようなものである．経済学の対象は社会の一側面としての経済であるが，われわれははじめからこのような狭い対象を考えることはできない．われわれは関連し合った「社会」の諸領域の全体について「先行的対象把握」(Vorhabe) を行い，次に，この対象を人間の「精神」の活動との関連においてとらえるという「先行的視点設定」(Vorsicht) を行う．「精神と社会」の相互関係という主題は，モラル・サイエンスとしての経済学の性格にかかわるキーワードである．このような「対象把握」と「視点設定」の下で，経済という人間活動についてどのような「先行的概念形成」(Vorgriff) が現れるであろうか．これこそが解釈学の中心テーマであって，歴史的に条件づけられた「制度と理念」の下で，現存在の「投企」と「被投」との関係を通じて「経済」の概念が生み出される．経済理論の「先行構造」は経済に関する「対象・視点・概念」の一組からなる．本章では，以上のような「先行構造」の型をアリストテレスの解釈を通じて措定したのち，その「アリストテレス的原型」を経済学の歴史に適用する．

2　経済世界像のアリストテレス的原型

存在論——質料と形相

　アリストテレスにおいて，第1哲学としての形而上学は，個別の学問とは違って，すべての存在者の共通の構造を研究する学問である[1]．彼は『カテゴリー論』において，存在を10種のカテゴリーに類別する[2]．「実体・性質・数量・関係・場所・時間・姿勢・所有・能動・受動」である．そして主語・述語の視点から，彼は「実体」(substance, ousia) とそれ以外のものとを区別する．実体以外のカテゴリーは「属性」(accident, symbebekos) と呼ばれ，実体の属性を述語として表すという意味で，主語としての実体に依存している．実体のカテゴリーはそれ自身において存在するが，その他の非

実体のカテゴリーは、ものの性質や属性を意味する「付帯性」に他ならないのであって、実体のカテゴリーから離れては実在しない。こうして実体という概念に存在論的優位性が与えられ、「存在とは何か」という問いは、「実体とは何か」という問いに帰せしめられる。究極的な実体は「基体」(subject, hypokeimenon) と呼ばれる。「基体」とは、他のものはそれの述語とされるが、それ自体は他のものの述語にはならないものをいう。「基体」を表す subject は「主語」をも意味する。

「実体」および「属性」には、それぞれ「個体」と「普遍」とがあり、たとえば、実体を人間、属性を白色とすると、個体的実体（この人）、普遍的実体（人間）、個体的属性（この白色）、普遍的属性（白色）が区別される。アリストテレスによれば、現実に実在するものはすべて「個体」であって、個体は実体であれ属性であれ、それをそれたらしめている「本質」を持つ。それに対して、「普遍」は「個体」に宿る「本質」の論理的・抽象的表現である。

経済に関する諸概念——価格・利子率・交換・期待・慣行など——は、すべて「属性」のカテゴリーに属し、主として「性質・関係・行為」などのカテゴリーを表している[3]。「属性」については偶然的と必然的とが区別される。

アリストテレスは『形而上学』第7巻において、「実体」を実体たらしめている要素は何かという観点から、実体として一般に考えられている4つの候補を論じている。「本質・普遍・類・基体」の4つである。その意味は次のとおりである。もし何かが実体であるとすれば、(i) それはあるものの本質をいうか、(ii) それはあるものを含む普遍的なものをいうか、(iii) それはあるものの属する類をいうか、あるいは (iv) それはあるものの基体であることを意味する。

「実体」を主語・述語の観点からのみ論ずる『カテゴリー論』とは違って、『形而上学』においては、実体の変化・生成・消滅という観点が導入されている。すなわち、究極的な実体としての「基体」について、「質料」(matter, hule) および「形相」(form, eidos) という概念が適用され、「基体」は「質料」か「形相」かが問われるのである。これらは個別科学としての自然

学から受け取った概念であって，ものごとの生成変化の分析を可能にする[4]．

　木材という1つの「質料」ないし素材があって，これから特定の机という「形相」ないし形式が作られると考えよう．「形相」はもともとプラトンによって「イデア」と呼ばれたものであり，机は机のイデアを木材という材料の上に写したものである．しかし，アリストテレスにおいては，イデアは個別的な実体から独立した超越的なものではない．いいかえれば，「質料」は何らかの「形相」を可能性として含んだ「可能態」(dunamis) であるにすぎず，「形相」はその可能性が実現された「現実態」(energeia) である．すべて存在するものは，「質料」と「形相」との合成，あるいは「可能態」と「現実態」との合成からなる．

　それでは，ものごとの「実体」とは，ものごとの「質料」であるのか，「形相」であるのか，両者の結合であるのか．ものごとの変化の過程においては，異なる「形相」が現れ，異なる述語が用いられるが，変化を通じて「質料」は存続する．その意味では，主語としての「実体」や「基体」は「質料」の中にあるように見える．しかし，アリストテレスは，「質料」のみでは「実体」たりえないという理由で，「質料」が「実体」であるという主張を否定する．一方，同じ木材という「質料」から机の代わりに彫像が作られる場合，その個別的な「実体」に内在する「本質」は，もはや机ではなく，彫像であるというべきであろう．ものごとの「本質」とは，それ自身においてそれであるところのものである．「質料」そのものは多様な可能性を秘めており，それから何が生み出されるかはまだ定かではない．「質料」を用いて表現し実現しようとする「形相」こそが，事物の「本質」であり，真の「実体」である．

　ところで，「実体が形相である」とした場合，「形相は普遍的である．」しかし，「普遍的なものは個体としての実体ではない．」この3つの命題はアリストテレスが同時に主張しているものであって，実体論のディレンマと呼ばれる[5]．彼は個体こそ真の意味の存在であると主張するが，個体は認識論的には定義されえないという．逆に，普遍的なものである形相は知の対象たりうるが，普遍的なものは実体として存在しないということになる．本質とは個別か普遍かをめぐる議論は「普遍論争」と呼ばれ，存在論と認識論とのギ

ャップを示すものであって，中世のスコラ哲学者に継承されることになる．

　変化や生成の観点を基礎づけるために導入した「質料」と「形相」の概念に関連して，アリストテレスは「なぜ」という問いに対する答えの究極的根拠として，「4原因」からなる枠組みを提起する．すなわち，「質料因・形相因・起動因・目的因」の4つである．上述の説明から明らかなように，「質料因」はものの素材によってその成り立ちを説明し，「形相因」はものの形態や構造によってそのものが何であるかを説明する．そして可能態としてのものの「質料」を現実態としてのものの「形相」に転換するためには，そのものが成立するための「運動」とその「目的」とによる説明が必要である．これが「起動因」および「目的因」である．アリストテレスにおいて，形而上学の課題は，ものごとの第1の原因や原理を解明することであって，「質料・形相・起動・目的」の4つはその探求のための用具である．われわれにとって，この道具立ては必要不可欠な最小限のものであり，経済に対して「4原因論」の考えを適用することができよう．そのためには，形而上学から倫理学に移らなければならない．

倫理学──機能と卓越

　第5章第4節において，われわれはハイデガーの『存在と時間』の構想を要約した『ナトルプ報告』に言及した．その主題は「アリストテレスの現象学的解釈」であった．そこでハイデガーは運動を含むアリストテレスの存在論に続いて，倫理学の位置と役割を論じようとした．彼は次のように書いている．

> 「この存在論的な地平の中に『ニコマコス倫理学』を置くことによって，同書が人間存在・人間的生・生の動態性を持った存在者の解明であることが明らかにされる．……動的存在──「何かを追求する存在」──を根本的側面とする存在者は，「志向性」を際立たせるための条件，すなわち「先行的対象把握」(Vorhabe) である．このことによって，アリストテレスにおける志向性が明示化され，他方，志向性によって観想の根本性格が明らかにされるのである．」[6]

　製作という運動を伴う存在者としての人間は，どのような倫理的目的を生

の理想として志向するのであろうか．これは存在論における「存在投企」の内容を問うことに他ならない．ハイデガーは，存在論史に当てられていた『存在と時間』の下巻を書かなかったために，アリストテレスについてのこのような研究計画を実行に移すことはなかった．われわれはアリストテレスの存在論から倫理学を経由して彼の経済概念にまで到達し，彼が構想したであろう経済存在論を明らかにしたいと考える．

　一般に，アリストテレスの哲学の中で最もよく知られているのは『ニコマコス倫理学』であろう[7]．現代倫理学の理解に従えば，道徳原理については3つの体系ないし系譜が区別される．第1は，アリストテレスおよびトマス・ヒル・グリーンによって展開された「徳」の理論，第2は，カントおよびジョン・ロールズによって展開された「正」の理論，第3は，ベンサム，J. S. ミル，ヘンリー・シジウィックなどの功利主義者によって展開された「善」の理論である．第7章第3節で論じたように，道徳の基準は「徳」(virtue)，「正」(right)，「善」(good) の3つによって表される．アリストテレスの倫理学は，「エーティケー」(ethike) という言葉によって，今日に至るまでの倫理学の領域を最初に確立したばかりでなく，倫理学に「人柄・性格」に関わる規範という1つの決定的な方向づけを与えた[8]．彼の倫理学は徳と卓越の倫理学である．

　人々は良き生を送ることを望む．良き生とは何か．アリストテレスによれば，良き生の基準は人々の主観的選好の問題ではない．人々の求めるものが幸福（eudaimonia）であることに異論はないであろう．問題は，幸福とは究極的な目的でなければならない，すなわちそれ自体として望ましいものでなくてはならないということである．それは単なる欲求の充足ではなく，人間の本性をフルに発揮し，人間の能力を最高度に実現することである．快楽も名誉も富裕もこの基準には合致しない．人間の本性や能力を問うことは，人間の機能を問うことである．人間にふさわしい機能とは，卓越性にそくした魂や精神の活動である．

　上述の存在論における「質料」と「形相」との関係，あるいは「可能態」と「現実態」との関係は，人間に拡張される場合，「身体」と「精神」との関係に集約される[9]．人間における「形相」ないし「現実態」の優位性は

「身体」に宿るべき「精神」の優位性を意味する．「4 原因」の枠組みにそくして言えば，人間の生は，可能態としての人間の「質料」に現実の「形相」を与えることであり，「形相」は人間の機能に基づく目的論によって選ばれなければならない．かくして，幸福は，人間の徳，すなわち卓越性（aretê）に照らしての理性的精神活動によって，発展的に実現されるものである．結局において，徳の倫理学は漠然とした幸福の実現よりも，人間の性格・人格の陶冶に焦点を置く．

アリストテレスは『ニコマコス倫理学』の幸福論を政治論に連結することによって，同書を閉じている．彼には『政治学』という独立の著作がある．倫理学は生の「形相」を与えるが，政治学はその実現のための社会組織（ポリス）の「形相」を与える．われわれはむしろ倫理学から経済学への関連を問題としたい．

経済論――家政術と貨殖術

アリストテレスの名で伝わる『経済学』の文献には3種のものがあり，そのうちの2つは内外の『全集』にも含まれているが，どれも彼とは別人の作品であることが一般に認められている[10]．とりわけ経済的内容の濃い第1巻は，アリストテレスの『政治学』とクセノフォンの『家政論』からの抜粋に基づくとみなされている．したがってここでは，アリストテレスの『政治学』における経済論を対象にするのが適当であろう．

彼は一方で，「家政術」を「オイコノミケー」，他方で，「取材術」を「クレマティスケー」と呼び，両者を区別する[11]．「家政術」は，家および共同体にとって必要かつ有用な財産や富の使用に関する術であって，必需品の需要や使用の側面を扱うものとされ，それらの供給や獲得の側面については「取材術」という言葉が当てられる．そして，獲得は使用の前提であるという理由から，「取材術」は家政の重要な部分として「家政術」に含まれる．両方の術が「合自然的に」行われる限り，対立はない．すなわち，共同体における自給自足の方法によって不足するものを，物々交換によって獲得する限り，生産と交換は自然に適うという．しかし，貨幣が使われるようになると，貨幣を富とみなし，商業的交易を通じて貨幣的利得そのものの追求が行

われるようになる．これが「貨殖術」として解釈される「クレマティスケー」の概念であり，アリストテレスにとって否定的意味を担うものとなる．彼は次のように書いている．

　「人が経験によってどこから，またどのような交換によって最大の利益を上げることができるかを知るようになると，取財術はいっそう技術的なものとなった．ここから取財術は主としてカネに関係するものとなり，その術の機能は，どこから多くの財産が得られるかを見て取ることだとみなされる．それは富や財を作るからである．」[12]

　かくして，アリストテレスは「取財術」には2種があるという．1つは必要不可欠な財の獲得であり，「家政術」の一部であるとみなされる．もう1つは貨殖と蓄財のための貨幣の獲得である．前者は是認され，後者は非難される．彼の用語法は整合性を欠くが，基本的な立場として，アリストテレスは健全な獲得と使用を「家政術」とみなし，不健全な獲得と使用を「貨殖術」とみなしたいのであろう．この対立の根拠はアリストテレスの倫理学に求められなければならない．

　健全な経済と不健全な経済とを分ける基準は，「自然的本性」（ピュシス）という観念に置かれていると考えられる．ものごとの「自然的本性」とは，そのものの本性に従った究極目的であり，また最善のあり方である．人間の経済活動は，自然な欲望の充足のための財の獲得から始まる．合自然的な「家政術」においては，良き生にとって必要とされる富の量は有限であるが，不自然な利益追求をする「貨殖術」においては，富には限度がないと考えられる．考え方の鍵となるものは，良き生にとって経済とは何かを問うことである．

　「自然的本性」の観念は，アリストテレスの他の著作においても重視されている．それは事実の記述を意味するのではなく，共同体を前提とした目的論的な規範を意味する．『形而上学』は開巻劈頭，哲学の起源を愛知に求める次の言葉で始まっている．すなわち，「すべての人間は自然的本性によって知ることを欲する．」[13] また『政治学』においては，「ポリスは自然的本性に基づくものの1つであり，人間は自然的本性においてポリス的動物である」と書かれている[14]．アリストテレスによれば，「自然」とは，存在する

ものにおける運動および静止の原理（起動因）と定義され，またそれは形相であり，目的であるとみなされる[15]．「自然的本性」にそくした考察とは，人間が本性的に備えている諸機能に基づく人間および社会の考察であって，その機能を十全に発揮することが卓越性としての徳に他ならない．人間が主体的に選択する目的が真の善となるのは，われわれの選択がわれわれの本性と合致することによる[16]．そのような選択は，人間の「自然的本性」としての理性に基づくものである．ここにアリストテレスの自然法の考え方が見出される．

アリストテレスは，最高善としての幸福は快楽や名誉や富裕ではないと断言する．快楽や富裕は経済と関係の深い目的と考えられている．しかし，富は良き生のための手段であって，究極の目的ではない．また快楽は何らかの活動に伴うものであるが，その活動の卓越性が明らかにされない限り，いいかえればその活動の知性的・人格的有徳性が示されない限り，幸福を意味しない．生のために財を使用することは当然であるが，共同体における良き生という目的が，どれだけの富が必要かを決めるのである．これが「自然的本性」に従う経済である．

アリストテレスが「貨殖術」（クレマティスケー）と呼ぶ活動は，富を良き生のための手段と見るのではなく，富や財産の増殖や貨幣への愛好を自己目的とみなすものであって，そこには限度が存在しない．貨幣はこのような反自然的・退廃的な経済活動を促進する元凶であると考えられた．市場経済が未発達であったこの時代にあって，アリストテレスが貨幣経済の必然性とその危険性を指摘したことは，経済学の出発点に相応しい経済的叡智の発見であった．

共同体的経済概念

第5章第2節で触れたように，カール・ポランニーはメンガーにおける経済の2つの意味に注目して，非市場制度に光を当てる論文を書いたが，彼はほぼ同じ時期に「アリストテレスによる経済の発見」というもう1つの論文を書いた[17]．従来，アリストテレスの経済論は，近代経済学の先駆として評価されるか，あるいは近代経済学と比べて未熟な考察であるとして批判され

2 経済世界像のアリストテレス的原型

てきた．古典派の労働価値説にせよ，新古典派の主観価値説にせよ，それらの構想をアリストテレスの中に求めることは適切ではなかろう．なぜなら，彼が対象としたものは市場経済ではなかったからである．アリストテレスを市場経済論の観点からとらえる多くの解釈と違って，ポランニーはアリストテレスの議論を率直に非市場制度の経済論として理解した．

ポランニーの要点は，アリストテレスにおける良き生・欲望・必要・希少性・交換・公正・価格などの経済に関する一連の概念は，すべて共同体を思考の枠組みとしており，経済とは，共同体における必需品の確保と配分を達成する制度化された過程を意味するということである．いくつかの重要な論点を挙げよう．

第1に，人間の欲求は制度や慣習を前提としており，共同体の基準の下では無限ではない．したがって，有限の資源と無限の欲求との間の緊張・対立の関係から生ずる「希少性」の概念は妥当しない．経済問題を構成するものは「希少性」の概念ではない．

第2に，共同体の基準が，「共同体」における良き生を基本的に規定する．レトリック的に言えば，良き生とは，「一日中，劇場で感動すること，陪審団に参加すること，交互に公職に就くこと，選挙運動をすること，応援演説をすること，立派な祭典を催すこと，さらには陸戦・海戦のスリルを味わうことである．」そして「良き生にとっては，市民がポリスの仕事に貢献するための余暇を持つことが必要である．」[18]

第3に，共同体の内部の交易または外部との交易は，共同体の生活を維持するという要請にとって正当化される限り，「自然」なものとみなされる．共同体はあくまでも自給自足を原則とし，市場交換を利用した無限の快楽の追求や富の蓄積を認めない．

第4に，アリストテレスにおける価格は，需要・供給を「市場メカニズム」を通じて調整するという機能を果たすものではなく，「互酬性」という公正の観点から共同体の生活秩序を守るために必要な交換比率である．価格は，習慣や法律や命令によって与えられる設定価格として存在する．

第5に，アリストテレスにとって，広義の正義は徳そのものであるが，狭義の正義は「分配的正義」，「矯正的正義」，「交換的正義」からなる．以下で

触れるように，これらの「正」および「徳」の観念が，アリストテレスにおける倫理基準のヒエラルキーを形成する．

ポランニーの問題提起は，アリストテレスにおける「希少性」概念の非存在，「共同体」および「自然」概念の優位性，「貨幣愛」の否定，「市場メカニズム」の非存在を主張するものであって，経済人類学者を二分する論争を惹き起こした[19]．一方は，経済理論は価格メカニズムに基づく市場経済にのみ実体的に妥当するというポランニー説であり，他方は，経済理論は原始・古代経済にも形式的に妥当するという説である．ポランニーは経済理論の妥当性を相対化することによって，歴史学・人類学・社会学が対象とするような別個の経済体制を想定したのである．経済学者はこの論争に参加しなかった．

しかし，問題は経済理論の時代的妥当範域を問うことでもなく，またアリストテレスに見られるような経済観を単に古代共同体に特有のものとして限定することでもなく，むしろその経済観について古代・中世・近代・現代を通ずる普遍的妥当性を問うことではないかと考えられる．その点こそが，われわれが経済の概念を解釈するに当って，アリストテレスから出発した理由に他ならない．われわれはアリストテレスから出発して，経済概念の歴史的変遷を辿ろうとするのではなく，アリストテレスの中に多元的な経済世界像の存在可能性を確認しようとするのである．その意味で，われわれは経済概念の「アリストテレス的原型」を語るのである．

アリストテレスの経済論についての従来の解釈は，彼の著述の中に市場経済・交換・効用・価格・競争といったような限界革命以後の経済分析の要素を見出そうと努めるものであった[20]．それとは違って，われわれはアリストテレスにおける共同体的経済思想の優位を承認すると同時に，さらにそれを経済概念の原型における普遍的構成要素として位置づける．

経済学の歴史の中で，一時的には，自己調整的な市場主義思想が時代のイデオロギーとして優位の地位を占めることがあっても，経済運営における市場の限界が露呈したときには，共同体的介入主義思想は常に主役として舞台に復帰した．介入主義は共同体の存続のために，経済活動を制御し補正する役割を持つ．ローリーは，「家政術」（オイコノミア）が意味する家計管理お

2 経済世界像のアリストテレス的原型　385

よびポリスの公共経営の技術を 2000 年後の「政治経済学」の観念と結びつけ、ギリシャにおける共同体的介入主義のパースペクティヴを経済学における「管理的伝統」(administrative tradition) と呼んだ[21]．ギリシャ以後，アダム・スミスに至るまでの間，中世スコラ主義，重商主義，ドイツ官房学などがこの伝統を継承した．近代から現代に入ると，分配の不平等や失業が社会問題となることによって，国家介入の必要性はますます高まった．「市場対国家」という枠組みを必要とするこれらの事例において，市場経済の失敗が貨幣の機能および無限の利得追求と結びついていたことは銘記すべきであろう．

存在論的枠組み——制度・理念・存在了解

そこで，アリストテレスにおいて，知の体系的探求が人間の生き方および社会のあり方にはじめて向けられたとき，経済に関する諸概念の連関は，存在論の観点から見て，どのようなものであったかを問おう．

まず，経済という概念の存在論的カテゴリーは何か．アリストテレスの存在論を経済学に適用した研究は皆無に近いが，例外的にクレスポの最近の研究がある[22]．それによれば，経済を表す「オイコノミケー」は形容詞であり，「実体」と「属性」との区別について言えば，行為や性質のカテゴリーを表す「属性」である．「属性」は「実体」と関係づけて語られなければならない．第1に，経済を述語とする「実体」は人間である．人間があってはじめて経済が存在するからである．第2に，「経済的」という形容詞は，「経済的」行為，「経済的」能力，「経済的」習性，「経済的」知識というように，「実体」としての人間が持つもろもろのカテゴリーの「属性」を形容する．そして経済の中心的な意味は，「経済的」行為そのものであって，それは「良き生にとって必要なものを使用する行為」と定義される．経済に関する行為・能力・習性・知識などの概念は，一方で，経済に関係する人間の諸「属性」を表すものであると同時に，他方で，人間の行為・能力・習性・知識などの経済的諸「属性」を述語として述べたものである．つまり，人間と経済とが行為・能力・習性・知識などの「属性」を媒介として結びつけられる．

以上のことから，アリストテレスの存在論においては，経済という「実体」は存在せず，経済は人間および人間行為に帰属する「属性」であるという見解が導かれる．経済的知としての経済学は，人間の学としてのみ存在論的に基礎づけられるのである．そして形而上学・自然学・数学と違って，政治学・経済学・倫理学は実践的学問であり，それらの主題は人間の意思・選択に関わるために，精密性は期しがたい．このような経済および経済学の存在論的性格はさまざまな契機を含む「存在了解」に基づくのである．そこで，アリストテレスにおける観念の複合から経済存在論の思考の枠組みを引き出してみよう．

 第1に，アリストテレスにおいては，「制度」としての経済が孤立的に問題にされることはない．少なくとも「経済・政治・倫理」の3者が，共同体社会の不可分の領域を構成する．言いかえれば，近代以後におけるように，社会から離脱し独立しそれ自身で運動する経済というものは考えられていない．これを「社会的に埋め込まれた経済」と呼ぶことができる．「経済・政治・倫理」の制度的枠組みは，現代の「資本主義・民主主義・公共政策」という「社会統合化パターン」の出発点である[23]．経済学の歴史の中に「総合的社会科学」の試みを見出すことに努めたシュンペーターは，アリストテレスの『政治学』と『ニコマコス倫理学』とを合わせたものを「統一的社会科学の最初に現れた体系的叙述」と評した[24]．

 第2に，経済が社会的に埋め込まれている状態は，社会を規制する規範的価値の「理念」が経済行為を強く規定していることを意味する．これを「倫理的に規制された経済」と呼ぶことができよう．アリストテレスの場合には，その倫理は，共同体の中で人間の機能を発揮する徳（卓越性）優位の体系であった．これは倫理学史における「価値体系化パターン」の最初のものである．この価値体系は社会的には共同体倫理を反映しているが，その論理的根源は「自然的本性」の観念であるから，それを「自然法のアリストテレス的原型」と呼ぶことができよう．

 アリストテレスは経済学を政治学の一部分とみなしていたので，それを独立に論じていない．すなわち，共同体倫理に基礎を置く経済行為（家政術）の全研究計画を明示していない．三大倫理基準である「正（正義）・徳（卓

2 経済世界像のアリストテレス的原型

越)・善(効率)」のヒエラルキーに照らして言えば，アリストテレスの経済学は，徳(卓越)の経済を実現する資源配分の理論を展開すべきであった．彼の「価値体系化パターン」は，共同体のルールが定める「正義」の条件の下で，各人が能力と人格の向上に努め，「卓越」の実現を図ることを求めるものであった．ここには，欲望の最大限の充足を求める「効率」の基準が独立の経済倫理とみなされる余地はない．強いて言えば，「卓越」のための手段的「効率」が求められるのである．

　第3に，以上の「制度」および「理念」のフレームワークに加えて，「存在了解」のフレームワークが確立される．それは存在投企，存在被投，志向性，存在論的コミットメントといった存在論的用語からなる枠組みである．「制度」の中に「理念」を実現することは，「目的」を志向した「起動」によって可能となる．アリストテレスは存在論の枠組みを「質料因・形相因・起動因・目的因」の一組によって表した．いいかえれば，「制度」という「質料」の中に「理念」という「形相」を実現することは，「目的」に向けられた「起動」という存在投企・志向性・作為性・コミットメントを通じて可能となる．この「存在了解」は，将来に向けての「投企」と過去からの「被投」との絡み合いからなり，「制度」や「理念」の盛衰は「伝統」と「革新」との間のせめぎ合いに依存している．

　「存在了解」は，「理性・感情・意志」からなる人間精神を基盤として，「制度」と「理念」とを解釈学的循環を通じて媒介するという「目的」志向の「起動」として位置づけられる．アリストテレスにおいて，このような「起動性」は人々の「習性」(habitus)という概念によって把握されている[25]．「習性」は「制度」を形成すると同時に，逆に「制度」は「習性」を育成する．「習性」は倫理の基礎的担い手であって，アリストテレスの倫理学の主題である人間の「人柄・性格」と同じものである．そして「習性」が「制度」を特徴づけるほどに安定的であるとき，経済学・政治学・倫理学の総体としての実践の学は，それに相応しい確固とした基礎を持つことになる．かくして，「存在了解」は存在論を与えると同時に，認識論の機能を持つといえよう．

　われわれは第5章第6節において，経済世界における「投企と被投」との

関連について「ハイデガー＝シュンペーター・テーゼ」を提示した．これは，ハイデガーの哲学的存在論の核心である「投企と被投」をシュンペーターの「革新と伝統」の概念によって再定義したものであった．ハイデガーでは，「何をめぐって」あるいは「何のつもりで」「存在了解」が行われるかは明示されなかった．「何をめぐって」あるいは「何のつもりで」という問いは，ハイデガーにおける「存在了解」の「目標」（Woraufhin）を問うものであった．いまわれわれはここで，アリストテレスの「4原因論」の解釈を通じて，存在論的枠組みとして，「存在了解」に加えて「制度」と「理念」を導入したが，それは「存在了解」に対してモラル・サイエンスとしての「目標」を賦与するためであり，経済存在論の「先行構造」を完成するためである．このような「制度・理念・存在了解」のフレームワークは，第8章で述べた「パノラマ＝シナリオ・モデル」の一形式を与えるものであって，以下では，このような「先行構造」の下で，経済の基本概念についての歴史を展望する．経済の本質的観念は，時代の中でそのときどきにアドホックに生まれるというよりも，その起源はアリストテレスにおいてすでに「原型」として用意されていた．

3　ヨーロッパ中世のスコラ的経済世界像

キリスト教哲学——信仰と理性

　西洋史において，西暦5世紀から15世紀までの約1000年を中世と呼ぶ．哲学史にせよ経済思想史にせよ，1000年もの期間を単一のパラダイムによって説明することは無謀であろう．しかし，哲学史の叙述においては，さまざまな解釈の立場を含みながらも，中世について「キリスト教哲学」という包括的な概念が使われている[26]．

　中世の包括的な思想の内容を特徴づける立場として，2つのものが区別されるであろう．1つは，中世の劈頭にあって，新しい思想的アプローチを開始した創始者に着目することであり，いま1つは，中世全体を俯瞰して，新しい思想的アプローチを体系化し総合を果たした完成者に着目することであ

る．具体的には，前者が聖アウグスティヌス（354-430年）であり，後者が聖トマス・アクィナス（1225頃-74年）である．「キリスト教哲学」と並んで，「スコラ哲学」（scholasticism）という言葉も使われるが，これは教会・修道院に附属した学校（スコラ）の伝統に連なりつつ，その後相次いで設立された自律的な組合としての大学の学問を意味し，12-13世紀の哲学を特徴づけるものとされている．「スコラ哲学」の特色は，13世紀にアリストテレスの著作がラテン語に翻訳され，ヨーロッパの知的センターに導入されることによって，キリスト教信仰と哲学的理性とが結合を見たことである．これがアクィナスの根本的な意義である．

　シュンペーターは経済学史研究において，時代区分をするための基礎概念として「古典的状況」（Classical Situation）という概念を用いた．それは，1つの学問領域において，多様な意見の間の論争の末，新しい独創的研究が全体を総合するに至った状況をいう[27]．のちにトマス・クーンは大きな反響を呼んだ科学史研究の書物において，このような状態を「通常科学の支配」および「パラダイムの確立」と名づけた．パラダイムの確立は，第1に，学派間の対立や競争が止揚され，ある理論が支配的な研究者集団によって支持される状態を意味し，第2に，その理論が通常科学として一組の問題と方法を持ち，研究全体の方向を指示することを意味する[28]．

　シュンペーターは中世における神学的・哲学的思想およびそれを中核とする経済学的・社会学的思想の歴史について，「統合，すなわち古典的体系の創造は，聖トマスただ1人の聳え立つ偉業であった」と断言し[29]，中世におけるトマス・アクィナスのパラダイム構築者としての地位を確認した．しかも，アクィナスの経済学的・社会学的思想が重要性を持つのは，時代の課題であったアリストテレス哲学の受容を通じてであるという[30]．かくして，アリストテレスの問題提起がアクィナスを通じてどのように中世に継承されたかを見ることができるのである．

　アウグスティヌスの思想は，いわばアリストテレス抜きのキリスト教哲学である．したがって，アリストテレスとアクィナスとの中間にアウグスティヌスを置いてみることが，啓発的であろう．「キリスト教哲学」という包括的命名は，キリスト教が提起した新しい人間観・世界観を哲学的概念の助け

によって深化させ，そのことによって哲学に新たな生命が賦与されたことを指す．その哲学におけるパラダイム的問題は，信仰と理性との関連を問うことであった[31]．

アウグスティヌスが最初に関心を示したマニ教は，精神と肉体の善悪二元論を基礎にして，善なる魂を悪なる肉体から切り離すために，禁欲主義を唱導していた．マニ教によれば，善と悪，精神と肉体は，光と闇のように闘争する．善が支配するためには，肉体が命ずる肉欲や物欲を抑えなければならない．これは神を万物の創造主とする聖書の教えを否定するものであった．アウグスティヌスはその他のいくつかの宗派への遍歴の末，キリスト教に改宗し，3世紀に生まれた新プラトン主義とキリスト教神学との融合によって，信仰と理性との新しい関係を設定した．彼はプラトンのイデア界と感覚界との区別，および両者のヒエラルキー関係を引き継ぎ，「神と魂と肉体」の3層図式による一元的存在論を導出した．魂が肉体の影響を脱することによって自己の罪を知り，神の恩寵の下で神を信じ，神を志向することが必要である．そうすれば善が実現する．悪は善の欠如にすぎない．

アウグスティヌスにおける信仰と理性との関係は，理性は信仰から出発して，真理である神の啓示に至るというものである．キリスト教の初期の伝道者は，信仰を説くに当って，「不合理であるがゆえに，私はそれを信ずる」というにすぎなかったが，アウグスティヌスの立場は「知らんがために，私はそれを信ずる」というものであった．アリストテレスの自然哲学は，万物の第1原因として推定される神の考察を含むが，啓示や信仰を含まなかった．こうして，古代哲学は，神への帰依なしに，人間がいかに生きるか，いかに知るかを問題としてきたが，中世哲学は，人間は神を媒介としてのみ生きかつ知ることができることを宣言し，キリスト教神学の侍女となったのである．

アウグスティヌスの哲学は，人間の心の内面を追求すると同時に，その追求を神との関わりの中に位置づけた．単なるキリスト教によってではなく，「知を求める信」としてのキリスト教哲学によって基礎づけられた社会は，1つの倫理的共同体である．彼はこれを「神の国」と呼び，「地上の国」と対比した[32]．著作『神の国』は単なる神学に終わるものではなく，社会科学にとって不朽の洞察を提起している．2つの国の違いは，教会と世俗社会との

間の表面的な違いではなく，一方，人々が神を愛し，したがって隣人を愛し，自己を愛する友愛の社会と，他方，人々が自己をあたかも神であるかのように愛する利己心の社会との違いである．中世が過去のものとなったとき，社会は単なる「地上の国」に頽落するのであろうか．

アクィナスの存在論

中世が末期を迎えたころ，13世紀の半ば，キリスト教世界にラテン語に翻訳されたアリストテレス哲学が導入されたことは，「文明の衝突」を意味する一大事件であった．ミレニアムを経たキリスト教信仰の世界にとって，神の恩寵なしに成立する別の文明世界が存在することは驚異であった．両者の世界観は対立し，ただちには融和しがたいものであった．アウグスティヌスによって築かれたキリスト教神学は新プラトン主義を受け入れており，そこでは超感覚的・超地上的・永遠的なプラトンのイデアは創造主の神の精神の中に内在すると解釈されていた．アリストテレスはプラトンのイデア論を否定した．またキリスト教は世界の始まりと終わりを説いていたが，アリストテレスの自然論は世界の永遠性を前提とした．

キリスト教神学とアリストテレス哲学との対立を解決し，中世の知の秩序を公式に完成に導いたのはトマス・アクィナスである．アウグスティヌス的伝統に従って，信仰と理性とを結びつけようとするあまたの中世的試みに対して，アクィナスは信と知を明確に区別する方向に道を開いた．アクィナスにおける信仰と理性は，同一次元の異なる領域としてではなく，異次元の領域として位置づけられる[33]．これによって，アリストテレスの経験科学的志向が近世の知とつながると同時に，信仰の世界におけるキリスト教の生命を維持することになった．

アクィナスの『神学大全』の冒頭には，ハイデガーの「先行構造」を想起させるような認識が掲げられている．

>「認識対象を構成する観点が異なれば，学の性質もまた当然異なるものとなる．……哲学的諸学問が自然理性の光に照らして知られうるものである限りにおいて取り扱うその同じことがらを，神の啓示の光によって知られうる限りにおいて取り扱う学が別にあるとしても，これはなんら

差し支えないことである．このようなわけで，聖なる教に属する神学と，哲学の一部門とされるあの神学とは，類的に異なっているのである．」[34]

哲学はすべての人が共通に真と認める原理から出発するが，神学は聖書の権威と信仰に基づいて真と考えられる原理から出発する．両者は別のものである．

しかし，信仰と理性の区別は，両者が無関係のものとして切り離されることを意味しない．人間理性は，万物の創造者としての第1原因（神）の「存在」は知りえても，それが何であるかの「本質」には至りえない．理性による認識には限界があり，理性を超えるものの認識については，神の恵みによって理性が恩寵の次元にまで高められ，理性と恩寵とが同化することが期待されるのみである．人間が神について無知であることを悟ることが，神についての人間の認識の究極である．理性は恩寵と信仰の導きの下で，理性による神の探求から神の本質の認識へと転化する．これを「理性の自己超越的性格」という[35]．「恩恵は自然を廃することなく，却ってこれを完成する」という命題は，アクィナスの根本思想とみなされるが[36]，これは「理性の自己超越的作用」に対応する「信仰の超自然的恩恵作用」を表したものである．後者は『神学大全』の第1部の主題——神から人間への運動——を総括し，前者は第2部の主題——人間から神への運動——を総括するものといえよう．一方で，神を根源として，人間はそこから「発出」し，他方で，逆に人間は神の中に「還帰」する[37]．

この2つの運動ないし作用は，理性と信仰という異次元の間で交わされる二重の「存在了解」と解釈することができる．すなわち，一方で，「信仰の超自然的恩恵作用」は人間存在を宗教的制度の中に取り込むものであって，「存在の被投」に他ならない．他方で，「理性の自己超越的作用」は人間存在を神の恩寵に近づけようとする「存在の投企」である．神に向かう「存在の投企」の中に，人間の自由に基づく「創造」行為が位置づけられている．

アクィナスは体系構築型の学者であった．われわれがアリストテレスについて設定した「存在論的枠組み」（「制度・理念・存在了解」）に照らしていえば，次のようになるであろう．

第1に，アクィナスにおける「制度」はもはやポリスではなく，法治国家

3 ヨーロッパ中世のスコラ的経済世界像 393

としてのローマ帝国を背景として,「永久法・自然法・実定法」という3層の法の秩序によって表現された.永久法は神の摂理に他ならないものであって,自然法は人間理性に基づく永久法への志向ないし参画である.いま述べた二重の神学的「存在了解」は,「制度」のタームでいえば,永久法と自然法との対応関係によって表されている.このような規範の基礎は,人間の「自然的本性」の中に見出される.アリストテレスにおいて,「目的」志向の「起動」を担うものは,「自然的本性」と結びついた「習性」であったのと同じように,アクィナスにおいても,神に向かう能動的知性を事実上担うものは「習性」であって,その「習性」は人間の「自然的本性」に基づくものであった[38]).

第2に,アクィナスにとって,「理念」はすでに「制度」としての法の秩序に強く反映されているが,彼の「理念」を特徴づけるものは,神の恩寵に導かれた人間の究極目標としての「共通善」の体系である.「共通善」は人々の良き生を意味するが,その主要内容は,アリストテレスと同じように,「徳」である.そして徳は人間の「自然的本性」と結びついた習性である.『神学大全』第2部はこのような価値理念の体系を論じている.古代の4つの「枢要徳」である「思慮」(prudence),「正義」(justice),「勇気」(fortitude),「節制」(temperance)に加えて,キリスト教倫理の「対神徳」である「信仰」(faith),「希望」(hope),「愛」(charity)が含まれている.アリストテレスにおいても,「愛」は基本であるが,それは「友愛」(philia, friendship)であって,神との関係ではなかった.

第3に,このように相互依存の関係にある「理念」と「制度」の双方は,その上で,神と人間との間の双方向的交流としての「存在了解」が繰り広げられる基盤である.ハイデガーの言葉を用いれば,「理念」と「制度」の達成は,そもそも「存在了解」が何のために行われるかを特定する「目標」(Woraufhin)である.そして「存在了解」そのものは,上述のように,神と人間との間の「投企と被投」あるいは「発出と還帰」との二重性からなる.それは神によって導かれた徳性の実現である.

神学的経済概念

　アリストテレスの経済概念がポリスの共同体的倫理によって規定されていたとすれば，アクィナスのそれはキリスト教会の宗教的倫理によって支配されたものであった．地上の人間を神の国に導くものとしてのキリスト教は，人間の魂だけでなく生全般を支配するものであったから，その神学の倫理は同時に経済活動を規制する経済倫理であった．スコラ学に経済思想が含まれていたとすれば，それは，正義や慈善の道徳的命令によって，正しい経済行為を教えるものであった．経済倫理の社会的基盤がポリスであるか，キリスト教会であるかの違いはあるが，両者の経済倫理の基礎が共通に人間の「自然的本性」に求められていることは注目に値する．その意味で，アリストテレスについてもアクィナスについても，自然法思想が語られるのである．

　13世紀にもなると，市場経済の発展はすでに無視しがたい趨勢であって，「自然的本性」に含まれる利己心や自己愛や，さらには貪欲や奢侈といった動機が，経済の原動力となると同時に，宗教的戒律とあからさまな対立をもたらすこととなる．これがスコラ哲学に対する現実からの挑戦課題であった．

　中世経済思想の権威者であるオッド・ラングホルムは，13-14世紀の経済思想を分析するための概念的枠組みとして，「アリストテレス・ローマ法・聖書」の三角形を提起し，経済問題をはじめ，さまざまな問題に関する当時の論考をこの座標の上に位置づけている[39]．三角形の頂点をなす3つの思想ジャンル——アリストテレス哲学・ローマ法学・キリスト教神学——はそれぞれ独自の伝統であって，さまざまな問題はこれらの伝統の複合の中で取り扱われたというわけである．

　アリストテレスには『政治学』と『ニコマコス倫理学』が配置され，両著の解釈や注解がスコラ哲学の文脈を支配した．シュンペーターはスコラ学について，「あらゆるものがアリストテレスの鋳型の中に投げ込まれ続けた．スコラ経済学はその最も完全な典型である」と書いた[40]．経済問題の論議は，この三角形の中心部に置かれ，3つの想源からほぼ等距離にあると判断されているが，理論的基礎は常にアリストテレスに求められている．われわれはスコラ学の経済観として，アクィナスのものに限定せざるをえないが，彼の

立場がアリストテレスを土台として，極端な論争的なものではなかったということから，これを典型とみなすことが許されるであろう．

　アクィナスの経済哲学の要諦は次の点にある．アクィナスは，経済を含む社会現象を世界および人間に関する神の計画にそくして説明し評価する．その際，人間の究極の目的は共同の福祉としての「至福」(beatitude) であり，上述の神と人間の間の「発出」と「還帰」の二重の作用を通じて，人間は神の「至福」と合致する．このようなキリスト教倫理の枠の中で，私有財産，富裕，公正価格，貨幣，利子などの経済問題が論じられる．しかし，経済分析は規範的考察によって覆い隠されている．

　私有財産や物質的富は「至福」のための個人的かつ社会的な手段である．富は生存にとって不可欠である．私有財産は自然法に反せず，人間理性の産物であり，法律的にも認められているが，法の限界内で何をしてもよいというわけではない．財産権の行使は神の法に従わなければならない．問題は財産の道徳的意味合いである．

　徳の実現にとって過剰な富は必要ではなく，却って限りない貪欲を招く．そうなると，物質的富裕の追求が人間を動機づける至上の「神」となる．興味深いのは，アクィナスが過剰な富裕と同様に過度の貧困を否定していることである．これは托鉢修道会の極端な自発的貧困すなわち清貧に対する批判であって，たしかに貧困は致富と結びついている悪徳を避ける点ではよいが，それ自身が目的ではないし，富の共同使用によって行われるべき慈善を妨げる点でも望ましくないからである．豊かさも貧しさも「至福」への手段にすぎない．要するに，経済そのものが目的に照らして何らかの適正度を持つべき手段であって，そのあり方はアリストテレス的な中庸に属するといえよう．そのため，アクィナスにおいては，私有財産の正当化として，政治的平和論，経済的労働投下論，経済的効率論，心理的動機論などが混在している[41]．

　交換・交易・商業についてはどうか．アクィナスにおけるアリストテレスの影響は顕著であるが，商業そのものは必要悪として容認され，詐欺や悪徳を伴わない商業は可能であると論じられた．シュンペーターは『経済分析の歴史』の中で長い脚注をつけ，商業的利益が正当化されるアクィナスの条件を紹介している[42]．ハーシュマンは，モンテスキューの『法の精神』(1748

年）における商業の精神についての叙述を引用し，それを「柔和な商業の命題」（Doux-Commerce Thesis）と名づけた[43]．それによれば，16世紀から18世紀にかけてのヨーロッパにおける商業の発達は，略奪と野蛮の人間関係に代わって，人間性を洗練させ，温和な習俗を生み出したという．それに比べると，13世紀のアクィナスの立場は，スコラ学にとっては教説の重大な変更ではあったが，まだ「悪徳商業の命題」から脱することはできなかった．商業は商人と顧客との関係であるが，それが単発的・偶発的な関係にとどまる限り，両者の間に誠実と信頼は期待しがたく，正義と有徳の倫理による啓蒙が不可避であった．

　最後に，貨幣貸借に伴う高利（usury）の問題がある．アクィナスの基本的な立場は，以前のスコラ哲学者と同じように，高利は自然法に反するというものであった．その根拠は，アリストテレスの『政治学』における主張，すなわち貨幣の自然な使用目的は財の交換の媒介であり，貨幣は交換の過程において消費されてしまうものであって，貨幣がそれ自身で利子や利得の形で増殖するということは自然に反し，道徳に反するというものである．利子を伴う貨幣貸借は，元本の取引と元本の使用との2度にわたって，貨幣を不当に使うことを意味する．そればかりか，一定額の貨幣が一定額と利子とを含んだ額と交換されるならば，等価物の交換という正義の原則にも反する．貨幣は消費されるべきもの（consumptibility）であるという観念の基礎には，貨幣は増殖することのない不妊物（sterility）であるという観念があると解釈される[44]．

　アクィナスのスコラ哲学を経済秩序という側面から総括するならば，共同体社会の目的を遂行する上での各人の能力に応じた活動分担が各人の「職分」であり，この職分的認識が経済秩序の基礎を与えるということができる．その職分を履行する人々は，社会から生活の保障を受けるのが至当とみなされる．そして究極的には，経済は目的への手段として，財の善用を図らなければならない．かくして，アクィナスはジョン・ラスキンの偉大な先駆者であるという評価も導かれるのである[45]．

普遍論争——実在論と唯名論

　古代および中世の倫理的パラダイムの背後に，高度の認識論的な論題が置かれていた．それは，普遍は実在するか，あるいは事物の中の普遍をどのようにとらえるかという問いである．倫理的パラダイムが知の「問題」に関わるものであるとすれば，認識論のテーマは知の「方法」に関わるものである．

　イデアをめぐるプラトンとアリストテレスとの対立は，この問題の始まりである．プラトンは，感覚的にとらえられる存在者を超えて，それ自身で存在する普遍的なイデアの存在を主張した．イデアは事物の普遍であって，すべてのものの存在の根拠である．これに対して，アリストテレスは，存在の基本的なあり方は感覚的にとらえられる個別の存在者の中にあると主張した．アリストテレスが西ヨーロッパにもたらされるまでの中世の大部分の間，キリスト教神学はプラトンおよび新プラトン主義によって支配されていた．

　中世における普遍論争は，実在論（realism）と唯名論（nominalism）との対立である．実在論は，普遍は個別的なものに先立って存在すると主張し，唯名論は，普遍は実在ではなく，単なる名称や概念にすぎないと主張する．ここでいう実在論は，今日，観念論と対比される経験論の意味での実在論とは異なり，実念論という訳語が使われることもある．教科書的に定型化していえば，実在論では，普遍は「個物の前」にあり，唯名論では，普遍は「個物の後」にある．そして両者の中間に調停者として概念論が想定されるとすれば，概念論では，普遍は「個物の中」にあるものとして，人間知性の中に概念として存在する[46]．

　唯名論の代表的論者はフランチェスコ会に属するオッカム（1287頃-1347/49年）である．彼はスコラ哲学における「革新者」と呼ばれ，彼が開いた方向は「新しい道」と称された．「古い道」は実在論である．オッカムの唯名論は，神の全能を擁護する動機に由来した．神はみずからの認識・意志・創造の行為において，その行為の原型となるような普遍的イデアを持っていない．神はそのような媒介なしに，みずから個物を認識し，意志し，創造する．神の全能を守るためには，普遍が実在することを否定しなければならない[47]．このような信仰によって導かれた動機にもかかわらず，オッカム

は形而上学的な普遍を排除し，実在する個物への観察を促進する認識論に道を開くことになった．

しかし，われわれが中世の普遍論争に着目するのは，以上のような歴史的事情のためだけではない．普遍性と個別性をめぐる論争は，形而上学ないし存在論が認識論に直面したときに現れる現象であって，今日においても避けることはできない．とりわけ，われわれは歴史意識の下で個別性を重視する思想を対象としており，その問題を第3章第1節で取り上げた際，社会現象における個体と普遍との対立を止揚する立場として，「類型」の概念を導入した．専門的研究者が言うように，普遍論争の真の問題が，普遍は個物の前にあるか後にあるかではなく，「事物の中の普遍」をどのようにとらえるかであるとすれば[48]，裏返して言えば，真の問題は「事物の中の個物」を個物たらしめるものは何かを問うことであろう．これを論ずるものが個体化の理論であって，オッカムの具体的な論争相手はドゥンス・スコトゥス（1265/66-1308年）の個体化の理論であった[49]．

スコトゥスの実在論によれば，普遍的原理として個物に共通する本性がまず存在して，それが個体化原理によって特定化されて個体が存在する．オッカムはこれを否定する．彼によれば，いかなるものも個として存在し，それらが何らかの仕方でまとめられて普遍的概念が形成され，それに属するものとして個体が特徴づけられる．普遍概念を人工的に作る前には，普遍は存在しない．これは，普遍優位の哲学から個物優位の哲学への転回を意味する[50]．

ここでこの論争には立ち入らないが，われわれが提起する個体化の理論は，第3章第1節で論じた「個性・類型・発展」をキーワードとする「類型」の理論である．「類型」は実体的には「制度」の概念と結びつく．「制度」は歴史を主題化するために不可欠の概念である．

総括と展望——モラル・フィロソフィーとしての統合

中世において「制度」を構成する要因は，アリストテレスの「経済・政治・倫理」からスコラ学の「経済・宗教・倫理」へと変容したが，全体を支配するものが倫理であることに変わりはない．アクィナスの権威によって，アリストテレスの「正・徳・善」の「理念」のヒエラルキーはそのまま維持

された．もちろん，都市ポリス共同体の倫理からキリスト教共同体の倫理への転換が生じた．しかし，それにも勝る劇的な変化は経済における発展であった．封建制の崩壊，都市の成長，分業の進展，市場の拡大，交易の展開，人口の増大，そして産業革命．その結果，都市において新しい機会に直面した新しい経済階級を道徳的に教化することが，スコラ神学にとって，これまでに経験したことのない重い課題となった．「制度」の現実に妥協して「理念」のヒエラルキーを改訂するか，あくまでも「制度」を神の国の「理念」の中に封じ込めるかが，「存在了解」の分かれ道であった．貪欲をむげに拒否できないのは，それが社会的に便益をもたらすことがあるからである．経済と倫理とのディレンマである．アクィナスの妥協は財産の私有と共用との組み合わせであった．

　イングランドやフランスに遅れ，啓蒙主義思想は後進国スコットランドには18世紀に届いた．ここで「スコットランド啓蒙」と呼ばれるモラル・フィロソフィーが開花し，フランシス・ハチスン，トマス・リード，デヴィッド・ヒューム，アダム・スミス，アダム・ファーガスンなどの一群の道徳哲学者が輩出した．ギリシャ以来の一組の実践の学としての「経済学・政治学（法学）・倫理学」の一体性は，彼らの手によってモラル・フィロソフィーないしモラル・サイエンスとして維持された．われわれは本書の第2章において思想史の考察を啓蒙主義から始めたので，ここで古代から下降して再び啓蒙主義に到達し，説明が一巡したことになる．

　18世紀後半，スコットランド啓蒙思想の中から，社会の経済的側面についての独立の学——「ポリティカル・エコノミー」——が生み出される．スミス以後の古典派経済学の成立である．これ以後の経済学の展開については，多くの経済学史の叙述が示すとおりであって，その内容に立ち入る必要はない．われわれとしては，このような経済学の「先行構造」を存在論的レベルにおいて論ずることを以下の課題としたい．

　アダム・スミスの『国富論』が刊行される数年前，3巻からなる『エンサイクロペディア・ブリタニカ』（1768-71年）の初版が，スコットランドのエディンバラで出版された．その第3巻には，「モラル・フィロソフィー」と題する40ページの論文が載っている．経済学はまだ独立しておらず，経

済問題はモラル・フィロソフィーの題目の下に含められていたし，大学でそれを論ずる学者はモラル・フィロソフィーの教授であった．上記事典の論文は，独立の学問としての経済学が成立する直前の識者一般の経済の概念を伝えていると考えられる．そこでは，新興の経済学という意識がないだけに，モラル・フィロソフィーの枠内での伝統的な経済の概念がそのまま記録されていると考えられる．それは，言ってみれば，生誕期の経済学にとっての「存在被投」である．論文は総論において次のように言う．

「モラル・フィロソフィーは作法（manner）または義務（duty）の学問である．それは人間の本性や状態を調べることに始まり，人間の幸福を達成することで終わる．いいかえれば，それはわれわれの義務と幸福についての知識であり，有徳にして幸福（virtuous and happy）であるための技術（art）である．モラル・フィロソフィーが技術と呼ばれるのは，それが有徳かつ幸福になるためのルールを含んでいるからである．これらのルールを実践する人は誰であれ，有徳かつ幸福になるための習性的能力ないし手段を手にするのである．また，モラル・フィロソフィーが同時に学問（science）と呼ばれるのは，それがわれわれの本性に関する諸原理および諸関連からこれらのルールを導き出すからであり，これらのルールを遵守すれば，われわれの幸福がもたらされることを証明するからである．モラル・フィロソフィーは，最高の権威と重要性と有用性を持つ技術であり学問である．」[51]

かくして，「有徳かつ幸福」なあり方を人間本性に遡って論ずることが，モラル・フィロソフィーの中心テーマであって，経済論はその一部を構成するにすぎない．このモラル・フィロソフィーのパラダイムを「富裕と卓越」と呼ぶことができよう．これは，最近の研究者がスコットランド啓蒙について「富と徳」（wealth and virtue）と呼んだものと同じである[52]．ここから経済学はどのようにして独立を果たすのであろうか．

4 問題——「富裕と卓越」から「生産と分配」へ

「古典的状況」と「対象」の次元

　経済学の歴史において，上述のような古代ギリシャおよび中世ローマの話は，ほとんど無視されるのが普通である．それに言及することがあったとしても，市場経済以前の話として，すなわち経済学前史として扱われるにすぎない．そして，経済学はアダム・スミスにおいて誕生したとみなされるのである．たしかに，経済学史におけるスミスの地位は揺るぎないものである．しかし，古代や中世を別としても，近世に入ってスミス以前に経済学があったことは紛れもない事実である．経済学の創始者スミスという通説的な像は，彼が新しい理論の創造者ではなく，既存の理論の体系的総合を果たしたものとして解釈されるべきであろう．

　先にアクィナスについての箇所で触れたように，学史叙述の方法的概念として「古典的状況」という概念を提起した上で，スミスの総合者としての地位を主張したのはシュンペーターである．シュンペーターは独立した学問としての経済学について，真に創造的役割を演じたのはフランソワ・ケネーであるという解釈を取った．シュンペーターの『経済学史』によれば，経済学の成立は，フィジオクラート（重農学派）のケネーの経済循環の発見による[53]．ケネーの『経済表』(1758年) がそれである．スミスについては，「彼は総合的著作と調和的叙述の人であるが，偉大な新しい理念の人ではなかった」として，ケネーの章の一節が割り当てられているにすぎない[54]．一方，シュンペーターは『経済分析の歴史』では，「『国富論』が，1776年において完全に斬新であったような分析的観念，原理，方法を1つたりとも含んでいないということは事実である」とみなしながらも，経済学的知識の総合を求めるという時代的課題を果たしたものとしてスミスを位置づけ，『国富論』が受容された1790年ごろを経済学の「第1次古典的状況」と名づけた[55]．

　経済学の成立期をめぐるこのようなシュンペーターの2つの異なった見解は，矛盾ではない．ケネーによる「経済循環の発見」は経済学の内面史から

見て画期的であるが,『国富論』の世間的成功は経済学の外面史から見た偉業である.後者は科学社会学の立場からの評価である[56].「古典的状況」の概念規定はこの立場に基づく.

「第2次古典的状況」は,スミス以後,古典派経済学が成熟し,ジョン・スチュアート・ミル(1806-73年)の『経済学原理』が出版された1848年ごろとされる.その後,いわゆる「限界革命」が1870年代初めに起こり,新古典派経済学がやはり20年ほどおいて1890年ごろに整理統合された.これが「第3次古典的状況」である.具体的には,アルフレッド・マーシャル(1842-1924年)の『経済学原理』(1890年)およびクヌート・ヴィクセル(1851-1926年)の『価値・資本・地代』(1893年)が参照される.主流派経済学における「第3次古典的状況」に対抗する形で,ドイツ歴史学派が哲学および社会学との連携の下に一大勢力を形成した.それは新古典派とは「問題」および「方法」を異にするものであって,経済学史のパノラマを描くに当って特筆されなければならない.歴史学派の集大成はシュモラーの『一般的経済学綱要』(1900-04年)である.

シュンペーターは,第1次大戦後の状勢を「現代の発展」として検討しているが,「第4次古典的状況」を定めるに至っていない.しかし,彼の手法を踏襲すれば,ケインズの『一般理論』(1936年)に基づくマクロ経済分析の確立を1950年ごろとみなすことができる.その際,ローレンス・クラインの『ケインズ革命』(1947年)が参照されよう.その後現在までの60年間は,多元的な議論の競合する「現代の発展」とみなさざるをえない.

このように見ると,1790年—1848年—1890年—1950年というほぼ50年周期の「古典的状況」の系列が成立する.以下では,これらの「古典的状況」について,「問題」と「方法」のパラダイムを追っていくことにする.それを論ずる前に,経済学における可能な「対象」である3つの次元について説明することが有益であろう.「対象」の次元とは,個々の経済学体系における「問題」および「方法」が特定化される基礎的な場であって,「先行的対象把握」(Vorhabe)に他ならない.具体的には,「技術的・自然的」次元・「心理的・倫理的」次元・「制度的・歴史的」次元の3つがそれである.

古典派および新古典派を通じて,主流派の立場におけるパラダイムは,

「技術的・自然的」次元において経済概念を構成するものであった．それによれば，経済という活動は資本・労働・土地という生産要素を使って財を生産し，そこから発生する利子・賃金・地代・利潤が分配所得として生産要素に分配され，その所得から財に対して支出がなされる．スミス以降の古典派経済学は，この次元において，国富という意味での国民所得の概念を形成した．スミス以前では，伝統的モラル・フィロソフィーの「心理的・倫理的」次元が，社会事象をとらえる上で支配的であったが，スミスにおいて，「技術的・自然的」次元と「心理的・倫理的」次元とが分離する兆候が現れた．彼の『道徳感情論』と『国富論』が別々の本として書かれたからである．

　生産・分配・支出の活動は人間が行うものであるが，経済分析においては，財という物質的な「対象」が設定された．この「対象」の次元における理論構築に当って，古典派では生産関数が適用され，新古典派では効用関数が適用された．たしかに，効用関数は一種の心理的要素を考慮に入れるが，与えられた効用や選好の下で機械的に満足の極大計算をするにすぎず，技術的な経済観に他ならない．そこでは孤立的・利己的・合理的個人の想定が置かれており，多元的な心理や倫理を持った人間像からは程遠い．

　このパラダイムに挑戦したのが，ドイツ歴史学派の「心理的・倫理的」次元のパラダイムである．歴史学派の指導者シュモラーは，経済過程は「技術的・自然的」次元と「心理的・倫理的」次元との相互作用からなると主張した．以下で述べるように，歴史学派が「アダム・スミス問題」を提起したのは，このような背景からである．またドイツ歴史学派とオーストリア理論学派との間で，「方法論争」が生まれたのも，このような次元の違いのためである．単に「技術的・自然的」次元で考えるのでなく，「心理的・倫理的」次元とのかかわりにおいて経済像を構成することが，歴史学派の主張であった．そしてこの2つの次元における諸要因の相互作用が具体的に展開される次元が，「制度的・歴史的」次元に他ならない．社会の倫理的規範は制度組織の中に具現されるものであって，経済社会の発展過程は制度組織の歴史的変化という形を取って現れるからである．かくして，シュモラーは歴史学派の経済学を「歴史的・倫理的」経済学と自称した．

　利己的個人の想定に対する批判と並んで，主流派理論に対する歴史学派の

もう1つの批判は,市場を取り巻く制度的諸要因を無視し,市場競争の作用のみを対象としたことであった.無軌道な競争を制御するものが倫理であり,その具体化が制度である.経済を単なる「技術的・自然的」次元で考えることは,「心理的・倫理的」次元を無視するだけでなく,「制度的・歴史的」次元を無視することになるのである.このように,ドイツ歴史学派は経済学として最も広範なパースペクティヴを持った.

アダム・スミスにおける経済と倫理

アダム・スミスは『国富論』(1776年)において,国民の富を国民が生産し消費する所得として定義し,交換・分業・資本蓄積に基づく「商業社会」について,労働生産力の上昇する過程を富裕への道とみなし,この過程を経済分析の対象とした[57].富裕は貧困または欠乏の反対物である.スミスは富裕を論ずるに当って,富裕と貧困が人々の間で不平等に分布していることを重視した.正義の問題は『国富論』の関心事の1つであった.

道徳哲学の教授スミスはそれに先立って,『道徳感情論』(1759年)という書物を書き,死ぬまで何度も改訂を試みた.経済学史上「アダム・スミス問題」と呼ばれるものは,スミスの『道徳感情論』と『国富論』の関係をめぐるものであると同時に,経済学成立の事情を説明するものでもある[58].個人の利己心と自由競争を前提とした経済世界の把握と,人々の同感(sympathy)や利他心を通ずる社会秩序の把握とは,一見したところ矛盾するように見えるが,両者の関係をどう考えるべきであろうかというのが問いの意味である.

この問題は,経済倫理の構築に関する純粋に理論的な問題であるよりは,それが提起された歴史的文脈に意味がある.歴史的文脈とは,次の3つの思潮がここで交差することを指す.第1は,「富裕と卓越」との統合を問う古代・中世の倫理的パラダイムの最後の姿がスミスに見られること,第2は,それに代わって,スミス以後,市場経済を前提として,「生産と分配」の対立を問う古典派経済学のパラダイムが登場すること,第3に,古典派経済学のパラダイムに反発する形を取りながら,かつての倫理的パラダイムへの郷愁を秘めたドイツ歴史主義が問題を提起したこと.

4 問題――「富裕と卓越」から「生産と分配」へ

「アダム・スミス問題」を提起したのは，スミスの著作から100年近く経った19世紀末のドイツ歴史学派の学者たちである[59]．彼らはスミスに始まるイギリス古典派経済学の利己心・自由放任・コスモポリタニズムの理論構造に反対し，経済学の倫理的・歴史的・社会政策的アプローチを主張した．歴史学派にとって，「アダム・スミス問題」は，このような古典派批判に加えて，スミスの思想における倫理と経済との間の体系的矛盾を指摘しようとするものであった．

もしその後の多くの研究者が指摘するように，スミスの意図にそくして見た場合，経済と倫理は矛盾するものではないとすれば，矛盾を指摘した問題提起者のスミス解釈は訂正されなければならない．利己心に基づく行動は世間の人々の同感によって支えられ，制限されたものでなければならないという意味で，経済は倫理の制約の下に置かれている．議論の組立て方の違いを別とすれば，このような趣旨の解釈が今日支配的であろうし，それはドイツ歴史学派自身が思い描いた倫理的経済像と少なからず共通するものであろう．そうだとすれば，彼らがスミス攻撃に終始したことよりも，スミスの経済学を倫理的観点から検討しようとする視野を持っていたことの方が重要である．

もちろん，スミスの個人主義的世界像と歴史学派の共同体主義的世界像との間には，大きな隔たりがある．スミスは「神のない社会」[60]において，人々の自発的な同感の倫理に基づく社会秩序を構想した．神による社会秩序形成へのコミットメントは，もはや「神の見えざる手」というレトリックの形で残っているにすぎない．歴史学派はそれよりもずっと後になって，後発国の利益を先取りしながら，共同体的倫理と社会政策という「政府の見える手」による国家形成を提唱した．時代と状況の違いにもかかわらず，「倫理的に規制された経済」という枠組みは両者に共通している．時代と状況が異なれば，主観性の「存在了解」の違いに応じて，枠組みの中の「経済・政治（法）・倫理」の各要素のウェイトが異なるのは当然である．歴史学派の反発は，単に古典派の自由放任の主張に対するよりも，基本的に政治や倫理を含む広範な思考の枠組みを欠くことに対してであった．

その後，『国富論』を利己心と競争市場の先駆的モデルとみなす一面的な解釈が主流派経済学において強力であったので，それを『道徳感情論』と並

べてみると，依然としてスミスの原典に立ち帰って「アダム・スミス問題」を論ずる必然性が続くのである．

「アダム・スミス問題」への存在論的視点

「アダム・スミス問題」についてのわれわれの考え方は次の2点である．第1．「アダム・スミス問題」は，第8章第2節で取り上げたヘーゲルの言葉を借りるならば，経済学史の「痴呆の画廊」に置かれた2つの作品をめぐるものである．いかにスミスの全体像に迫るといっても，彼の著作を孤立的に論ずるだけでは，問題意識に欠けるといわざるをえない．経済学の全歴史を「パノラマ」的に展望する視野の下で，経済学の主題についての「存在了解」に基づく「シナリオ」が明示的に書かれなければならない．何らかの「パノラマ＝シナリオ・モデル」に基づくことなしには，「アダム・スミス問題」を扱う学史研究の問題意識が疑われるのである．

自由主義経済の祖としてのスミスという現代的解釈を批判するのであれば，スミスの原典にそくして彼の倫理学を解説するだけでは不十分である．それはスミスの「歴史的再構成」にすぎず，それによってスミスの「合理的再構成」に対抗することはできない．両者は研究の立場の相違に基づく意見のすれ違いを意味するにすぎない．「過去」と「現在」との双方を批判しつつ，「将来」に投企する知の「全体的再構成」が必要である．

「アダム・スミス問題」の解決のために，スミス自身における経済と倫理の統合がどのような解釈を通じて再構成されようと，そのような統合は古代および中世の倫理的パラダイムの最後のものであって，スミス以後は，自立した経済学としての古典派経済学が始まる．その変化を精神（人間本性）の次元における「富裕と卓越」という対概念から，物財（国民所得）の次元における「生産と分配」という対概念への移行と名づけたい．それは経済学から倫理的視点が次第に消滅していく過程の始まりである．スミスの場合には，経済学・法学・倫理学は，それらに対応する3つの著作を合わせて考えれば，依然としてモラル・フィロソフィーのパラダイムを形成しているが，『国富論』が経済学の書物として自立した以上，思想家の間で経済に関する「富裕と卓越」という精神科学的テーマは衰微していかざるをえない．「全体的再

構成」はこのような景観を扱わなければならない.

第2.「アダム・スミス問題」の提起とそれをめぐるもろもろの解釈は,経済と倫理の関係を正しく設定していないように思われる.この問題については,利己心と同感との関係がもっぱら問われている.もちろん,同感は,自分の立場やアイデンティティを固定した上で,他者の不幸や苦境に対して持つ同情や憐憫ではない.同感は,他人の立場に身を置いて,想像力によって事態を公正に判断することであり,他者の幸福や富裕に対しても向けられるからである.しかもそれは,誰もが他者に対して行う相互的行為であって,「立場の相互置換」を意味する.同感の行為は「公平な観察者」ないし「理想的観察者」の概念によって擬人化されるが,重要なことは,同感は倫理的判断の形式的な定義にすぎないということである.

倫理は2つの性質,すなわち「普遍化可能性」(universalizability)および「究極的指図性」(prescriptivity)によって定義される[61].倫理は,個人および社会のあり方に関して,すべての人々にとって妥当する普遍化可能なものであり,また究極的な判断基準でなくてはならない.この2つの性質は,倫理の原理的内容がどのようなものであるかを示しておらず,単に倫理の持つべき形式的条件を規定するにすぎない.スミスの同感の議論は,倫理の「普遍化可能性」の条件を人々の同感という契機によって擬人的に説明したものであって,道徳理論構築のための手続きを与えるにすぎない.スミスが,同感の機能を行為の道徳的是認および否認とみなしているのは,その手続き性のためである.

倫理の実体的な内容は,「正(正義)・徳(卓越)・善(効率)」のヒエラルキーを順序づけるものでなければならない.スミスにとって,正義は卓越よりもはるかに重要であり,また公共的効用は正義や卓越よりも低い位置にある.スミスの実体的な倫理学はキリスト教,ストア哲学,共和主義,自然法などの多様な伝統の総合として展開されたと考えられる[62].

それに対して,政治思想史におけるポーコックの「シヴィック・ヒューマニズム」の問題提起は,古代・中世の政治的・宗教的パラダイムがマキアヴェリ時代のフィレンツェの共和主義思想として復活し,さらに18世紀のスコットランド啓蒙に継承されたという[63].この議論自身は,古代のポリス的

精神が中世の政治面において再生を見たものとして,興味深い.われわれにとってポーコックの研究が重要であるのは,特定の時代や地域の思想の特殊研究のためではなく,歴史主義の観点から,アリストテレス的社会理念をキリスト教的枠組みの中で実現するというプロジェクトをパラダイム化していることである.彼の方法論については,次節で扱うことにしたい.

存在論のタームで言えば,スミスの「公平な観察者」という概念は,商業社会の出現を目の当りにした社会の内発的志向としての「存在投企」であると考えられる.スミスが,倫理的規範の形式的条件である「普遍化可能性」を,人間本性の同感能力に基づく「立場の相互置換性」によって説明したのは,道徳の根源を神に求めた中世の「存在了解」からの離脱を意味するものであろう.ハイデガーの「存在論的区別」の定義を用いるならば,スミスが『道徳感情論』で取り上げたさまざまな感情のカテゴリーは,「情態性」の中にある現存在の「実存的・存在的」分析に相当する.それに対して,同感の議論は,存在に意味を与える「存在論的」研究である.同感は,利己心や利他心を含むさまざまな日常的感情とは次元を異にする.同感とその他の感情とを同じ次元に置くことが混乱の原因であった.同感は,言わば「メタ倫理学」的概念であり,スミスにおいては,中世の伝統的観念による「存在被投」に対抗して,新しい世界像を与える倫理的な「存在投企」であった.

生産と分配——古典派・マルクス・新古典派

スミスにおける経済学の「古典的状況」の確立に続いて,経済学は2度目の「古典的状況」をジョン・スチュアート・ミルの下で迎える.ミルは論文「経済学の定義について」(1836年) において,経済学の完全な定義を求めて,広く行われている諸定義を検討している[64].まず経済学の性質と目的に関する通俗的な観念は,「経済学とは,どうすれば一国民が豊かになるかを教え,あるいは教えると称している科学である」というものである.しかし,この定義は科学と技術 (art) とを混同するものとして退けられる.

次に,専門的な著作に見出される定義によれば,「経済学とは,富の生産・分配・消費を支配する諸法則をわれわれに教えるものである.」この定義は,先の欠陥からは免れているが,富の概念が広範な物質的対象を含む場

合，経済学と物理的科学とをこの定義によって区別することができないという難点がある．いいかえれば，「技術的・自然的」次元に加えて，「心理的・倫理的」次元を考慮しなければならない．

そこでミルは一転して，物質の法則を扱う「物理的科学」と，精神の法則を扱う「道徳的または心理的科学」とを分け，人間と外界との関係に関するあらゆる事象は両者の協同作用からなると考える．そして，次の定義を導く．「経済学とは，人間本性の諸法則に依存する限りにおいて，富の生産と分配を扱う科学である．あるいは，富の生産および分配の道徳的または心理的諸法則に関する科学である．」しかし，経済に関わるのは，孤立的個人の精神現象ではなく，社会現象であり，また人間の感情や動機のすべてではなく，富への欲求に基づくもののみであるとして，この定義はなお十分に限定的でないという．

そして最終的に，次の完全な定義に到達する．「経済学とは，社会現象のうち，富の生産のための人類の共同努力から生ずるものの法則を，それらの現象が他の何らかの目的の追求によって修正されない限りにおいて，明らかにする科学である．」[65] 先の定義との相違点は，経済活動が富の生産のための社会的共同行為であること，そして富の分配はここでいう「他の何らかの目的の追求」であって，法則化の課題から区別されていることである．後者の点は，経済学の「問題」設定に関わる．

ミルは『経済学原理』(1848年)において，有名な「生産と分配の二分法」を提起した．それによれば，「富の生産に関する法則や条件は，物理学的真理の性質を持つ．そこには任意や恣意によって変えられるものはない．……しかし，富の分配についてはそうではない．それはもっぱら人為的制度の問題である．ひとたび物が存在するならば，人間は，個人としても集団としても，それを思うままに処分することができる．……富の分配は社会の法律と慣習によって定まる．」[66] このことは，私有財産制を初めとする法律や慣習や政策の分配的帰結を論じないということではなく，これらの制度の根拠や原因を問うことが経済学の主題の範囲外であるということである．ミルにとっては，最良の制度やルールを選ぶことは，功利主義道徳哲学の主題であった．

スミスは国民所得の生産を増大させる原因の解明に努めたが，その後のリカードとマルサスは国民所得の分配を経済学の主題と考えた．彼らは経済発展の過程における賃金・利潤・地代の動きの法則化に関心を払った．2人は理論構造の諸側面に異なった前提を置き，論争を繰り返した．分配関係の背後には，労働者・資本家・地主という社会階級が存在し，問題は実践的な意義を持った．

ミルの議論はこのような状況に1つのパラダイムとしての整理を与えたものであろう．それはモラル・フィロソフィーの中で経済問題を扱うという長い伝統から，経済学の中で倫理問題を扱うという新しいパラダイムへの移行を提起したものである．すなわち，モラル・フィロソフィーにおける「富裕と卓越」との対立は，物質的豊かさの次元と精神的卓越の次元との対立であった．古典派経済学は，まず国民所得という「技術的・自然的」次元を確立することによって，「心理的・倫理的」次元そのものを経済学から放逐した．次いで，はじめの2次元間の対立――「富裕と卓越」の対立――は，国民所得の次元における「生産と分配」の対立図式に辛うじて投影されることになった．その上で，ミルは，なお所得分配に関わって現れてくる倫理的・心理的・価値的要素を再び元のモラル・フィロソフィーの領域に差し戻したのである．

もちろん，ミルの二分法そのものについては，異論や解釈の余地があろう[67]．しかし，古典派によって生産および分配の価値論は完成したと公言したミルにとって，唯一の懸念材料は，理論の実践への応用における価値判断の扱いであって，彼は古典派体系を前提として二分法を提案したのである．ミル以後，マルクスは分配面に実践的な焦点を置きつつ，リカードの投下労働価値論を剰余価値論にまで発展させ，「生産と分配」とが共に資本主義的制度機構の総体を表すものと考えた．ミルの二分法がマルクスに通用しないのは言うまでもない．マルクスの壮大な体系は，「技術的・自然的」，「心理的・倫理的」，「制度的・歴史的」の3次元にわたるものである．

1870年代に始まった「限界革命」は，主観価値論と限界概念の導入によって，新古典派経済学への道を開いた．すでに第5章第2節は，オーストリア学派を中心にしてではあるが，新古典派理論の構造を扱った．オーストリ

ア学派は他の新古典派と違って，経済学が主観的・精神的現象を対象とすることを強調する点で特異であった．新古典派経済学の確立を意味する「第3次古典的状況」は，マーシャルによる経済学の統一である．それは生産・分配・交換を通ずる需給均衡の一般理論である．

ところが，『経済学原理』（1890年）におけるマーシャルの有名な経済学の定義は次のようなものである．

> 「経済学（Political Economy or Economics）は日常生活を営んでいる人間に関する研究である．それは，個人的および社会的行動のうち，福祉の物質的要件の獲得と使用にきわめて密接に関連した側面を扱う．このように経済学は一面において富の研究であり，他のより重要な面においては人間の研究の一部である．」[68]

ここで「経済学」の語は，古典派における「政治経済学」から科学としての「経済学」に変えられようとしている．またここでは，「富と人間」とが対概念とされているが，両者の関係については，従来のモラル・フィロソフィーにおけるように，人間の本性が富の追求を積極的または消極的に方向づけるというのではなく，逆に人間の資質や性向や選好が経済過程の中で内生的に形成されることが意味されている．すなわち，人間の諸性質が所得の大きさや，所得が稼得される仕方や，所得が消費される仕方によって形作られるという．モラル・フィロソフィーが説く「人間→経済」の関係には，利己心が経済を駆動する面と，道徳感情が経済を有徳のものにする面とがある．同じように，マーシャルが設定する「人間←経済」の関係にも，経済が人間を洗練されたものにする面と，経済が人間を頽廃したものにする面とがある．2つの関係を結びつけると，利己心の経済と頽廃した人間という悪循環も生ずるし，有徳の経済と洗練された人間という好循環も生ずる．

このような人間を中心とした経済像は，生産関数と効用関数に基づく資源配分の決定という新古典派の中心問題をはるかに超えるものである．上掲のマーシャルの経済学の定義は，新古典派経済学の総括を示したとはいいがたく，むしろドイツ歴史学派への彼の憧憬によって導かれた経済学のあるべき姿を示したものである．彼にとって，富と人間との間，すなわち「技術的・自然的」次元と「心理的・倫理的」次元との間の相互関係をとらえることは，

経済を「制度的・歴史的」次元で論ずることに到達するのである.

　他方,真正版の新古典派経済学は,記述的経済学の体系と並ぶ規範的経済学の体系を生み出した.ピグウ(1877-1959年)の厚生経済学がそれである[69].それは経済的厚生の客観的対応物として国民所得を定義し,国民所得の生産の増大および分配の平等を基準とする.しかし,厚生基準に含まれる価値判断の根拠をめぐる批判によって,分配基準は放棄され,パレート最適のみを基準とする新厚生経済学が成立した.国民所得の「生産と分配」の二分法が,規範経済学の領域においてすら徹底することを求められたのである.新厚生経済学は生産についての「効率」基準のみを内容とし,「公正」基準を扱うことを拒否した.

　さらに,「効率」基準は人々の選好や効用を前提とするが,これらの心理的概念は「心理的・倫理的」次元との不純な関係を意味するという理由から,顕示選好の概念が発案されることになった.行動主義の導入がそれである.こうして,「心理的・倫理的」次元に属する最後の要素が排除されたのである.この事情については,第6章第4節で述べた.

マクロ・革新・情報・制度——新古典派以後

　第4次の「古典的状況」は,ケインズの『雇用・利子および貨幣の一般理論』がもたらした「ケインズ革命」の収束によって画されるであろう[70].ケインズ理論の革命性は「問題」と「方法」の2面に見出される.

　「問題」に関しては,希少資源の完全利用を前提とした新古典派が,価格メカニズムを通ずる「資源の最適配分」を主題としたのと違って,資源の不完全利用(労働については不完全雇用)をありうることとして前提した上で,「資源の現実的利用」の水準を決定することを問題として設定した.その問題を解く理論が「有効需要理論」であった.古典派および新古典派が,完全雇用の前提の下で,供給面について「生産と分配」のパターンを主題として扱ったのに対して,ケインズは需要面から有効需要の大きさが「生産と分配」の規模を決定することを示した.富裕の中での失業・不況・景気変動が現実の経済問題であった.効率的資源配分の理論がいかに整備されているとしても,資源が現実に完全利用されていないとすれば,効率性の議論は成り

4 問題——「富裕と卓越」から「生産と分配」へ

立たないのである．その結果，ケインズ理論に基づいて完全雇用を実現した上ではじめて，新古典派理論の主題が妥当性を得るという「新古典派総合」の考えが導き出された．厳密にいえばこの考え方に疑問があるにせよ，問題の優先順位はこれによって明らかである．

「方法」に関しては，有効需要の理論を展開するために「マクロ」経済分析が考案されたことが画期的な貢献であった．ケインズに先立って，またケインズと並んで，学派の違いを超えて，経済変動を説明するために，新古典派の完全予見・完全知識の想定から離脱し，不確実性や期待要因を導入する多くの試みが行われたが，マクロ理論のような体系構築に至らなかった．

20世紀後半の50年間は，さし当り「現代の発展」として一括される時代であるが，いくつかの異なった新しい「問題」設定について述べておこう．

20世紀の前半，経済学は，資本主義経済の不安定な現実が提起するインフレ・デフレ・失業・景気変動などの問題と取り組まなければならなかった．しかし，完全雇用と無時間的な市場均衡を中核とする静態的な新古典派経済学によっては，これらの現実問題を扱うことはできない．新古典派経済学に取って代わる何らかの動学理論が求められた．代替的な理論は2つの異なった方向を取った．1つは，上述のケインズの理論であり，新古典派理論における完全雇用の前提を取り除き，資源の利用水準そのものを決定するマクロ理論である．もう1つは，シュンペーターの理論であり，新古典派理論における静態の前提を取り除き，技術革新に基づく長期の経済発展の理論を提起した[71]．不況の解決を求める焦眉の時代の圧力の下で，ケインズ理論はただちに成功を収めた．その成功は，経済学史上，1つの「古典的状況」を作り出し，政策面では，1950年から1975年までの20世紀の第3・四半期は「ケインズの時代」とさえ呼ばれた．

シュンペーターは短期的に影響力を発揮する上で敗北を喫したが，20世紀の第4・四半期に入るころには，彼の革新（イノベーション）の思想は，経済の長期的発展を展望する社会的雰囲気の中で再生を果たした．従来，経済学において外生的に扱われてきたにすぎない技術・組織・制度の革新が，経済発展の原動力として再認識された．革新の過程，知識の普及，企業者精神の形成が研究の対象となり，不況や好況の景気変動は革新との関連でとら

えられる.「新シュンペーター経済学」と呼ばれる領域が出来上がっている[72]．

次に，ロナルド・コースによる「取引費用論」の確立がある[73]．これは，市場という交換システムの中に，なぜ組織としての企業が存在するのかというコースの卓抜の発想から始まった．企業内部の活動も市場交換によって果たすことができるはずであるのに，なぜ計画的管理の企業組織が形成されるのか．答えは，市場取引が実現するためには，情報・交渉・契約履行などの費用（取引費用）がかかるので，組織はその費用を節約するために成立するということにある．従来の経済学はこのような費用の存在を考慮に入れていない．実際にはさまざまな取引費用が存在し，それを回避するために，経済には私的所有権をはじめとしてさまざまな制度が配置されている．取引費用論は制度分析の基盤を提供した．

取引費用とも関連するが，情報の不完全性・非対称性の問題が，現実の市場・制度・組織に分析を進めることを可能にした[74]．情報は人間の主観性に依存しており，第6章第2節で見たように，いわゆる「行動経済学」は多様な心理に遡って経済行動の現実を記述しようとしている．

しかし，制度の議論に関して最も大きな展望を開いたのは，ジョン・ロールズの正義論である[75]．彼は，伝統的に経済学を支えてきた功利主義の批判を通じて正義の原理を提起し，論理実証主義哲学の支配下で長く絶滅の淵に立たされていた道徳哲学を活性化することに貢献した．その影響は経済学にも及び，従来の厚生経済学の範囲は飛躍的に拡大され，経済哲学の再生が確認された．アマルティア・セン，マーサ・ヌスバウム，鈴村興太郎，後藤玲子らの業績がここに属する[76]．

総じて言えば，新古典派以後の経済学は，新古典派的諸前提を意識的にかつ大規模に変更することによって，市場の内部的および外部的諸条件に解明を加えようとする．その結果，「技術的・自然的」次元に加えて，「心理的・倫理的」および「制度的・歴史的」次元が部分的に回復を見ている．

経済における質料と形相

経済が人間の生存に対して財貨・サービスという物質的基礎を与える活動

である，ということはたしかである．このような経済を経済学の「問題」として主題化するに当って，上で触れた「形相」と「質料」というギリシャ的存在論の概念を応用してみよう．「形相」はそこにあるものが何であるか（本質存在）を規定するものであって，「質料」は単にそれがそこにあるかないか（事実存在）を示すものである．「質料」は何らかの「形相」ないしイデアを可能性として含んだ「可能態」であるにすぎず，「形相」はその可能性が実現された「現実態」である．すべての存在するものは，「質料」と「形相」との合成，あるいは「可能態」と「現実態」との合成からなる．

　生存の物質的基礎を与えるものという常識的な経済観は，経済の「質料」を語っているにすぎない．経済は人間に属する「付帯性」ないし「属性」であるが，このような経済観によると，経済が財貨・サービスという材料によってどのような人間や人間の生活を実現するかは示されていない．それは「形相」なき経済である．主流派経済学の中核をなす新古典派経済学は，まさに「質料」の経済学であり，「形相」なき経済学である．その意味はこうである．新古典派経済学は，消費選好・生産技術・資源量を所与として，「効率」の経済状態を基準として考える．いかなる人生のための経済かと問われるならば，形式的に所与とされている消費選好のためであるというのが答えであろう．しかし，それは理論体系を閉じるために形式的に置かれている条件にすぎず，経済の特定の「形相」を表すものではない．素材的に用意された経済の「質料」に対して個体としての現実態を与えるものは，経済の「形相」である．

　社会のある一定の消費選好は，人々の間に所得がどのように分配され，人々がどのような財貨・サービスを需要するかに依存している．したがって，消費選好のパターンは，社会の分配関係と財貨・サービスの種類や性質が具体的に決まらない限り，無内容である．ミクロ経済学が導出する市場均衡は単なる「質料」の経済にすぎない．「市場均衡」を特徴づける「効率」の基準は，経済を単に無内容のままの可能態として定義するにすぎない．その理論の目的は，経済が「質料」の次元において，一定の秩序を持ちうる「属性」であることを示すことであった．

　ケインズ理論が教えるように，経済が「質料」たりうるためには，そもそ

も資源が「利用」されるという条件を満たさなければならない．その上で，「質料」の経済に特定の「形相」を与えるものは，市場均衡が満たしている「効率」という形式的基準ではなく，「正義」および「卓越」という価値理念が充足されているかどうかである．「正義」は社会の分配状態に関わり，「卓越」は社会の財貨・サービスの種類や性質に関わる．そして人間が人間らしい有徳の存在となるのは，財貨・サービスの生産や支出の仕方が人間本性を実現し，人間能力を十分に発揮するようなものとなるときである．主流派経済学は，倫理的価値との関係を絶ったために，経済を人間にふさわしい経済たらしめる本質的なものについての議論を欠いている．第5章第2節で述べたように，メンガーは経済の2つの概念を区別しながらも，「効率的資源配分」が経済問題の本質であり，それが理論経済学の対象であると論じたが，それは単なる「質料」の経済を定義したにすぎなかった．

　経済の「意味・意義・価値」を論ずるためには，「正（正義）・徳（卓越）・善（効率）」という価値の全体系をまともに取り上げなければならない．これらの価値の中で，経済学の歴史を通じて完全に無視されてきたものは「卓越」である．それは古代以来，モラル・フィロソフィーの根幹をなし，たえず「富裕」と対置させられてきたものである．「卓越」概念の再興のためには，経済学は論理的知を追求する理論的理性に限定することなく，「理性・感情・意志」を含む人間精神の作用を方法的基礎としなければならない．これは経済の概念を導く「方法」を問うことであって，これを次節で取り上げよう．

5　方法——「理性と精神」から「理論と歴史」へ

自然法パラダイムと経験科学

　古代および中世の哲学が経済学の生成に及ぼした最も重要な影響は，自然法思想である．自然法は，世界が一定の秩序から成り立つという先入観念を意味する．それは人間本性における理性の命ずる規範であり，理性によって発見される法則である．それは実践と認識を導く観念となった．アリストテ

5 方法――「理性と精神」から「理論と歴史」へ

レスによって強調されたポリスにおける人間の「自然的本性」の観念は，中世においては，神の国への志向性という方向づけを与えられたけれども，いずれの場合にも，自然的なもの（ピュシス）は人為的なもの（ノモス）に優先する基準であると見る点で，自然法の初期の系譜を形成した．

この伝統的自然法論を換骨奪胎し，近代的自然法論の創始者となったのはグロティウス（1583－1645年）である．彼は，自然法は人間本性に合致する行為を要求する理性の命令であり，神が存在しなくても妥当するという有名な言葉を述べた．第2章第1節の啓蒙主義の議論で述べたように，近代自然法論では，「自然法・自然権・社会契約」という3つの概念が一体をなす．

自然法思想は社会科学の起源として基本的な重要性を持っている．経験科学は，世界の中に一連の相互関連を持った現象の存在を自覚し想定することから始まる．このことは物理的世界についても，社会的世界についても同じである．そして社会的事象を貫く秩序は，経験的観察と理性に基づく人間本性から導かれなければならないとして，社会の秩序化の契機が人間本性，なかんずく個人合理性の中に求められた．

シュンペーターはこの辺の事情を次のように書いている．

「われわれは，物理的世界を秩序ある計画に従って作られた論理的に一貫した全体と見ることができるのと同じように，社会を内在的な論理的一貫性を持った一つの宇宙とみなすことができる．」[77]

「人々は，一方において，個人主義的観点，すなわち個人の動機の中に社会事象の理解に対する鍵が横たわっているという見解に到達し，他方において，理性のみに対応した不変的かつ普遍妥当的な社会事象の秩序が存在するという見解に到達した．」[78]

自然法思想はやがて広義の「自然主義」に成長し，後者は「歴史主義」と対立する近代的世界観となる．これらの2つの思潮は「啓蒙対反啓蒙」の運動として長く持続する．「啓蒙」は，迷妄な人間精神の混在の中から合理的理性を抽出し，知的構築の方法とした．「反啓蒙」は，豊饒な人間精神の中にこそ一切の文化の源があると主張した．この事情については，すでに第2章で述べたとおりである．経済学はこれらの思潮を反映して，「理性対精神」の対立を「理論対歴史」の対立の形に集約し変形していく．新古典派経済学

の時代になると,経済学は形式的に物理学の方法的概念に依存するまでになった[79]. 経験的・実証的ではあるものの,合理的普遍性よりも歴史的個性の研究を重視する思想はドイツ歴史学派によって実践された[80].

シヴィック・ヒューマニスト・パラダイムと歴史主義の方法

ポーコックの大著『マキアヴェリアン・モーメント』（1975年）は,中世末期から近世初期にかけての政治思想を扱った歴史研究であるが,われわれがこれに着目するのは,彼が取り上げている歴史主義の方法的問題のためであって,これは解釈学の視点から検討に値する．彼の研究においてわれわれの注目を惹くのは,アリストテレスの共和主義の「普遍的」理念が,フィレンツェ共和国のマキアヴェリという「個別的」契機を通じていかに実現されたかという問題を設定していることである．ポーコックは共和主義理論を,個々の偶然的出来事,および偶然的出来事の次元としての「時間」を扱うための様式的観念と考え,普遍の認識と個別の認識との関係を哲学的に思考するという歴史主義的観点に立つ．この様式的観念が「シヴィック・ヒューマニズム」のパラダイムである．上述の自然法パラダイムは普遍的に妥当すべきものであり,理性によって認識されるものであって,「シヴィック・ヒューマニズム」のパラダイムはそれと対立する．

普遍の認識は,基本原理（自然法）からの演繹という「理性」の作用によるが,社会についての個別の認識は何によって可能となるか．それは「慣行」（あるいは慣習・伝統）の存在を通じて把握されるが,それらの良さを評価する基準は,歴史が検証する「経験」の重みによらざるをえない,とポーコックは言う．社会科学における個別対普遍の認識論は,ディルタイの「歴史的理性批判」という歴史主義の課題に他ならなかった．「慣行」は,ディルタイにおいては,精神の客観的な「表現」としての個性的歴史であり,それらは全幅的な精神としての「理性・感情・意志」が生み出したものである．歴史は,とりわけ「理性」による構築物としてではなく,「感情と意志」の作用の結果として見られなければならない．そしてポーコックにおける「理性対経験」の対比における「経験」というものは,ディルタイの「体験・表現・理解」の解釈学的枠組みにおける各構成要素間の相互作用に相当

するものであろう．

　ポーコックは，個別から一般的なものを認識するアリストテレス的観念の枠組みを「経験・慣行・慎慮」（第1章の題名）として総括する．それによれば，「慣行」はたびたびの「経験」の繰り返しによって定型化・概念化されるが，「慣行」を評価する基準とされる「慎慮」（prudence）は，そうした持続的「慣行」を導く個人や社会の理性的能力である．「慣行」は多様な個別的行為の一般化であって，個別の偶然的出来事はまだ「慣行」に集約されていないものである．「慣行」は「経験」の過去時制であり，「慎慮」は「経験」の現在時制および未来時制について作用する．かくして，「一般化を遂行する経験はヤヌスの双頭を持ち，革新と記憶，制定法と慣習，現在・将来・過去の間のギャップを架橋した」という[81]．「経験」のヤヌス的二面性，すなわち「連続的記憶によってのみ組織される時間の中の瞬間としての現在の二面性」[82]とは，時間の次元に置かれた現存在の「投企」と「被投」の実存状況を意味するものであろう．この「経験・慣行・慎慮」の枠組みが，時間軸における「存在投企」と「存在被投」とのせめぎ合いを意味するものであると考えるならば，歴史主義に不可欠の個別性の認識に対する解釈学のかかわりが証明されるのである．換言すれば，ポーコックの「経験・慣行・慎慮」の議論は，解釈学として展開する方がスマートであろう．

　ポーコックは以上の概念的枠組みに続いて，もう1つの枠組みとして「摂理・運命・徳」（第2章の題名）を提起する．上述の「経験・慣行・慎慮」は，言わば「神のない社会」について，個別事象の認識モデルを定式化したものであるが，「摂理・運命・徳」は神の統治する中世社会のモデルである．神の「摂理」（providence）の支配下では，時間は永遠の現在であり，神の目からは世界は単純性・統一性・完全性を持つ．しかし，人間にとっては，世界は不完全な経験によってしかとらえることができず，事象は不安定かつ不条理で，不測の「運命」（fortune）として現れる．「運命」は神の「摂理」であるのに，人間はこれに対抗して，あらゆる種類の「徳」を行使するように迫られる．「運命」は信仰を欠いた者の目に映る歴史である．ここで「運命」と「徳」とは対概念をなすが，「摂理」への信仰が「徳」に方向性を与え，「徳」に取って代わる．「運命」＋信仰＝「摂理」．これがキリスト教的

な徳の形成の仕方であり，普遍的秩序の把握の仕方である[83]．

「経験・慣行・慎慮」のモデルが，不確実性を前提としたギリシャ的世界の存在論であるとすれば，「摂理・運命・徳」のモデルは，中世世界に特有の世界内存在の存在論である．人間の「経験」と神の「摂理」とが対照をなす．歴史主義にとっては，この2つのモデルにおけるように，偶然の出来事の堆積から「慣行」を発見したり，繰り返される「運命」の生起から普遍的秩序を認知したりすることは，知的な成果であると同時に，与えられた伝統や秩序からの脱却という実践的方法を提起する．

最後に，14-15世紀のフィレンツェ共和国を背景とした「シヴィック・ヒューマニズム」（市民的人文主義）が来る．「シヴィック・ヒューマニズム」はアリストテレスの政治的共同体の理念に回帰する．政治的共同体は，市民がそこで公共的活動に参加し，共有する普遍的価値の実現を図るという場であって，そこでの「市民的生活」は，政治の実践を通じて社会に参画するという意味で，「活動的生活」と考えられた．しかし，共和国は世俗化された政治秩序であって，自然秩序や神の秩序とは異なる個別的・偶発的・不安定的・非永遠的事象である．「シヴィック・ヒューマニズム」は普遍と個別をどのようなパラダイムによって統合するのか．

古代および中世の哲学は「観照的」生活を重視するものであったが，ここで「政治的」生活における対話と説得と行動の技法としての修辞学（レトリック）が登場し，観照的哲学と対立する．人文主義はこの対立を解く役割を演じた．それは「理性」の代わりに「精神」を取り，「哲学」の代わりに「実践」を取ることによって，普遍を個別の行動を通じて論ずるというものである．ポーコックは次のように書いている．

> 「ルネサンスは，理性（intellect）が普遍的パラダイムや価値を抽象的に観照することよりも，精神（soul）がそれらと生き生きとした関係を持つことを称揚した……．哲学は理性に真理の観念を吹き込むが，歴史は精神全体に真理の具体例を吹き込むがゆえに，歴史が哲学以上に称賛されたのである．」[84]

ここで「理性」や知性よりも，全幅的な「精神」や魂を強調することによって，前者の所産である「理論」よりも後者の所産である広範な「歴史」に

迫るという考えは，われわれがこれまで述べてきたように，歴史主義の基本である．ポーコックはこの第3の様式を単に「活動的生活と市民的生活」（第3章の表題）と書いているにすぎないが，それを上述の2つの様式と対比する形で，「歴史・実践・精神」からなる公共哲学的パラダイムと表現することができよう．ここでは，伝統的な「徳」の観念は，個人の資質よりも共同体の「実践」を規制するものとなった．

　ポーコックの議論は政治体制を主題とした思想史であるが，アリストテレスから出発したわれわれは，「経済・政治・倫理」という包括的な社会制度を念頭においているので，経済についても普遍と個別の関係が基本的な方法のテーマであることに変わりはない．われわれにとって関連性を持つのは，上述の第1の「経験・慣行・慎慮」のモデルと，第3の「歴史・実践・精神」のモデルである．普遍が支配する第2のモデルは，「摂理」の代わりにどのような絶対者を想定しようと，現実的ではない．

　ポーコックの研究は，われわれの解釈学的接近と比べて，言葉は違うけれども，同じ種類の問題を扱っていると考えられる．以上のことから，経済学における経済概念の措定に当って，「方法」の観点から2つの論点を確認することができる．1つは，われわれが構築した歴史主義の思考法である「個性・類型・発展」と「経験・慣行・慎慮」の第1モデルとの共通性であり，もう1つは，われわれが検討した解釈学の枠組みである「制度・理念・存在了解」と「歴史・実践・精神」の第3モデルとの共通性である．これらの2つの論点を次の2項において取り上げ，経済学における方法のあり方を論ずることとしよう．

シュモラーにおける個別と普遍——個性・類型・発展

　中世における普遍論争は個別と普遍をめぐるものであったが，普遍を名目にすぎないとみるオッカムの「コペルニクス的転回」は，ある特異な意味で，近代経験科学の生誕を予告する前触れであった．それは普遍の議論に終始する形而上学と神学を排し，経験的世界への注目を促すという意味である．不思議なことに，ポーコックの上述の研究は個別と普遍をめぐるものだと言いながら，この中世スコラ哲学の基本問題にまったく触れていない．

経済学において，普遍的な命題の優位性を主張する理論経済学に対して，個別性の探求を先行すべきであると主張するのがドイツ歴史学派経済学であった．シュモラーは有名な方法論の論文において，唯名論に言及した．彼は理論そのものを原理的に否定しなかったが，理論が現実的な前提を持ち，そこから現実的な理論体系を演繹的に構築するためには，まず経済の歴史的個体の知識を蓄積し，広範なデータを収集しなければならないと考えた．複雑な社会現象についての演繹的推論は，十分な量の帰納的作業が蓄積された後ではじめて可能になるというのである．彼はこのような研究計画の中で概念構成の性質を考察したとき，概念は実在ではなく，観念を組織化するための補助手段であると論じ，実在論ではなく，唯名論を支持した[85]．

シュモラーは整合的な方法論を持っていなかったために，素朴な経験主義者にとどまった．一方で，シュモラーにとっては，抽象は現実からの乖離に他ならなかったから，概念に実在的身分を与えることができないのは当然であった．概念は現実の完全な模写ではなく，仮説的・暫定的なものにとどまり，不断に改善されていく．この立場から道具主義方法論へはわずか一歩であった．しかし，他方で，彼の究極的目標は科学実在論であって，人為的な構成物としての概念・仮定・仮説の道具主義的な役割を認めることができなかった．彼が「方法論争」において，理論的接近に対して不寛容であったのは，実在論への執着のためであった．かくして，彼の方法論的立場は，唯名論と実在論の双方を主張するという矛盾を含んでいた．

しかし，シュモラーの実際の経済学研究は，普遍対個体という両極端にとらわれず，両者の中間に「類型」の概念を置いた．それは，彼の進化論的な経済発展段階説に集約されている．シュモラーは，国民経済における社会組織として3つのものを区別した．家族・種族，地域共同体（村落・都市・国家），および企業である[86]．経済生活におけるこれらの組織の役割をとらえることによって，「技術的・自然的」要因と「心理的・倫理的」要因との間の相互作用を明らかにすることができる．各組織は異なった組織原理に基づいており，家族の場合，それは同情・血縁・愛情である．地域共同体の場合には，近隣関係・国家感情・法・強制であり，企業の場合には，営利活動のための私法的契約である[87]．シュモラーによれば，経済生活が個々人の欲求

充足の過程であるという理由で，それを全くの個人的過程とみなすのは誤りである．企業と違って，家族および地域共同体は，経済活動を主たる目的として形成されたものではないからである．自給自足の家族経済ないし種族経済から，他の2つの異なる組織が発展した．一方で，地域共同体は，地域への定住関係を基礎にして，地域経済の異なる水準において経済生活をコントロールし，公共の利益を実現するために形成された．他方で，企業は私的利潤を追求する組織として発展し，分業，市場，競争，社会階級，所有権などのさまざまな制度的仕組みを生み出した．

シュモラーの発展段階説は，村落経済から都市経済，領邦経済，国民経済への「類型」の移行を問題としており，その特徴は，次第に規模の大きくなる地域共同体が広義の社会政策の担い手として現れ，企業の自由な活動をコントロールするさまに焦点が当てられていることである．そのシェーマは，「技術的・自然的」なものと「心理的・倫理的」なものとの間の相互作用が「制度の歴史的進化」を惹き起こすと見る．具体的に言えば，都市経済におけるギルドの管理，領邦経済における領主の支配，国民経済における政府の社会政策などは，共通して経済の道徳的規制とみなされるが，それぞれは個性的な経済の「類型」を表す．これを「制度変化の公共経済モデル」と名づけることができよう[88]．この歴史的経済の概念においては，「管理的伝統」に従って，発展の初期段階から公共経済が枠組みを構成しており，利己心の経済モデルが事実に反することが論証されるのである．

精神における想像力——科学・芸術・実践

ディルタイは生の哲学の基礎概念として，精神を構成する「理性・感情・意志」という一組の観念を提起したが，それらの心的連関や活動を展開するに当って，「想像力」の概念を用いた．想像力ないし構想力は個別的・経験的に与えられた現実を超越して，印象的なイメージを作る力である．彼は，「理性・感情・意志」のそれぞれに対応して，「理性」の形で現実を超えるものを「科学的」想像力，「感情」の形で現実を超えるものを「芸術的」想像力，「意志」の形で現実を超えるものを「実践的」想像力と呼んだ[89]．精神のすべての構成要素を新たな飛躍に導くものは，このような「想像力」であ

る．この意味での「想像力」は，現象学において，「存在被投」の現実を超える「存在投企」の作用の大部分を説明するものであろう．そして「想像力」の媒体となるものは，レトリックである．

　この問題を論ずる際，ディルタイの主たる関心は「芸術的」ないし「詩的」想像力にあったが，われわれとしては，理論のためのヴィジョンや仮説を生み出す「科学的」想像力もさることながら，「実践的」想像力に注目すべきであろう．「実践的」想像力は，意志されたものを遂行するために，現実を超える働きをするものであって，宗教的意識と道徳的意識を含む．古代・中世の知のパラダイムは倫理と宗教を中軸としており，実践的な「意志」によって支えられていた．中世を特徴づけた「理性と信仰」の対立と融合は，「理性と精神」という幅広い対立関係の一部であった．近代的知における理性の優位は，一方で，理論的知の発展をもたらしたが，他方で，精神に含まれる信仰と意志と実践の軽視を意味した．かろうじてロマン主義や歴史主義の努力によって維持されたものは，多元的精神の所産としての歴史の豊饒性の追求であった．

　啓蒙対反啓蒙という方法的対立は，はじめは「理性と精神」との包括的な対立として提起されたが，経済学の歴史の中では，オーストリア理論学派とドイツ歴史学派との間の「方法論争」に見られるように，「理論と歴史」というアプローチの対立に矮小化されることに終わった．「理性と精神」という対立が「理論と歴史」という対立に矮小化されたという場合，ディルタイ自身がその責めを負うべきかもしれない．彼はカントの「純粋理性批判」に対抗して，「歴史的理性批判」という旗印を掲げた．これがやがて「理論と歴史」という対立を招来したのであろう．この対立は経済学において最も顕著であった．たしかに，ディルタイは「理性・感情・意志」からなる全幅的精神から出発したが，精神の客観的な所産としての歴史に焦点を当てた．むしろ，「歴史的理性批判」と並んで，「実践理性批判」を同時に考慮すべきであった．そうすることが，上で見たような経済学の「問題」の推移における倫理的価値理念の消滅を回避することになるのである．

　われわれは「理論と歴史」の対立を解消し，新たな問題領域への研究を可能にするものが「類型」としての「制度」の概念であることを論じた．しか

し，このことは，第3章第1節で論じたように，啓蒙主義に対する対抗的アプローチが，歴史主義の再構築の2つの接近のうち類型学的（社会学的）歴史主義にとどまり，解釈学的（哲学的）歴史主義にまで及ばないことを意味する．しかし，「制度」についての2つの意味として，「社会規範としての制度」と「社会組織としての制度」があることを念頭に置くならば，「社会規範としての制度」は「法律・道徳・慣習」として定義することができる[90]．この意味での「制度」は広義の文化現象の一部であり，解釈学的（哲学的）歴史主義の対象と共通するものであり，「理念」とみなすことができる．したがって，制度派経済学が「社会組織としての制度」だけに対象を限定することなく，「社会規範としての制度」としての「理念」をも対象とするならば，解釈学的歴史主義の課題を制度派経済学に託すことができよう．そうだとすれば，われわれがアリストテレスについて規定したような存在論的枠組み——「制度・理念・存在了解」——が制度派経済学の未来を築くことになるであろう．

注

1) 出隆訳『形而上学』2巻，岩波書店，1961年．
2) 山本光雄訳『カテゴリー論』『アリストテレス全集1』岩波書店，1971年．
3) Ricardo F. Crespo, "The Ontology of 'the Economic': an Aristotelian Analysis," *Cambridge Journal of Economics*, 2006, pp. 769-70.
4) 中畑正志「アリストテレス」内山勝利編『哲学の歴史』第1巻，中央公論新社，2008年，570-78ページ．S. M. Cohen, "Aristotle's Metaphysics," in *Stanford Encyclopedia of Philosophy*, 2008, http://plato.stanford.edu, pp. 8-12.
5) 中畑正志「アリストテレス」，609-13ページ．
6) Martin Heidegger, *Phänomenologische Interpretation zu Aristoteles*, Stuttgart: Reclam, 2002, S. 72.（高田珠樹訳『アリストテレスの現象学的解釈——『存在と時間』への道』平凡社，2008年，95-96ページ．）
7) 高田三郎訳『ニコマコス倫理学』2巻，岩波書店，1971-73年．
8) 中畑正志「アリストテレス」617-18ページ．
9) 桑子敏雄訳『心とは何か』講談社，1999年，68ページ．
10) 村川堅太郎訳『経済学』「訳者解説」『アリストテレス全集15』岩波書店，1969年，487ページ．

11) 山本光雄訳『政治学』岩波書店，1961年，第1巻・第3-10章．
12) 同上，訳，53ページ．
13) 『形而上学』訳，上巻，21ページ．
14) 『政治学』訳，35ページ．
15) 出隆・岩崎允胤訳『自然学』『アリストテレス全集3』岩波書店，1968年，44，47，52ページ．
16) 岩田靖夫『アリストテレスの倫理思想』岩波書店，1985年，159ページ．
17) Karl Polanyi, "Aristotle Discovers the Economy," in K. Polanyi, C. M. Arensberg, and H. W. Pearson (eds.), *Trade and Market in the Early Empires*, Glencoe: The Free Press, 1957.（玉野井芳郎他編訳『経済の文明史』日本経済新聞社，1975年．）
18) 同上，訳，209ページ．
19) S. Todd Lowry, "Recent Literature on Ancient Greek Economic Thought," *Journal of Economic Literature*, March 1979, p. 77.
20) Mark Blaug (ed.), *Aristotle (384-322 BC)*, Pioneers in Economics 2, Aldershot: Edward Elgar, 1991.
21) S. Todd Lowry, *The Archaeology of Economic Ideas: The Classical Greek Tradition*, Durham: Duke University Press, 1987.
22) Crespo, "The Ontology of 'the Economic': an Aristotelian Analysis."
23) 塩野谷祐一『経済と倫理──福祉国家の哲学』東京大学出版会，2002年，第2編．
24) Joseph Alois Schumpeter, *History of Economic Analysis*, New York: Oxford University Press, 1954, p. 58.（東畑精一他訳『経済分析の歴史』上巻，岩波書店，2005年，99ページ．）
25) 『ニコマコス倫理学』訳，上巻，55-56ページ．
26) 中川純男編『哲学の歴史』第3巻，中央公論新社，2008年．
27) 塩野谷祐一『シュンペーター的思考──総合的社会科学の構想』東洋経済新報社，1995年，317-20ページ．
28) Thomas S. Kuhn, *The Structure of Scientific Revolution*, Chicago: University of Chicago Press, 1962, 2nd ed., 1970.（中山茂訳『科学革命の構造』みすず書房，1971年．）
29) 『経済分析の歴史』訳，上巻，152ページ．
30) 同上，訳，153ページ．
31) 中川純男「総論・信仰と知の調和」中川純男編『哲学の歴史』第3巻，32ページ．
32) 服部英次郎他訳『神の国』5巻，岩波書店，1982-91年．
33) 山田晶「聖トマス・アクィナスと『神学大全』」山田晶編『世界の名著20，トマス・アクィナス』中央公論社，1980年，37ページ．
34) 山田晶訳『神学大全』山田晶編『世界の名著20，トマス・アクィナス』81ペ

ージ.
35) 稲垣良典『トマス・アクィナス』勁草書房, 1979 年, 50-51 ページ.
36) 『神学大全』訳, 104 ページ.
37) 山田晶「聖トマス・アクィナスと『神学大全』」59-60 ページ.
38) 稲垣良典『トマス・アクィナス』182-91 ページ.
39) Odd Langholm, *Economics in the Medieval Schools: Wealth, Exchange, Value, Money and Usury according to the Paris Theological Tradition, 1200-1350*, Leiden: E.J. Brill, 1992, p. 26.
40) 『経済分析の歴史』訳, 上巻, 155 ページ.
41) Langholm, *Economics in the Medieval Schools*, pp. 211-18.
42) 『経済分析の歴史』訳, 上巻, 159-60 ページ.
43) Albert O. Hirschman, "Rival Views of Market Society," *Journal of Economic Literature*, December 1982.
44) Langholm, *Economics in the Medieval Schools*, p. 244.
45) 上田辰之助『聖トマス経済学――中世経済学史の一文献』刀江書院, 1933 年, 7-26 ページ.
46) 山内志朗『普遍論争――近代の源流としての』平凡社, 2008 年, 22 ページ.
47) クラウス・リーゼンフーバー『西洋古代・中世哲学史』平凡社, 2000 年, 334 ページ.
48) 山内志朗『普通論争』81-83 ページ.
49) 渋谷克美「オッカム」中川純男編『哲学の歴史』第 3 巻.
50) 同上, 644-47 ページ.
51) "Moral Philosophy, or Morals," in *Encyclopaedia Britannica*, vol. III, Edinburgh: Colin Macfarquhar, 1771, p. 270.
52) Istvan Hont and Michael Ignatieff (eds.), *Wealth and Virtue: The Shaping of Political Economy in the Scottish Enlightenment*, Cambridge: Cambridge University Press, 1983.(水田洋他監訳『富と徳――スコットランド啓蒙における経済学の形成』未来社, 1990 年.)
53) Joseph Alois Schumpeter, *Epochen der Dogmen- und Methodengeschichte*, Tübingen: J.C. Mohr, 1914, S. 39.(中山伊知郎・東畑精一訳『経済学史――学説ならびに方法の諸段階』岩波書店, 1980 年, 68-69 ページ.)
54) Ibid., S. 51.(同上, 訳, 109 ページ.)
55) 『経済分析の歴史』訳, 上巻, 329 ページ.
56) 塩野谷祐一『シュンペーター的思考――総合的社会科学の構想』328-29 ページ.
57) Adam Smith, *An Inquiry into the Nature and Causes of the Wealth of Nations*, 1776.(水田洋監訳『国富論』4 巻, 岩波書店, 2000-2001 年.)
58) Leonidas Montes, "Das Adam Smith Problem: Its Origins, the Stages of the Current Debate, and One Implication for Our Understanding of Sympathy,"

Journal of the History of Economic Thought, March 2003.
59) 高島善哉『経済社会学の根本問題——経済社会学者としてのスミスとリスト』日本評論社, 1941年. 大河内一男『スミスとリスト——経済倫理と経済理論』日本評論社, 1943年.
60) 水田洋『新稿・社会思想小史』ミネルヴァ書房, 2006年, 94ページ.
61) 塩野谷祐一『経済と倫理——福祉国家の哲学』28-29ページ.
62) 田中秀夫『原点探訪 アダム・スミスの足跡』法律文化社, 2002年, 164ページ.
63) J. G. A. Pocock, *The Machiavellian Moment: Florentine Political Thought and the Atlantic Republican Tradition*, Princeton: Princeton University Press, 1975.（田中秀夫他訳『マキァヴェリアン・モーメント——フィレンツェの政治思想と大西洋圏の共和主義の伝統』名古屋大学出版会, 2008年.）
64) J. S. Mill, "On the Definition of Political Economy; and on the Method of Investigation Proper to It" (1836), in *Essays on Economics and Society, Collected Works of John Stuart Mill*, vol. IV, London: Routledge & Kegan Paul, 1967.（末永茂喜訳『経済学試論集』岩波書店, 1936年.）
65) Ibid., p. 323.（同上, 訳, 180ページ.）
66) J. S. Mill, *Principles of Political Economy with Some of Their Applications to Social Philosophy* (1848), *Collected Works of John Stuart Mill*, vol. II, London: Routledge & Kegan Paul, 1965, pp. 199-200.（末永茂喜訳『経済学原理』第2巻, 岩波書店, 1960年, 13-15ページ.）
67) 馬渡尚憲『J. S. ミルの経済学』御茶の水書房, 1997年, 103-11ページ.
68) Alfred Marshall, *Principles of Economics: An Introductory Volume* (1890), London: Macmillan, 8th ed., 1920, p. 1.（馬場啓之助訳『経済学原理』I, 東洋経済新報社, 1965年, 3ページ.）
69) A. C. Pigou, *The Economics of Welfare* (1920), 4th ed., London: Macmillan, 1932.（永田清監訳『厚生経済学』4巻, 東洋経済新報社, 1953-55年.）
70) J. M. Keynes, *The General Theory of Employment, Interest and Money*, London: Macmillan, 1936.（塩野谷祐一訳『雇用・利子および貨幣の一般理論』東洋経済新報社, 1983年.）
71) Joseph Alois Schumpeter, *Theorie der wirtschaftlichen Entwicklung*, Leipzig: Duncker & Humblot, 1912, 2. Aufl., 1926.（塩野谷祐一他訳『経済発展の理論』2巻, 岩波書店, 1977年.）
72) Horst Hanusch and Andreas Pyka (eds.), *Elgar Companion to Neo-Schumpeterian Economics*, Cheltenham: Edward Elgar, 2007.
73) Ronald H. Coase, *The Firm, the Market, and the Law*, Chicago: University of Chicago Press, 1988.（宮沢健一他訳『企業・市場・法』東洋経済新報社, 1992年.）
74) Joseph E. Stiglitz, *Selected Works of Joseph E. Stiglitz: vol. I, Information*

and Economic Analysis, Oxford: Oxford University Press, 2009.
75) John Rawls, *A Theory of Justice*, Cambridge, Mass.: Harvard University Press, 1971.
76) Amartya Sen, *Rationality and Freedom*, Cambridge, Mass.: Harvard University Press, 2002. Martha C. Nussbaum, *Women and Human Development: The Capability Approach*, Cambridge: Cambridge University Press, 2000.（池本幸生他訳『女性と人間開発——潜在能力アプローチ』岩波書店，2005年.）鈴村興太郎『厚生経済学の基礎——合理的選択と社会的評価』岩波書店，2009年．後藤玲子『正義の経済哲学——ロールズとセン』東洋経済新報社，2002年.
77) 『経済分析の歴史』訳，上巻，202ページ.
78) 『経済学史——学説ならびに方法の諸段階』訳，22-23ページ.
79) Philip Mirowski, *More Heat than Light: Economics as Social Physics, Physics as Nature's Economics*, Cambridge: Cambridge University Press, 1989.
80) Yuichi Shionoya, *The Soul of the German Historical School: Methodological Essays on Schmoller, Weber, and Schumpeter*, New York: Springer, 2005.
81) Pocock, *The Machiavellian Moment*, p. 25.（『マキァヴェリアン・モーメント』訳，23ページ.）
82) Ibid., p. 27.（同上，訳，25ページ.）
83) Ibid., p. 48.（同上，訳，44ページ.）
84) Ibid., p. 63.（同上，訳，59ページ.）
85) Gustav von Schmoller, "Volkswirtschaft, Volkswirtschaftslehre und -methode," in J. Conrad u. a. (hrsg.), *Handwörterbuch der Staatswissenschaften*, Bd. 8, 3. Aufl., Jena: Gustav Fischer, 1911, S. 467.（田村信一訳『国民経済，国民経済学および方法』日本経済評論社，2002年，106-107ページ.）
86) Gustav von Schmoller, *Grundriss der allgemeinen Volkswirtschaftslehre*, Bd. 1, Leipzig: Duncker & Humblot, 1900, S. 230.
87) Ibid., S. 453-54.
88) Yuichi Shionoya, "Schmoller and Modern Economic Sociology," *Schmollers Jahrbuch*, 2006, Heft 2, S. 189.
89) Wilhelm Dilthey, *Die Einbildungskraft des Dichters: Bausteine für Poetik* (1887), *Gesammelte Schriften*, Bd. 6, Leipzig: B.G. Teubner, 1924.（徳永郁介訳『想像力の分析』野田書房，1937年.）Rudolf A. Makkreel, *Dilthey: Philosopher of the Human Studies*, Princeton: Princeton Univeristy Press, 1975.（大野篤一郎他訳『ディルタイ——精神科学の哲学者』法政大学出版局，1993年，130ページ.）
90) 塩野谷祐一『経済と倫理——福祉国家の哲学』6-7, 18-20ページ.

終章 —— 議論の総括

　本書において，私は，社会科学・人文科学は自然科学とは異なった方法的基礎に立つべきであると主張する「反啓蒙」の思想群を回顧し，それらを解釈学の展開・拡充という形で総括した．このような思考の伝統の上に立って経済の存在論に接近し，あわせてそれに認識論と価値論を接合するというのが，本書における経済哲学の全体構想であった．以上において，個々の問題を順次に取り扱う場面では，全体的構図の中でのそれらの位置や関連を十分に論ずることができなかった．本書を終えるに当って，知の整合化の観点から議論の総括を図ることが必要であろう．

　(1) 経済哲学は経済学のメタ理論であって，経済学そのものではない．経済学は現実の経済を何の前提もなしに，何の歪みも伴わずに理論化したものではない．経済学の主題を決定するものは，主観性の立場から経済の「意味・価値・意義」を策定する存在論である．この意味で，経済存在論は経済理論に先行する「先行構造」を与える．私はこれを「プレ理論」と呼び，理論の「先行構造」ないし「プレ理論」という考え方を重視する．

　(2) 理論の「先行構造」を与えるものは現存在の「存在了解」であって，これは「伝統と革新」，あるいはシュンペーターの意味での「イデオロギーとヴィジョン」の2種の契機からなる．両者の対立関係を実際に担うものは，知識の場における現存在（人間）の「存在被投」と「存在投企」との間の関係である．両者を分けるものは，「過去・現在・将来」の時間性についての現存在の志向・態度である．過去を踏まえた将来への志向なしに，新たな経済学の主題化は成り立たない．具体的には，経済学の歴史が経済の存在論の舞台である．経済学を学ぶ者は，経済学の歴史の中に「存在被投」されているからである．その中から新しい歴史の1ページを開くのは，「存在投企」

を通じて人間と社会の可能性をプロジェクトする努力である．経済学の「先行構造」は，多くの場合，経済思想の形をとったヴィジョンである．

(3)「存在了解」を基礎とする解釈学は，社会活動の行為者と観察者との一致を要求する．「存在被投」と「存在投企」とを含む「存在了解」は，自己を解釈の対象とする人間に固有のものであって，「存在了解」の構造は，人文・社会科学にとって重要な解釈学的諸契機から成り立っている．

第1に，「存在了解」のいわば作動因となるものは，「理性・感情・意志」を含む生活世界における全幅的人間精神であって，理性だけではない．「理性・感情・意志」のすべてを革新と創造へと飛躍させるものは，想像力である．

第2に，「存在了解」の媒体となるものは，言語のレトリック，とりわけ隠喩のレトリックであり，「先行構造」としての「プレ理論」はレトリックなしには成立しない．そして，「プレ理論」が有意味な理論を導く上での妥当性・有効性は，科学理論の場合とは異なって，道具主義によって判断されなければならない．

第3に，「存在了解」の方法は，歴史的文脈における「体験・表現・理解」の相互連関を「理性・感情・意志」の生の連関に照らして問うものであって，ここに多元的なルートを通ずる「解釈学的循環」が成立し，了解の成功は，生活世界を含む広い文脈における整合主義によって判断されなければならない．解釈学と批判理論との関係も，歴史と実践との間の「存在了解」の問題として位置づけられる．

このように，「存在了解」が意味するものは，生活世界・想像力・レトリック・道具主義・解釈学・生の哲学・整合主義・批判理論など，どれも伝統的科学哲学の範囲を超えるものばかりである．

(4)解釈学が現存在の「存在了解」の内面にまで進むことによって確立される知の「先行構造」は，ハイデガーにおいては，「先行的対象把握・先行的視点設定・先行的概念形成」の3者によって構造化された．これらの構造を目指す「存在投企」の「意図」ないし「目標」こそが存在の「意味・価値・意義」として定義されるのである．

(5)「プレ理論」としての解釈学の主要部分は，このような「先行構造」に

ついての存在論(ヴィジョン)であるが,それを支えるものとして,認識論(レトリック)と価値論(イデオロギー)を伴わなければならない.哲学体系が「存在論・認識論・価値論」からなるという伝統に対応して,解釈学は「ヴィジョン・レトリック・イデオロギー」からなる体系である.これは通常理解されている解釈学の範囲を超えた拡充を意味する.道具主義的認識論と倫理的価値論によって支えられた存在論の「存在了解」は,社会的コミュニケーションと公共的討議のプロセスである.それは哲学的存在論が意味するような孤立的内省の営みではない.知の社会的被拘束性を論じた知識社会学の洞察は,解釈学においては,哲学的知の三大部門である「認識・存在・価値」の間の社会的相関という形で再現される.かくして,本書において,経済学の主題化にかかわる存在論から出発した経済哲学は,認識論および価値論を不可欠のパートナーとする.存在論は知の対象を設定しようとするが,その際,認識論は知の方法を与え,価値論は知の方向を与えるからである.プレ理論は科学的理論ではないから,認識の方法についても認識の方向についても,厳しい制約が課せられないばかりでなく,逆に全幅的な想像力によって支えられなければならない.「ヴィジョン・レトリック・イデオロギー」の3者は,「対象・視点・概念」および「意味・価値・意義」と並んで,知の「先行構造」を言い表す今1つの表現である.解釈学はこれらの一連の概念を用いて,先行知の構造を明らかにすると同時に,知への実践的接近の方法を明らかにする.

(6) 存在論が存在の意味を問うという形而上学のレベルにとどまる限り,それは基礎存在論であって,領域存在論には到達していない.存在論が「精神と社会」の相互作用を扱う人文・社会科学の哲学となるためには,「存在了解」の基盤として,「制度と理念」という概念枠を明示的に導入しなければならない.「制度」は「社会」の結晶であり,「理念」は「精神」の結晶である.どちらも,「精神と社会」との相互作用をとらえようとするモラル・サイエンスにおいて,歴史の多様性を類型化する手続きによってえられる概念的定型である.これによって,啓蒙と反啓蒙との対立において絶えず現れた普遍と個別の両極化を克服しなければならない.こうして社会現象に関して,「制度・理念・存在了解」という拡大された存在論的枠組みが成立する.

経済存在論のための具体的内容を考えるならば,「制度」は「経済・政治・倫理」の社会領域を含み,「理念」は「正・徳・善」の倫理的ヒエラルキーを含む.「経済・政治・倫理」の具体的な姿は,「資本主義・民主主義・公共政策」という3層の構造によって表される.「制度」は「質料」であり,「理念」は「形相」であり,「制度」と「理念」との間の時間を含む整合化は,「存在了解」に基づく「解釈学的循環」に依存するであろう.これがアリストテレス以来の倫理的経済世界像の存在論史を描くためのシナリオの原型である.

(7) 解釈学は「プレ理論」を構築するための手続きであって,主流派経済学と必ずしも対立するものではない.市場均衡と合理的経済人の想定に基づく主流派経済学には,すでにそれに特有の「プレ理論」が存在するはずである.われわれにとっては,開拓の余地の大きい経済動学および経済社会学(あるいは制度経済学)の発展のために,従来のものとは異なる「プレ理論」が求められている.その場合,「制度」の概念は,単に歴史的個性を類型化する方法であるだけでなく,「理念」の基礎にある生の共同体の世界観を類型化する方法でもある.いいかえれば,「制度」は「類型」と「解釈」とを媒介する経済社会学的および科学社会学的な基礎概念である.そして「存在了解」を将来に向けて方向づけるものは,歴史的な「制度」を踏まえて,倫理的な「理念」を実現する「良き生」の観念である.これが社会科学の地平に特有の「存在被投」と「存在投企」との関係である.経済学の論題としては,無時間的均衡主義批判,個人と社会との相互依存関係,歴史的制度の枠組みの変化などが指摘される.

(8) 解釈学は,思想史的に言えば,歴史主義とロマン主義という2つの世界観を,「事象そのものへ」という現象学の方法によって統合したものと言えよう.歴史主義は,社会事象の「個別性」と「発展性」への関心に基づいて,歴史的知の「相対性」を社会領域の「全体的統一性」の中でとらえようとするが,ロマン主義は,同じ歴史的知の「相対性」を人間精神の「全体的統一性」の中でとらえようとする.歴史事象の多元性は,全幅的な人間精神の躍動を客観的に刻印したものであるという意味において,歴史主義とロマン主義とは全幅的生の観念を基底として互いにリンクする.かくして,解釈

学は,「精神と社会」の相互作用をとらえる思想的資格を備えている.

(9) 経済学について解釈学が展開される場は,経済学の歴史である.経済学史が解釈学の具体的な場となるためには,経済学の歴史が「パノラマ＝シナリオ・モデル」として構築されなければならない.その考え方は,個々の経済学説はそれ自身で完結したものではなく,経済知の一契機にすぎず,「全体性」(パノラマ)と「体系性」(シナリオ)を必要とするということである.このモデルは,経済知に関する「存在被投」と「存在投企」との間の関係を歴史的時間の文脈にそくして定型化したものである.学説の「歴史的再構成・合理的再構成・全体の再構成」は,それぞれ「過去・現在・将来」の時間軸に即応した「存在了解」に他ならない.

(10) 経済学の「先行構造」は,経済世界像における「対象・視点・概念」をめぐる存在論史を通じて明らかにされる.アリストテレスの「制度・理念・存在了解」という存在論的枠組みから出発した倫理的経済世界像のパラダイムは,中世のスコラ哲学を通じて維持され,17-18世紀のモラル・フィロソフィーにおいて最終的に「富裕と卓越」という対立概念にまとめられた.しかし,独立の学問となった経済学は,この対概念を財貨における「生産と分配」という対概念に矮小化した.方法的視点に関しては,機械的経済世界像の支配を危惧し,倫理的経済世界像を追慕する形で,社会科学認識論における方法的対立が,一元的な合理的「理性」と多元的な人間「精神」との対立という形で提起された.しかし,「理性と精神」という対立概念は,経済学においては「理論と歴史」という対立に矮小化された.モラル・フィロソフィーから離脱することによって,経済学が失ったものは,徳(卓越)という価値概念と,多面的な人間精神という記述概念である.両者に共通するものは,想像と創造の人間能力である.

(11) 経済学における想像と創造の人間能力の喪失という事態は,将来に向けての「存在投企」の「意図」がどうあるべきかを示唆するものであろう.このような存在論の要請に応えることのできる数少ない経済学者の1人はシュンペーターであった.ハイデガーは解釈学への哲学的貢献を果たしたが,シュンペーターは社会科学の領域において解釈学に実体的内容を取り入れたと考えられる.オーストリア経済学派の主観主義は,その哲学的起源に関し

て解釈学的契機を含む独特の立場であるが，シュンペーターはこれを有効に発展させることに成功した．そのことを示すために，経済哲学に関する「ハイデガー＝シュンペーター・テーゼ」と呼びうるものが導き出される．将来に向けては，「制度」と「理念」との関係に照らして，制度経済学ないし経済社会学に対して期待と要請が向けられる．本書は，すでに進行している有望な経済学の試みに触れることはしなかったが，それらをメタ理論の観点から掩護するための橋頭堡を築くことに徹した．

(12) 本書は存在論への解釈学的接近に基礎を置くが，二重の意味で存在論の限界を克服することを意図した．本書が意図した第1の拡充は，解釈学的「存在論」を哲学的次元において支えるものとして，道具主義・整合主義・レトリックの「認識論」と，正・徳・善の「価値論」とを導入することであって，これを解釈学の「哲学的拡充」と呼ぶ．第2の拡充は，「存在了解」が行われる「世界内存在」を社会科学的次元において表象する契機として，「制度と理念」の概念を導入することであって，これを解釈学の「社会科学的拡充」と呼ぶ．経済哲学は，この二重の意味で拡充された解釈学——すなわち哲学的次元における「存在・認識・価値」の解釈学，および社会科学的次元における「制度・理念・存在了解」の解釈学——に基礎を置くのである．

　本書の思考の中核を構成するものは，ディルタイ，ハイデガー，シュンペーターの3人の思想である．これらは古風に見えるが，経済存在論を構想するに当って不可欠の思想的契機であった．もちろん，哲学および社会科学の分野には，本書に取り込みたい数多くの先人の業績があり，それらを本書のシナリオによって位置づけたいと思ったが，議論の拡散を避けるために言及対象を最小限にとどめた．ここに示された枠組みの輪郭が識者の検討に耐えうるものであるならば，今後いっそうの拡充を図りたいと思う．

事項索引

あ行

アダム・スミス問題　404-8
アプリオリズム　250-2, 254
アリストテレス主義　249-51
イデオロギー　17, 19, 34-41, 43-9, 51, 59-60, 199, 267, 311-2
イノベーション（革新・創造）　41, 54-5, 165, 167, 264-6, 269, 413
意味・価値・意義（先行構造の目標）　iv, 29, 65-7, 127, 189, 218-9, 227, 416, 432-3
ヴィジョン　17, 19, 34-41, 43-9, 54, 59-60, 106, 199
　──とイデオロギー　34-49, 59-60, 72-3, 199, 267, 324, 341, 431
　──の二層的構造　44-6
　──・レトリック・イデオロギー（存在・認識・価値の先行構造）　17-21, 33, 44
ウェーバー（E. H.）＝フェヒナーの精神物理学法則　241-2
オーストリア学派　4, 24, 223-6, 230-55, 268, 277, 279, 287, 291, 436
　──における主観主義　223-5, 232-45
　──の基本教義　232-6
　──の哲学的基礎　244-55
オーストリア哲学　23, 239, 244-7

か行

解釈学　iii, 16-8, 24-9, 60-73, 153-7, 200, 202, 236-40, 251-2, 262, 267-8, 298-9, 303-36, 369, 434
　──的循環　iii, 21, 26, 28, 63, 65-7, 70, 73, 99, 125, 153, 155, 199, 243, 251, 267, 298, 306-7, 313, 315, 353, 370, 432
　──的転回　15-6, 18-20, 28, 303
快楽的人間・精力的人間　165, 212, 265
科学史・科学社会学的転回　15-6, 20, 28
家政術・貨殖術　380-2, 384-5
価値関係性　129-31, 207-8
価値論　5-6, 17
関心　194-6, 201, 213, 287
機械論　23, 86
希少性　231-2, 290-1, 383-4
基本財　334-5
　基礎的人間ニーズとしての──　335
経済思想　18-21, 432
経済社会学（制度経済学）　146, 161, 163, 165-7, 268, 322-3, 368
経済存在論　7, 190, 209-20, 373-4, 343, 434
経済哲学（経済認識論・経済形而上学・経済倫理学）　i-iv, 6-8, 10, 12-7, 19, 28, 431, 436
経済理論（経済静学・経済動学・経済社会学）　12-7, 42, 331-3, 365, 367
　──の次元（技術的・倫理的・歴史的）　402-4, 409-12, 414, 422-3
芸術　93-7, 100, 118, 164
啓蒙主義　9, 51, 79-89, 101, 112-3, 123, 141-3, 147, 151, 170-3, 399
　──の諸命題　81-3
現在的文化総合　48, 71
顕示選好理論　234, 289
現象学　18, 27, 36-9, 49, 52, 56-61, 66, 69, 200
現存在（人間）　28, 49, 190-6, 199, 210, 214, 252, 254, 267
　──と合理的個人　210-2
　──の機能論・類型論　199-201
構想力（想像力）　105-6, 423-4, 432-3
行動経済学　4, 277, 280-2, 292-4
行動主義　233-5, 280, 289, 296-7
個性・類型・発展（歴史主義の観点）　87, 114-6, 120, 123, 125, 131-2, 152-3, 169, 208, 342, 398, 434
幸福（良き生）　330-1, 379-80, 434
功利主義　101, 168, 409
合理性
　経済学における──（合理的経済人）　165, 210-3, 215, 277, 283-4, 289-9
　啓蒙主義における──　81-3
　限定──　281, 283-6
　コミュニケーション的──　173-6, 286, 310
　システム的──　177, 310

実体的──と手続き的── 284-6
　包括的── 170-80
コペルニクス的転回 22, 99, 102-3, 107, 112, 250
コミュニケーション的行為 173-81, 309-10

さ行

思惟（理性）・感情・意志（精神的連関） ii-iv, 38, 64-7, 94, 124-6, 169, 178, 180, 207, 237, 268, 298, 342, 387, 423-4
シヴィック・ヒューマニズム 418-20
自我 107-9, 111
　存在的──・存在論的── 210-2, 238
時間・期待・不確実性 4, 237-8, 255-62
時間性（過去・現在・将来） 190-1, 195-6, 199-205, 213-4, 259, 270, 431
　経済学における── 259-61, 212-4, 255-7
　──の優位構造 196, 267
　本来的・非本来的── 196, 259-60
資源配分
　効率的──・技術的── 229-31
　──の効率性・公正性・卓越性 332-6
志向性 227, 245-7
市場均衡
　──と市場過程 233, 236, 255, 264, 286
　──と社会秩序 160-2, 242-3
自生的秩序 232-3
自然主義 79, 88, 142
自然的本性 379, 381-2, 393, 417
自然法・自然状態・自然権 84-5, 382, 293-4, 416-7
実在主義 229, 232, 243, 279, 318
実存 191-3, 204
質料と形相 375-8, 414-6
社会科学方法論 303-13
社会的統一性と発展（歴史主義の観点） 51, 55, 115, 133, 149, 154, 168, 434
主観主義 4, 224-5, 229, 277, 290, 436
　解釈・認知・欲望の── 224-5, 238, 262
新カント派 87-8, 127-31, 158-9, 207-8
新古典派経済学（主流派経済学） i-iv, 4, 10, 13, 161, 165, 213-5, 219-20, 223, 230-2, 244, 256, 264, 282-5, 289, 322, 434
心理学 224-5, 234-5, 277-80, 294-7
　──と解釈学 65, 277-97, 294-6, 298-9

──と経済学 234-5, 277, 280, 282, 287-94, 298-9
──と論理学 278-9
心理主義 277-9, 287-8, 297
神話 170-4
スコラ哲学 378, 389, 394, 396-9, 435
生活世界 18, 58-60, 174-7, 180, 270, 354
整合主義 99-100, 322, 432
精神科学 64-5, 115, 152
精神と社会（モラル・サイエンスの対象） ii-iv, 15, 41-3, 45, 47, 50, 65, 73, 84-5, 115-9, 187, 209, 219, 268, 287, 299, 375, 435
　──への二構造アプローチ 42-3
制度 122-3, 150-1, 160, 162-3, 165-6, 168-9, 237, 323, 424-5
　──・理念・存在了解（存在論の枠組み） iii, 122-4, 385-8, 392-3, 399, 425, 433-6
生の哲学 25, 28, 64, 69, 207
世界観 46, 62-3, 67-9
前科学（プレ理論） 18-9, 23
先行構造（先行的対象把握・視点設定・概念形成） iii, 18, 70-2, 206, 217-8, 252, 269, 307, 309, 325, 374-5, 391, 431-3, 435
先入観 iii, 35-9, 46-7, 70-1
　──の二元的構造 36-9
相関主義 50-3, 154
創造（革新） 47-9, 92-3, 97, 265-7
　──と伝統（慣行・適応） 47-9, 165, 262, 264-7, 367
　──の基本問題 266, 269
相対主義 50-2, 133, 142, 154, 156
存在
　──と存在者 188-9
　──の2命題（投企と被投） 197-9, 267-70, 431
　──忘却 194, 200, 216,
　──了解 iii, 70, 194-6, 201, 386-8, 432
存在論 5-7, 17, 33-4, 69, 187-220, 375-8, 385-8, 436
　基礎──と領域── 7, 190, 205, 212, 373
　──的区別 188-91, 212, 374
　──の方法論・世界観 61, 69
　──・価値論的転回 15-6, 20, 28, 304

事項索引　439

た行

体験・表現・理解（解釈学的連関）　48, 65-7, 124, 155, 160, 169, 178-9, 200, 237, 298, 432
頽落　193, 255, 259, 264, 269
大陸哲学　iii-iv, 4, 12, 21-3, 27-8, 60, 130, 309
――と分析哲学　21-3, 29
知識社会学　43, 49-61, 66, 353-4
地平の融合　71, 314
痴呆の画廊
――としての学説史　346-8, 350, 353, 406
注意　286-7
超越論的観念論　88, 103-4, 110
哲学（認識論・存在論・価値論）　5-6, 17-9, 28, 33, 187
転回（存在の本来的生起）　196-9, 215, 217, 269
ドイツ観念論　22, 80, 87, 90, 96, 98, 101-13, 120, 123, 245, 334
ドイツ歴史学派　10, 132-3, 143-6, 158, 168, 405, 418
投企・被投　26, 49, 71, 73, 192-6, 198-9, 204, 206, 208, 251, 263-5, 267-70, 311, 324, 335, 341, 352, 359, 375, 387, 435
　学問における――　189, 205-6, 211, 369
　経済における――　262-7, 392-3, 408, 431
道具主義　315-22, 432
徳（卓越）　228, 305, 334-6, 379-80, 387, 395

な行

認識・存在・価値（哲学の対象領域）　5-8, 17-9, 433
認識論　5-6, 17, 24
認知科学　280

は行

ハイデガー＝シュンペーター・テーゼ　226, 267-70, 311, 341, 373, 388, 436
発見の文脈・正当化の文脈　39-41, 72
パノラマ＝シナリオ・モデル　341-69, 388, 406, 435
パラダイム　11, 41, 307-8, 323, 389
反基礎づけ主義　98-100, 111, 322
反啓蒙　79-80, 84-5, 89, 92, 101-2, 112-4, 117, 123, 141-3, 147
批判理論　27, 170-3, 309-13
被覆法則モデル　343
ヒューリスティックスとバイアス　281
不安　192-3, 212-3
普遍論争（実在論・唯名論）　397-8, 421-2
フランクフルト学派　170-3
プラグマティズム　320-3
プレ理論（レトリック・ヴィジョン・イデオロギー）　16-20, 33, 44, 67, 97, 148, 217, 269, 286, 307, 315, 324-5, 431
　先行構造としての――　17-8, 217, 269, 307, 325, 431-2
　――としての経済思想　18-21, 432
プロスペクト理論　281-2
文化価値　129-31, 208-9, 242
文化社会学・実在社会学　43, 56-8
分析哲学　iii, 4, 21-3, 28-9
弁証法　122-3, 314-5, 351, 358
法則定立的方法・個性記述的方法　128-9, 159-60
方法論争　10, 143-6
本質主義　229, 232, 279, 318

ま行

満足化原理　284-5
メタ理論（科学哲学・科学史・科学社会学）　12-4, 16-7, 33, 42-3, 365
モナド　86
物自体　103-4, 107
モラル・サイエンス（モラル・フィロソフィー）　ii, 2, 4, 9, 15, 43, 118, 219, 224, 277, 287-9, 375, 388, 398-400, 406, 411

や行

欲望（欲求）　226-31, 305
有機体論　23, 86, 93, 99-101, 109, 122, 149

ら行

理解（解釈）　124, 134-5, 158-60, 194, 298
――と説明　66, 125, 307
理解社会学　158-63, 238, 242-4
理念型　151, 158-9, 242
理念と制度　ii-iv, 122-3, 328, 332, 385-8, 424-5, 433-4
理論負荷性　307, 343
倫理学（正・徳・善）　328-33, 378-80, 386-7,

407
—— と経済学　331-6
類型学　126, 148, 150-3, 157, 159-60, 163, 166, 169, 242, 323, 422-3
歴史　23, 37, 43-4, 84, 113-5, 142, 151
　記念碑的・骨董的・批判的 ——　356-7, 359, 364
　経済学の ——（科学史）　13-5, 17, 220, 269-70, 341-5, 352-5, 360-70, 373-425, 435
　出来事としての ——・記述（物語）としての ——　203, 343-4, 350, 356-7
　—— の全体性（パノラマ）と体系性（シナリオ）　53, 345-8, 355, 358-9
歴史主義　10-11, 26, 37, 48-56, 60-2, 69, 79-80, 84, 87-8, 102, 112-33, 141-4, 187, 202, 206-9, 345-6, 418-21, 434
　—— の危機　141-3, 147, 152-3, 156
　—— の再構築（類型学・解釈学）　148-51, 153-7, 187
　—— の諸命題　132-3, 148-51

—— の方法・方法論・世界観　62, 124
—— の4つのベクトル（実証的・弁証法的・類型学的・解釈学的）　156-7, 169, 206, 209
歴史性　202-5
　本来的・非本来的 ——　204-5
歴史的再構成・合理的再構成・全体的再構成　63, 350-2, 360, 362, 435
レトリック　17, 19, 43-5, 314, 324-8, 432
　—— の型（対立・隠喩・逆説）　326-8
ロマン主義　80, 85, 87-8, 89-101, 118, 123, 126, 129, 133, 149, 163-5, 167-9, 202, 434
　—— の哲学　97-101
　—— と経済学　163-5, 167-9
論理実証主義　i, 7-9, 11, 21, 24, 33, 39-41, 79, 106, 245, 289, 297, 309, 344

わ行

枠組みの構築　216-7, 311

人名索引

A
Adorno, T. W.　142, 170-4, 184
Agassi, J.　323, 338
Altman, M.　300
Ameriks, K.　135-6
Antoni, C.　119, 137, 142-3, 157-8, 181, 183
Aquinas, T.　389, 391-5, 398-9
Archimedes　328
Aristotle　190, 201, 221, 225, 228-9, 246-55, 271, 314, 325, 334, 374-89, 391, 394, 397-8, 416-21
Augustinus, A.　389-91
Avenarius, R.　132

B
Barker, R.　349
Beiser, F.　89, 134-7
Bentham, J.　168, 379
Berding, H.　182
Berger, L. A.　301
Bergson, H.　172
Berlin, I.　91-3, 114-5, 117-8, 135, 137, 143
Bernstein, R. J.　30-1
Betti, E.　72
Blaug, M.　29, 370, 426
Boettke, P. J.　235, 270-1
Böhm-Bawerk, E. von　235, 245, 247-8, 273, 363, 371
Boland, L. A.　316, 338
Bollnow, O. F.　302
Bolyai, F.　1-2
Bowie, A.　137
Brentano, F.　23, 225, 227, 244-7, 273, 279, 295-6
Brentano, L.　241, 246
Bridgman, P. W.　316
Bruni, L.　301
Burckhardt, J. C.　123
Burge, T.　302

C
Caldwell, B. J.　29-30, 338
Camerer, C. F.　300
Caplin, A.　301
Carnap, R.　245
Cassirer, E.　84, 86-7, 91-2, 127, 134
Coase, R. H.　414, 428
Cohen, H.　87, 127
Cohen, S. M.　425
Comte, A.　56-7, 124, 368
Copernicus, N.　82
Crespo, R. F.　385, 425-6
Critchley, S.　19, 22, 30

D
Dallmayr, F. R.　336
Danto, A. C.　350, 357, 370
Davis, J. B.　29
Delanty, G.　75, 337
Descartes, R.　43, 79, 82, 86, 92, 98, 114, 116, 119, 252, 322
Destutte de Tracy, A.-L.-C.　35
Dewey, J.　24, 172, 321-2, 338
Dilthey, W.　25, 27, 61-76, 88, 119, 124-9, 132, 138, 143-4, 152, 154-7, 177-9, 182, 187, 200, 202, 207, 237-9, 247, 294-6, 298-9, 302-4, 418, 423-4, 429, 436
Droysen, J. G.　123
Duhem, P.　316-7
Dummett, M.　30, 300
Duns Scotus, J.　398

E
Ebeling, R. M.　235-6
Eddington, A. S.　316
Ehrenfels, C. von　245

F
Fabian, R.　273
Fechner, G. T.　241-2, 294
Ferguson, A.　399

人名索引

Feyerabend, P. K. 316, 337
Fichte, J. G. 22, 68, 88, 100-1, 106-10, 136
Ford, J. L. 274
Frank, M. 134-5
Frankfurt, H. 305, 336
Frege, F. L. G. 278
Freud, S. 22, 170
Friedman, M. 316, 318-21, 338
福吉勝男 136

G

Gadamer, H.-G. 25-6, 38, 69, 71-3, 75, 77, 80, 122, 133, 137, 208, 221, 238-40, 310-2, 314, 337
Galileo Galilei 82
Gay, P. 82, 88, 134
Grillies, D. 275
Glendinning, S. 31
Goethe, J. W. 68, 116-7, 141, 153
後藤玲子 414, 429
Green, T. H. 305, 330, 334, 336, 339, 379
Gross, A. G. 338
Grotius, H. 417

H

Haberler, G. von 235
Habermas, J. 27, 173-81, 184, 272, 309-11, 337
Hamann, J. G. 92, 119, 143
Hands, D. W. 337
Hanson, N. R. 24-5, 307, 336
Hanusch, H. 428
Harrod, R. F. 2
Hausman, D. M. 29
Hayek, F. von 4, 223-4, 235-6, 244, 255, 270-2, 286
Hegel, G. W. F. 22, 53, 68, 88, 93, 100-2, 106, 109-13, 120-4, 126, 132, 137-8, 151, 154, 157, 315, 342, 345-54, 356-8, 361, 366-7, 370-1
Heidegger, M. 7, 18, 22, 24-8, 31, 38, 57-8, 69-73, 75-6, 105, 132, 136, 156, 187-222, 226, 238-9, 251-6, 259-61, 274-5, 286-7, 296, 298-9, 303-4, 309, 342, 345, 358-60, 370, 373, 278, 388, 391, 425, 432, 435-6
Held, D. 184

Helmholz, H. von 294
Hempel, C. 297, 302
Herder, J. G. 86, 92, 114-20, 151, 153
Heltz, H. R. 316
Heussi, K. 152, 182
Hirschman, A. O. 395-6, 427
Hobbes, T. 68, 85, 95
Hölderlin, J. C. F. 91, 110
Honderich, T. 29
Horkheimer, M. 142, 170-4, 184
Horwitz, S. 271
Huch, R. 96, 135
Hume, D. 22, 68, 84-5, 125, 134, 399
Husserl, E. 18, 23, 26-7, 57-8, 69, 76, 132, 138, 172, 200, 202, 245, 278-9
Hutcheson, F. 399
Hutchison, T. W. 229, 271

I

Iggers, G. G. 139
Ignatieff, M. 427
Illyricus, F. M. 63
稲垣良典 427
Inwood, M. J. 133
伊坂青司 137
伊藤邦武 272
岩崎武雄 136
岩下豊彦 301
岩田靖夫 426

J

Jevons, W. S. 223
Johnston, W. M. 273

K

Kahneman, D. 281-2, 300-1
金子晴勇 75
Kant, I. 21-2, 64, 68, 85, 87-9, 95, 101-8, 112, 125-7, 135-6, 141, 181, 245, 252, 379
鹿島徹 221
加藤尚武 135, 138
Kauder, E. 229, 271
Keith, M. 338
Kepler, J. 82
Keynes, J. M. 2-4, 20, 29, 38, 243, 257, 306, 342,

人名索引 443

362, 368, 412-3, 428
Keynes, J. N.　289, 301
木田元　221, 274
Kierkegaard, S. A.　193
Kirchhoff, G. R.　316
Kirzner, I. M.　235
Klein, L.　402
小磯仁　137
Kordig, C. R.　74
Kraus, O.　274
久保陽一　136
Kuhn, T.　11, 25, 30, 41, 74, 130, 189, 323, 337, 389, 426
隈元忠敬　136
Kümmel, F.　275
黒崎政男　136
Kurz, H.　370
Kusch, M.　278, 300-1

L

Lachmann, L. M.　226, 235-40, 243-4, 256, 272-4
Lange, O.　236
Langholm, O.　394, 427
Lask, E.　127
Lavoie, D.　235-6, 239-40, 272
Leahey, T. H.　297, 302
Leeson, P. T.　271
Leibniz, G. W.　86-7, 92, 116
Lessing, G. E.　86, 92
Locke, J.　85, 95, 125
Loewenstein, G.　300
Lowry, S. T.　426

M

Mach, E.　132, 243, 245, 316-9, 322, 361-2, 371
Machiavelli, N.　91, 95, 407, 418
Machlup, F.　235
MacIntyre, A.　101, 136, 335, 339
Makkreel, R. A.　76, 138, 429
Mandeville, B.　95
Mannheim, K.　49-59, 61, 74-5, 153, 199
Marciano, A.　29
Marcuse, H.　170
Marcuzzo, M. C.　363, 371

Marshall, A.　334, 402, 411, 428
Martin, M.　336
丸山高司　76
Marx, K.　20, 22, 35, 38, 49-51, 56, 74, 157, 170, 362-3, 368, 371
馬渡尚憲　428
Mayer, H.　235
McCarthy, A.　336
McCloskey, D. N.　325, 339
McLellan, D.　74
Meinecke, F.　87, 113-7, 125, 134, 137, 142, 147, 153, 156-7, 181-3, 207-8
Meinong, A. von　245
Menger, C.　142-3, 223, 225-31, 235, 239, 243-5, 271, 279, 285, 299, 382, 416
Merleau-Ponty, M.　19
Mill, J. S.　288, 301, 379, 402, 408-10, 428
Millan-Zaibert, E.　134
Mirowski, P.　429
Mises, L. E. von　4, 223, 235-6, 244, 273
水田洋　428
Montes, L.　427
Montesquieu, Charles de Secondat de　85, 95, 395-6
Moore, G. E.　189, 221
Morgenbesser, S.　317, 338
Morgenstern, O.　235
Möser, J.　117, 153
村田純一　273

N

Nagel, E.　317, 338
中畑正志　425
中川純男　426
中山伊知郎　229, 271
Napoléon Bonaparte　35, 50
Natorp, P.　127
Newton, I.　2, 82, 86, 306
Nickles, T.　74
Nietzsche, F. W.　22, 170, 201, 342, 345, 355-60, 362, 364, 368, 370-1
西川泰夫　301
野家啓一　24-5, 30, 338
Novalis (Friedrich von Hardenberg)　91, 96, 100, 108-9

Nussbaum, M. C. 414, 429

O
Ockam, William of 397-8
O'Driscoll, G. P. 226, 261-2, 275
大河内一男 428
Ortega y Gaset, J. 68-9, 76

P
Palmer, R. E. 25, 30-1, 77
Pareto, V. 234, 271, 289, 368
Parsons, S. D. 275
Peirce, C. S. 236, 322
Perelman, C. 325, 339
Perlman, M. 369, 372
Pigou, A. C. 260, 275, 334, 339, 412, 428
Plato 377, 391, 397
Pocock, J. G. A. 407, 418-21, 428
Poincaré, H. 243, 316-7
Polanyi, K. 231, 271, 382-4, 426
Popper, K. 157, 183, 229, 245, 316-7, 337
Porter, R. 134
Pyka, A. 428

Q
Quesnay, F. 83, 85, 401
Quine, W. V. 25, 297, 302

R
Rabin, M. 300
Rabinow, P. 336
Ranke, L. von 123-4, 151, 182
Rawls, J. 101, 177, 305, 330, 335, 339, 379, 414, 429
Reichenbach, H. 39, 74
Reid, T. 399
Rescher, N. 273
Rickert, H. 88, 127, 129-31, 138, 158, 207
Ricoeur, P. 25, 27, 310-2, 337
Rizzo, M. J. 226, 235, 261-2, 275
Robbins, L. 290-2,
Robinson, J. 30
Rorty, R. 24, 30, 76, 84, 134, 350-1
Roscher, W. G. F. 123
Rosenstein-Rodan, P. N. 235

Rosselli, A. 363, 371
Rossi, P. 158, 183
Rothbard, M. N. 235
Rousseau, J.-J. 85, 95
Runde, J. 29
Russel, B. 108, 112-3, 136-7

S
Samuelson, P. A. 234, 289
Sartre, J.-P. 193
佐藤信夫 339
Savigny, F. C. von 123
Scheler, M. 49, 52-3, 56-9, 61, 75, 199
Schelling, F. W. J. 22, 88, 91, 100, 106, 109-10, 136
Schiller, J. C. F. 94-6, 135
Schlegel, F. 90-1, 96, 98-100, 108-9
Schleiermacher, F. 25, 62-5, 72, 76, 91
Schmitt, C. 96, 135
Schmoller, G. von 144-6, 181, 368, 402-3, 421-3, 429
Schnädelbach, H. 61-2, 75, 124, 131, 138
Schopenhauer, A. 22
Schotter, A. 301
Schroeder, W. R. 30
Schumpeter, J. A. 9, 25, 30, 33-49, 51, 54-5, 58-60, 73-4, 84, 97, 106, 132-4, 139, 146, 148, 157, 163-9, 182-4, 199, 226, 247-8, 260-2, 264-70, 275, 284-5, 301, 318-20, 322, 365-9, 371-2, 374, 386, 388-9, 401, 413, 417, 426-9, 431, 435-6
Sen, A. 335-6, 339, 414, 429
Senger, J. 339
Sent, E.-M. 281, 300
Shackle, G. L. S. 226, 235, 243, 255-60, 271, 274
Shaftesbury, 3rd Earl of 87
渋谷克美 427
塩野谷祐一 29-31, 74-5, 134-5, 182-4, 221, 273, 275, 301, 336, 338-9, 371, 426-9
Sidgwick, H. 260, 275, 379
Simon, H. 283-5, 291, 300-1
Simons, P. M. 273
Skinner, B. F. 296
Skinner, Q. 350, 571
Smith, A. 38, 83, 85, 342, 362, 385, 399, 401,

403-8, 427
Smith, B.   239, 245, 249, 272-4
Smith, N. H.   337
Sombart, W.   220, 222
Soudek, J.   248, 274
Spengler, O.   147, 182
Spiegelberg, H.   273
Spranger, E.   152, 182
Sraffa, P.   363
Strich, F.   93, 135
Strydom, P.   337
Sugden, R.   301
杉村広蔵   29, 86-7, 134
Sullivan, W. M.   336
Suppe, F.   74
鈴村興太郎   414, 429

T

高島善哉   428
高山守   137
瀧将之   222
田中秀夫   428
Taylor, C.   101-2, 136, 304-9, 336-7
Tetens, J. N.   64
Thaler, R. H.   300
Thompson, J. B.   31, 337
戸田山和久   302
Tönnies, F.   162
Troeltsch, E.   48, 60, 74, 79-80, 133, 157, 181, 207-8
塚本正明   272
Tully, J.   371
Tversky, A.   300

U

上田辰之助   427

V

Velarde-Mayol, V.   273
Vico, G.   43-4, 87, 92, 114-20, 124, 137, 368
Voltaire, F. M. A. de   84, 92, 142, 169

W

Walras, L.   223, 234, 367-8
Wann, T. W.   302
Warnke, G.   272
渡辺二郎   76, 221
Watson, J. B.   296
Weber, E. H.   241-2, 294
Weber, M.   130-1, 141, 143, 146, 151, 157-63, 168-9, 177-81, 183, 208, 225, 238, 240-4, 272-3, 291, 322, 333-4, 339, 368
Weintraub, E. R.   370
Wicksell, K.   402
Wieser, F.   235, 245, 247-8, 273
Wible, J. R.   338
Willey, T. E.   138
Winch, P. G.   11, 30
Windelband, W.   88, 127-9, 138, 158, 207
Wittgenstein, L.   11, 24-5, 245
Wolff, C.   86
Wundt, W.   294-5

X

Xenophon   380

Y

山田晶   426-7
山内志朗   427
山内得立   29, 221

Z

Zijdenveld, A. C.   138

著者略歴
一橋大学教授,一橋大学長,国立社会保障・人口問題研究所長などを歴任.一橋大学名誉教授,経済学博士.

主要著作
『福祉経済の理論』日本経済新聞社,1973年.
『現代の物価』日本経済新聞社,1973年.
『価値理念の構造』東洋経済新報社,1984年.
『シュンペーター的思考』東洋経済新報社,1995年.
『シュンペーターの経済観』岩波書店,1998年.
『先進諸国の社会保障』全7巻,共編,東京大学出版会,1999-2000年.
『経済と倫理』東京大学出版会,2002年.
『エッセー 正・徳・善』ミネルヴァ書房,2009年.
Schumpeter and the Idea of Social Science: A Metatheoretical Study, Cambridge University Press, 1997.
Economy and Morality: The Philosophy of the Welfare State, Elgar, 2005.
The Soul of the German Historical School: Methodological Essays on Schmoller, Weber, and Schumpeter, Springer, 2005.

経済哲学原理　解釈学的接近

2009年10月22日　初　版

[検印廃止]

著　者　　塩野谷祐一

発行所　　財団法人　東京大学出版会

代表者　　長谷川寿一
113-8654　東京都文京区本郷7-3-1　東大構内
http://www.utp.or.jp/
電話 03-3811-8814　Fax 03-3812-6958
振替 00160-6-59964

印刷所　　株式会社精興社
製本所　　誠製本株式会社

Ⓒ2009 Yuichi Shionoya
ISBN 978-4-13-040248-4　Printed in Japan

Ⓡ〈日本複写権センター委託出版物〉
本書の全部または一部を無断で複写複製(コピー)することは,著作権法上での例外を除き,禁じられています.本書からの複写を希望される場合は,日本複写権センター(03-3401-2382)にご連絡ください.

著者	書名	判型	価格
塩野谷祐一	経済と倫理 福祉国家の哲学	A5	5600 円
塩野谷祐一 鈴村興太郎編 後藤玲子	福祉の公共哲学	A5	4200 円
アマルティア・セン 後藤玲子	福祉と正義	四六	2800 円
山脇直司	グローカル公共哲学 「活私開公」のヴィジョンのために	A5	4500 円
山脇直司	ヨーロッパ社会思想史	A5	2200 円
平井俊顕	ケインズの理論 複合的視座からの研究	A5	22000 円
平井俊顕	ケインズ研究 『貨幣論』から『一般理論』へ	A5	2800 円
大黒弘慈	貨幣と信用 純粋資本主義批判	A5	5600 円

ここに表示された価格は本体価格です．御購入の際には消費税が加算されますので御了承ください．